◎ 本书为安徽省教育厅人文社会科学研究委托重大项目"基于监测评估的安徽省教育现代化发展战略研究"（SK2019ZD001）成果之一

安徽教育发展评估报告

汪开寿　武庆鸿　严　萍　等著

合肥工业大学出版社

图书在版编目(CIP)数据

安徽教育发展评估报告/汪开寿等著. —合肥:合肥工业大学出版社,2019. 11
ISBN 978 - 7 - 5650 - 4698 - 8

Ⅰ. ①安…　Ⅱ. ①汪…　Ⅲ. ①地方教育—发展—研究报告—安徽
Ⅳ. ①G527. 54

中国版本图书馆 CIP 数据核字(2019)第 253528 号

安徽教育发展评估报告

汪开寿　武庆鸿　严　萍　等著　　　　责任编辑　张　慧

出　版	合肥工业大学出版社	版　次	2019 年 11 月第 1 版
地　址	合肥市屯溪路 193 号	印　次	2019 年 11 月第 1 次印刷
邮　编	230009	开　本	710 毫米×1010 毫米　1/16
电　话	人文编辑部:0551 - 62903205	印　张	19.5
	市场营销部:0551 - 62903198	字　数	358 千字
网　址	www. hfutpress. com. cn	印　刷	安徽联众印刷有限公司
E-mail	hfutpress@ 163. com	发　行	全国新华书店

ISBN 978 - 7 - 5650 - 4698 - 8　　　　　　　　定价: 68.00 元

前　　言

为总结安徽教育发展成就，加强教育评估研究，进一步发挥专业教育评估机构的决策咨询和智力支撑作用，安徽省教育评估中心近年来承担了省级重大科研项目，形成《安徽教育发展评估报告》。本书涵盖基础教育、职业教育和高等教育等领域，涉及国家中长期教育改革和发展规划纲要实施情况评估、学前教育三年行动计划实施情况评估、国培计划实施情况评估、体育工作评估等内容。

全书具备三个明显特征：一是实践性，注重评估实践、数据说话和案例支撑，对促进安徽教育改革发展具有重要实践意义；二是专业性，坚持定量与定性、质量与数量相结合，从专业角度为安徽教育质量"问诊把脉"；三是创新性，以教育评估项目为依托，从新的视角思考教育评估实践，做到理论与实践结合、实践生成理论。

在本书撰写过程中，我们得到了安徽省委教育工委、省教育厅领导和有关处室的大力支持，吸取了有关专家的宝贵意见，在此，向所有参与和支持这项工作的领导和同志一并表示感谢。尽管我们做了不懈努力，但书中难免出现错误和疏漏之处，敬请各位读者谅解。

作　者

2020 年 3 月 28 日

目　　录

第三篇 《安徽省"十三五"教育事业发展规划》实施情况 年度监测评估（2017 年度）

第四篇 安徽省第二期学前教育三年行动计划实施情况评估

第五篇 安徽省中小学校体育工作评估（2017 年度）

第六篇 安徽省中等职业教育质量提升工程项目
省级中期评估（2017 年度）

第七篇 安徽省学位与研究生教育质量报告（2016 年度）

第八篇 安徽省"国培计划"项目实施情况
绩效评估（2016 年度）

第九篇　安徽省 2018 年高等教育满意度调查分析报告

第一篇　安徽省贯彻落实《国家中长期教育改革和发展规划纲要（2010—2020 年）》中期情况评估

根据国家教育体制改革领导小组统一部署，安徽省教育评估中心比照政策文本，通过分析统计数据、深入基层调研、召开座谈会、访谈等多种方式，对安徽省实施《国家中长期教育改革与发展规划纲要（2010—2020 年)》（以下简称《规划纲要》）中期情况进行了全面评估。

一、战略目标实现情况

5 年来，安徽省将教育放在优先发展的战略地位，坚持依法治教，认真贯彻实施《规划纲要》，全面推进教育领域综合改革，切实提高治理水平，促进教育公平，提高教育质量，满足人民群众日益增长的教育需求，为安徽科学发展、全面转型、加速崛起、兴皖富民提供智力支撑和人力资源保障。各类教育达成情况如下。

安徽省学前教育发展迅速，5 年来递增33%，平均每年以 6.6% 的速度递增，超额完成第一期学前教育三年行动计划目标，学前教育毛入学率达到78%，接近《规划纲要》最终目标。（图 1）

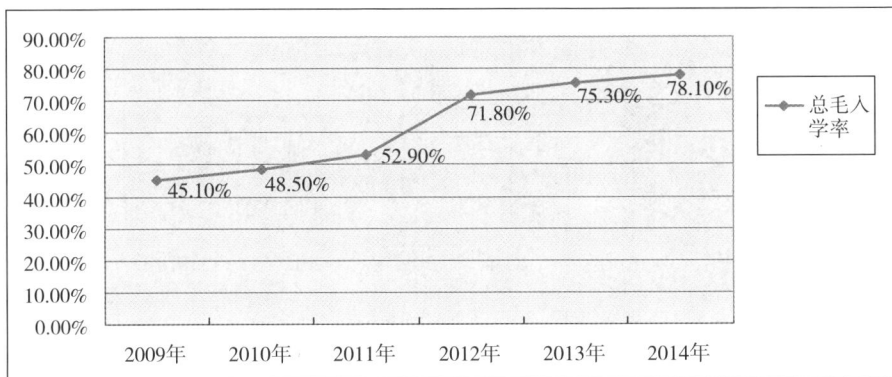

图 1　学前教育普及情况

安徽省九年义务教育稳步推进，入学率逐步提高，辍学率逐年下降。结合相关统计数据与资料看，至 2014 年底，全省已有 40 个县（市、区）通过国家县域义务教育均衡发展督导评估认定，累计通过数位居全国第 7 位、中部第 2 位，超前达到了中期目标。（图 2）

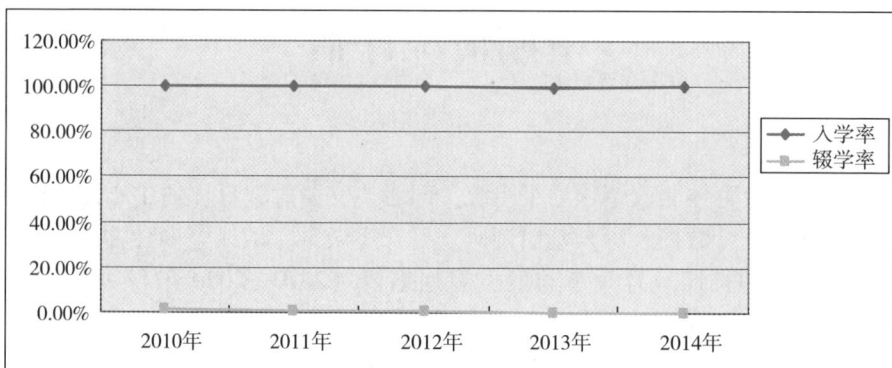

图 2　九年义务教育普及情况

安徽省高中教育快速发展，5 年来递增 17.7%，平均每年以 3.54% 的速度递增，高中阶段毛入学率达到 91.9%，超过全国平均水平 5.4 个百分点，达到了《规划纲要》的最终目标。（图 3）

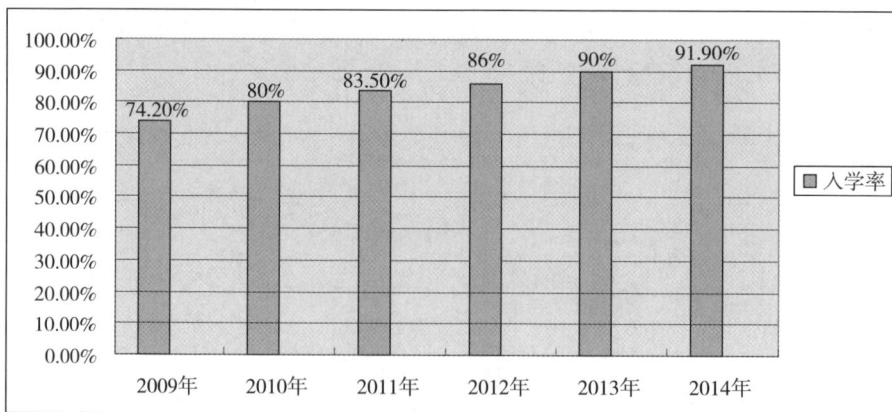

图 3　高中教育普及情况

2009 年至 2014 年，安徽省职业教育招生数和在校生数总体上呈稳中有升的发展态势。2014 年底，全省高职高专院校 74 所，在校生数、校均学生数分别为

42.1万人、5695人；中等职业学校431所，在校生数、校均学生数分别为91.5万人、2122人。结合相关统计资料看，安徽省职业教育在注重扩大规模的同时，重视内涵式发展，职业教育质量稳步提高。（图4）

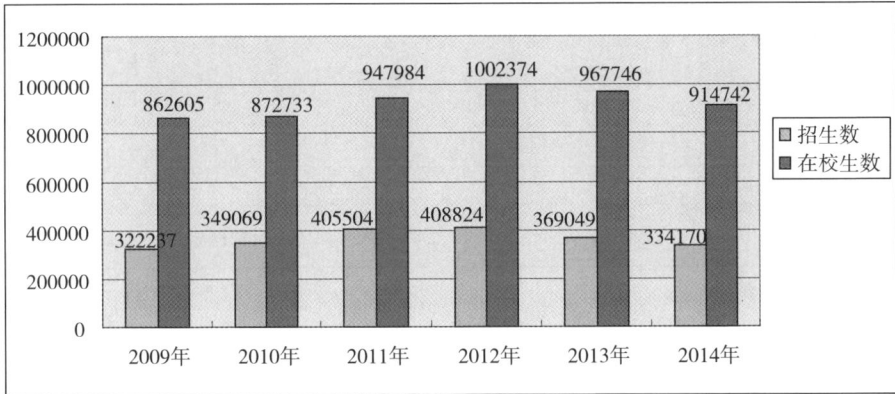

图4 职业教育发展情况（中等职业教育）

安徽省高等教育呈平稳快速发展态势，2009年招生数为363621人，到2014年增加到448787人；2009年在校生数为1068554人，到2014年增加到1353463人。结合相关数据资料，高等教育毛入学率2009年为22.3%，到2014年提高到37.9%，5年来提高了15.6%，平均每年以3.12%速度递增。高等教育超额完成了中期任务，接近《规划纲要》中规定高等教育毛入学率需达40%的最终目标。（图5、图6）

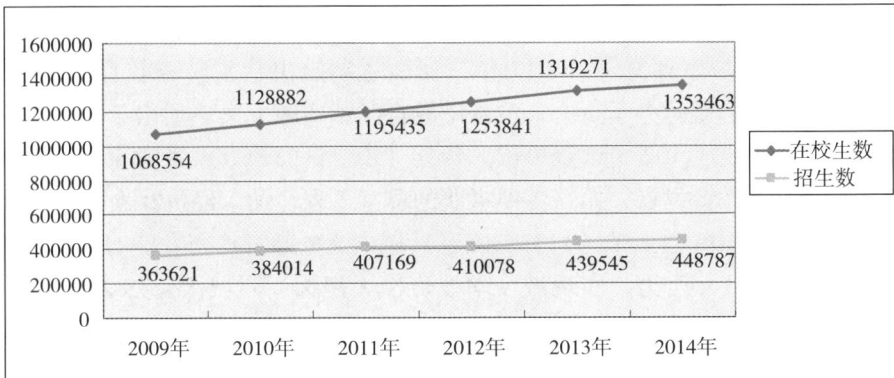

图5 高等教育发展情况（在校生数与招生数）

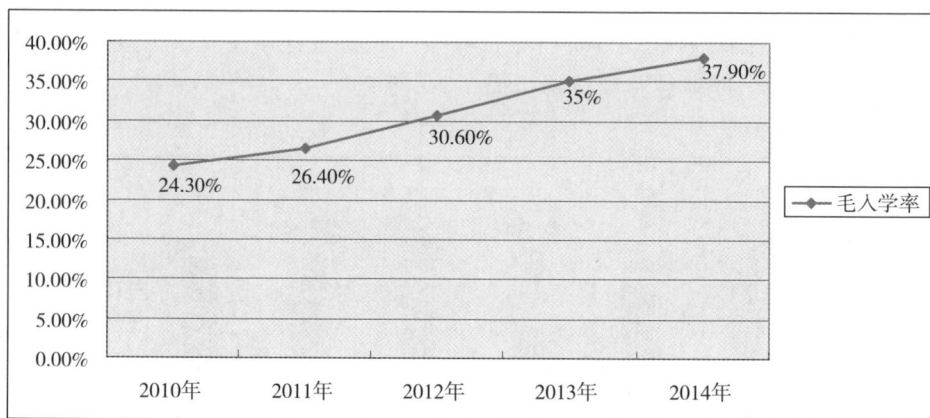

图6　高等教育发展情况（毛入学率）

二、义务教育均衡发展推进情况

安徽省高度重视义务教育均衡发展，整体规划部署，政府积极作为，大胆改革创新，化解热点难点问题，取得了显著成效，创造了许多可借鉴推广的做法和经验。

（一）体制机制进一步完善，优质教育资源不断扩大

2011 年，省人大颁布了《安徽省实施〈中华人民共和国义务教育法〉办法》，以法律的形式明确规定县级以上人民政府应当合理配置教育资源，促进城乡之间、区域之间、学校之间义务教育均衡发展。安徽省先后制定了《安徽省人民政府关于进一步推进义务教育均衡发展的意见》《安徽省人民政府办公厅关于深入推进义务教育均衡发展的意见》《安徽省推进县域义务教育均衡发展改革试点实施方案》等一系列文件。2012 年，安徽省制定出台了义务教育均衡发展、农民工子女教育、规范办学行为 3 项基础教育改革实施方案，列出了 4 大类 9 个方面的项目，确定了 102 个试点单位。各县（市、区）都将义务教育均衡发展作为整体推进区域教育发展、振兴各项事业的奠基工程，纳入经济社会发展总体规划。安徽省印发 105 个县（区）分层实现县域内义务教育均衡发展的路线图和时间表，确定通过 8 年努力，实现城乡学校班额无超标、同城区公办学校无择校、县域内学校办学条件无差距、城市流动人口子女就学无障碍的目标。

义务教育管理体制进一步理顺。在城市完善设区市城区义务教育管理体制，实行市级统筹、分层办学，实现小学全部放到区县管理，初中或全部下放、或全部由市级管理统放统收。将开发区、高新区、实验区等经济功能区的义务教育均

衡发展一并纳入所在县（市、区），同样标准、同步规划、同步建设。在农村，依托中心学校设立学区，并建立学区内学校平等参加的学区管委会，统筹教学管理、资源配置、教学研究、督查指导等。

优质教育资源不断扩大。全省各地通过开展结对帮扶、捆绑发展、名校办分校、集团办学等多种形式，实现以强扶弱、共同发展。例如，铜陵市的"优质学校+薄弱学校""优质学校+农村学校"，马鞍山市、芜湖市、淮北市、蚌埠市的学校集团化办学，淮南市、安庆市的名校建分校区，马鞍山市雨山区实施的大学区管理改革等。

（二）义务教育学校标准化建设大力推进，超额完成规定任务

安徽省早在 2007 年就出台了全省义务教育阶段学校办学基本标准，明确"一扩三建四提高"的标准化建设内涵，编制全省规划，明确分县区、分年度、分项目的实施时间表。截至 2014 年底，全省完成 2291 所义务教育阶段学校标准化建设，标准化率由 2010 年实施前不足 10% 提高到 78% 以上。

2011 年，安徽省政府出台进一步加大财政教育投入实施意见，把义务教育作为财政支出的重点领域，加大财政投入力度，充实学校设施设备，并重点向农村贫困地区倾斜，城乡学校办学条件差距显著缩小。近 5 年，全省安排基础教育各类项目资金 669 亿元，义务教育阶段占 94.5%，其中 16 亿元用于全面改善义务教育薄弱学校基本办学条件。近几年，全省小学、初中生均预算内教育事业费和公用经费增速快，增幅大，在全国分别前移十多位，生均公用经费超过全国平均水平。教育经费增量部分重点投入皖北贫困县、老区、山区、库区等农村地区。

（三）教育信息化工作成效明显

安徽是全国教育信息化试点省份之一。全省以"三通两平台"建设为抓手，积极探索信息化在促进教育公平、改善教育管理、提升教育质量等方面的作用，取得了明显成效。2014 年 11 月 25 日，中西部基础教育信息化应用现场会在安徽省召开。2012 年至 2014 年，安徽共投入资金 7702 万元。中小学互联网接入率由 2009 年的 33% 提高到 96.31%；校园网建有率由 2011 年的 14% 提高到 82.3%；多媒体设备班级覆盖率由 2010 年的不足 15% 提高到 79.41%；农村教学点教育资源实现了全覆盖；开通了 40% 教师的学习空间；投入资金 4000 万元，在线课堂推广到 25 个县的 777 个教学点，解决最偏远地区师资不足和教育质量低下等问题。

（四）师资配置向农村倾斜，教师交流、培训力度不断加大

安徽省着力加强教师资源的合理配置与统筹管理，建立并完善了教师补充、培训、对口交流和待遇保障机制。在新一轮教师核编过程中，充分考虑城镇化进程加快、人口向城区和县镇集中等因素，通过放宽农村学校编制标准，着力解决教师城乡、区域分布不均衡的矛盾。2009 年至 2014 年，全省共招聘特岗教师 20819 人，绝大多数分配到乡村中小学任教。省级层面明确规定：中小学校长任期不得超过 5 年，在同一学校任职满 2 届的必须交流；教师交流比例不得低于 10%。2014 年全省义务教育学校教师交流 33872 人，校长交流 3144 人。从 2013 年开始，中央和省投入资金 5640 万元，选派 2820 名优秀教师到连片特困县、革命老区支教 1 年。不少县（区）积极开展教师"县管校用""无校籍管理"改革试验，试行取消校长行政级别，打破校长和教师交流的体制性障碍，促进了教师资源配置的均衡。2013 年，安徽省财政统筹安排 5 亿元，支持山区库区以及连片特困地区改善乡村教师待遇。2014 年，安徽省为 9 万名乡村教师发放生活补贴 1.98 亿元，在 48 个县（区）建设农村教师周转宿舍 12085 套，可入住 20115 人。

三、现代职业教育体系构建情况

2010 年以来，安徽省职业教育规模稳步扩大，经费投入持续增长，办学条件明显改善，教师队伍素质有较大提升，农村成人教育和职业培训网络基本形成，民办职教发展较快，职业教育信息化建设积极推进。职业教育事业取得了显著成效，为提高劳动者素质、推动经济建设、促进就业和改善民生做出了积极贡献。

（一）以职教大省建设为突破口，推进职业教育快速发展

完善政策保障。安徽省人民政府颁布《安徽省职业教育大省建设规划（2008—2012 年）》，明确现代职业教育体系基本建成、职业教育规模不断扩大、职业教育办学实力显著增强、职业教育服务经济社会发展的贡献度大幅提升四大目标，制定健全稳定的长效投入机制、统筹整合各类职业教育资源、深化职业教育办学体制改革、加大对职业教育的政策支持力度、全面优化职业教育发展环境等 5 项政策措施；出台《安徽省人民政府关于加快发展现代职业教育的实施意见》，进一步明确了发展现代职业教育的指导思想、基本原则、目标任务，明确了各层次类型职业教育的科学定位，在加快构建现代职业教育体系、创新完善现代职业教育发展机制、实施加快现代职业教育发展重点工程、落实发展现代职业教育保障措施等方面，制定了具有安徽特色的政策措施。安徽省教育厅等 6 部门印发了《安徽现代职业教育体系建设规划（2014—2020 年）》。

完善职业教育投入长效机制。落实地方教育附加费用于职业教育不低于

30%的财政投入政策，将公办中等职业教育纳入公共财政保障范围。加大对职业教育专项经费投入，重点支持职业教育发展重点工程。出台职业院校生均拨款标准，并逐步提高生均拨款水平。

职业教育事业规模稳步扩大、取得长足发展。2014年底，全省高职高专院校74所，比2007年增加15所，在校生数、校均学生数分别为42.1万人、5695人，比2007年分别增加了49.3%、19.3%；中等职业学校431所，在校生数、校均学生数分别为91.5万人、2122人，比2007年分别增加了7.8%、39.8%。通过实施基础能力建设工程，职业学校办学水平不断提高。建成一批国家级和省级示范校、实训基地、实验实训中心、特色专业和精品课程，教师队伍建设成效显著。全省高职院校现有国家示范院校8所、省级示范院校12所、省重点建设院校3所，"双师型"教师比例超过60%。中职学校建成国家改革发展示范校40所、国家重点校43所、省级示范校92所，"双师型"教师比例达到69.1%。"双师型"教师比2007年提高40.3个百分点。

（二）深化办学模式改革，优化体制机制

推进职业教育省部共建和市级统筹。安徽省政府与教育部共建国家职业教育改革试验区，省教育厅与马鞍山、滁州市政府共建省级试验区。依托行业主管部门成立9个中职教育行业教学指导委员会，行业组织履行发布行业人才需求、推进校企合作、参与指导教育教学、开展质量评价等职责。创新社会力量办学机制，发挥好市场引导作用。通过政府补贴、购买服务、助学贷款、捐资激励等多种形式支持民办职业教育。探索公办和社会力量举办的职业院校相互委托管理和购买服务的机制。

加强职教集团建设。支持组建应用型本科联盟（行知联盟）、示范性高职院校合作委员会（A联盟）、安庆职教联盟、马鞍山职教联盟、商科联盟、皖南机电职业教育集团等示范性、区域性、专业性职教集团或职教联盟，集团内共享实训基地、共建专业和课程、共同开展技术研发、服务和推广，积极探索教育教学改革，不断提高职教集团与经济社会发展的契合度，促进教育链与产业链有机融合。已组建26个职教集团，共有19所新建应用型本科院校、436所职业院校、588家企业、78个行业协会和科研机构加盟。

建立产教对话协作机制。联合地方政府举办了5届以"校企合作、互惠共赢"为主题的职业教育办学模式改革校企对接会等活动，依托省加工制造、交通运输、财经商贸、文化艺术、旅游、农业等行业职业教育教学指导委员会组织开展校企对话交流活动，涉及合作学校443所、合作企业1670家，涉及合作专业点724个，有效形成校企紧密联系、深度合作、共赢发展的新局面。

（三）实施职教工程，提升服务社会能力

发展多种形式的职业培训和继续教育。坚持学校教育与职业培训并举、全日制与非全日制并重，把职业培训提到更加重要的位置，努力构建劳动者终身职业教育培训体系。大力发展工学交替、双元制、学徒制、半工半读、远程教育等各种学习方式灵活的职业教育，服务全民学习、终身学习，推进学习型社会建设。推动职业院校面向社区办学，向社会有序免费开放服务设施和数字化教育资源。

实施五大工程。一是对接国家职业教育质量提升计划，实施安徽现代职业教育质量提升工程，推进质量提升；二是对接企业转型升级，实施教育服务企业转型升级工程，推进企业转型发展；三是适应新型城镇化建设需要，实施职业教育扶贫富民工程，推进新型城镇化进程；四是适应文化强省建设需要，实施职业教育徽文化传承创新工程，推进文化强省建设；五是实施职业教育区域合作工程，推进职业教育跨区域、跨行业、多层次、多类型开展合作交流。

2007 年至 2014 年，职业院校累计输送毕业生 319 万人，87.9% 的中职毕业生和 85.1% 的高职毕业生获得中高级技能证书。开展社会培训 597 万人次。中职毕业生就业率一直稳定在 96.5% 以上。推进对皖江城市带承接产业转移示范区、合芜蚌自主创新综合配套改革试验区以及皖北地区职业教育对口支援，创新职业教育管理体制、职业教育人才培养模式、校企合作机制，发挥人力资源优势，进一步创新办学模式、优化师资队伍、强化基础能力，大力推进职教园区和县职教中心建设，全力加强面向农村的职业教育，职业教育发展呈现良好态势，职业教育服务产业的能力明显提升。

（四）深化职教招生改革，搭建人才成长立交桥

深化职业教育招生考试制度改革。促进职普协调发展，高中阶段招生职普比大体相当。完善以初中为起点的五年制高职培养制度，开展中职学校与本科高校合作举办"3+4"本科层次职业教育试点，扩大本科高校对口招收中职学生和专科学校与本科高校合作举办本科层次职业教育的办学规模，逐步提高专科高职院校招收中职学校毕业生的比例、本科高校招收职业院校毕业生的比例和高等职业院校招收有实践经历人员的比例。实现五个突破：一是本科院校面向中职毕业生自主招生；二是确立了"知识+技能"的评价考试导向；三是试行技能拔尖人才免试入学政策；四是取消了一年预科制；五是 12 所本科高校参与试点。进一步丰富了中高职衔接"立交桥"的路径，突出了衔接的重点。

（五）开展示范评估，引导特色发展

为引导职业院校特色发展，安徽省教育厅委托安徽省教育评估中心组织专家研发了安徽省特色示范中等职业学校评估方案和高等职业院校个性化评估方案。

方案注重鼓励职业院校在不同层次、不同领域办出特色，争创一流，克服同质化倾向，彰显异质性特征。支持职业学校根据办学历史、专业优势、培养模式、地域特征、资源条件和服务面向，确定学校的办学定位，培育学校的办学特色。根据经济社会发展需求，合理确立学校人才培养目标，走内涵发展和特色发展之路。各市也相应开展了重点专业、品牌专业、特色专业建设工作，如宣城市开展全市第三批中职品牌专业、特色专业评选，认定了12个市级品牌及特色专业；芜湖市制定了加强专业建设指导意见，命名了第二批市级品牌示范专业3个、重点专业11个、特色专业8个；宣城市工业学校以宣纸工艺专业为特色、安徽省行知学校以徽雕专业为特色，着力打造文化传承品牌，在全省乃至全国都产生了广泛影响。

四、高等教育内涵发展情况

（一）围绕高等教育发展目标，高教强省建设成果丰硕

2010年，为深入贯彻落实《规划纲要》，安徽省委、省政府出台《中共安徽省委安徽省人民政府关于建设高等教育强省的若干意见》（皖发〔2010〕9号），提出建设高教强省目标。经过几年的努力，高校办学定位更加科学，学科专业结构更加优化，教育教学改革不断深化，评价机制更加科学，教育经费更加充足，教育质量大幅提高。

教育规模不断扩大，高等教育大众化水平显著提高。2009年，普通高等学校数为95所，2014年为107所，增加了12所，增幅达12.6%；2009年，普通高校在校生数为877782人，2014年增至1080545人，增幅为23%；2009年，研究生在校生数为34603人，2014年增至46590人，增幅达34%。贯彻《规划纲要》以来，"双百工程"圆满完成。2009年，高等教育毛入学率为22.3%，2014年增长到30%以上。高等教育大众化程度显著提高，人民群众接受高等教育的需要日益满足。

大力实施高等教育质量工程，深入推进高校教育教学改革，高水平构建了国家、省、校三级质量工程建设体系。实施安徽省支持本科高校发展能力提升计划，着力引导高校内涵式发展，由学校根据实际自主设计申报建设项目实施使用，高校基础办学能力不断增强。自2013年启动实施安徽省高等教育振兴计划，每年投资1亿元，大力提升高等教育办学水平和综合实力。截至目前，建设省级协同创新中心12个、省级重点学科建设重大项目14个。安徽省高校共获得国家级优秀教学成果奖20项、国家级科学技术奖3项、省级科学技术奖励85项。省属高校首次获得国家教学成果一等奖，首次获建省部共建国家重点实验室。加大

创新创业教育力度，国家级大学生创新创业项目立项数连续三年位列全国第一。

（二）加强专业设置与管理，学科专业结构调整成效显著

专业设置和管理办法不断完善。印发了《安徽省教育厅关于做好普通高等学校本科专业设置和管理工作的通知》《关于加快我省船舶专业人才培养的意见》《关于加快我省旅游专业人才培养的意见》等一系列专业改革文件，不断加强专业设置、管理与指导。

专业结构持续优化。建立了学科专业结构调整预警机制，以高层次创新人才为引领，以应用型人才为主体、技能人才为支撑，结构合理、有机互补、特色鲜明的学科专业整体布局已经形成。2013 年，投入 3 亿元专项资金，分 3 年推进安徽省专业结构优化与专业改造项目建设。近 5 年来，安徽省坚持每年定期发布本科和高职学科专业结构及社会需求分析报告，及时停办、停招社会需求量小、就业率低的专业，大力发展安徽省重大发展战略紧缺应用型专业。共停招了 600 多个就业率低的专业，新增与安徽省振兴发展产业相关专业 1500 多个，应用型专业招生计划所占比重达到 70%。总体来看，安徽省高校学科专业结构调整成效显著，在主动服务和支撑安徽省重大支柱产业和战略新兴产业发展方面发挥了重要作用。

（三）创新高校拨款体制，高等教育投入大幅增长

对高校经费拨款体制进行了重大改革，实行"以生均定额拨款为主，辅之以竞争性专项"的拨款方式，为进一步落实学校办学自主权奠定基础。2011 年，安徽省通过加大投入、改革拨款方式等措施，积极提高高校生均拨款标准。2010 年，生均拨款 3544 元，2011 年提高到 8076 元，2012 年达到 12000 元。同时设立财政专项化债资金，统筹各类资金，采取债务重组、校区置换等多种措施，高校债务得到成功化解。2011 年，统筹各类化债资金 40.1 亿元，使得 2009 年底仍有贷款的 61 所高校金融机构贷款余额较审计锁定余额下降 29%。2012 年，省财政安排化债专项资金 8 亿元，同时积极争取中央财政奖补、督促省以下财政安排专项，2012 年底，贷款较 2009 年底审计锁定数减少了 60.8 亿元，化债比例达 70%。完善捐赠教育激励机制，设立大学生创新创业教育基金，适时调整学费和住宿费标准，保障高校生均预算内教育事业费逐年增长。

（四）完善教师评价办法，教师队伍建设不断加强

修订高校教师专业技术职务评聘办法，印发了《安徽省高等学校教师和实验技术人员专业技术职务资格推荐办法（试行）》，引导教师提高应用型人才培养能力和产学研合作能力。支持高校引进和培养既有教师职务又有工程实践背景的教师，建设"具有应用型人才培养能力和产学研合作能力"的"双能型"高素

质应用型师资队伍。大力实施国家"千人计划"、安徽省"百人计划"、安徽省"皖江学者计划"、高校博士后工程。每年组织选派 100 名左右高校青年骨干教师到国内重点大学进行访学研修，遴选建设了 11 个高职院校教师双师素质培训基地，每年组织 700 余名高职教师参加双师素质和主干课程培训，选派教师到行业、企业挂职锻炼，多渠道提升应用型高校教师的"双能"水平。

重视师德建设。坚持师德为先，健全师德考评制度，将师德表现作为教师绩效考核、聘用和奖惩的首要内容，实行师德一票否决制。加强正确引导，采取综合措施，建立长效机制，形成良好学术道德和学术风气，严肃查处学术不端行为，推进师德建设进入制度化、规范化轨道。

五、省级政府统筹推动教育综合改革情况

（一）注重顶层设计

强化组织领导。安徽省政府成立了全省教育改革和发展规划纲要领导小组，省长任组长，分管省长为副组长，24 个厅局为成员单位，制定了《安徽省人民政府关于开展省级政府教育统筹综合改革试点的实施意见》，并将试点纳入《安徽省"十二五"教育事业发展规划》，连续 3 年列入省委常委会工作要点和省政府重点工作，以省级政府为龙头教育综合改革统筹推进的改革布局初步形成。

推进教育立法工作。安徽省加大地方教育立法，2011 年省人大常委会修订通过《安徽省实施〈中华人民共和国义务教育法〉办法》并于 2012 年正式施行。《安徽省学前教育条例》2014 年 6 月 1 日正式实施。

制定教育基本标准。安徽省全面实施农村薄弱学校标准化建设，积极协调发改、人社、编办部门，以省政府名义出台中小学教师编制标准、校长管理制度和中小学教师职称制度等文件，在省级层面制定办学条件、教师编制、发展规模等基本标准。

（二）统筹协调发展

统筹区域教育协调发展。安徽省通过省级政府统筹，加大对皖北和大别山革命老区等欠发达地区教育发展的支持，促进区域教育协调发展。2012 年，实施合作帮扶项目 79 个，面向大别山连片特困地区 12 个试点县实施农村义务教育营养改善计划，2011 年至 2014 年，共下拨膳食补助资金 165153 万元。启动革命老区金寨县职业学校建设，首期投入近 2 亿元。

统筹各类教育协调发展。安徽通过省级政府统筹，实施学前教育"三年行动计划"，大力发展公办幼儿园，安排奖补资助资金 2.6 亿元，市县奖补资助 1.2 亿元。对基础薄弱的职业教育，制定了《安徽省皖江城市带职业教育办学模式改

革及中职教育改革创新实施方案》，推动实施十大工程 27 个大项、117 个小项的改革创新试点和 69 个专业改革试点。组建数控、汽车、能源、经济技术等职教集团。省财政投入 1.2 亿元，带动皖北 6 市及所辖县（区）投入 47.88 亿元，推进职教园区建设。

统筹推动高校合作发展。安徽省注重省级统筹，加强省部教育合作和区域合作。2012 年 3 月，省政府和教育部签署了《加快省级政府教育统筹综合改革推进皖江城市带承接产业转移示范区建设战略合作协议》，其中，安徽省与教育部共建安徽大学已取得实质性进展；部属合肥工业大学宣城校区建成并招生。2012 年 5 月，安徽省教育厅与苏浙沪教育厅（委）签署协议，正式加入长三角教育联动发展会商机制，并就资源共享、学分互认、干部教师交流培训、校际结对共建、重大课题研究等方面积极开展合作。

（三）强化依法行政

2014 年，安徽省教育厅全面梳理教育行政部门各项权力，行政权力事项由 135 项精简至 40 项，精简比例达 65.5%。公布行政权力清单和责任清单（行政权力运行流程图、行政权力事项廉政风险点），规范行政权力，推进依法行政。同时改变管理方式，综合运用立法、拨款、规划、信息服务、政策指导和必要的行政措施等手段加强宏观管理，构建政府、学校、社会新型关系，初步形成政府依法管理、学校自主办学、社会广泛参与的新型教育治理体系。

（四）完善学校治理结构

安徽省以大学章程建设、学校教代会制度建设为抓手，积极探索政校分开、管办分离的实现形式，推进学校治理结构和现代学校制度建设，印发了《关于加快推进大学章程建设的通知》，2011 年，启动大学章程建设工作，2014 年，6 所高校完成大学章程的制定和核准。同时，推动高校学术委员会制度建设，落实高校学术权威和"教授治学"。2013 年，安徽省教育厅会同省总工会，印发《安徽省中小学校教职工代表大会工作规程》和《安徽省高等学校教职工代表大会工作规程》，积极完善学校教职工代表大会制度，促进学校决策科学化、民主化、制度化。

（五）推进管办评分离

完善教育督导体系。2012 年安徽省在全国率先实现省、市、县三级政府教育督导委员会全部成立、挂牌并履职。2013 年底，安徽省共设置督学责任区 1337 个，基本实现中小学挂牌督导全覆盖，广泛开展教育督导活动，积极探索建立督导公告制度，定期向社会公布督导评估情况，加强了社会监督。

强化监督问责机制。安徽省扎实推进县域义务教育均衡发展督导评估，2014

年底，完成 50 个县（市、区）省级评估。自 2004 年以来，安徽省探索完善符合科学发展观的省对市、市对县（区）、县（区）对乡镇和街道委员会履行教育职责的评价体系，各县（市、区）督导考核结果纳入省委组织部开展的地方党政领导班子及领导干部实绩分析评价体系，并按照规定权重予以折算。2014 年，省政府实施"教育强县"评选工作，认定 12 个县区为"2011—2012 年度安徽省教育强县"，推动教育稳步发展。

成立专业评估机构。2010 年 8 月，为深化教育体制改革，推进"管办评"分离，转变政府职能、简政放权，安徽省成立了相对独立的第三方专业教育评估机构——安徽省教育评估中心，负责对各类学校办学质量和办学水平进行监控。安徽省教育评估中心积极探索第三方评价中小学学业负担的评价方式，承担国家义务教育质量监测具体实施工作，连续 3 年获得国家优秀组织奖，15 个县区单位获得国家优秀组织奖。

六、热点、难点教育问题破解，教育公平推进发展情况

（一）"学前教育三年行动计划"扎实推进，"入园难""入园贵"问题有效缓解

安徽省从 2011 年起实施"学前教育三年行动计划"，通过新建、改扩建、增设附属园等形式，扩大学前教育资源。2011 年至 2013 年，第一期学前教育三年行动计划共投入资金 41.9 亿元，新建 1219 所幼儿园，改扩建 1921 所幼儿园。2014 年第二期学前教育三年行动计划实施第一年共投入资金 8.49 亿元，新建 79 所幼儿园，改扩建 330 所幼儿园。到 2014 年底，学前教育毛入学率达到 78.1%，比 2009 年提高了 33%。

规范办园，科学保教，提高学前教育质量和办园水平。各级教育部门多管齐下，出台了规范办园、科学保教的相应政策文件，从规范各类幼儿园命名、办班和招生，严格按照幼儿教育规程科学保教，加强民办园收费管理等方面加以落实。通过核定公办园编制，多渠道配备专任教师和其他人员，开展市级、县级、园本培训，切实提高了幼儿园教师队伍整体水平。安徽省把规范办园、科学保教的各项要求纳入幼儿园评估体系以及幼儿园年检内容，还把规范办园、科学保教实施情况纳入县级党政领导督导考核、教育系统年度目标考核等指标，健全长效约束机制。

积极建立奖补政策。以合肥市为例，坚持"公办园为骨干""财政补贴民办园建设"和"财政补贴普惠园"并举的办学思路，形成政府主导、社会参与、公办民办并举的办园体制，保障中低收入家庭子女、农村留守儿童、进城务工随迁子女等特殊群体享有规范化的学前教育。以 2012 年为例，合肥市市区共有

6733 名进城务工人员随迁子女进入普惠性幼儿园，享受市级财政补贴 608 万元。经过努力，安徽省将逐步建成覆盖城乡、布局合理的学前教育公共服务网络，基本解决"入园难""入园贵"问题。

（二）基础教育均衡发展，"择校"问题基本解决

2011 年 3 月，安徽省政府与教育部签署关于推进县域义务教育均衡发展的备忘录。根据备忘录要求，到 2020 年全省全面完成县域内义务教育均衡发展的目标任务。近年来，安徽省统一规划、立法保障、强化工作推进机制，通过将农村义务教育薄弱学校标准化建设项目纳入省政府"十二五"民生工程规划，将资金和项目向困难地区、皖北地区和困难人群倾斜，建立校长教师定期交流制度等措施促进资源均衡配置。同时，推进信息化建设，为城乡教育均衡提供手段支撑。推广"班班通"，扩大农村中小学远程教育覆盖范围，促进优质教育资源的传输，切实缩小校际差异，着力解决择校问题。以淮北市为例，为缩小校际、城乡、区域差距，一方面，该市实施"名校带弱校抱团发展"战略，打出名校分身、弱校攀亲、集团化办学等"组合拳"。农村薄弱学校与该市教育局直属 18 所学校"一对一"结对，对农村和薄弱学校的资金投入加大，新招聘教师 5 年内到农村薄弱学校支教 2 年。另一方面，淮北市坚持招生政策、计划、范围、程序、录取方式、录取结果、重大违规招生处理结果"七公开"原则，坚决杜绝条子生、关系生，对违规招生行为实行"零容忍"。这些举措突破了薄弱学校发展的瓶颈，化解并有效遏制了大班额和择校热，促进各学校在发展中均衡。全省义务教育阶段择校率已降至 5% 以下，示范高中招生指标 70% 以上分配到区域内初中学校，这两项指标都高于教育部的规定要求。

（三）办学行为不断规范，课业负担明显减轻

安徽省为达到改革试点"2015 年，在全省范围内基本实现规范中小学办学行为，切实减轻学生课业负担，建立起稳定的、适应素质教育要求的教育、教学秩序"的目标，出台了 3 项改革措施：进一步改善中小学办学条件、加强师资队伍建设；进一步加强中小学管理，规范办学行为；健全评估与督导制度。

教育教学层面，安徽省通过义务教育阶段学校标准化建设扩展学生学习生活的设施、场地，目前已完成 2291 所义务教育阶段学校标准化建设；执行课程方案，重视信息技术、艺术、体育与健康、综合实践活动课等课程的开设；严禁中小学校以任何名目利用寒暑假、双休日组织学生有偿补课；严格规范日常考试，全面推行日常考试无分数评价，严禁公布学生考试成绩；学校统筹各学科教师的作业布置，控制作业数量，精选作业内容；进一步治理中小学乱收费，通过"限品种、限数量、限价格"，对教辅的编写、评议、发行等进行管理，绝大多数学

校做到了"一科一辅"。例如铜陵市教育局出台的规范中小学办学行为、减轻学生课业负担实施方案就从在校限时、作业限量、考试限次等方面提出了"八个规范"，对减轻课业负担有明确要求和具体措施。

督导评估层面，安徽教育网搭建了规范办学行为平台和违规曝光台，聘请了50名规范中小学办学行为义务监督员，发挥社会监督作用；全面建立督学责任区和中小学校责任督学挂牌督导；积极探索第三方评价中小学生学业负担的评价方式，借助于教育评估机构，通过学生和家长问卷抽样调查中小学生的上课时间、参加体育锻炼时间、完成书面家庭作业时间、节假日上课情况、考试名次知晓度等情况，公布监测结果；加强中小学办学行为专项督查，厅级教育部门从春季、秋季开学工作专项督导及不定期的检查、暗访了解各校规范办学情况，仅2012—2013年就进行了200多次检查，50名义务监督员组织了10多次暗访，处理了一批学校和责任人。

（四）教育民生工程建设措施扎实，成效显著

"十二五"期间，安徽省委、省政府十分关心支持教育发展，实施重大教育民生工程，出台一系列政策措施。义务教育经费保障，农村留守儿童之家建设，乡镇公办中心幼儿园建设，中小学校舍安全工程，高校、中职学校和普通高中家庭经济困难学生资助等项目先后纳入民生工程。

安徽省教育厅为落实好民生工程，一是细化分解任务，分解下达中小学校舍安全工程加固改造校舍面积、分县区细化乡镇公办幼儿园改建面积、分解下达农村留守儿童之家建设任务。二是加快实施进度，对校舍安全工程开辟"绿色通道"，提高工作效率；建立民生工程月报制度，及时掌握并督促工程进展。三是规范资金使用，工程建设类项目严格按照基建程序，严格资金监管、确保专款专用；资助类项目严格做到"政策公开、程序透明、支付到人、打卡发放"；义务教育经费加强精细化、科学化、民主化管理。四是确保工程质量，建立以县为主的"五统一"管理模式，严格执行"四制"。五是落实建后管护机制，做到校舍建设和维护管理两手抓，重点加强农村留守儿童之家内涵建设、加强师资配备。六是强化督导考核，会同省民生办制定民生工程考核办法，日常、年中、年末考核相结合；将民生工程实施工作纳入市教育局年度工作目标管理考核及党政领导干部教育督导考核范围；完善义务教育经费独立督察员制度。

2014年安徽省民生工程对高校中职和普通高中家庭经济困难学生共资助发放各类国家奖、助学金和免学费补助资金19.1亿元，资助87.8万人。其中发放各类奖、助学金13.23亿元，资助60.6万人；发放免学费补助资金5.84亿元，补助27.2万人。安徽省在2014年教育部资助工作绩效年度评价中综合成绩排名全国第五，其中中职资助工作全国第一、高校资助工作全国第二、普通高中资助工作全国第八。留守儿童之家建设方面，省委、省政府成立了农村留守儿童工作协调小组，按照"七有"规范建立了 1.9 万个农村留守儿童之家，统一在学校安装 2.2 万余部留守儿童之家亲情电话。安庆市大观区农村留守儿童之家将单一活动室发展为"七室一厅"功能齐全的"大家"。岳西县建设了"留守儿童之家" 170 个。

七、问题与建议

（一）进一步加强全省教育发展战略研究，做好顶层设计

对全省经济社会发展、教育发展战略研究不够深入，对教育理论、内容与方法研究不力，重点不突出，预测性不科学、预防性不到位现象时有发生，一定程度上影响了全省教育的发展。

加强教育发展战略研究，加强教育理论、思考、内容、方法研究。建立科学决策制度。加强教育现状研究，建构相应工作机制。加大对各级各类教育管理干部、教师的培训，引导广大干部、教师激活发展激情，更新教育理念，厘清发展思路，落实发展举措，促进教育深入改革。

（二）进一步加大执行力度，保证政策落实到位

《规划纲要》实施没有全面形成政府统筹、相关部门合力推进的工作局面。部分县级政府及其相关部门对落实《规划纲要》的重要性和必要性认识不足，重视不够，工作不力；部分县乡镇目标不明确。

要切实做到"三个到位"。一是责任到位。把落实《规划纲要》列入各级党委政府重要议事日程，纳入本地区经济社会发展的总体规划，签订目标责任书，形成上下联动，党委政府领导、部门参与、社会支持的浓厚氛围。二是投入到位。进一步增加教育投入，建立和完善教育经费长效保障机制，切实落实法定增长要求，各级财政资金重点向农村地区、贫困地区倾斜，加大薄弱学校改造力度，重点解决各地各学校存在的问题，满足义务教育均衡发展需要。三是执行到位。对照《规划纲要》，结合地方实际，采取针对性政策措施，切实解决工作中存在的问题。

（三）进一步完善评价机制，保护好、调动好管理者、办学者、评价者的积极性

管、办、评三者之间角色错位、越位现象还经常发生，规范引导三者到位而不越位的合理、科学的评价机制还没有形成。

按照管、办、评分离的原则，逐步理顺教育评价机构职能、教育行政管理职能、学校办学职能三者之间的关系。明确各级政府教育的责任，调整学校的评价

标准，调整教师的评价标准等。建立第三方评估机构准入制度及信用评价制度。规范考核评估程序，健全监测与复查制度、结果公告和限期整改制度、约谈及问责制度，形成推动有力、检查到位、考核严格、奖惩分明的监测机制和复查机制。充分保护好、调动好管理者、办学者、评价者的积极性。

（四）进一步适应经济社会发展需要，增强教育服务社会能力

各级各类教育不同程度存在不适应经济社会发展需求的问题，存在封闭办学的现象，社会服务能力有待提升。

要充分利用市场的功能，调动社会力量参与办学，形成公办与民办教育竞争发展的局面。高校要走"产学研"合作道路，注重科技转化。高职院校要建构"校企共同体"，要根据社会、企业、农村劳动力转移的需要，开展各级各类技能培训，要面向市场需求开展专业改革、课程建设，提升社会服务能力。

课题组成员：汪开寿　武庆鸿　严　萍　杨　翚　许　颖
撰 写 人 员：汪开寿　武庆鸿　严　萍　杨　翚　许　颖

第二篇 《安徽省中长期教育改革和发展规划纲要（2010—2020 年）》实施情况中期评估

2015 年是贯彻实施《安徽省中长期教育改革与发展规划纲要（2010—2020 年）》（以下简称《规划纲要》）的中间阶段，也是"十二五"收官之年。为全面了解《规划纲要》落实情况，总结经验，分析问题，明确下一阶段的目标任务，提出教育改革发展思路举措，加快安徽教育事业发展，以实现科教强省、建设美好安徽的战略目标，安徽省教育评估中心比照政策文本，通过数据统计分析、深入基层调研、召开座谈会、访谈等多种方式，对安徽省实施《规划纲要》的中期情况开展第三方评估。

一、战略目标实现情况

5 年来，在省委、省政府的高度重视下，在各级政府协同配合与支持下，安徽省始终将教育放在优先发展的战略地位，坚持科教强省发展战略，依法治教，认真贯彻实施《规划纲要》，全面推进教育领域综合改革，切实提高治理水平，促进教育公平，提高教育质量，满足人民群众日益增长的教育需求，完成了《规划纲要》的中期目标和任务，有些方面接近或超前达到《规划纲要》的最终目标，为安徽科学发展、全面转型、加速崛起、兴皖富民提供智力支撑和人力资源保障，为实现 2020 年目标奠定了坚实基础。

从总体上看，《规划纲要》中提出的主要战略目标执行情况良好，建立了完善的工作机制，细化了各项工作部署，出台了推进与保障的配套文件等，形成了与社会主义市场经济体制和安徽省全面建成小康社会目标相适应的充满活力、富有效率、更加开放、有利于科学发展的教育体制机制。教育的公益性和普惠性得到加强，建成了覆盖城乡的基本公共教育服务体系，促进公共教育服务均等化；解决了进城务工人员子女平等接受义务教育问题，全面改善了义务教育薄弱学校基本办学条件；出台了《特殊教育提升计划》，保障了残疾人受教育的权利。全面实施高等教育质量提升工程，以分类建设为导向，科学构建地方应用性高等教育体系，高等教育质量不断提高。各类人才服务国家、服务人民和参与国际竞争能力显著增强。学历教育和非学历教育协调发展，职业教育和普通教育相互沟通，职前教育和职后教育有效衔接，构建了教育高速路、立交桥，完善终身教育体系等。

（一）人力资源开发情况

从人力资源开发的角度看，安徽省主要劳动年龄人口平均受教育年限进一步提高。2014年，全省常住人口平均受教育年限为8.69年，大学及以上文化程度人口占10.7%。2015年，安徽省每10万人口高等教育在校生数达2309人，比2010年增长25.4%。主要劳动力人口受高等教育的比例进一步提高，增加了劳动年龄人口受教育年限，促进了人力资源结构改善，提高了人口整体素质。

（二）教育普及程度情况

从教育普及程度总体上看，2015年，安徽省学前教育毛入学率为80.10%、九年义务教育巩固率为93%、高中阶段毛入学率为92.00%、高等教育毛入学率为40.60%，分别比2010年增长31.6、4.2、12、16.3个百分点。2014年各级教育普及率超过全国平均水平，2015年各级教育普及率进一步提升。

5年来，安徽省教育普及程度大幅度提升，逐步满足了人民群众对教育的需求，提高了人口素质，改善了人力资源结构，有力推进了我省经济社会快速发展。

学前教育发展迅速。依据表1与图1及相关资料，安徽省学前教育毛入学率2014年达到78.1%，比全国平均水平高出7.6个百分点；2015年学前教育毛入学率达到80.1%，比2010年增长31.6个百分点，平均每年增长6.32个百分点，超额完成安徽省第一期学前教育三年行动计划，比《规划纲要》2015年中间阶段预计目标高出15.1个百分点，超额完成《规划纲要》中期目标，提前达到《规划纲要》最终设定的预计目标。

表1 2010年、2014年、2015年各级教育毛入学率与全国平均水平比较

安徽省/全国		学前教育毛入学率	高中阶段教育毛入学率	高等教育毛入学率
2010年	安徽省*	48.50%	80.00	24.30%
2014年	安徽省**	78.10%	91.90%	37.90%
	全国平均水平***	70.50%	86.50%	37.50%
2015年	安徽省****	80.10%	92.00%	40.60%

（续表）

安徽省/全国	学前教育 毛入学率	高中阶段教育 毛入学率	高等教育 毛入学率
《安徽省中长期教育改革与发展规划纲要（2010—2020年）》2015年目标	65.00%	87.00%	36.00%

注：*数据来源于《安徽省2010年教育事业统计公报》；**数据来源于《安徽省2014年教育事业统计公报》；***数据来源于《2016年全国教育工作会议——关于〈教育规划纲要〉颁布实施5年来特别是党的十八大以来教育改革发展情况总结》；****数据来源于《程艺厅长报告：安徽教育"十二五"回眸和"十三五"展望》。

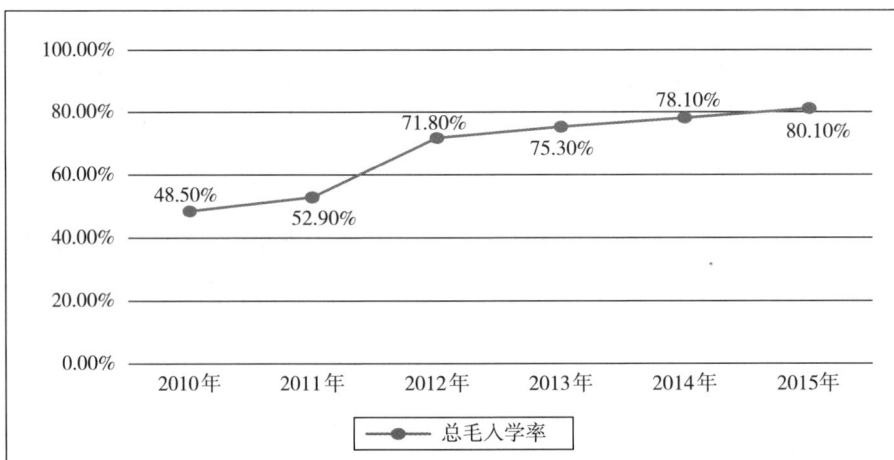

图1　2010—2015年学前教育普及情况

义务教育稳步推进。依据图2及相关资料，安徽省九年义务教育入学率逐步提高，巩固率略高于《规划纲要》中期目标。截至2015年底，全省完成829所义务教育学校标准化建设任务，义务教育学校标准化覆盖率由2010年不足10%提高到85%，已有70个县（市、区）通过国家县域义务教育均衡发展督导评估认定，累计通过数位居全国第7、中部第2，超前达到了中期预计目标。

高中教育快速发展。依据表1与图3及相关资料，安徽省高中阶段教育毛入学率2014年达到91.9%，比全国平均水平高出5.4个百分点；2015年高中阶段教育毛入学率达到92%，比《规划纲要》2015年中间阶段设定的预计目标高出5个百分点。5年来增长12个百分点，平均每年增长2.4个百分点，实现了《规划纲要》中期目标，基本上达到《规划纲要》最终设定的预计目标。

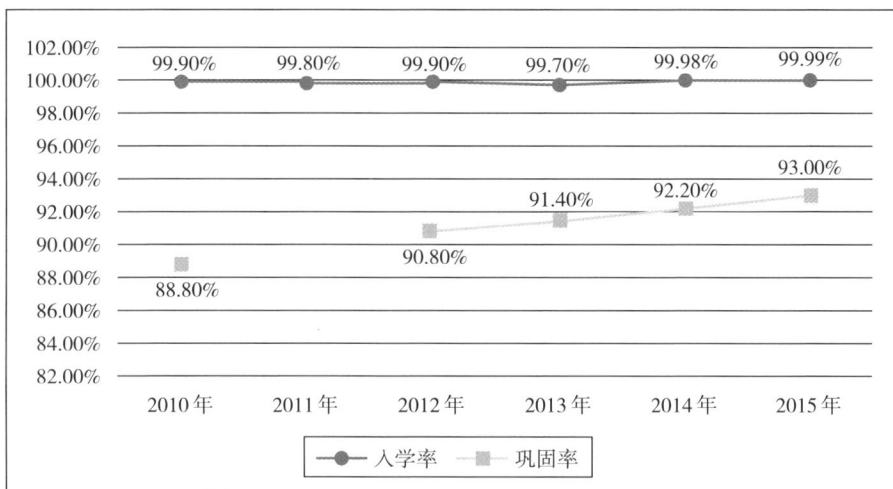

注：缺2011年九年义务教育巩固率数据。

图2　2010—2015年九年义务教育普及情况

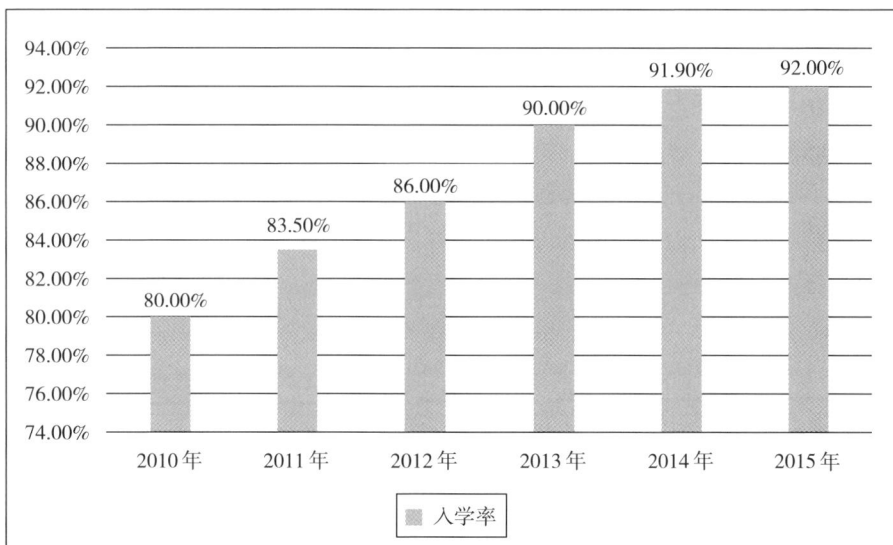

图3　2010—2015年高中教育普及情况

职业教育稳步发展。依据图4及相关资料，近5年，安徽省职业教育招生数和在校生数总体上呈平稳调整趋势，以适应经济社会发展的需求。2015年中等职业学校431所，在校生数、校均学生数分别为83.775万人、1944人。安徽省职业教育在注重扩大规模的同时，注重内涵式发展，中职毕业生就业率在96.5%以上，高职院校毕业生就业率超过99%，职业教育质量稳步提高。

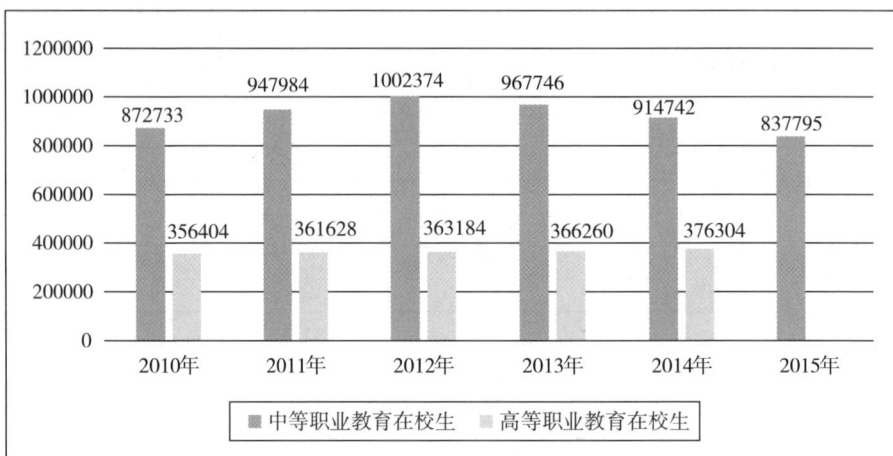

注：缺 2015 年高等职业教育在校生数据。

图4　2010—2015 年职业教育发展情况

高等教育呈平稳快速发展态势。依据表1 与图5、图6 及相关资料，2010 年高等教育招生数为 384014 人，2014 年增至 448787 人；2010 年在校生 1128882 人，2015 年增至 1404350 人。高等教育毛入学率 2014 年为 37.9%，比全国平均水平高出 0.4 个百分点；2015 年提高到 40.6%，比《规划纲要》2015 年中间阶段预计目标高出 4.6 个百分点。研究生在学规模 5.041 万人，超出中期预计目标 0.9 万人，高等教育各方面均超额完成了中期预计任务，接近《规划纲要》最终设定的预计目标。

图5　2010—2015 年高等教育发展情况

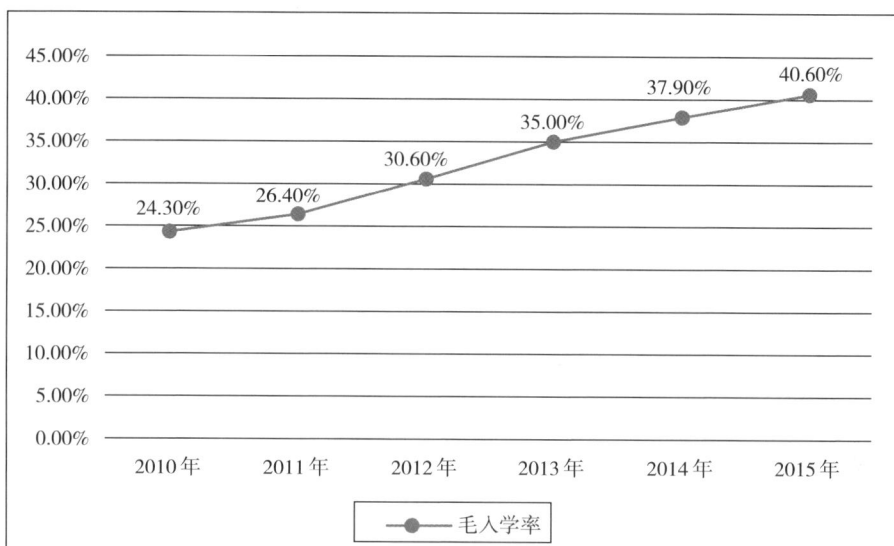

图 6　2010—2015 年高等教育发展情况

（三）教育经费投入情况

2014 年，全省教育经费总投入达到 1045.78 亿元，比 2010 年增加 446.69 亿元。2014 年，全省公共财政预算教育经费占教育经费总投入的比例达 78.35%。2010 年以来，公共财政预算教育经费占教育经费投入的比例总体呈增长趋势，教育经费中政府投入为主的公共财政体制职能得到进一步体现。

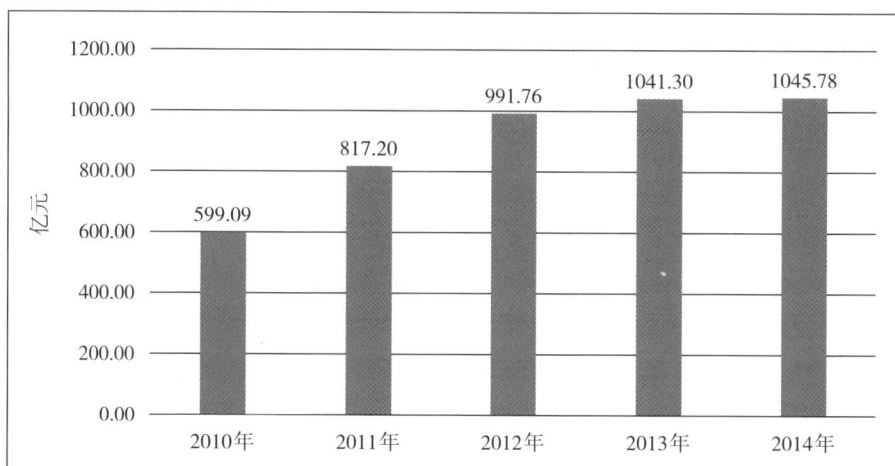

图 7　2010—2014 年全省教育经费总投入情况

2014 年，全省人均教育经费总投入（含中央投入，下同）达 1719.21 元，比 2010 年将近翻了一番。2010 年以来，全省人均教育经费总投入整体呈增长趋势。其中 2011 年增长最快，增幅达 36.15%。

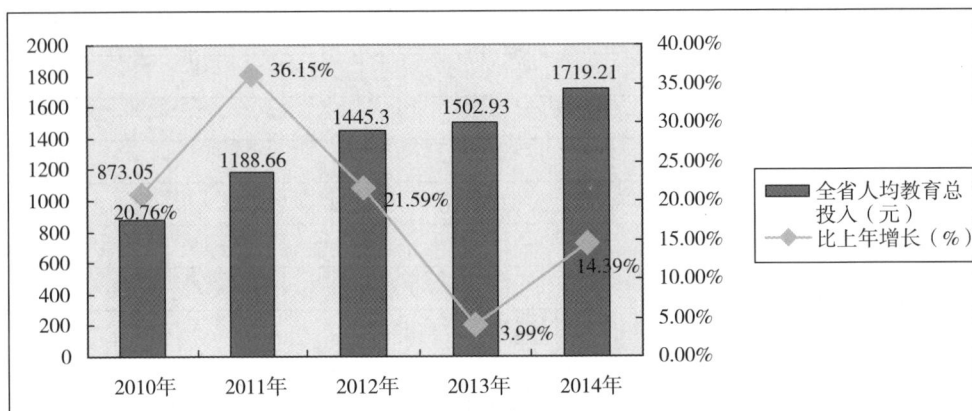

图 8　全省人均教育经费总投入及增长率情况

2014 年，全省普通高等学校生均教育经费总支出为 17567.85 元，比上年增加 1121.79 元，增长 6.82%，约是 2010 年的 1.55 倍。

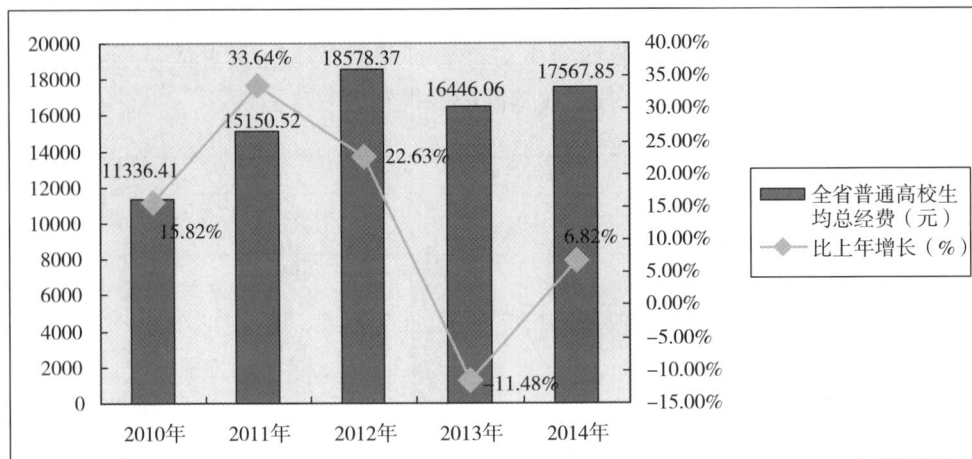

图 9　全省普通高等学校生均教育经费总支出及增长率情况

2014 年，全省中等职业学校生均总经费为 12723.93 元，比上年减少 201.83 元，下降 1.77%。2010 年以来，全省中等职业学校生均总经费整体呈增长趋势。2010、2011 和 2012 年增幅均超过 30%。

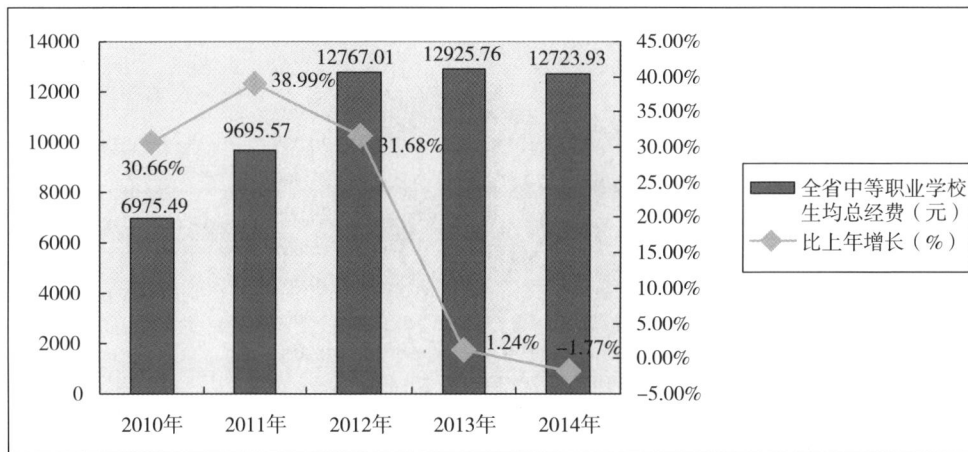

图10 全省中等职业学校生均总经费及增长率情况

2014年，全省普通高中生均总经费达11645.17元，比上年减少126.72元，下降1.08%。2010年以来，全省普通高中生均总经费整体呈增长趋势。2011、2012年增幅均超过30%。

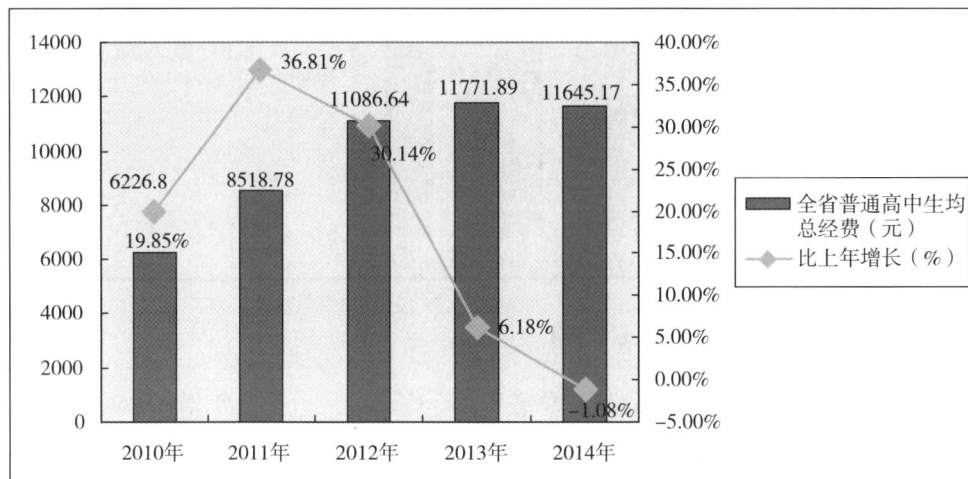

图11 全省普通高中生均总经费及增长率情况

2014年，全省普通初中生均总经费达11731.37元，比上年增加605.35元，增长5.44%，是2010年的2.33倍。

2014年，全省普通小学生均总经费达8315.24元，比上年增加517.07元，增幅6.63%，是2010年的2.05倍。

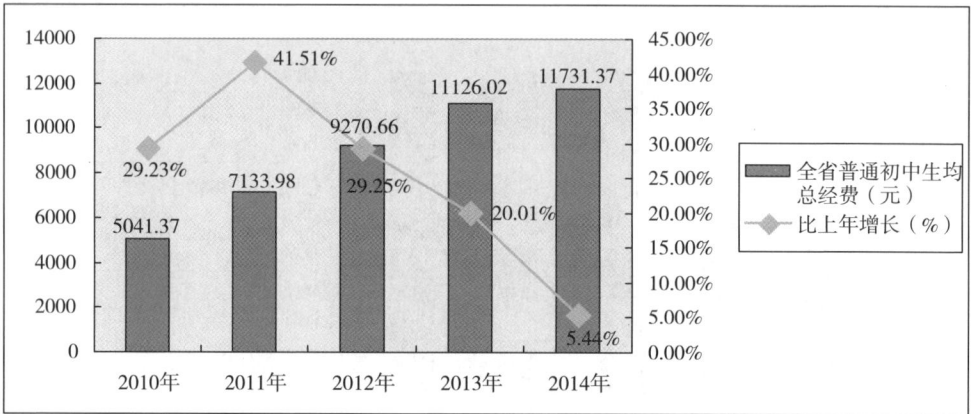

图 12　全省普通初中生均总经费及增长率情况

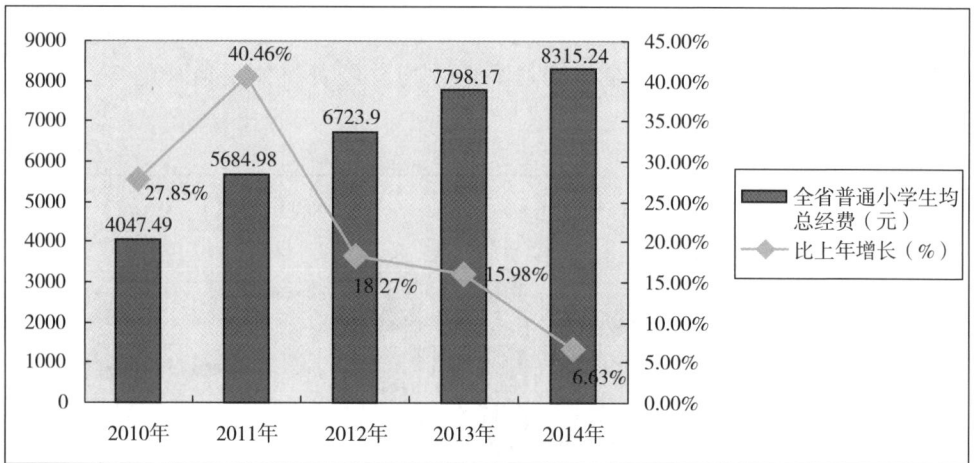

图 13　全省普通小学生均总经费及增长率情况

　　2014 年，全省普通幼儿园生均总经费达 5052.93 元，比上年增加 464.09 元，增幅 10.11%，是 2010 年的 2.73 倍。2010 年以来，全省普通幼儿园生均总经费整体呈增长趋势。2012 年增长速度最快，增幅达 92.73%。

　　2014 年，全省财政性教育经费（包括公共财政预算教育经费、政府性基金预算教育经费、企业办学中的企业拨款、校办产业和社会服务收入用于教育的经费及其他属于国家财政性教育经费）达到 862.98 亿元，比上年增长 0.41%，为 2010 年的 1.92 倍。2014 年，全省财政性教育经费占国内生产总值的比例为 4.14%，比上年下降 0.44 个百分点。

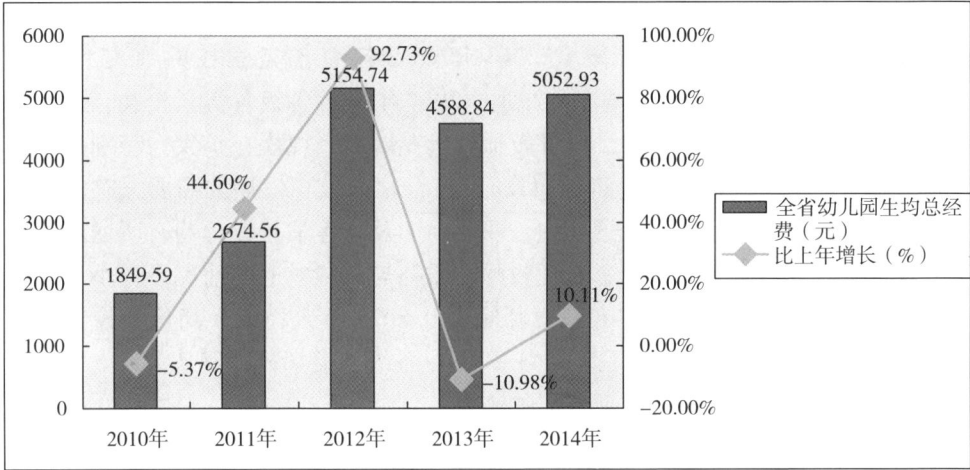

图 14 全省普通幼儿园生均总经费及增长率情况

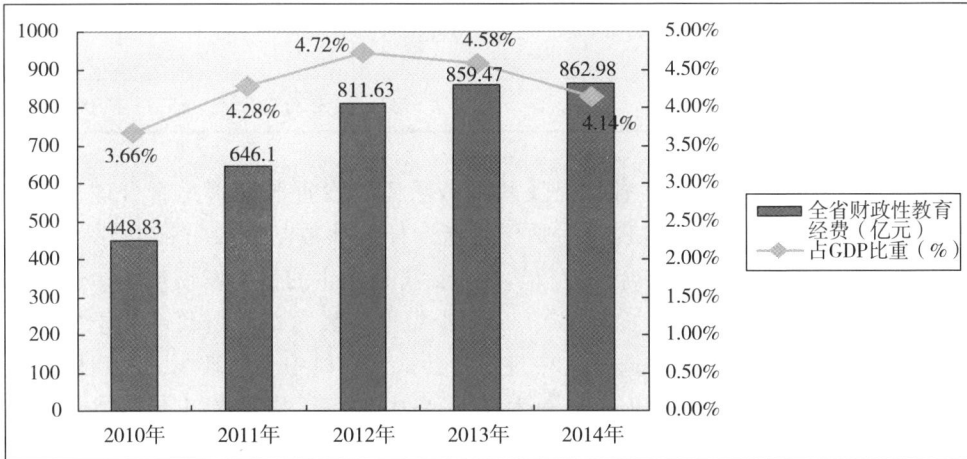

图 15 全省财政性教育经费及占 GDP 比例情况

（四）师资队伍建设情况

5 年来，安徽省把师资队伍建设摆在提高教育质量、促进教育事业发展更加突出的战略地位，并适时颁发了《安徽省人民政府关于加强教师队伍建设的意见》等相关政策法规，各地、各有关部门相应采取一系列政策措施，有力推进和加强安徽省师资队伍建设，取得显著成绩。目前，安徽省教师数量基本符合要求，队伍相对稳定，结构趋于合理，素养不断提升，基本满足安徽省教育事业发展与改革的需要，为安徽省经济社会发展作出了重要贡献。

1. 师资数量与配置

（1）教师总体数量。安徽省 2010 年全省各级各类学校共有专任教师 58.4941 万人，经过 5 年增补与自然减退，2014 年全省各级各类学校共有专任教师 62.3597 万人。从总量上看，全省教师数量在增加，规模在扩大，特别是幼儿园教师总量增加明显，增幅达到 94.12%，符合学前教育发展的需要，有力推进安徽省学前教育事业发展；普通高中、职业中学及高等学校教师均有所增加；但义务教育阶段因为学生数减少，专任教师在增补与自然减退的情况下，小学专任教师减少 0.8 万人、普通初中专任教师减少 0.8025 万人；成人高等学校专任教师绝对减员 0.0607 万人，降幅达到 44.80%。各级各类学校师资从数量上增补与自然减退，符合安徽省教育事业发展的需要。

表2　安徽省 2010 年与 2014 年各学段专任教师数　（人数单位：万人）

学段 年份	幼儿园专任教师数	小学专任教师数	普通初中（包含职业初中）专任教师数	普通高中专任教师数	中等职业学校专任教师数	普通高校专任教师数	成人高校专任教师数
2010	3.4	24.6	16.3025	6.6879	2.4384	4.9298	0.1355
2014	6.6	23.8	15.5	7.5237	3.2087	5.6525	0.0748

（2）各学段生师比。生师比是反映师资队伍建设资源配置是否合理，以及教育是否均衡发展的重要体现。生师比是指专任教师数与在校（园）学生数的比例。生师比的大小只有符合教育教学规律，符合学生的身心发展规律，达到合理性，才能有利于学生的成长与发展。《中央编办　教育部　财政部关于统一城乡中小学教职工编制标准的通知》中规定将县镇、农村中小学教职工编制标准统一到城市标准，即高中教职工与学生比为 1：12.5、初中为 1：13.5、小学为1：19。

从表3 中可以看出，安徽省 2010 年与 2014 年各级各类学校生师比进行比较都有所下降，师资得到较为明显的改善。

表3　安徽省 2010 年与 2014 年各学段生师比

学段 年份	幼儿园生师比	小学生师比	普通初中（包含职业初中）生师比	普通高中生师比	中等职业学校生师比	普通高校生师比
2010	29.65：1	18.74：1	17.10：1	19.1：1	35.8：1	18.4：1
2014	26.20：1	17.5：1	12.4：1	16.0：1	28.5：1	18.27：1

　　从表4中可以看出，"十二五"期间，安徽省在加快师资队伍建设的过程中，逐步减少师生比，到2014年全省各级各类学校生师比日趋合理，小学、普通高中、中等职业学校、高等学校还略高于全国的平均水平，只有初中低于全国的平均水平。从总体上说，与全国平均状况相比，安徽仍有差距，需要进一步加强师资队伍建设，以满足安徽省教育事业发展的需求，办人民满意的学校。

表4　安徽省与全国2014年各学段生师比

学段 年份与地域	幼儿园 生师比	小学生 师比	普通初中 （包含职业初中） 生师比	普通高中 生师比	中等职业 学校生师比	普通高校 生师比
2014 年安徽	26.20∶1	17.5∶1	12.4∶1	16.0∶1	28.5∶1	18.27∶1
2014 年全国		16.78∶1	12.57∶1	14.44∶1	21.34∶1	17.73∶1

　　（3）师资年龄结构。通过 5 年建设，截至 2014 年，全省师资队伍25 岁以下年龄的小学、初中、高中教师分别占整个教师队伍的 4.69%、4.08%、5.67%，说明中小学教师队伍新聘教师规模较小；35 岁以下年龄的小学、初中、高中教师分别占整个教师队伍的 32.20%、35.13%、48.98%；45 岁以下年龄的小学、初中、高中教师分别占 58.83%、70.71%、79.48%。这表明，安徽省通过"十二五"师资队伍建设，中小学教师年龄结构合理，中青年教师是中小学教师的主体。

表5　2014 年安徽省中小学专任教师年龄结构情况

学段	专任教师 （人数）	24 岁及以下 （人数/比例）	25～34 岁 （人数/比例）	35～44 岁 （人数/比例）	45～54 岁 （人数/比例）	55 岁及以上 （人数/比例）
小学	237902	11165/4.69%	65466/27.51%	63357/26.63%	62699/26.35%	35105/14.76%
初中	155211	6336/4.08%	48199/31.05%	55224/35.58%	47709/30.74%	7250/4.67%
高中	75237	3888/5.67%	30328/43.31%	22944/30.50%	16058/21.34%	1899/2.52%

　　通过 5 年建设，截至 2014 年，安徽省小学教师队伍中，35 岁以下年龄的青年教师占 32.20%，45 岁及以上年龄的教师占 41.11%，55 岁及以上教师所占比例为 14.76%，说明安徽省小学教师年龄结构呈现相对"老化"现象，也是"十三五"期间需要逐步调整的问题；初中教师队伍中，35 岁以下年龄的青年教师占 35.13%，45 岁及以上年龄的中年教师占 35.41%，55 岁及以上教师所占比例为 4.67%，说明与小学相比，初中教师队伍相对年轻得多，年龄结构更为合理；高中教师队伍中，35 岁以下年龄的青年教师占 48.98%，45 岁及以上年龄的中年

教师占23.86%，55岁及以上教师占2.25%，说明与初中相比，高中教师队伍更为年轻，在某种程度上说，"十三五"期间需要加强对高中青年教师进行专业培训。

2. 整体素质与配置

评价与衡量师资队伍质量有很多指标，其中，学历、职称等作为外显宏观测量指标能够在一定程度上反映师资队伍质量，而教师在学历、职称上的分布状况又在一定程度上反映教师资源均衡配置状况。因此本报告通过研究教师学历、职称及其分布情况，分析安徽省师资队伍质量与配置均衡性状况。

（1）教师学历层次。从表6中可以看出，通过5年建设，截至2014年安徽省幼儿园专任教师学历合格率为98.63%，专科以上学历占81.15%；小学专任教师学历合格率约100.0%，高出全国0.13个百分点，专科以上学历占86.85%；初中专任教师学历合格率为99.72%，高出全国0.12个百分点，本科以上学历占75.56%；高中专任教师学历合格率为97.06%，高出全国0.4个百分点，研究生以上学历占4.89%；中等职业学校专任教师学历合格率为91.3%，均高出全国专任教师水平。高等学校专任教师具有博士研究生以上学历占13.65%，专任教师具有硕士研究生以上学历占56.52%。

从总体上看，师资队伍经过5年建设，教师学历层次总体上得到明显提升，结构合理。

表6 2014年安徽省专任教师学历情况

学段	专任教师（人数）	研究生毕业（人数/占百分比）	本科毕业（人数/占百分比）	专科毕业（人数/占百分比）	高中阶段毕业（人数/占百分比）	高中阶段以下毕业（人数/占百分比）
幼儿园	65957	70/0.11%	10036/15.22%	43417/65.83%	11528/17.48%	906/1.37%
小学	237902	459/0.19%	85022/35.74%	121136/50.92%	31276/13.15%	9/0.001%
初中	155211	1405/0.91%	115865/74.65%	37504/24.16%	437/0.28%	
高中	75237	3682/4.89%	69346/92.17%	2186/2.91%	23/0.03%	
普通高校	56525	31947/56.52%	24066/42.58%	512/0.91%		

（2）教师职称结构。通过5年建设，小学专任教师小教高级职称以上占54.69%，小学中的中学高级占1.00%，小学教师职称总体结构基本合理；初中中教一级以上职称教师所占比例为55.21%，中学一级职称教师所占比例为38.50%，中教三级职称教师所占比例为2.60%，初中教师职称结构比较合理、水平较高；全省高中中教一级以上职称教师所占比例为63.47%，中教三级职称

教师所占比例为 1.46%，高中教师职称结构合理，职称水平较高。普通高等学校专任教师中，正高级职称教师所占比例为 8.01%，副高级以上职称教师所占比例为 34.81%，普通高等学校教师职称总体结构合理。

表7　2014 年安徽省专任教师职称情况

学段	专任教师（人数）	中学高级（人数/占百分比）	小教高级（人数/占百分比）	一级（人数/占百分比）	二级（人数/占百分比）	三级（人数/占百分比）	未定职级（人数/占百分比）
幼儿园	65957	79/0.12%	5445/8.26%	5814/8.81%	3006/4.56%	490/0.74%	43422/65.83%
小学	237902	2380/1.00%	127736/53.69%	78654/33.06%	7664/3.22%	337/0.14%	21131/8.88%
初中	155211	25935/16.71%		59758/38.50%	51048/32.89%	4030/2.60%	14440/9.30%
高中	75237	21754/28.91%		25999/34.56%	20055/26.66%	1097/1.46%	6332/8.42%
		正高级（人数/比例）	副高级（人数/比例）	中级（人数/比例）	初级（人数/比例）		未定职级（人数/比例）
普通高等学校	56525	4525/8.01%	15147/26.80%	21810/38.58%	11974/21.18%		3069/5.43%

注：一级职称中学指中教一级、小学指小教一级；二级职称中学指中教二级、小学指小教二级；三级职称中学指中教三级、小学指小教三级。

二、基础教育蓬勃发展

（一）抓住政策机遇，学前教育实现跨越式发展

实施学前教育三年行动计划，把乡镇公办幼儿园建设纳入民生工程，加快城镇小区配套幼儿园建设，逐步建成覆盖城乡、布局合理的学前教育公共服务网络。据统计，2010 年至 2015 年 11 月底，全省学前教育建设项目各级财政累计投入达 601015 万元（其中：中央发改资金 74050 万元，中央财政资金 279920 万元，地方配套资金 247045 万元），共新建幼儿园 1712 所，改扩建幼儿园 2512 所，小学增设附属幼儿园 3681 所。2015 年，全省在园幼儿数由 2010 年的 100.8 万人，上升到 185.7 万人，学前教育三年毛入园率由 2010 年的 48.5% 上升到 80.1%。

创新公办民办并举体制，大力推进公办和普惠性幼儿园建设，积极落实各类奖补资助政策，有力撬动引导一大批优质民办园提供普惠性服务。2015 年，全省普惠性民办幼儿园 2700 所，占民办幼儿园总数的 60% 以上；全省公办园和普惠性民办园在园幼儿数占总幼儿数比例由 2011 年的 28% 提升到 80%。

2014 年安徽省人大常委会通过《安徽省学前教育条例》（以下简称《条例》），2015 年安徽省人大开展《条例》落实情况专项检查，出台《安徽省幼儿园办园基本办园标准（试行）》，明确了幼儿园的建设、规划、设置、评估和管理标准，学前教育管理从注重数量到注重数量与质量并重转变。近年来，全省幼儿专任教师每年增加 7000 多人。对民办幼儿看护点实施分类动态管理，加强无证办园的监管，无证园数量 2015 年较 2012 年减少了 1300 多所。从禁止使用幼儿教材入手，全面落实以游戏为基本活动的理念，深入治理幼儿园教育小学化倾向，在全国率先规范幼儿园保教行为。

（二）加大教育财政投入，义务教育资源配置不断优化

财政保障水平增幅明显。安徽省政府出台《关于进一步加大财政教育投入的实施意见》，各地在财政收入增幅收窄、财政收支矛盾较为突出的情况下，坚持把义务教育作为财政支出的重点领域优先保障，优先保证推进义务教育均衡发展经费需求。2009—2014 年，普通初中生均公共财政预算教育事业费从 3048.55 元提高到 9210.8 元，增加了 2.02 倍；普通小学生均公共财政预算教育事业费从 2480.81 元提高到 6658.15 元，增加了 1.68 倍。普通初中生均公共财政预算公用经费从 920.06 元提高到 3328.57 元，增加了 2.62 倍；普通小学生均公共财政预算公用经费从 609.38 元提高到 2364.44 元，增加了 2.88 倍。全省小学、初中生均预算内教育事业费和公用经费增速与增幅在全国分别前移 10 多位，生均公用经费已超过全国平均水平。

义务教育学校办学条件明显改善。安徽省义务教育学校标准化建设在全国起步较早，2007 年就出台了全省义务教育阶段学校办学基本标准，明确了"一扩三建四提高"的标准化建设内涵。近年来，通过颁布《安徽省实施〈中华人民共和国义务教育法〉办法（修订）》，全面落实《义务教育均衡发展备忘录》，大力实施中小学校舍安全、农村初中校舍改造、农村薄弱学校标准化建设、义务教育阶段学校标准化建设和"全面改薄"等工程，义务教育学校标准化覆盖率由 2010 年的不足 10% 提高到 85%，70 个县市区通过县域义务教育均衡发展国家评估认定。例如阜阳市在"十二五"期间，投入 13 亿元，新建学校 21 所，改扩建学校 21 所，近 3 年新建、改扩建学校的教学资源，超过了其 1949 年至 2013 年所建学校的总和。合肥市庐阳区建立义务教育均衡发展专项资金和农村学校、薄弱学校补助资金。蒙城县、固镇县、肥东县、颍东区、颍泉区、巢湖市筹集数亿资金，调剂划拨土地，集中用于标准化建设，所辖学校建设标准全面提档升级。涡阳县、滁州市南谯区、霍山县着力调整优化学校布局，加强人口导入区学校建设力度，满足城区新增入学需求。宁国市、芜湖市弋江区等重点加强学校运动场地建设，大多数农村学校实现了运动场地塑胶化。淮北市各区将矿区学校全面转制，与地方学校同标建设，缩小了区域内校际差距。天长市、当涂县、马鞍山市博望区积极推行校车制度，由政府出资，实行企业化管理，高标准配置校车，较好地解决了农村中小学生上、下学交通问题。庐江县，怀远县，和县，石台县，芜湖市龙子湖区、鸠江区，淮南市田家庵区，池州市贵池区，马鞍山市博望区不断优化城乡学校布局，努力增加投入，新改扩建校舍、运动场地，教育资源配置力度明显。

优质教育资源不断扩大。各地通过开展结对帮扶、捆绑发展、名校办分校、集团办学等多种形式，实现以强扶弱、共同发展。例如，铜陵市"优质学校+薄弱学校""优质学校+农村学校"；马鞍山市、芜湖市、淮北市、蚌埠市的学校集团办学；淮南市、安庆市的名校建分校区；合肥市庐阳区的城乡学校"捆绑"办学机制；铜官山区组织区属小学与长三角及周边地区学校签订网上结对合作协议；肥西县、东至县、蚌埠市蚌山区、阜阳市颍州区、滁州市琅琊区、淮南市八公山区、安庆市迎江区通过校际联盟、委托管理等方式，发挥优质学校辐射作用，加速薄弱、农村学校提质转型。

（三）推进教育公平，特殊群体受教育权利得到保障

加大特殊群体教育投入和资助力度。安徽省将家庭经济困难学生资助继续纳入省政府民生工程。"十二五"期间，累计投入 493 亿元实施重大教育民生工程。发放高校中职和普通高中家庭经济困难学生奖学金、助学金和免学费补助资金 118.3 亿元、810 万人次，办理生源地信用助学贷款 52.2 亿元、82.9 万人次。年资助资金额由 2010 年的 16.8 亿元增长到 2014 年的 26.2 亿元；生均资助标准由 829 元增长到 1375 元。九年义务教育巩固率达 93%，比 2010 年提高 4.2 个百分点，义务教育适龄儿童入学率保持在 99% 以上，顺利实现"十二五"规划目标，实现了对全国水平的赶超，总体发展水平进入全国中上行列和中部地区前列。各县（市、区）认真落实城市低保家庭和农村家庭经济困难的寄宿学生生活费补助政策，实现应补尽补。保障孤儿、流浪儿童、以船为家渔民子女等接受良好的义务教育。安徽省人大立法规定：按高标准配备特殊教育学校教师、拨付公用经费。制定了特殊教育提升计划，实施了特殊教育学校建设工程，投入 2.9 亿元改善特殊教育学校的条件设施。

关爱进城随迁子女和农村留守儿童。安徽省在全国较早打破户籍限制，并探索实施"教育券"制度，全面落实"两为主""三个一样"政策，全面消除 42 万名进城务工人员随迁子女就学障碍，随迁子女在公办学校接收免费义务教育的比例已达 90%。合肥市瑶海区，宣城市宣州区、广德县将优质公办学校作为随迁子女就读定点学校，为外来务工人员子女入学开辟绿色通道。合肥市庐阳区近3 年接受进城务工随迁子女均在 1000 人以上。省委、省政府成立了农村留守儿童工作协调小组，实施民生工程，按照"七有"规范建立了 1.9 万个农村留守儿童之家，统一在学校安装 2.2 万余部留守儿童之家亲情电话，基本做到留守儿童"校校有小家，处处有温暖，人人有监护，课余有去处"。例如，岳西县建设了"留守儿童之家" 170 个。安庆市宜秀区、黄山市徽州区、池州市贵池区、蚌埠市怀远县建设农村留守儿童之家和乡村少年宫，并探索创新留守儿童成长评价模式。

（四）规范办学行为，学校内涵特色逐步彰显

加强办学行为专项督查。通过在安徽教育网搭建规范办学行为平台和违规曝光台，聘请 50 名规范办学行为义务监督员，全面建立督学责任区和中小学校责任督学挂牌督导，积极探索第三方评价中小学生学业负担的评价方式，加强办学行为专项督查，实施督查通报、工作月报、督查督办三项制度和开展中小学教辅材料评议推荐等措施，中小学办学行为不断规范，学生课业负担明显减轻，"择校"问题基本解决。全省义务教育阶段择校率已降至 5% 以下，部分市实现了零择校。示范高中招生指标 80% 以上分配到区域内初中学校，2 项指标都高于教育部的规定要求。例如，芜湖全市已实行零择校近 10 年；休宁县在切实缩小资源配置和办学水平差距后，家长普遍不再择校；含山县、黄山市徽州区、砀山县建立教育投诉举报通报制度，实施"三乱"专项治理；铜陵市铜官山区严格遵循"划片招生、就近入学、控制总量、管住班额、阳光招生、校长承诺"六项招生原则，坚持新生入学均衡分班。

学校内涵发展步伐加快。各地均把立德树人作为根本任务，着眼学生全面发展和终身发展，以特色学校建设为抓手，以学校文化建设为载体，推动义务教育学校内涵发展，素质教育全面深入推进。例如，亳州市把"国学经典教育"纳入学校课程和全市 2015 年初中毕业学业考试内容；蚌埠市五河县、池州市青阳县、安庆市桐城县、六安市金安区、阜阳市颍州区、蚌埠市蚌山区、芜湖市镜湖区结合本土特色文化，精心打造"一校一品、一校一特"；安庆市大观区积极开展国家综合素质评价和小班化教学实验改革，开展"三全"教学视导模式，打造高效课堂；六安市霍邱县、蚌埠市淮上区开展"一师一优课、一课一名师、课课有精品"活动；合肥市长丰县，马鞍山市当涂县、雨山区加强青少年素质教育实践基地建设；宣城市宣州区传承、弘扬"文房四宝之乡"的文化特色；宁国市投入专项资金 80 万元设立学校书法教室 45 个；淮北市相山区推行"少先队一日常规"管理等。

（五）加快普通高中建设，多样化发展格局基本形成

省级示范高中实现县级全覆盖。《安徽省基本公共服务体系三年行动计划 (2013—2015 年)》中提出继续开展省级示范高中建设，扩大优质高中教育资源，截至 2015 年底，全省省级示范高中达到 193 所，比 2009 年增加 33 所，实现了省级示范高中的县级全覆盖。"十二五"期间，全省新评估认定 18 所省级示范高中。新评学校所在地政府和教育行政部门以创建省示范高中为抓手，加大投入，改善办学条件，加强教师队伍建设，推进课程改革，加强学校管理，规范办学行为，有力地推动了全省普通高中的发展，整体提升了普通高中办学水平。例如：合肥市包河区不断加大对三十二中的资金投入，用于学校办学条件改善；潜山县高度重视潜山二中新校园建设；砀山县新征土地，用于建设砀山二中新校区；利辛县委县政府专门划拨土地，用于利辛高级中学新区建设。

普通高中改造计划扎实推进。研究制定普通高中生均公用经费拨款标准，组织实施普通高中改造计划，扩大实施范围，支持国家集中连片特困地区、国家和省扶贫开发重点县普通高中改善办学条件。2014 年，安排中央财政资金 1.32 亿元，继续在国家集中连片特困地区 12 个县实施普通高中改造计划，完成了 111 个建设项目；组织实施普通高中改造计划，截至 2015 年投入 2.27 亿元，支持全省国家集中连片特困地区 12 个县 41 所普通高中改善办学条件。

课程改革全面深化。安徽修订了普通高中课程方案，创新教育模式，推进教学改革，初步形成各具特色的校本化课程体系。以指导国家中小学教育质量综合评价改革实验为推动，更新教育观念，使立德树人根本任务得到更好的落实。落实《国务院关于深化考试招生制度改革的实施意见》《教育部关于普通高中学业水平考试的实施意见》和《教育部关于加强和改进普通高中学生综合素质评价的意见》，研究制定了普通高中学业水平考试和学生综合素质评价实施方案。实施普通高中内涵发展提升工程，引导学校更加重视学生综合素质培养，加强高中学生科学精神和创新素质培养，为学生学习和成长创造更加宽松的环境。

普通高中多元特色发展。制定普通高中办学模式、培养模式多样化改革办法，深入推动普通高中多样化特色化发展。开展普通高中布局和办学状况调研，关注特色高中、农村普通高中发展，总结区域普通高中合理布局、特色发展的经验，分析把握普通高中发展和学校管理中存在的突出问题。合肥、芜湖、铜陵、马鞍山等市普通高中开发的校本课程日趋多样化、个性化和特色化。一批特色鲜明的校本课程，正在走向全市乃至全省，一些学校逐渐形成具有自己特色的学科课程，也有一些学校的学习环境日益具有文化底蕴，为课程建设打下扎实的基础。

（六）加快实施"三通两平台"，推进教育信息化全面发展

强化顶层设计。作为国家教育信息化试点省份，安徽省政府出台《安徽省教育信息化中长期发展规划（2013—2020 年)》，教育、发改、财政等五部门联合印发加快推进基础教育信息化工作意见和建设工程实施方案。制定中小学信息化标准、信息化平台开发 API 接口规范、在线课堂技术标准等，实行配置标准、技术标准、管理规范和安全标准的四统一。将农村学校作为工作重点，在政策、项目、资金等方面予以倾斜。

夯实基础设施环境。明确省、市、县、校四级在信息化发展中的工作职责，并依据事权与财权相统一的原则，明确了信息化发展所需资金来源渠道。中小学互联网接入率、校园网建有率、班级多媒体设备学校覆盖率分别达 99.9%、98.8%、98.4%，比 2010 年分别提高 66.9、84.8、83.4 个百分点，教师网络学习空间开通率达 92.9%。

建立省级基础教育信息化两平台。采取政府购买服务、政企共建共管、各级互联共享的模式，于 2014 年在全国率先以云技术建立了融合教育管理和资源应用的省级基础教育信息化两平台，被评为安徽省信息化十件大事之首。管理平台已部署 11 个国家管理信息系统和 10 个省级系统。如中小学学籍管理系统，在经费安排、项目建设、免费教科书采购、学生营养餐计划、进城务工农民随迁子女教育券制度等方面发挥了不可替代的作用。资源平台已建立了覆盖中小学所有学段、学科和绝大多数教材版本的优质教育资源库，资源条目数近 650 万条，共计开通 570 多万个师生网络学习空间。

创新建立在线课堂。针对教学点及农村偏远地区缺师少教开不齐课程的难题，探索出以县为单位、由优质学校辐射教学点和薄弱学校的"在线课堂"常态化教学模式，目前已经覆盖 59 个县（区），共计建设了 818 个主讲课堂、1986 个接收课堂（教学点），惠及 20 多万偏远地区的孩子。中央电视台、新华社等主要媒体专门赴皖南山区进行了深度采访报道。在首届国际教育信息化大会上，安徽省做法被教育部列在"中国信息化应用模式创新的探索"6 个案例的首位向世界推介。安徽省承办了中西部基础教育信息化应用现场会，并在第二次全国教育信息化电视电话会议上作为唯一省级政府作经验介绍。

不断提高信息化素养。开展了全省教育信息化领导力培训，对各市、县（区）教育部门主要负责人、分管负责人、相关处室和部门负责人，以及中小学所有校长计 1.6 万人进行了全员培训。制定《安徽省教育厅关于实施全省中小学教师信息技术应用能力提升工程的实施意见》，省级财政安排了培训专项经费，全年采用远程培训和集中培训相结合的方式，每年培训 10 万人次以上。建立省

级培训选学平台和测评系统，对教师信息技术应用能力实行初级、中级、高级的三级考核。

（七）推进人事制度改革，教师队伍建设成效显著

安徽省先后出台《安徽省人民政府办公厅关于加强中小学教师队伍建设的意见》和《安徽省教育厅　安徽省机构编制委员会办公室　安徽省发展和改革委员会　安徽省财政厅　安徽省人力资源和社会保障厅　安徽省住房和城乡建设厅关于加强农村中小学教师队伍建设的意见》，在 3 个市开展了中小学教师职称制度改革、5 个市开展了中小学教师资格定期注册改革试点，实施了 76 项中职中小学教师队伍建设改革省级示范项目，积极推进中小学教师无校籍管理和校长职级制改革，马鞍山市博望区、合肥市肥西县确定为国家首批教师队伍县管校聘管理改革示范区。马鞍山市博望区、铜陵市铜官山区、合肥市庐阳区、合肥市肥西县的教育人事制度改革案例荣获第四届全国教育改革创新案例推选最高特别奖。

从法制和政策层面推进县域内校长教师交流轮岗，全省公办义务教育学校校长教师交流轮岗比例达到 10.7%。实施乡村教师计划，落实乡村教师生活补助和乡镇工作补贴政策，惠及全省 80 个县区 15.1 万名教师。将农村教师周转房纳入省保障房建设中，实现教师周转房工作常态化。建立中小学教师"省考、县管、校用"招聘制度，2014 年，招聘新任教师 7415 人，招聘特岗教师 3005 人，全省累计招聘特岗教师达到 20636 人，分布在全省 27 个设岗县（区）的 2000 多所乡村初中和小学，组织选派 1330 名骨干教师赴 31 个国家连片特困地区县、国家扶贫开发工作重点县和省级扶贫开发工作重点县驻点支教 1 年，中央和省财政分别给予每人每年 1 万元经费支持。安徽省乡村教师队伍建设工作，在教育部年度教育工作会议上作交流发言。

三、职业教育质量稳步提升

5 年来特别是党的十八大以来，安徽省加快发展现代职业教育，《规划纲要》确立的职业教育改革发展的中期目标基本实现，加快发展现代职业教育的理念和发展思路基本确立，具有安徽特色的现代职业教育体系蓝图已经绘就、框架加快构建，技术技能人力资本积累不断增加，科学合理的人才结构逐步形成，成为全省教育领域综合改革的一个亮点，为安徽省深入实施创新驱动发展战略，加快转方式、调结构、促升级、惠民生做出了重要贡献。

（一）建设职教大省，推进职教快速发展

安徽省政府颁布《安徽省职业教育大省建设规划（2008—2012 年）》，明确现代职业教育体系基本建成、职业教育规模不断扩大、职业教育办学实力显著增

强、职业教育服务经济社会发展的贡献度大幅提升四大目标，制定健全稳定的长效投入机制、统筹整合各类职业教育资源、深化职业教育办学体制改革、加大对职业教育的政策支持力度、全面优化职业教育发展环境五项政策措施，推进了全省职业教育快速发展。

高中阶段教育职普规模趋向大体相当。5 年来，中等职业教育招生数占高中阶段教育招生数的比例保持在 45% 以上。2015 年，中等职业教育招生 30.67 万人、在校生 83.78 万人，分别占高中阶段的 45.8% 和 42.5%，比 2010 年分别增长 0.6 和 1.9 个百分点，中等职业教育成为"普及高中阶段教育"不可或缺的重要力量。2015 年，全省中等职业学校 412 所，比 2010 年减少 111 所，学校布局结构更趋合理；校均在校生 2033.5 人，比 2010 年增长 364.8 人，办学效益明显提高。

高等职业教育规模基本稳定。2014 年，高等职业院校（含高等专科）74 所，招生 15.79 万人、在校生数达 42.1 万人，分别占高等教育的 47.6%、39.3%。高等职业教育为实现高等教育大众化做出重要贡献。

培养了大批高素质技术技能人才。5 年来，高等职业院校输送 67.3 万技术人才，中等职业学校输送 157.8 万技能人才；成人技术培训学校（机构）非学历教育注册学生达到 323.34 万人，有效改善了企业岗位的劳动力结构，大面积提高了生产一线劳动者的素质。

（二）搭建人才成长立交桥，构建现代职业教育体系

顶层设计现代职业教育体系。2014 年，《安徽省人民政府关于加快发展现代职业教育的实施意见》出台，进一步明确了发展现代职业教育的指导思想、基本原则、目标任务，明确了各层次类型职业教育的科学定位；省教育厅等六部门编制《安徽现代职业教育体系建设规划（2014—2020 年）》，对构建新时期更具安徽特色、全国一流的现代职业教育体系做出系统设计。

不同层次职业教育相互衔接。为构建中等和高等职业教育相互衔接的职业教育体系，在高职分类考试招生、中高职贯通培养等方面进行了一系列探索，按照"分类招生、多元录取、联合培养"的要求，开展职业院校升学考试改革试点工作。完善以初中为起点的五年制高职培养制度，开展中职学校与本科高校合作举办"3+4"本科层次职业教育试点，扩大本科高校对口招收中职学生和专科学校与本科高校合作举办本科层次职业教育的办学规模，逐步提高专科高职院校招收中职学校毕业生的比例、本科高校招收职业院校毕业生的比例和高等职业院校招收有实践经历人员的比例。2015 年，全省 127 所中职学校与 84 所高职院校开展了中高职衔接，涉及专业点 194 个，初中起点五年制高职招生 2.74 万人；71 所高职院校自主招生 7.85 万人，其中面向中职学校招生 2.48 万人；13 所应用型本科高校面向中职毕业生招生 3665 人；24 所省属高校专升本计划招生 6035 名。省属高校实际录取专升本考生 5785 名，录取对口升本考生 3583 名，高职自主招生录取考生 38667 名，分类招生工作平稳有序完成。

促进终身教育体系建设。坚持把职业培训提到更加重要的位置，努力构建劳动者终身职业教育培训体系。评选建立了 38 个省级社区教育试验区、205 个省级社区教育示范街道；成立安徽开放大学，建设市、县社区教育学校；推动职业院校面向社区办学，向社会有序免费开放服务设施和数字化教育资源；国家、省级社区教育示范区、试验区每年举办全民终身学习活动周，推进学习型城市和学习型社会建设，合肥、马鞍山、宣城等 5 个市成为全国学习型城市联盟成员。2015 年，全省职业院校面向广大职工、新型职业农民、未升学初高中毕业生、残疾人、退伍军人、农村妇女等群体，广泛开展职业教育和培训，各类培训达到 75.9 万人次。

（三）改革办学模式，促进职教多元化发展

创新社会力量办学机制。通过政府补贴、购买服务、助学贷款、捐资激励等多种形式支持民办职业教育。2014 年，民办中等职业学校 123 所，在校生 16.5 万人，分别占 28.5%、18%。探索公办和社会力量举办的职业院校相互委托管理和购买服务的机制。郎溪县人民政府将公办的县职教中心、技工学校与民办的江南职校整合成混合所有制的郎溪县中等专业学校。

建立行业企业参与办学机制。鼓励支持行业和企业举办或参与举办职业教育，发挥企业重要办学主体作用。2014 年，全省行业企业办学校 60 所，在校生 12.98 万人，分别占 13.9%、14.2%。2015 年全省 311 所中等职业学校开展了校企合作，涉及合作企业 1536 家，涉及合作专业点 611 个。省教育厅、省经信委开展职业教育现代学徒制试点，33 所中等职业学校成为首批现代学徒制试点单位，探索建立校企"联合招生、合作育人、定向就业"的技术技能人才培养的体制机制，创新技术技能人才培养模式。

推进集团化办学。支持组建应用型本科联盟（行知联盟）、示范性高职院校合作委员会（A 联盟）、商科联盟、安徽现代农业职教集团等示范性、区域性、专业性职教集团或职教联盟，集团内共享实训基地、共建专业和课程、共同开展技术研发、服务和推广，促进教育链与产业链有机融合。全省组建了 26 个职教集团、19 所新建应用型本科院校、436 所职业院校、588 家企业、78 个行业协会和科研机构加盟。

（四）推进省市统筹，完善职教管理体制

推进省市共建和市级统筹。落实政府职责，完善职业教育统筹管理方式。省政府与教育部共建皖江城市带承接产业转移国家职业教育改革试验区，推进皖江城市带职业教育办学模式改革；省教育厅与马鞍山、滁州市政府共建职业教育改革发展省级试验区。加大对口支援皖北地区职业教育力度。落实省政府市级统筹重点工作部署，加快皖北职教园区建设，统筹抓好中职基础能力建设、中职质量提升计划、省级"三重"建设等项目，资金安排向皖北地区倾斜。皖北职教园区建设资金投入已达 49.38 亿元，落实用地指标 7048.8 亩，建成面积 145 万平方米，整合后入驻院校 20 所，在校生 8.3 万人。以优质学校建设为引领，在皖北地区建设省级示范以上中职学校 54 所，辐射带动皖北其他职业院校办学实力的提高；大力推进皖北县域整合职教资源，创建合格县（区）职教中心 25 所，提高其基础能力和办学水平。

完善职业院校治理结构。安徽省教育厅印发了《安徽省职业院校管理水平提升行动计划实施方案（2015—2018 年）》，推动职业院校章程建设，促进职业院校建立由行业组织、企业、社区等共同参与的理事会或董事会，完善学校治理结构和决策机制。推进职业教育管办评分离改革，加快建立职业院校现代治理机制。

探索管理体制新形式。依托行业主管部门成立 9 个行业职业教育教学指导委员会，行业组织履行发布行业人才需求、推进校企合作、参与指导教育教学、开展质量评价等职责。建立产教对话协作机制。举办了 5 届以"校企合作、互惠共赢"为主题的职业教育办学模式改革校企对接会等活动，依托省行业职业教育教学指导委员会组织开展校企对话交流活动，涉及合作学校 443 所、合作企业 1670家、合作专业点 724 个，有效形成校企紧密联系、深度合作、共赢发展的新局面。淮北、宣城市成立职业教育工作委员会，淮北、阜阳市设立职业教育局，加强统筹管理力度。

（五）落实立德树人，提升职教人才综合素质

落实教育部《中等职业学校德育大纲（2014 年修订）》，立足立德树人，强化思想引领，深化中国特色社会主义和中国梦宣传教育，把社会主义核心价值观作为主线贯穿始终。组织中等职业学校"文明风采"竞赛活动，开展中等职业学校"德能双优"学生评选，开展大中专学生"双创之星"评选表彰活动，激发学生坚定理想信念、施展才华。

强化教学标准引领。省教育厅组织 30 所中等职业学校研制数控技术应用等10 个专业的专业教学指导方案，规范专业教学行为，推动专业教学改革取得实效。省教育厅开展中等和高等职业教育衔接课程体系建设改革试点工作，组织10 所高职院校和 13 所中等职业学校牵头研发园林技术等 13 个专业的中高职衔接

人才培养方案，推动中高职衔接培养技术技能人才。

实施质量提升工程。《安徽省深化职业教育教学改革全面提高人才培养质量实施意见》印发实施，全面推进全省中等职业学校教育教学改革。省教育厅、省人社厅、省财政厅联合印发《安徽省中等职业教育质量提升工程实施方案》，全面实施中等职业教育质量提升工程，规划建设 80 所省级示范特色学校、300 个省级示范专业、300 个省级示范实训基地、200 个省级名师工作坊、一批省级现代学徒制试点项目和省级技能大赛赛点项目。

教学改革成果丰硕。每年举办全省职业院校技能大赛和中等职业学校"文明风采"大赛、信息化教学大赛，以竞赛引领教学改革，组织学生参加全国大赛，各类竞赛的获奖面和获奖层次都逐步提升，高职院校在全国技能大赛上获奖成绩名列前茅；组织开展全省中等职业学校优秀教研论文、教学课件和精品课评选，促进教师专业发展；立项建设省级中等职业教育精品课程 302 门，经验收建成 235 门。开展首届省级职业教育教学成果奖评选，评选出 102 项省级教学成果奖，获国家级教学成果二等奖 7 项。

（六）发展农村职业教育，服务农村农业经济建设

强化市、县政府发展农村职业教育的责任。把加强职业教育作为服务社会主义新农村建设的重要内容，把发展农村职业教育纳入对市、县政府目标管理考核和县市区党政领导教育工作考核。组织开展农村职业教育与成人教育示范县创建工作，宣城市宣州区、合肥市长丰县、滁州市定远县、亳州市蒙城县入选第一、二批全国农村职业教育与成人教育示范县，推动县（市、区）在农村职业教育和成人教育改革发展方面发挥示范作用。

建设农村职业教育网络。办好县级职教中心、乡镇成人文化技术学校，健全县域职业培训网络。以"职教大省"建设为契机，建设省级示范性合格县级职教中心 65 所。评估认定省级示范乡镇成人文化技术学校 184 所，有效地促进了乡镇成人文化技术学校的重建与提升。

加强涉农专业建设。加大培养适应农业和农村发展需要的专业人才力度，2014 年安徽省中等职业学校招生第一产业的专业 26 个，覆盖专业点 366 个，占全省的 11%。在省教育厅、省委组织部、省农委的重视和领导下，安徽科技学院牵头成立了由 59 所职业院校和农业产业化企业参与的安徽现代农业职业教育集团。全省涉农专业的职业院校积极承担全省新型职业农民培养培训工作。

四、高等教育综合实力显著增强

实施《规划纲要》以来，安徽省不断加强高等教育内涵建设，系统推进高等教育综合改革，逐步从规模扩张向质量提升转变。5 年来，高等教育质量明显提高，实现了规模、结构与质量协调发展，综合实力与贡献力显著增强。

（一）创新理论引导方式，分类发展格局初步形成

高校分类指导、分类管理理论研究成果丰富。安徽省教育厅投入 65 万元，委托高校专家进行分类管理改革理论研究，指导高校进一步明确办学定位、服务面向和事业发展目标，形成了一批具有代表性的理论成果。

省教育厅制定了《安徽省普通高等学校分类指导与管理实施意见》，确立了"政府主导、学校主体、联盟平台、项目载体"的分类管理运行机制。按照"科学定位、分类指导、多元发展、特色办学"的应用型高等教育发展方针，省教育厅、财政厅制定了《安徽省高等教育振兴计划》，并通过省部共建、省市共建等立项建设地方特色高水平大学、地方应用型高水平大学、地方技能型高水平大学，在引领安徽省地方高校分类发展方面发挥重要作用。为了落实应用型高等教育发展方针，破解高等教育趋同发展与经济社会发展多样化需求矛盾，2014 年 12 月 25 日安徽省教育厅制定了《安徽省教育厅关于地方高水平大学立项建设分类发展的意见》，推进了全省高等教育强省建设，增强了高等学校服务、支撑、引领地方经济社会发展能力，引领地方高校分类发展，科学构建地方应用型高等教育体系，分类发展格局初步形成，如全省已立项建设 8 所地方特色高水平大学、9 所地方应用型高水平大学、16 所地方技能型高水平大学。

（二）推动专业动态调整，适应经济社会发展需要

推动地方高校向应用型转变，高等教育社会贡献力显著增强。通过开展新建本科研讨，围绕安徽省地方经济社会发展需要，建立专业动态调整机制，提出全面转型、建设应用型本科高校的发展思路，从 2008 年到 2015 年，共停招停办专业 1598 个，新增专业 2043 个，占现有招生专业的 40%，应用型专业占 75% 以上。2013 年以来，遴选 206 个服务支撑地方支柱产业和战略性新兴产业的新专业，高等教育逐步适应安徽省经济社会发展需要。

（三）改革人才培养模式，人才培养质量显著提高

加快建设应用型人才培养计划试点项目。完善了"体系开放、机制灵活、渠道互通、选择多样"的人才培养体制，开放合作、协同育人的人才培养机制；建构了学思结合、知行统一、因材施教的人才培养模式，师生互动、教学相长的人才培养制度；制定了《改革高等学校应用型人才培养模式实施方案和年度计划》，启动了"示范应用型本科高校"建设项目，大力培养为地方经济社会发展服务的应用型人才。

深入推进创业就业教育，大学生创新创业能力明显提升。强力推进校际、校

地、校企合作，充分发挥了招生主体作用，以生源为基础，以就业创业为导向，积极构建招生、培养、就业联动机制，整体推进毕业生就业创业工作。推动高职院校和企业开展"订单式"人才培养，成立职教集团。实现高校与各级政府合作，共建图书馆、体育馆和文化设施，开放高校资源，鼓励高校主动承担地方政府决策咨询、课题研究等任务，设立产学研合作项目，使高校成为属地的开放性教育文化、咨询服务和科技研发中心。

成立六类高校合作联盟。成立了"安徽省应用型本科高校联盟"以及教师教育、医学教育等专业性、行业性院校合作组织；建立了"安徽省示范性高等职业院校合作委员会"以及与行业企业密切相关的联盟或集团。联盟高校共建学科专业，共享优质资源，共商办学标准。其中，应用型本科高校联盟通过采取小学期制实现了学生异地跨校选课和学分互认，教师教育联盟联合承担了全省中小学教师的"国家培训计划"，"国家示范性高等职业院校合作委员会"联合开展了单独招生的试点，医学院校联盟联合开展了全科医生的培养。

寓教于研的拔尖创新人才培养模式不断健全。促进工程研究中心、试验站的职能转变，增加人才培养职能，让学生早进课题、早进团队、早进实验室，在科学研究中培养人才，强化了产学研用结合，改革科研管理与评价体制，主动服务支撑地方产业发展。如安徽农业大学坚持"大别山道路"，把论文写在田野山林，培养高素质农业科技人才；安徽医科大学在平台、队伍、改革、管理四个方面下功夫，形成了教学、科研、学科、人才、医疗、就业"六位一体"建设格局。

（四）健全质量评价机制，综合评价体系逐步完善

改革人才培养质量评价方式，开展由政府、学校、家长及行业企业等多方参与的第三方评价活动，形成了开放的高等教育第三方评价体系。积极建立健全各类高校评估考核标准，建立动态数据库，加强综合性监测评估，强化绩效考核，在构建综合性评估体系方面进行了深入探索。

本科高校审核评估工作进展顺利。印发了《关于普通高等学校本科教学评估工作的实施意见》，形成了与应用型高等教育保障体系相适应的评估体系。在教育部指导下，安徽省在全国率先实施审核评估试点，完成对安徽科技学院、皖西学院两所学校审核评估试点工作，并将审核评估报告上报教育部。目前，正在统筹安排其他高校接受审核评估，对医学、师范、工程、建筑类专业开展专业认证和评估。高职院校个性化评估试点工作顺利启动。如2014年底，启动对淮南职业技术学院、安庆职业技术学院等2所高职学校的个性化评估试点工作。2015年，对安徽医学高等专科学校、安徽财贸职业学院等21所高职院校（含10所省

级示范性高等职业院校项目验收）开展了个性化评估。

教育质量报告发布方式不断创新。建立本科教学质量年度报告和高等职业教育人才培养质量报告公开发布制度。连续多年公开发布安徽省高校年度教学质量；同时《2014 年安徽省研究生教育质量报告》《2014 年安徽省普通高校毕业生就业状况年度报告》《2015 年安徽省高等职业教育人才培养质量报告》已经发布。

（五）加强国际交流合作，教育开放程度不断深化

继续推进中外应用型高等教育论坛工作，聘请国外专家担任高校副院长，利用联合举办"校中院"和开设应用型专业等方式，以中外合作办学项目为依托，扩大对外开放的广度和深度，引导高校与德国、英国、美国等多个国家的高校合作。如 2015 年 10 月 30 日上午李克强与默克尔共同考察中德合作共建的合肥学院，并现场宣布在此建立中德教育合作示范基地且设立合作基金。积极构建全方面、多层次、宽领域的教育国际交流与合作平台，借鉴国际先进的教育理念和教育经验，着力培养一大批具有国际视野、通晓国际规则、能够参与国际事务和国际竞争的国际化人才。坚持每年选派 50 名左右高校学术带头人和高职院校专业人才到国外高校访学培训，完善公派出国留学管理机制，注重高层次创新人才的培养。

加强对自费出国留学的政策引导。大力支持高等学校招收外国留学生，拓宽招生渠道，优化留学生教育学科专业，提高留学生教育质量和层次。充分利用安徽丰富的历史文化资源，加强汉语推广工作。推动孔子学院建设，促进孔子学院办学质量和水平进一步提高。

五、问题与建议

（一）进一步加强教育规划和决策研究，推进教育事业科学发展

在实施《规划纲要》的过程中，由于针对全省经济社会发展和教育情况的研究深度和广度还不够到位，对教育规划的前瞻性和决策的科学性产生了一定的制约。如在义务教育方面，教育投入支付比、中小学撤并、学校标准化建设等方面还存在预测性不科学、不到位，甚至出现校舍闲置浪费等问题；职业教育方面，预测性不足，导致办学能力不足，办学水平不高，吸引力不强，招生难度加大；由于对经济社会发展预测前瞻性不足，高等教育有些专业设置、人才培养与经济社会发展还存在脱节的现象。义务教育学校布局如何应对新型城镇化建设需要，学校教育发展如何应对"全面二孩"政策需求等，必须提前谋划，预测分析，少走弯路。因此，必须进一步加强宏观教育决策研究，进一步加强对全省经

济社会发展和教育现状深入研究，为教育科学决策提供参考，特别是加强对《规划纲要》及相关教育政策执行过程的评价，及时诊断政策执行中出现的问题，促进教育的依法行政和科学治理，推进安徽省教育事业科学发展。

（二）进一步调整教育结构，提高服务经济社会发展能力

5 年来，安徽省在落实《规划纲要》的过程中，针对经济社会发展的需要，对各级各类教育进行调整与改革，取得了一定的成效，推进了全省经济社会发展。但是，就目前而言，各级各类教育还不同程度存在不适应经济社会发展需求的问题，各阶段的教育还存在关门办学的现象，社会服务能力有待进一步提升。如职业教育质量不高，培养的人才难以满足就业岗位需求。这就要求职业院校进一步加强与企业合作，建构"校企共同体"，根据社会和就业岗位需要更新教学内容，在服务经济社会发展中不断提高教师的学术水平和专业实践能力。同时，根据社会、企业、农村劳动力转移的需要，积极开展各级各类技能培训，多层次、多形式、多对象开展专业岗位培训、职工技能培训、农村劳动力转移培训和进城务工劳动力培训，面向社会开展职业资格培训、认定和考证工作，加强应用技术研究和新产品、新工艺研发等。普通高等院校培养的应用型、复合型、技术技能型人才数量较少，难以满足全省经济社会发展的需求，需进一步加快高等院校转型，加大应用型、技术技能型人才培养，走有特色的"产学研"合作道路，推进科技成果转化，以适应全省经济社会发展的需要，提升教育的社会贡献力。

（三）进一步加强师资队伍建设，提升师资队伍整体素质

进一步落实农村教师队伍建设支持计划，对农村学校教师队伍建设实行重点倾斜，提高农村教师工资待遇，完善农村学校教师绩效工资制度，切实增强"农村义务教育学校教师特设岗位计划"和高校毕业生"三支一扶"计划的吸引力。建立和完善中小学教职工编制总量按需动态统筹调整机制，根据学校布局调整、学生数变动以及教育教学需求等情况，对校际师资实行动态调整。认真落实"国培计划"，扩大实施"省培计划"，加大对农村学校教师的培训力度，提高农村学校教师队伍的整体素质和适应新课程改革的能力。完善中小学特级教师、学科带头人等培养选拔机制，实施教育名师培养工程，充分发挥多层次教育名师的示范引领作用，努力造就一支师德高尚、数量充足、配置均衡、城乡一体、结构合理、乐教善教、稳定而充满活力的高素质农村中小学教师队伍。

加强中等职业学校"双师型"教师队伍建设。安徽省职业教育师资队伍数量不足和质量不高问题并存。2015 年，全省中等职业教育专任教师数为 30265人，生师比为 27.7∶1，远高于《中等职业学校设置标准》规定的 20∶1 的标准；而且专业教师结构性不足非常严重，开设新兴专业缺乏师资，专业设置动态调整存在困难。《安徽省人民政府关于加强教师队伍建设的意见》明确的"职业院校可在核定编制总额内，拿出不低于 20％的编制数聘用兼职教师，面向企业、行业聘用技术技能型人才，实行购买服务，经费由同级财政负担"政策，存在执行难等多方面的问题。2014 年全省中等职业学校"双师型"教师占专业课和实习指导教师比重达 69.1％，虽然"双师型"教师比例得到很大程度的提升，但很大部分专业教师缺乏相关的专业实践经验以及职业教育教学理论与方法的培训，教育教学能力不强，实际动手实践能力相当薄弱。为此，要推进实施"领雁工程"，推进中职教师素质提升计划，加大学科专业带头人培养力度，提高教师培训的成效，抓实名师工作坊建设项目，加强省、市级职业教育教研机构建设，提升教师教育教学能力和科研能力。

高等学校要进一步实施"高等学校教师整体素质提高计划"，实施高等学校高端领军人才和团队引进培育计划，配合实施国家"千人计划"和"青年英才开发计划"、教育部"长江学者计划"和省"百人计划"，大力实施皖江学者计划、高校博士后工程，着力引进一批海内外高层次人才，加大对省学术技术带头人及后备人选和高职高专院校、技师学院专业带头人培养资助；采取特殊支持政策，对优秀青年教师进行重点培养，使其尽快成长为高层次拔尖人才。同时，实施高校教师网络培训计划，加强创新创业师资队伍的建设，以制度创新为前提，以知识与技术创新为动力，以解决社会发展的关键问题为己任，以培养大批的创业者为目的，推动应用型大学由知识传授向知识应用转型。

（四）进一步补齐义务教育短板，扩大优质教育资源覆盖面

安徽省已有 2/3 的县（市、区）通过了县域义务教育均衡发展国家评估认定，但义务教育在城乡、区域、学校、群体之间的差距仍然存在，为补齐短板，需要精准发力，定向施策。一是从城乡看，农村教育仍是短板，与城市教育在师资配备、教育质量、管理水平等方面的差距需要尽快缩短。二是从区域看，皖北地区、贫困地区教育发展相对滞后。三是从学校看，不同学校间水平相差较大，社会公认的重点学校长期积累的名牌效应仍然存在。四是从群体看，特殊群体教育保障水平还不高。进城务工人员随迁子女义务教育虽然全部纳入输入地的财政保障和教育发展规划，但享受优质教育资源的比例较低。特殊教育仍是薄弱环节，残疾儿童义务教育入学率低于普通儿童。缩小城乡、区域、学校、群体之间差距的核心是提高教育质量，扩大优质教育资源覆盖面，进一步推进教育公平。因此，在继续加大教育经费投入的同时，还需进一步推进教育信息化建设，充分发挥省级基础教育资源应用平台和教育管理公共平台优势，构建利用信息化手段扩大优质教育资源覆盖面的有效机制，弥补农村、边远、贫困、民族地区师资的不足，引导教师利用网络学习空间开展协同备课和网络研修，形成共同备课、教学研究、资源共享等一体化协作交流机制，帮助学生使用数字资源、网络作业、网上自测、拓展阅读、网络选修课等开展自主学习，养成自我管理、自主学习的良好习惯，促进教与学的方式变革，有效扩大优质教育资源覆盖面，全面提高农村、偏远、贫困地区学校教育教学质量。

（五）进一步强化政府统筹，多措并举努力实现职业教育规模全面达标

2015 年中等职业教育在校生 83.78 万人，2014 年高等职业教育在校生 42.1 万人，与确定的 2015 年目标 90 万人、45 万人分别相差 6.22 万人、2.9 万人。随着我省适龄人口逐步减少，实现 2020 年中等职业教育在校生 100 万人、高等职业教育在校生 47 万人的目标存在一定难度。为此，要加快普及高中阶段教育，要坚持中等职业教育与普通高中教育办学规模大体相当不动摇，确保高中阶段普通教育与职业教育协调发展。

职业教育办学体制和管理体制不够完善。一是行业企业参与职业教育的法律保障与激励机制不足，企业参与职业教育缺乏足够的动力和积极性。二是职业教育管理体制运转不畅，条块分割、多头管理、职能交叉等问题依然存在。三是职业院校缺乏充分的办学自主权，内部治理结构改革有待完善。四是市场作用尚未得到充分发挥，职业院校在专业设置、教学、技能训练等方面与市场、产业发展存在部分脱节。为此，要加快建设更具安徽特色的现代职业教育体系，完善相关配套政策。如出台鼓励发展股份制、混合所有制职业院校的政策，研究制定职业教育校企合作促进办法和激励政策，制定促进职业院校、行业组织、企业、科研机构、社会组织等共同组建职业教育集团的支持政策及管理办法等。

（六）进一步深化考试招生制度改革，基本建立具有安徽特色的现代教育考试招生制度

按照《国务院关于深化考试招生制度改革的实施意见》和《安徽省深化考试招生制度改革实施方案》，稳步推进考试招生制度改革。均衡发展九年义务教育，完善义务教育划片、就近、免试入学的具体办法，全面实行学区制，推进九年一贯对口招生。进一步完善中小学招生办法，规范义务教育招生行为，提高示范性高中招生指标分配到区域内初中学校比例。改革考试形式和内容，全面推进实施普通高中学业水平考试和学生综合素质评价改革。实施初中生学业水平考试，改进考试形式和方式，合理确定考试科目成绩等级呈现和使用。深化职业院校升学考试改革，规范和加快推进高职院校分类考试，进一步扩大分类考试录取的比例。创新举措，确保重点高校面向贫困地区定向计划的完成。改革录取机制，增加高校和考生双向选择机会。制定安徽省高考综合改革实施方案，并全面实施高考综合改革。强化监督管理体制机制，加强对特殊类型招生的规范管理，严肃查处违规违纪行为。完善措施，强化落实，加强检查监督，夯实保障体系，推进"平安招考"。到 2020 年，基本建立具有中国特色、符合安徽省情的现代教育考试招生制度，形成分类考试、综合评价、多元录取的考试招生模式，健全促进公平、科学选才、监督有力的体制机制，构建衔接沟通各级各类教育、认可多种学习成果的终身学习立交桥。

课题组成员：汪开寿　林禄明　严　萍
撰写人员：严　萍

第三篇　《安徽省"十三五"教育事业发展规划》实施情况年度监测评估（2017 年度）

按照《教育部办公厅关于开展"十三五"规划中期评估工作的通知》（教发厅函〔2018〕98 号）要求，安徽省教育厅高度重视，加强组织领导，精心部署安排，对安徽省推进落实国家"十三五"规划纲要教育领域、教育"十三五"规划目标任务、重大工程项目、重大改革情况进行全面评估，并委托专业评估机构——安徽省教育评估中心具体实施。

安徽省教育评估中心秉持"客观公正、科学严谨、突出重点"的评估理念，结合安徽实际，采取了务实的评估方法，全面评估了国家"十三五"规划纲要教育领域和教育"十三五"规划在安徽的实施情况。该报告按照"分步实施、分块调研、分类评估"的整体思路，客观评价规划实施进展成效，总结提炼主要经验与典型案例，深入剖析存在的问题与原因，研究提出了推进规划在安徽更好实施的政策建议。

一、规划落实的组织实施情况

（一）全面规划教育事业发展

为全面实施《国家教育事业发展"十三五"规划》和《安徽省中长期教育改革和发展规划纲要（2010—2020 年)》，根据《安徽省国民经济和社会发展第十三个五年规划纲要》和相关规划，经报请省政府同意，印发《安徽省"十三五"教育事业发展规划》，准确把握了安徽教育发展环境与基础，深刻分析了"十三五"期间安徽省教育发展面临的形势与挑战，明确了"十三五"期间安徽省教育发展指导思想与目标，部署了"全面落实立德树人根本任务"等十项主要任务，突出了"立德树人"等十七项教育重大工程，加强了规划的组织实施与保障。同时，为确保规划各项目标任务有效落实，首次对全省高校"十三五"规划开展了审核工作。

（二）积极部署落实各项工作

召开全省高等教育工作会议、全省学位委员会会议、全省高校科研工作会议等三个重要工作会议，提前谋划、广泛动员、部署落实各项工作。

（三）编制"十三五"高校设置规划

为优化高等教育结构，增加优质高等教育资源，安徽省政府提出"十三五"时期安徽省高等学校设置工作的指导思想、基本原则、发展任务和具体设置方案，经多次论证修改完善，已将安徽省"十三五"高校设置规划正式报请教育部备案。

（四）开展规划实施情况年度监测

按照《教育部办公厅关于开展〈国家教育事业发展"十三五"规划〉2017年度监测评估的通知》要求，为客观分析安徽省实施国家及本省"十三五"规划纲要和教育"十三五"规划发展目标、重点任务、政策措施等落实情况，系统总结规划实施成效，及时发现规划实施过程中存在的新情况、新问题，确保规划目标任务如期完成，同时也为安徽教育现代化研究提供更加客观、全面的教育事业发展基础性评估，安徽省教育厅委托省教育评估中心具体实施年度监测评估工作，并形成《〈安徽省"十三五"教育事业发展规划〉实施情况年度监测评估报告》。通过评估，进一步梳理了安徽省教育事业发展取得的成就，分析了存在的问题，明晰了努力的方向。

（五）开展安徽省教育现代化发展水平及其进程分析

为更加客观全面了解安徽省教育现代化发展水平，安徽省教育厅发展规划处会同教育评估中心组织有关专家认真分析总结教育部的系列监测报告，形成《安徽省教育现代化发展水平及其进程分析报告》。该报告显示：截至 2015 年，安徽教育现代化发展水平综合指数排在全国第 21 位，跻身第二方阵，处于全国教育现代化综合发展的中等水平，在中部六省中排第 4 位。安徽教育现代化进程指数位居全国第 15 位、中部六省第 2 位。安徽教育现代化进步幅度最大，综合指数提升了 28%，高出全国均值 8.5 个百分点，位列全国第 2 位、中部六省第 1 位。这说明安徽教育现代化发展潜力较大，具有后发优势。同时，我们也清醒地认识到安徽教育存在国际化程度较低、中职和高校信息化水平偏低、教育对经济社会发展服务与贡献度不高等不足。

二、主要目标落实情况

国家"十三五"规划纲要教育领域、教育"十三五"规划主要指标进展情况表

编号	指标项	2015年	2016年	2017年	2018年（预计）
1	学前三年毛入园率（%）	80.1	84.3	85.9	86
2	九年义务教育巩固率（%）	93	93.4	93.8	94
3	高中阶段教育在校生（万人）	197.3	188.9	184.6	180
4	中等职业教育在校生（万人）	83.8	78.2	76.1	75
5	高中阶段教育毛入学率（%）	92	90	90.5	91
6	高等教育在学总规模（万人）	195	195	183.9	180
7	高等教育在校生（万人）	140.4	138.8	138.6	138
8	研究生在校生（万人）	5.0	5.2	5.8	6
9	高等教育毛入学率（%）	40.6	46.9	47.7	48
10	主要劳动年龄人口平均受教育年限（年）	9.8	10.0	10.1	无
11	新增劳动力平均受教育年限（年）	13.3	13.3	13.5	13.3以上

注：由于主要劳动年龄人口平均受教育年限来源于省统计局统计年鉴，故本报告撰写时暂无2018年数据。

三、重点工作完成情况

为推进落实把思想政治工作贯穿教育教学全过程；强化学生实践动手能力；塑造学生强健体魄；普及高中阶段教育；推行产教融合的职业教育模式；深化本科教育教学改革；推动研究生培养机制改革；深化考试招生制度改革；统筹推进世界一流大学和一流学科建设；打赢教育脱贫攻坚战；加强乡村教师队伍建设；加强和改进教育系统党的建设等31个重点领域，安徽省教育厅牵头出台了一系列政策举措，开展了17项重大工程项目，取得了阶段性工作成效。

四、重大工程项目进展情况

为全面实施《国家教育事业发展"十三五"规划》《安徽省中长期教育改革和发展规划纲要（2010—2020年）》和《安徽省"十三五"教育事业发展规划》，围绕教育改革发展战略目标，完善体制机制，着眼于提高教育质量，以加强关键领域和薄弱环节为重点，组织实施了立德树人工程、学生体魄强健工程、

学前教育普及工程、义务教育均衡发展工程、职业教育质量提升工程、高等教育"双一流"和高水平大学建设工程、中德教育合作示范基地建设工程、创新创业教育工程、教师队伍建设工程、"互联网+教育"推进工程、教育精准扶贫工程、高等学校创新能力提升工程、高等学校智库建设工程、学分银行和信息化平台建设工程、继续教育推进工程、新兴学科专业集群建设工程和共建"一带一路"开放教育工程等17项重大工程项目。总体上看，各项工程都能按照规划有条不紊地推进，实现了时间过半、任务过半。

（一）立德树人工程

结合中国共产党成立95周年、纪念长征胜利80周年、国家宪法日暨教育系统宪法学习日等重大历史事件和时间节点，加强"五个统筹"，把培育和践行社会主义核心价值观融入国民教育全过程，立德树人根本任务得到进一步落实。

加强中小学德育工作。召开全省中小学社会主义核心价值观教育暨德育工作会议，转发《教育部关于加强和改进中小学生品德课教学工作的意见》，发挥其主渠道、主阵地作用。开展"三全育人"综合改革试点，加大校园网、易班等建设力度。推荐选手参加长三角地区三省一市中小学班主任基本功大赛决赛，获得4个一等奖。184件德育课程入选教育部中小学学科德育精品课程，入选数量居全国前列。

开展文明校园创建活动。会同安徽省文明办印发《关于深入开展文明校园创建活动的实施意见》，以立德树人为根本，以学生为中心，加强师德建设，在领导班子建设、思想道德建设、活动阵地建设、教师队伍建设、校园文化建设、校园环境建设等方面取得了实效。开展百名思政理论课教师影响力人物、百名辅导员年度人物、百名优秀大学生等"八个一百"（周期5年）创建活动，构建大学生思想政治教育协同创新的引领机制，提升大学生思想政治教育质量。

打造实践育人品牌。建设和利用各类中小学社会实践基地，开展示范性综合实践基地建设专项督查。开展"少年传承中华美德""建书香校园，树文化新人""弘扬工匠精神，打造技能强国""读书引领人生，创作点亮梦想""校园读书创作"等系列活动，增强中小学生思想道德建设的针对性和实效性。"校园读书创作"成为全省文化育人的响亮品牌。实施全省大中专学生志愿者暑期文化科技卫生"三下乡"社会实践活动、系列主题社会实践活动和专业实训实践工作，实现大学生志愿服务常态化。

挖掘诚信育人典型。2016年以来，组织开展的"学生资助诚信教育主题月""诚信校园行"活动和安徽师范大学的"诚信还贷 感恩成长"入选全国诚信教育主题活动特色案例。开展中等职业学校受助学生优秀事迹典型案例遴选、本专科生国家奖学金获奖学生先进事迹材料征集活动，挖掘和树立家庭经济困难受助学生励志成长成才典型。

展示校园艺术教育魅力。印发安徽省教育系统"戏曲进校园"活动实施方案，举办"校园大舞台——徽风皖韵进高校活动"和大学生自创话剧展演活动，开展高雅艺术进校园活动。开展中小学生艺术展演活动，举办安徽省"我阳光、我快乐"乡村少儿才艺展示活动，推进乡村少儿素质教育。安徽师范大学和滁州学院参加全国普通高等学校音乐教育专业本科学生基本功展示活动。

加强青少年学生法治教育。印发《青少年法治教育大纲》实施意见，组织青少年法治教育优秀多媒体课件资源征集活动和"法润江淮　共筑美好安徽"法治漫画故事微视频作品征集活动。组织开展全省学生"学宪法讲宪法"活动，开展以讲宪法故事、讲对宪法的认识体会、讲宪法精神为主题的演讲活动，1人获得全国演讲比赛特等奖。

实施思政人才发展计划。实施卓越马克思主义理论人才培养计划、思想政治教育中青年杰出人才支持计划、思政理论课教学方法改革择优推广计划、教学科研团队择优支持计划，实施并完善省思想政治教育综合改革计划。

（二）学生体魄强健工程

实施学生体质健康系列方案。2017年，安徽省发展改革委、安徽省体育局、安徽省足球改革发展厅际联席会议办公室印发《安徽省足球场地设施建设规划（2016—2020年）的通知》《安徽省足球中长期发展规划（2016—2050年）》；印发《安徽省校园足球特色学校绩效考核评价方案（试行）》《安徽省学生体质健康监测工作实施方案（试行)》《安徽省中小学校体育工作督导评估实施方案》，规范、引导学校体育工作。

开展体育绩效评估，提升学校体育质量。2016年以来，出台《关于强化学校体育促进学生身心健康全面发展的实施意见》《安徽省青少年校园足球四级联赛工作方案（试行)》，在全国率先将学生体质健康优秀率纳入对县（市、区）党政领导干部履行教育职责督导考核、省政府对各市人民政府目标管理绩效考核以及高校班子发展考核指标体系；持续提高初中学业水平体育与健康学科考试的分值，督促各地各学校加强学校体育工作。

积极开展各项体育比赛，改革高校体育竞赛奖励范围，激励大学生积极参加体育锻炼和比赛；持续开展体育教师教学技能比赛，不断提高体育教师整体素质。广泛开展阳光体育活动。连续两年编制《中小学校体育工作报告》及《中小学生体质健康监测结果分析报告》，及时掌握各地体育工作进展情况及学生体质健康变化情况，提出进一步改进建议，有力推进学生体质健康工作。

建设足球学院和学校，发展校园足球。228 所中小学校被认定为全国校园足球特色学校，蚌埠市淮上区被认定为全国校园足球试点县区。在安徽师范大学、淮北师范大学、合肥师范学院分别建设 3 所足球学院，并给每所足球学院 2000 万元的专项经费支持。2018 年上半年，成功举办了中小学生足球比赛。

（三）学前教育普及工程

安徽省把发展学前教育作为各级政府保障和改善民生的重要内容，并纳入新型城镇化和美丽乡村建设规划。

学前教育普及化水平进一步提高。学前三年毛入园率由 2015 年的 80.1%、2016 年的 84.3%，提升到 2017 年的 85.9%，已超过《国家教育事业发展"十三五"规划》目标。

普惠性学前教育资源进一步扩大。2017 年印发《安徽省第三期学前教育行动计划实施方案（2017—2020 年)》，每个乡镇至少办好 1 所公办中心幼儿园的工程正在加快建设中。2016 年，新建、改扩建公办幼儿园 539 所；2017 年新建、改扩建公办幼儿园 372 所。全省普惠性民办幼儿园达到 2644 所，普惠性民办幼儿园在园幼儿达到 54.7 万人。加强学前教育管理，建立幼儿园质量评估监管体系，提高幼儿园保教质量，全面消除各类看护点。

（四）义务教育均衡发展工程

加快推进县域义务教育均衡发展，义务教育巩固水平进一步提升。106 个县（市、区）全部通过义务教育均衡国家认定，成为中西部地区第一个、全国第九个完成义务教育基本均衡县全覆盖的省份。2017 年，安徽省政府出台《安徽省人民政府关于统筹推进县域内城乡义务教育一体化改革发展的实施意见》，提出将实现城乡义务教育学校建设标准、教师编制标准、生均公用经费基准定额、基本装备配置标准的统一，实现"两免一补"政策城乡全覆盖。

按照方便学生上学、不增加学生家庭经济负担、保证教学质量的原则，合理调整中小学布局。坚持以流入地政府管理为主，以全日制公办中小学为主，继续完善进城务工人员随迁子女平等接受义务教育和在当地参加升学考试的政策措施。健全农村义务教育寄宿制学校保障机制和管理机制，完善农村留守儿童关爱服务体系。

印发《安徽省第二期特殊教育提升计划（2017—2020 年)》《安徽省教育厅安徽省残疾人联合会关于加强义务教育阶段适龄残疾儿童少年送教上门服务工作的通知》《关于加强普通学校特殊教育资源教室管理和使用的通知》，通过新建、扩建特殊教育学校增加招生数，上门建档送教，扩大中小学残疾儿童少年随班就读规模，明显提高残疾儿童少年义务教育毛入学率。

（五）职业教育质量提升工程

加快建设中等职业学校。2016—2018 年共分解下达中央财政现代职业教育质量提升计划及省级中等职业专项资金 12.99 亿元、职业教育产教融合发展工程中央项目资金 3.9 亿元，主要用于改善中等职业学校办学条件，重点实施职业教育质量提升工程。按照一次规划、同步实施、分年建设的原则，重点建设 84 所省级示范学校、299 个省级示范专业、299 个省级示范实训基地、202 个省级"名师工作坊"、42 个现代学徒制和 31 个省级技能大赛赛点等 6 大类 957 个项目。安徽中等职业学校每年向社会输送技术技能人才近 30 万人，中等职业学校毕业生"双证书"获取率一直稳定在 89% 以上，就业率多年始终保持在 97% 以上，近 60% 的毕业生服务本地经济社会发展。

积极推进高等职业院校发展。立项建设 8 所国家级示范（骨干）高等职业院校、12 所省级示范高等职业院校。立项建设 555 个省级示范特色专业、295 个省级示范实训基地。依托高等职业院校联盟，实行共建专业，共享优质资源，共商办学标准，开展教学研究、教师互派、学科竞赛等。

扎实推进皖北职教园区建设。皖北 6 市已落实土地 9051 亩，投入资金 60.79 亿元，建成面积 207.94 万平方米；24 所职业院校入驻园区，在校生近 9 万人，各类职业教育共享、集约、错位、特色发展，已取得一定成效。淮北市、阜阳市整合教育、卫生、人社、文化等不同部门学校，成立新的中等职业学校进入职教园区，推动职业教育集约发展。淮南市高标准建设山南职教园区，职教资源向园区聚集。蚌埠市将 21 所市属中等职业学校整合为 6 所全部入驻职教园区，园区内各校共建共管，资源共享共用，实现"一校一特色、一校一品牌"。

促进职业教育市级统筹和资源整合。2016 年，安徽省教育厅会同发改委、财政厅和人社厅联合出台了《关于加强职业教育市级统筹的指导意见》，进一步明确市级人民政府在发展职业教育中的主体作用。根据规划，全省中等职业学校将整合至 251 所。建立中等职业教育专业情况分析报告发布制度及中等职业学历教育办学资质清查制度。全省各地全面对接地方区域经济发展，优化学校布局，统一规范学校类别名称，推广金寨、淮北经验，整合区域内学历教育和各类技能培训等要素资源，增强中等职业学校办学功能和服务能力。"十三五"以来，全省中等职业学校由 2015 年的 412 所减少至 359 所，减少幅度达 13%；在校生 76.1 万人，校均 2119 人，较 2015 年的校均 2033 人增长了 4%。

（六）高等教育"双一流"和高水平大学建设工程

重视高水平大学建设顶层设计。2016 年 12 月，安徽省政府正式印发《一流学科专业与高水平大学建设五年行动计划》，对高水平大学建设目标、原则、内容、举措和保障进行了总体部署。出台《安徽省教育厅关于安徽省地方高水平大学立项建设分类发展的意见》等文件精神，分类推进高水平大学、应用型高水平大学和技能型高水平大学建设。

加强财政政策与经费保障。会同省财政厅出台《安徽省省属公办普通本科高校高水平大学奖补资金项目实施细则》《安徽省省属公办普通高校一流学科奖补资金项目实施细则》《安徽省省属公办本科普通高校领军骨干人才奖补资金项目实施细则》等配套文件，会同省卫计委、经信委、商务厅、旅游局等多部门，通过文件、项目等形式联合指导高校加强建设。会同财政厅，认真研究安徽省2018年高等教育发展专项经费安排，主要聚焦"双一流"、高层次人才队伍建设、一流学科专业等项目，拟安排5000万元专项资金支持合肥工业大学建设一流学科，新安排9350万元专项资金支持安徽大学一流学科建设，并对安徽大学杰出人才、一流专业等方面的建设进行资助，为安徽大学等高校加快推进"双一流"建设提供资金保障。

积极指导分类建设、特色发展。在安徽省委省政府坚强领导下，会同相关厅局，加强统筹，积极推进，中国科学技术大学入选世界一流大学建设高校，合肥工业大学、安徽大学入选世界一流学科建设高校。

分类遴选建设了33所高校，其中地方特色高水平大学8所、地方应用型高水平大学9所、地方技能型高水平大学16所，省财政直接投入超过8.1亿元。支持一流专业建设，会同财政厅对安徽省高校通过国家级专业认证的专业进行奖补。通过项目、审核评估、省属高校领导班子考核、高校联盟等多种方式引导各校凝练办学特色，逐步形成"一校一尺、一校一色"的发展局面。

（七）中德教育合作示范基地建设工程

2015年10月30日，李克强总理和默克尔总理在视察合肥学院时，宣布在合肥学院设立中德教育合作示范基地和合作基金，发挥在全国的辐射和示范作用，进一步促进中德两国教育在更大范围内的合作交流。2017年2月8日，省长李国英签发的《关于中德教育合作示范基地和中德教育合作基金建设方案的报告》正式上报国务院。应德国下萨克森州政府的邀请，安徽省委书记李锦斌率团访问德国。6月14日，在德国汉诺威，合肥学院人才引进合约正式签订。

在省政府的支持下，落实并实施"周转池"人才编制，获批266个人员编制。2017年的"1251"人才计划和"周转池"计划已经完成96个指标。

与德国大陆集团、埃姆登里尔应用科学大学联合举办的机械设计制造及其自动化专业，继2016年首批25名学生"大陆班"开班之后，2017年第二批"大陆班"继续开班。这是中国第一个真正意义上的"双元制"高等教育专业。

与德国奥斯纳布吕克应用科学大学和博戈公司签订共建《物流 4.0 实验室》战略协议，上海博戈公司投资 6 万欧元，开展"无人工厂"探索。由国家发改委支持 1 亿元的中德校企协同创新中心 2 个项目（设计创意产业实验实训平台和建筑与交通工程实验实训中心）已经取得合肥市政府支持。由经开区投资 2000 万元的中德青年学生创业孵化中心装修改造工程即将竣工。

与德国奥斯纳布吕克应用科学大学、施特拉尔松德应用科学大学共建应用型教师培训基地，近 3 年来已为国内培育 6 批次 600 余人次骨干教师和中层干部。

（八）创新创业教育工程

不断完善大学生创新创业训练"国家、省、校"三级体系，实现所有本科高校大学生创新创业训练计划全覆盖。高校设置创新创业学院；积极宣传、组织高校申报国家级大学生创新创业训练计划，2016—2018 年，共组织全省高校申报 8630 项国家级大学生创新创业训练计划，获批数连续多年位居全国前两位。

在省级质量工程项目中设置"大学生创客实验室建设计划"项目，引导高校推动学生创新创业教育，2016 年，共遴选建设了 234 项大学生创客实验室建设计划。

（九）教师队伍建设工程

1. 实施乡村教师攻坚计划

（1）多渠道拓展乡村教师来源。一是按照《关于印发〈统一城乡中小学教职工编制标准建立编制周转池制度实施方案〉的通知》要求，将农村中小学教职工编制标准统一到城市标准，对偏远农村学校采取班师比和师生比相结合的方式核编，确保小规模学校班均不少于 1 名编制，每个教学点不少于 2 名编制。二是实行中小学新任教师全省统一招聘。2016—2018 年全省招聘中小学新任教师近 4.5 万人，其中农村教师占招聘总人数 80% 以上。三是继续实施"特岗计划"。年均招聘特岗教师 3000 人，紧缺学科教师约达 50%。四是继续实施乡村教师定向培养计划。省教育厅制定了《关于定向培养乡村教师的实施意见》，明确从 2016 年起，连续实施 5 年，每年计划培养 2500 名左右全科型乡村教师。

（2）不断提高乡村教师待遇。一是下拨中央奖补资金 3 亿元，指导潜山县、金寨县、利辛县等 12 个国家连片特困县实施乡村教师生活补助制度。落实省人社厅、省财政厅《关于全省乡镇机关事业单位工作人员实行乡镇工作补贴的通知》要求，积极推动实施乡镇工作补贴制度，人均补贴每月 200～500 元，实现了安徽所有在职在编乡镇教师全覆盖。其中 12 个国家连片特困地区大别山片区县的乡村教师，可以叠加享受补贴（助）政策。二是落实省住房和城乡建设厅、省教育厅联合印发《关于做好农村教师公共租赁住房建设和管理工作的通知》

要求，逐步解决农村教师的"住房难"问题。制定"十三五"农村教师周转房建设规划，拟建45379套教师周转房。三是自2016年起，组织开展"乡村学校从教30年、20年教师荣誉证书"颁发工作。

（3）统一城乡教职工编制标准。2018年1月，省编制办、省财政厅、省人力资源社会保障厅和省教育厅印发《关于印发〈统一城乡中小学教职工编制标准建立编制周转池制度实施方案〉的通知》，明确统一城乡中小学教职工编制标准，坚持控制总量、盘活存量、提高编制使用效率，按照"标准统一、动态调整、余缺调剂"的基本思路，统筹存量编制资源，建立中小学教职工编制周转池制度，为中小学教师队伍建设提供可持续的编制保障。

（4）职称评审向乡村教师倾斜。出台《安徽省深化中小学教师职称制度改革工作实施方案》。在新的评审标准条件中，对乡村教师评聘职称时不作外语成绩（外语教师除外）、发表论文的刚性要求，在表彰奖励、课题立项、考核等级等方面也相应降低了等次。同时，规定对超岗位职数的乡村学校，可采用"退二聘一"的办法实施评聘。城镇中小学教师晋升高级教师职称（职务），须具有在乡村学校或薄弱学校任教2年以上的经历。在县域中小学教师相应岗位总量内，凡在乡村任教累计25年且仍在乡村学校任教的乡村教师，符合晋升一级教师、高级教师职称（职务）申报条件的，或者教龄满30年、有高级教师职称资格而未聘任的城镇教师，本人自愿到乡村学校支教3年以上的，可不受学校岗位职数限制等。

（5）加大县域内教师交流力度。印发《关于推进中小学教师"县管校聘"管理改革的指导意见》，从指导思想、主要任务、实施范围、改革内容、保障措施等方面对全面推进县管校聘新机制提出了指导意见，要求各地制定切实可行的工作方案，分步实施，稳妥推进。建立健全县管教职工编制、人员经费、岗位设置、交流轮岗；校管岗位聘用、绩效工资分配、考核奖惩的新机制，为校长教师合理交流轮岗提供制度保障。2017年，全省交流中小学教师39794名。

（6）大力提升乡村教师能力素质。印发《关于建立师德师风专项治理月报等工作制度的通知》，建立工作月报、典型通报、激励约束、督促检查、整改问责等工作制度。印发《关于4起中小学教师违反师德师风问题的通报》《关于对长丰县北城世纪城初级中学张海涛老师体罚学生情况通报》，要求各级教育行政部门和学校从典型问题中吸取教训。印发《关于组织申报"安徽最美教师"师德师风优秀案例的通知》，共评选出100个优秀案例，组织"安徽最美教师"师德报告团奔赴全省开展巡回报告，大力弘扬"安徽最美教师"的高尚师德。

进一步下移培训管理重心，落实县（区）和学校教师培训主体责任，构建

"省级规划、市级统筹、县区落地"的教师培训运行机制和高等院校（远程培训机构）、县级教师发展中心、片区研修中心、校本研修"四位一体"教师专业发展支持服务体系。印发关于中小学教师和校长培训工作的指导意见。举办全省教育管理干部及骨干教研员专题研修班。实施中小学教师信息技术应用能力提升工程培训。

2. 建设高职院校"双师型"教师队伍

在全国率先出台并完善了《安徽省高等职业院校"双师型"教师认定办法》和《安徽省高等职业院校"双师型"教师认定标准》等文件，目前已经完成了三批"双师型"教师认定工作。2016 年，首批认定"双师型"教师 4507 人，其中高级"双师型"教师 974 人、中级"双师型"教师 1993 人、初级"双师型"教师 1540 人。2017 年第二批认定"双师型"教师 1457 人，其中高级"双师型"教师 135 人、中级"双师型"教师 545 人、初级"双师型"教师 777 人。2018 年第三批认定"双师型"教师 1204 人，其中高级"双师型"教师 210 人、中级"双师型"教师 452 人、初级"双师型"教师 542 人。

3. 实施高端领军人才和团队引进培育计划

积极引导高校加强领军骨干人才队伍建设。依托皖江学者特聘教授、青年皖江学者、领军人才团队 3 个子项目，加大对高层次人才的集聚和培养。其中皖江学者特聘教授奖补标准为每人不少于 100 万元，青年皖江学者奖补标准为每人 50 万元，领军人才团队奖补标准为每个团队 400 万元。项目自 2017 年开始实施，已评选 2 次，入选皖江学者特聘教授 36 人、青年皖江学者 24 人、领军人才团队 11 个。

积极组织实施各级各类人才项目。2016 年，推荐省属本科高校 26 人申报"长江学者奖励计划"（申报长江学者特聘教授 8 人、讲座教授 4 人、青年学者 14 人）；2017 年，推荐省属本科高校 48 人申报"长江学者奖励计划"（申报长江学者特聘教授 18 人、讲座教授 4 人、青年学者 26 人），其中安徽医科大学孙良丹、安徽大学刘琳入选"青年长江学者"。

2017 年，共遴选推荐 32 名"万人计划"教学名师候选人上报教育部，其中 3 名教师入选国家"万人计划"教学名师。

2017 年以来，依托高校学科（专业）拔尖人才学术资助项目，进行高职高专带头人培养计划，高职高专学科水平不断提升。2017 年，高职高专带头人入选高校学科（专业）拔尖人才学术资助项目 30 人；2018 年，高职高专带头人入选高校学科（专业）拔尖人才学术资助项目 31 人。

高度重视高校博士后培养和资助工作。2016 年，推荐省属高校 83 人申报省人社厅博士后研究人员科研活动资助经费项目，其中 34 人入选。2017 年，推荐省属高校 59 人申报省人社厅博士后研究人员科研活动资助经费项目，其中 45 人入选。

（十）"互联网+教育"推进工程

1. 加强数字校园建设，推进信息技术与教学深度融合

目前全省中小学校宽带接入率 100%，校园网建有率 100%；多媒体班级覆盖率 99.3%；生机比 7.88∶1，师机比 0.89∶1。

印发《安徽省普通中小学校信息化基本标准（修订）》《安徽省普通中小学智慧学校建设标准（试行）》。大力促进基于网络的多媒体教学。继续开展在线课堂、"一师一优课"、翻转课堂、信息化大赛等活动。深入推进教师信息技术应用能力提升工程。基本建成覆盖中小学和特殊教育的全省优质数字教育资源库。积极构建"可感知、可诊断、可分析、可自愈"的新型校园生态。开展中小学智慧学校建设试点，确定金寨县古碑镇和天堂寨镇中心小学（含教学点）实施方案，着力推进金寨县偏远山区小学智慧学校建设应用。召开全省中小学智慧学校建设现场推进会，重点推进 364 所智慧学校示范学校或实验学校建设，并结合新课改新高考要求同步推进全省普通高中智慧学校建设。

2. 建成省级教育资源和管理平台

利用中小学学生综合素质评价、基础教育质量综合评价等 17 个省级管理系统，充分利用大数据，为新高考、新课改、精准扶贫、均衡发展等教育领域综合改革提供支撑服务。

实施《安徽省教育数据管理办法（暂行）》，确保数据的统一性、真实性、准确性和安全性。组织参加教育部教育管理信息化应用优秀案例评审活动，2 例获优秀案例。组织开展基础教育信息化应用典型案例推荐遴选活动，1 项作品入围国家应用案例奖项。

目前，安徽省数据中心拥有机柜 29 组、各类服务器 134 台、存储设备 5 套、网络及安全设备 34 台，存储总容量 400TB（可扩展至 800TB），服务器、服务存储整体运行良好，电信、移动、联通、教育科研网四网接入。统一构建的省级数据中心，为两平台底层数据互通、系统互联、信息共享以及新时期安徽省智慧学校建设提供环境支撑。

实施"两平台安全保障体系建设方案"，利用专业的 VPN 系统与防护软硬件系统建立一套上下贯通的信息安全一体化防护体系。落实安徽省数据中心与教育部北方灾备中心的完整对接，对各系统进行异地备份。完成国家和省级系统等保定级、备案和测评。与承建商签订"安全与保密协议"。经常性开展系统安全扫描及修复工作。

（十一）教育精准扶贫工程

1. 加强教育扶贫工作统筹谋划和日常调度

制定印发《安徽省教育厅2018年教育扶贫工作要点》；分解落实省委省政府《关于聚焦深度贫困集中力量攻坚的实施意见》重要任务及责任分工；制定印发《安徽省教育系统扶贫领域作风问题专项治理实施方案》，将2018年作为安徽省教育脱贫攻坚作风建设年；建立委厅教育扶贫工作月度小结制度和继续落实教育扶贫"月点评、季通报"制度。会同学生资助管理中心、校产中心加强对各地建档立卡家庭学生资助、"全面改薄"等工作的日常调度。

2. 持续推进建档立卡家庭学生精准资助

提前预拨2018年各地各类建档立卡家庭学生资助资金19.4亿元；春季学期，全省共资助建档立卡家庭学生62.89万人，发放资助金额7.87亿元，实现了建档立卡家庭学生资助"学段全覆盖、标准最高档、对象无遗漏、项目可叠加、结果全告知"。截至目前已完成对淮北市等12个市、2个省直管县、31所民办高校、43所省属中职学校的检查工作。

3. 进一步加强义务教育控辍保学工作

印发《安徽省人民政府办公厅关于进一步加强控辍保学提高义务教育巩固水平的通知》，认真核实中小学生学籍信息，做到"一人一籍，籍随人走"，做好辍学学生劝学返校。

4. 倾斜支持贫困地区改善学校办学条件

对教育建设项目资金，首先按不低于10%的比例切块安排贫困地区，其中9个深度贫困县在倾斜基础上基础分配因素再上浮10%参与分配。目前已下达贫困地区教育建设项目资金21.52亿元，占全省安排总量的62.65%。督促指导贫困地区加快项目实施。截至6月底，贫困地区全面改薄项目已完工2655个，完工校舍及运动场面积251万平方米，购置教学和生活设施13.9万台套件，购置教学和生活设施完成投资额2.8亿元，分别占年度计划的87.94%、89.32%、97.2%和96.55%。校舍维修改造项目已完工2311个，完工面积190万平方米，完成投资额6.53亿元，分别占年度计划的96.25%、95.52%和80.6%。中央财政支持新建、改扩建公办幼儿园项目已完工92所，占年度计划的47.42%。中央专项彩票公益金支持学前教育建设项目已完工61个，完工面积9.26万平方米，购置设施设备1066台套件，完成投资额6617万元，分别占年度计划的26.75%、44.95%、3.39%和38.03%。普通高中改造计划项目已完工12个，完工校舍及运动场面积1.1万平方米，购置教学仪器设备1.43万台套件、图书18.7万册，完成投资额3694.55万元，分别占年度计划的12.50%、3.19%、74.13%、

77.27% 和 22.02%。

5. 大力加强贫困地区乡村教师配备和培训

一是将 2018 年国家下达安徽省的 3800 名"特岗计划"，全部安排到贫困地区。二是利用教师专项工作补助经费 2390 万元，选派 1195 名支教教师到贫困地区支教（目前选派工作正在进行中）。三是 2018 年计划定向培养乡村小学全科型教师 2500 人（其中初中起点 2200 人，高中起点 300 人）。四是组织实施安徽省"国培计划（2018）"项目，下达贫困地区"国培计划"专项资金 5891.5 万元，占全省资金总量的 63.49%，重点支持贫困地区开展乡村教师和校长专业化培训。

6. 积极开展困难毕业生就业帮扶工作

联合省人社、财政等部门按每人 1000 元的补助标准，2018 年共向 28634 名困难毕业生发放求职创业补贴 2863.4 万元，支持困难毕业生落实就业。截至 6 月底，全省高校毕业生签约率达 83.19%，比去年同期上升 0.23 个百分点，其中：建档立卡贫困家庭毕业生 20458 人，签约率达 90.43%，比去年同期上升 3.79 个百分点。

（十二）高等学校创新能力提升工程

1. 深化高校创新体制机制改革，激发创新活力

"十三五"以来，安徽省教育厅联合省科技厅、省人社厅、省财政厅制定出台《关于深化高校科研体制机制改革推进创新驱动发展实施意见》，给高校和科研创新人员松绑。修订印发《安徽省教育厅科学研究项目管理办法（试行）》，全部下放省教育厅高校科研项目评审权，赋予高校和科研人员更多的自主权。安徽省教育厅会同省人社、编办、财政等部门印发《关于进一步创新高校用人机制加强高水平教师队伍建设的意见》，进一步创新高校编制管理，创新高校岗位设置管理，创新高校高层次人才引进机制，创新高校人才评价机制，进一步落实高校用人自主权。2017 年，全面下放高校职称评审权到学校。安徽省教育厅联合省财政厅、省科技厅、省审计厅印发《关于进一步改革完善省属高校科研经费管理的若干意见》，从横向经费管理、高校科研仪器设备采购、科研项目间接费用、劳务费和专家咨询费、科研经费支出的国际交流和交通费用等方面进一步细化落实政策，提高高校的可操作性，激发创新活力。制定《安徽省中央财政支持地方高校改革发展资金管理办法》，明确专项资金由高校在中央财政禁止性规定用途外，自行统筹用于深化改革和内涵式发展，推进一流学科专业和高水平大学建设，加强教学实验平台、科研平台、实践基地、公共服务体系和人才队伍建设等，提高教学水平和创新能力。

2. 搭建创新平台，聚集创新资源

通过实施高等教育振兴计划，建立了 33 个省级协同创新中心、12 个产业

共性技术研究院、50 个高校创新团队、16 个省高校智库。通过实施高等职业教育创新发展行动计划，建立了 23 个面向市场的应用技术协同创新中心。中国科学技术大学量子信息与量子科技前沿协同创新中心成为首批国家级协同创新中心，安徽农业大学获批省部共建茶树生物学与资源利用国家重点实验室、新农村建设发展研究院。2018 年上半年，向教育部申报了 4 个国家协同创新中心，教育部正在评审中。到目前为止，全省高校共有国家级科研平台（重点实验室、工程技术中心、协同创新中心等）23 个，教育部等中央部委行业协会、科研平台 76 个。绝大多数科研平台有企业或科研院所参与共建或者开展了科研合作。

3. 开展全面合作对接，促进成果转化

一是举办了几十场大型产学研对接会，开展了教授、博士企业行活动，组织开展校企对话交流活动，为企业提供贴近式智力服务和有针对性技术支持。二是高校与企业和市县人民政府开展全面战略合作，35 所本科高校与近 6000 家企业建立了合作关系，与市县签订了 200 多个合作协议。三是鼓励高校科研人员"走出去"，向企业派驻科技特派员，年均向企业和地方派出科研人员 400 人次，累计向地方派出挂职干部 600 人次。四是借助徽商大会、农交会、科博会、动漫创意产业交易博览会等平台，开展产学研对接合作。

4. 加快科技资源开放共享，为企业创新提供公共服务

全省高校将图书馆、教学和科研实验室、实习实训中心、工程中心、重点研究基地和网络课程、信息资源等都实行对外开放，建成了安徽高校数字图书馆总馆和 9 个分馆，并对全省高校开放，同时通过 VPN 的形式向社会图书馆和公众开放。目前，全省部分高校大型成套仪器设备进入安徽省大型科学仪器设备共享服务平台。

（十三）高等学校智库建设工程

1. 实施高校智库建设计划

"十三五"以来，安徽省教育厅积极推进高等学校智库建设，印发《安徽省教育厅关于印发安徽高校智库建设计划的通知》，启动首批安徽高校智库立项建设工作。在高校推荐、专家评审推荐的基础上，省教育厅立项建设安徽大学"安徽生态发展研究院"、淮北师范大学"安徽省高校管理大数据研究中心"等 16 个智库项目，在省级财政专项资金中给每个智库每年统筹安排建设经费不少于 50 万元。制定《安徽高校智库成果认定办法》，规定智库成果类型、高校智库成果认定依据，并出台安徽高校智库成果认定评分标准，为高校智库绩效考核，实行优胜劣汰、动态管理提供依据。建立《安徽高校智库发展报告》发布制度，

通过《高校专家建议》和安徽高校智库年度论坛等多种形式，定期发布智库成果，定期举行高校智库与政府、企事业单位之间的战略对话会，将高校智库的研究成果和政策解读推介给政府、公众和社会，扩大高校智库的社会影响力，打造安徽高校智库品牌。产出一批研究成果被省委省政府及相关部门采纳，有效地发挥智力支持作用。

2. 推动优秀传统文化传承创新

加强优秀传统文化传承创新，引导广大哲学社会科学专家学者充分利用和发掘安徽省优秀文化资源，弘扬优秀安徽文化、讲好安徽故事、打造徽风皖韵文化精品，服务文化强省战略。组织编写《徽州文化十讲》《桐城文化八讲》《皖北文化九讲》《皖江文化十讲》等优秀传统文化丛书。系列丛书以弘扬社会主义和核心价值体系为主线，以通俗易懂的语言和图文并茂的形式，传承安徽优秀传统文化，省委办公厅《安徽信息》和教育部社科网都给予报道。组织编写了《大别山道路——安徽农业大学特色发展之路》，介绍安徽农业大学服务三农的特色发展之路，已公开出版。高校承担的国家科技支撑计划国家文化创新工程项目"宣纸文化遗产数字化与文化旅游综合服务示范"，获资助额度 466 万元；中央文化产业发展资金专项资金项目"徽州名人故居及雕塑制作研究"，获资助额度 500 万元。安庆师范大学设立全国唯一的黄梅戏表演、编导本科专业和黄梅戏艺术发展研究中心。这些地域文化研究，将为进一步弘扬安徽优秀文化、讲好安徽故事奠定坚实基础。

3. 繁荣发展高校哲学社会科学

积极贯彻落实习近平总书记在全国哲学社会科学工作座谈会上的讲话和安徽省哲学社会科学工作座谈会精神，加强人文社会科学重点研究基地建设。目前，全省 29 所高校建立了 52 个人文社科重点研究基地，其中教育部重点研究基地 2 个，各高校也建立一批重点研究基地，形成国家、省、校重点研究基地体系，初步建成了特色鲜明、优势突出、结构合理的创新平台体系，促进优质科研资源的有效配置和各种创新要素的有机结合，完善符合哲学社会科学研究规律的新型科研组织模式，推动哲学社会科学繁荣发展。

（十四）学分银行和信息化平台建设工程

印发《安徽省教育厅关于推进高等学历继续教育学分认定和转换工作的实施意见》。探索学分制改革，依托园区平台开发继续教育学分银行系统并上线运行，包括学习者基础信息库、共享超市、学习成果库、学分认定子系统、学分转换子系统，为继续教育学分认定和转换提供支持服务。依托安徽继续教育网络园区平台建设共享课程超市，首批 120 门课程免费向社会开放。

开展中等职业学校学分制试点工作情况专题调研，形成调研报告，在此基础上研究制定《安徽省教育厅关于进一步推进中等职业学校学分制改革试点工作的意见》，通过试点，探索建立多种形式的学习成果认定机制，畅通不同类型学历教育、学历教育与非学历教育、职业教育与普通教育、校内教育与校外教育之间的转换通道，推动多种学习方式、学习过程相互衔接。全省15个市、省直管县出台了学分制改革试点工作实施方案或实施细则，140所中职学校参与试点，试点专业245个，试点学生2.4万人。

（十五）继续教育推进工程

认真落实教育部、全国总工会《农民工学历与能力提升行动计划——"求学圆梦行动"实施方案》，指导高校做好相关工作，统筹协调，抓好落实。依托安徽继续教育在线平台设计开发了安徽省农民工继续教育公共服务平台并正式上线运行。遴选合肥工业大学等25所高校参与实施农民工学历继续教育。

一是推进职业技能培训。坚持学历教育与职业培训并举，每年均专门对职业技能培训相关工作进行部署，广泛面向农村转移劳动力、新型职业农民、退役士兵等各类群体开展培训。实施职业培训进度定期报送制度，将培训任务完成情况纳入对市级政府履职情况考核，推进各地加强统筹。加大培训项目和资金的整合力度，积极拓展培训内容和对象，建立健全覆盖城乡全体劳动者的职业培训体系，提高广大劳动者的就业能力、工作能力和职业转换能力。牵头制定《贯彻落实〈关于推进新时代产业工人队伍建设改革的实施意见〉工作方案》，提出37项推进产业工人队伍建设的具体措施。2016年以来，全省职业院校共开展各类职业技能培训183.7万人次。

二是建立面向全民的终身学习公共服务平台。指导安徽广播电视大学整合11大系列、59个门类特色教育资源，开发建设"安徽全民终身学习网"，打造终身教育信息化学习平台、资源平台、服务平台，推动信息技术融入社区教育、老年教育、职业培训等全过程，扩大终身教育覆盖面。芜湖市构建数字化学习课程近2000门。"合肥终身学习网"在线实名注册学习用户超过100万人，平台浏览量超过1400万次，累计学分超过53万分，上传信息报道约3.5万条。组织开展学习型城市创建工作，合肥市、马鞍山市等8市入围全国学习型城市建设联盟。2017年联合合肥市人民政府成功承办全国"全民学习活动周"总开幕式，标志着安徽省全民学习、终身教育进入新的发展时期。安徽省累计有21人入选全国"百姓学习之星"、17个单位入选全国"终身学习品牌项目"，"学习活动周"已成为安徽省建设学习型社会的重要载体和特色品牌。

（十六）新兴学科专业集群建设工程

1. 新兴学科集群建设

近年来，安徽积极支持和扶持一批新兴学科和交叉学科，积极推动高校学位授权点动态调整，优化学位授权和学科专业布局，加强研究生教育结构与地方经济社会发展水平的紧密对接，加强人才培养与社会需求的紧密衔接。坚持科教协同、产学结合，着力深化研究生培养模式改革。充分发挥高校重点实验室、工程技术中心、人文社科基地等各类平台的作用，建成一批支撑安徽省新兴产业发展的重要创新策源地，支撑和服务安徽省战略性新兴产业发展。

目前，安徽省高校新兴产业相关部分创新平台有 5 个领域。一是新能源汽车产业领域：安徽大学高节能电机及控制技术国家地方联合共建工程实验室；合肥工业大学安徽省新能源汽车协同创新中心等。二是现代中药产业领域：安徽中医药大学中药饮片国家地方联合工程研究中心、中药提取国家地方联合工程研究中心；阜阳师范学院抗衰老中草药安徽省工程技术研究中心等。三是机器人产业领域：安徽工程大学先进数控和伺服驱动技术安徽省重点实验室；安徽工业大学马鞍山工业技术研究院等。四是现代医药产业领域：安徽医科大学抗炎免疫药理学安徽省重点实验室、安徽省创新药物研究院；中国科学技术大学安徽省医药生物研究院等。五是新材料产业领域：安徽大学信息材料与器件安徽省重点实验室、功能无机材料化学安徽省重点实验室；安徽工业大学金属材料与加工安徽省重点实验室；淮北师范大学绿色材料化学安徽省重点实验室、含能材料安徽省重点实验室；合肥工业大学有色金属材料与加工技术协同创新中心等。

2. 新兴专业集群建设

一是通过实施"五个引入"，实现校企深度合作，即引入职业资格标准修订完善专业人才培养规格标准；引入行业标准修订完善专业建设标准，开展专业资格认证；引入企业核心技术标准修订完善专业核心课程标准；引入行业企业专家组建专业教学团队；引入行业企业积极参与人才培养工作，实现校企深度合作。二是通过项目实施深入推进校企合作。在省级质量工程项目中，设立了校企合作实践教育基地、示范实验实训中心和虚拟仿真实验教学中心等项目，引导高校强化实践教学环节，深化实践教学方法改革，强化学生实践动手能力。2016—2017 年，省级质量工程项目共立项校企合作实践教育基地 203 个、示范实验实训中心 147 个、虚拟仿真实验教学中心 39 个。三是加强引导，推动新兴专业建设。坚持每年发布《安徽普通高校本科专业布局情况分析报告》，要求各高校专业支撑产业发展，鼓励设置支持安徽省重点产业、支柱产业和战略性新兴产业的相关专业；专业引领产业发展，鼓励设置引领产业和社会急需相关专业；避免重复设置，从严控制专业布点多的本科专业；避免供大于求，从严控制就业质量差的本科专业。2016—2017年，新增本科专业233个，主要是互联网金融、高分子材料与工程、机器人工程等围绕安徽省战略新兴产业、主导产业和经济社会发展急需的应用型专业，为安徽省相关产业人才培养和技术研究提供了支撑力量。

（十七）共建"一带一路"开放教育工程

1. 推进"留学安徽"项目，加强与"一带一路"沿线国家交流

教育国际合作与交流平台日趋增强。安徽高校在"一带一路"沿线国家建立了中国中心、中国语言文化中心。2018年5月8日，第三届中非地方政府论坛在京召开，安徽省加入"中非职教地方合作联盟"。安徽农业大学与美国科罗拉多州立大学联合组建"农业推广与经济发展联合研究院"，在探索农科教相结合的新型农村综合服务和农业推广模式上进行全新研究。

2. 举办安徽省国（境）外留学生文化修学活动

积极打造"留学安徽"品牌。组织9所高校赴波兰、捷克举办"留学安徽"推介会；组织省内高校赴印度加尔各答参加中国驻加尔各答总领馆举办的高等教育展，吸引印度学生来皖留学。全省高校留学生总数由2013年的1481人上升至2017年的3626人，增幅为145%，学历生占留学生人数比例为63.1%，学历生占比和留学生数增幅均高于全国平均水平。6月8日，2018年香港大学生来皖实习见面会在合肥举行，来自香港大学、香港城市大学、香港中文大学等15所高校的35名优秀香港青年大学生参加活动。

3. 举办中俄"长江—伏尔加河"青年论坛

2017年6月，省教育厅承办了第四届中俄"长江—伏尔加河"青年论坛。近日，第五届中俄"长江—伏尔加河"青年论坛在俄罗斯萨马拉州圆满落幕，来自安徽省6所高校的共27名师生和同样来自中国长江中上游其他四省一市的青年代表团与俄罗斯伏尔加河沿岸联邦区14个联邦主体的300余名青年代表，在美丽的伏尔加河畔结下了深厚的情谊。俄罗斯下诺夫哥罗德大学已与安徽省高校建立联系，开展多种形式的交流合作。该校是俄罗斯联邦三大语言大学之一，开设20个系、46个专业以及6个科研所和实验室，毫微结构物理实验室是该校国家重点科研中心之一。2011年，该校孔子学院揭牌。

4. 依托孔子学院，传播中华文化和徽文化

安徽大学在"一带一路"沿线国家建有2所孔子学院；安徽大学、安徽师范大学获批教育部3个区域国外研究中心。

五、工作经验与成功案例

（一）工作经验

1. 坚持正确政治方向，落实教育优先发展战略

坚持社会主义办学方向，以培养担当民族复兴大任的时代新人为着眼点，始终坚持党对教育工作的领导，不断增强"四个意识"，不断坚定"四个自信"，在思想上、政治上、行动上同以习近平同志为核心的党中央保持高度一致，把保持和增强政治性、先进性、群众性贯穿教育工作全过程。增强扎根中国大地办教育的观念，贯彻党和国家德育与思想政治工作整体部署，坚持贯穿结合融入、落细落小落实，把社会主义核心价值观贯穿于教书育人全过程，体现在学生日常学习、生活的具体实践中，推进社会主义核心价值观内化于心、外化于行。

全面加强党对教育工作的领导，健全党委统一领导、党政齐抓共管、部门各负其责的教育领导体制。在实施加快新型城镇化建设、乡村振兴战略、建设科教强省等重大决策部署中，优先谋划、布局教育，完善保障教育发展的配套政策，着力解决城市学前教育供给不足、乡村学校质量不优、小区配建学校（幼儿园）建设管理不顺的问题。依法落实各级政府教育支出责任，健全各级教育预算拨款制度和投入机制。确保一般公共预算教育支出逐年只增不减、按在校学生人数平均的一般公共预算教育支出逐年只增不减。

2. 坚持立德树人，努力促进学生全面发展

党的十九大再次强调立德树人根本任务，这是教育的出发点和归宿，是教育工作者必须始终坚守的根本任务和神圣使命。要把德育摆在更加重要的位置，丰富育人载体，创新育人方式，构建长效机制。

加强中小学党建工作。认真组织开展"不忘初心、牢记使命"主题教育活动，推动"两学一做"学习教育常态化制度化，切实增强广大党员的责任感和使命感。落实党建管理体制和工作责任，推进中小学幼儿园党组织和党建工作两个全覆盖。充分发挥党员干部的先锋模范作用和党组织的战斗堡垒作用，促进党建工作与中小学教育教学工作紧密结合，提升党建工作水平。

坚定青少年理想信念。深化中国特色社会主义和中国梦宣传教育，增强道路自信、理论自信、制度自信和文化自信。深入开展以爱国主义为核心的民族精神和革命文化、社会主义先进文化教育，充分利用改革开放四十周年等重大历史事件纪念活动，组织开展主题教育。充分挖掘源于安徽的老庄文化、桐城派文化、徽文化、新安理学等的时代价值，进一步发挥滋养心灵、涵养德行、引领风尚的作用。发挥皖西大别山革命老区、新四军纪念馆、渡江战役纪念馆、"大包干"

纪念馆等安徽资源优势，开展研学旅行。引导学生增强爱国情感、强化国家认同，增强中华民族自豪感，增强做中国人的骨气和底气。

大力发展素质教育。大力开展阳光体育运动，引导学生养成终身参与体育锻炼的习惯，掌握基本运动知识和一两项运动技能，使运动锻炼成为一种生活方式。坚持把学生的体育健康水平和运动技能水平作为学生综合素质评价的重要指标。通过考试招生制度改革、体质状况监测等手段，形成倒逼机制，扭转中小学生视力不良和超重比例增多的状况。以"中华优秀文化艺术传承学校"创建和"戏曲进校园"活动为引领，鼓励学校开发具有民族、地域特色的地方艺术课程，努力打造艺术教育品牌。充分发挥实践育人功能，开足开好综合实践活动课程和通用技术课程，抓好校内外劳动等关键环节，以劳树德、以劳增智、以劳强体。以学校语言文字规范化建设和县域语言文字工作达标建设、督导评估为抓手，提高国民国家通用语言文字水平。重视加强心理健康教育，加强人文关怀和心理疏导，培养学生心理调节能力，塑造积极人格，形成良好意志品质。

减轻学生过重课外负担。中央经济工作会议明确提出要着力解决中小学生课外负担重、择校热、大班额等突出问题。近年来，相关部门在解决课内负担过重问题上下了很大功夫，比如很多学校在一、二年级都不留作业。但是，由于考试选拔机制的驱动、教育理念的偏差，出现了"学校减负、家庭增负、校内减负、校外增负"的浪潮，导致孩子在课余、放假的大多数时间，在各类教育辅导班中疲于奔走。课外负担日趋沉重，甚至反客为主，不仅加重了孩子的负担，也加重了家长的经济负担。针对这种现象，安徽省采取行之有效的手段积极应对。学校提高课堂教学质量，有针对性地为有需求的学生提供个性化教学内容，坚决杜绝"课内不讲课外补习"等错误行为。健全课后服务制度，总结中小学实行弹性离校时间试点经验，提供丰富多样的课后服务。加强家庭教育指导服务，帮助家长树立正确的教育观点，合理安排孩子的学习、锻炼和休息时间。探索建立负面清单制度和联合监管机制，会同有关部门规范校外教育培训机构，严格办学资质审查，规范培训范围和内容，使其成为学校教育的有益补充者，而不是教育秩序的干扰者。

3. 坚持协调发展，提升教育发展整体水平

满足人民多样化教育需求，必须调整优化教育供给，提升教育结构的适应性、开放性、灵活性，促进各级各类教育协调发展。

学前教育抓普及普惠。目前，"入园难"问题基本解决，但仍然面临着普惠性资源不足、专任教师严重短缺且质量不高、保障机制不健全、看护点体量大等问题。落实《关于扶持和规范普惠性幼儿园发展的意见》，在大力发展公办园的同时，积极引导和扶持民办园提供普惠性服务。落实《民办幼儿看护点整改提升

方案》，实现幼儿看护点数、看护点幼儿数较上年减少 15% 的目标。投入上，推动建立生均拨款、收费、资助一体化机制，出台公办园生均拨款、普惠性民办园补助标准。师资上，完善编制管理办法和工资待遇保障机制，提高准入门槛，引导和监督依法配足配齐保教人员。提高保教质量，落实《幼儿园办园行为督导评估办法》，开展幼儿园合格性评估。建立幼儿园信息管理系统，充分发挥信息技术手段作用，实行精细化管理。加大力度持续开展"小学化"专项整治，坚持以游戏为基本活动，重点加强对偏远农村地区、民办幼儿园、农村小学附属园保育教育指导。坚决防止幼儿园伤害幼儿事件发生，一经发现必须严肃查处。

义务教育抓优质均衡。落实新修订的《安徽省义务教育学校办学标准》，统一城乡学校建设标准、教师编制标准、生均公用经费标准定额和基本装备标准，启动实施新一轮义务教育标准化学校建设提升工程。实施农村义务教育巩固提升行动，全面加强乡村小规模学校和乡镇寄宿制学校。持续推进全面改薄工作，重点督查"20 项底线"要求和五年规划任务完成情况，确保全面改薄圆满收官。严格执行《全省义务教育消除大班额专项规划》，2018 年底前全部消除义务教育阶段 66 人以上超大班额。落实义务教育管理标准，规范学校管理，提高义务教育质量。制定《安徽省义务教育学校管理标准》，开展中小学校管理水平评估，启动实施义务教育学校管理标准化建设。对义务教育发展基本均衡县（市、区）进行动态跟踪监测，对关键性指标下滑的县（市、区）予以通报，并实行约谈市、县政府负责人制度。启动义务教育优质均衡发展督导评估认定。

高中教育抓特色多样。党的十九大将高中阶段教育由十八大的"基本普及"调整为"普及"，明确要使绝大多数城乡新增劳动力接受高中阶段教育。实施高中阶段教育普及攻坚计划，解决贫困地区教育资源短缺、大班额比例高、学校运转困难等突出问题。深化普通高中课程改革，成立省级深化普通高中课程改革专家指导委员会，制定进一步深化普通高中课程改革实施方案及普通高中各学科教学指导意见，推动高中阶段教育多样化、特色化发展。

职业教育抓能力提升。以中职布局结构调整规划为依据，以市级政府统筹、县（区）职教资源整合为抓手，推进各类中等职业学历教育、各类培训资源以及各类职教经费和项目整合，进一步优化学校布局和专业结构。修订完善中等职业学校办学标准，启动中职学校合格评估工作，推动中职学校达标建设。对不合格的学校亮牌并限期整改、限制招生，对不能按时完成整改的学校，取消各类项目和经费安排，取消招生资质、停止招生。继续实施中职质量提升工程和产教融合工程，按照"以市为主、统筹布局、一次规划、同步建设"的原则，持续推进省级示范学校、示范专业、示范实训基地、名师工作室等 6 大类 957 个事关职教全局的重点项目建设。建立示范学校动态调整、滚动发展机制，对于原有省级示范学校重新进行认定工作，取消示范学校终身制。通过示范引领，带动全省中职学校整体办学能力和水平的提升。

继续教育抓资源供给。加快建立工学交替、半工半读、远程教育等有利于产业工人接受职业教育的灵活学习制度，努力实现职工培训人数与学历教育人数达到1:1。紧紧围绕生产经营型、专业技能型和专业服务型三类培训对象，以提升综合素质、职业技能和创业发展能力为核心，不断提高新型职业农民培育质量和效益，主动服务乡村振兴战略。加强社区教育规范化、制度化建设，加大与长三角社区教育合作力度，推进社区教育示范区、实验区创建和学习型城市联盟、学习型组织建设，充分调动全社会广泛参与学习型社会建设的积极性和创造力。加快发展老年教育，以省、市电大为依托，建设老年开放大学，提供平台支撑、资源推送和体验基地示范。鼓励高等学校、职业学校开放教育资源、开办老年大学，努力扩大老年教育供给。建立学分认定转化积累制度，完善人人皆学、时时可学、处处能学的终身学习体系。

4. 坚持深化改革，持续激发教育发展活力

改革是发展的活力源泉和不竭动力。深入落实中共中央办公厅、国务院办公厅印发的《关于深化教育体制机制改革的实施意见》，继续深化教育综合改革，力争在有关重要领域和关键环节改革取得突破。

推进"管办评"分离。建立标准健全、目标分层、多级评价、多元参与、学段完整的教育质量检测评估体系，为改进教育教学提供科学依据。健全第三方评价机制，增强评价的专业性、独立性和客观性。全面部署启动对市级人民政府履行教育职责评价工作，重点督导教育改革、发展、稳定、保障等，特别要关注教育热点和难点问题解决、重大突发事件处理等方面的情况，确保重大教育方针政策贯彻落实。全面落实督学责任区制度，提高中小学校责任督学挂牌督导工作水平，实现学校督导常态化。对照国务院教育督导委员会《加快中西部教育发展工作督导评估监测办法》，认真开展自查自评，对学前教育发展不充分，义务教育优质均衡发展水平不高，普通高中特色化、多样化办学不够，现代教育体系建设投入不足，职业教育社会吸引力不强，高等教育创新引领能力不够等方面存在的薄弱环节及时进行整改。

"放管服"改革成效显著。一是进一步落实高校办学自主权。高校自主设置《普通高等学校本科专业目录》内的专业，自主设置高等职业教育（专科）专业，按规定报备。二是积极开展高校人员总量管理试点。推进高校依法自主管理岗位设置，自主确定内设机构设置和人员配备。三是落实高校用人自主权。高校按照政策规定，自主制订招聘或解聘的条件和标准，自主组织实施新进人员公开招聘工作。高校可从企业和科研院所引进紧缺学科专业高水平技术技能人才和创

新型人才。四是高校教师专业技术资格评审权下放到高校，实施《安徽省高校教师职称评审权下放工作实施方案（试行）》，在省属本科高校推行编制周转池制度。同时，省教育厅、人力资源和社会保障厅依照国家职称评审的相关法规和政策制定监管办法，加强事中事后监管。五是优化分配机制。高校在核定的绩效工资总量内可实行年薪制、协议工资或项目工资等灵活多样的分配办法。对经评审认定后引进的高水平人才和人才团队，由学校自主确定其薪酬待遇和发放方式。

推进考试招生制度改革。深入借鉴高考综合改革试点省（市）经验，制定安徽省高考综合改革实施方案，加强和改进普通高中学生综合素质评价，转变以考试成绩为唯一标准评价学生的做法。稳步推进高中阶段学校考试招生制度改革，做好政策宣传解读，指导马鞍山市、铜陵市开展高中阶段招生录取改革试点。继续做好职业院校分类考试招生和五年制招生工作，稳步扩大应用型本科对口招收中职毕业生规模。改进招生和考核办法，进一步强化专业技能导向，优化"知识+技能"考试结构，加大专业技能测试在招生考试中的权重和分值，进一步强化和重视技术技能测试，更好地拉动中职教育的发展。继续坚持划片就近入学、教师常态化交流和示范高中 80% 指标无底线分配的政策，引导生源的正态分布和合理流动。

加快教育信息化步伐。2018 年初，安徽省启动了智慧学校建设试点，首批建设 364 所智慧示范学校和实验学校。根据"省市指导、县区实施、扶持薄弱、典型引路"的方式，在全省智慧学校建设指导意见的框架内，各地教育行政部门要结合自身财力和教育教学需求，按照统一的目标、任务和标准，科学制定本地智慧学校发展规划和实施方案，采取由低及高、由浅入深、由急到缓的步骤，分层逐步推进，并注重与国家和省级平台、资源的对接互通。要将乡村中小学信息化工程作为扶持重点，利用在线课堂建设基础进行升级改造，解决乡村学校质量提升问题。同时，各地教育部门要主动作为，分层创设一批本地示范校、实验校，引领推动全省智慧学校建设。要全面提升教师信息技术应用能力，实现从少数人应用到普遍应用，从课外应用到课堂教学主战场应用，从展示性应用到日常性教学应用，真正发挥教育信息化的支撑引领作用。

推进职业教育产教深度融合。出台安徽省校企合作促进办法，建立健全行业企业举办职业教育、校企互派人员、企事业单位承担学生实习实训的制度，发挥企业重要办学主体作用。搭建校企合作平台，在去年遴选 64 个校企合作示范企业的基础上，遴选一批省级校企合作示范学校。深入推进现代学徒制试点，健全德技并修、工学结合的职业教育育人机制。发挥行业协会的重要作用，完善职教集团运行机制。继续实行职教集团年度报告制度，遴选一批省级示范职业教育集团。

支持和规范社会力量兴办教育。出台《安徽省人民政府关于鼓励社会力量兴办教育促进民办教育健康发展的实施意见》，在落实优惠政策、拓宽投资渠道等方面进一步加大扶持力度，作出指导性规定。严格开展全省民办高校和民办非学历高等教育机构年度检查工作。每年度均联合省民政厅印发年检通知，成立年检工作领导小组和年检评审委员会，设立4个年检专家组，采取审阅材料、实地检查、评议评审等方式，对全省民办高校和民办非学历高等教育机构开展年度检查工作，评议评审年检结果；针对年检发现的问题，逐校下达整改通知书，制定问题清单，明确整改要求和责任，督促限期整改落实，进一步规范办学行为。建立省级民办教育工作联席会议制度，建立齐抓共管的民办教育工作机制，协调解决民办教育发展中的重点难点问题，不断完善制度政策，形成工作合力。

全力推进依法治教和依法治校。加快重点领域教育立法，积极推动《职业教育条例》《学生意外伤害事故预防与处理条例》等地方法规调研论证、起草修订工作，以良法保发展、促善治。通过课堂与实践相结合的形式，加强青少年学生法治教育。出台加强教育行政执法体制机制改革实施意见，加大教育执法和专项执法检查力度，切实使教育法律法规硬起来。加强中职和中小学章程建设，指导学校依法依章程办学治校。加大普法力度，切实提高教育部门、学校负责人特别是主要负责人依法治教、依法治校的意识和能力。

5. 坚持提高质量，深化教师队伍建设改革

实现教育高质量发展，关键还是靠教师。党的十九大报告从师德、专业化发展和尊师重教三个方面，对加强教师队伍建设进行了系统部署。《关于全面深化新时代教师队伍建设改革的意见》已于2018年1月20日正式印发，安徽省认真贯彻落实中央文件精神，印发了《中共安徽省委安徽省人民政府关于全面深化新时代教师队伍建设改革的实施意见》，明确了深化新时代教师队伍建设改革指导思想和目标任务，从加强师德师风建设、振兴教师教育、深化综合改革、提高地位待遇、加强党的领导、确保落地见效等方面，对安徽省新时代教师队伍建设改革作出总体部署。

深刻认识教师队伍建设的重要意义和总体要求，实施教师队伍"建设改革"攻坚行动，培养造就一支党和人民满意的高素质专业化创新型教师队伍。

全面加强师德师风建设。开展"师德师风建设提高年"活动，巩固师德师风专项治理成果，大力提升教师思想政治素质和师德涵养。出台《关于加强中小学教师诚信体系建设的指导意见》，建立教师队伍诚信管理机制和教师个人信用制度。强化监督考核，推行师德考核负面清单制度，实行师德"一票否决"。发掘师德典型、讲好师德故事，营造全社会尊师重教的浓厚氛围。

大力振兴教师教育。实施教师教育振兴行动计划，加大对师范院校支持力

度，推进地方政府、高等学校、中小学"三位一体"协同育人。探索教师培训新模式，推进县级教师发展机构建设和改革。统筹推进国培项目，重点支持乡村教师提升整体素质。面向全体中小学校长，加大培训力度，提升校长办学治校能力，努力造就一支政治过硬、品德高尚、业务精湛、治校有方的校长队伍。

完善教师管理制度。深入推进"县管校聘"管理改革，使教师由"学校人"转为"系统人"，加大义务教育学校教师交流轮岗力度，让教师资源动起来、活起来。完善"省考县管校用"制度，重点加强学前教育教师和乡村教师补充力度。建立中小学教师编制"周转池"，开展新一轮中小学教师编制核算，盘活用好教师资源。探索考核评价制度改革，突出教育教学实绩和师德要求，扭转单纯以升学率和学生考试成绩评价教师的倾向。

提升教师获得感、幸福感和荣誉感。完善教师权益保障体系，真正让教师成为令人羡慕的职业。打好落实乡村教师支持计划攻坚战，全面落实集中连片特困地区和边远艰苦地区乡村教师生活补助政策，推动提标扩面，惠及更多乡村教师。加强乡村教师周转宿舍建设，按规定将符合条件的教师纳入当地住房保障范围，让乡村教师住有所居。各地要拿出务实举措，帮助乡村青年教师解决困难，关心他们的工作生活，巩固乡村青年教师队伍。完善教师荣誉制度，做好教学名师等评选推荐，向在乡村学校从教 30 年、20 年的教师发放荣誉证书。

6. 坚持推进公平，努力让人民群众更满意

党的十九大报告提出，要推进教育公平，努力让每个孩子都能享有公平而有质量的教育。不仅要保障每个孩子"有学上"，还要保障贫困地区的孩子与其他地区的孩子一样，保障困难群体的孩子与其他家庭的孩子一样，能够"上好学"，重点抓好"四个见成效""四个全覆盖"。

加大对困难地区扶持力度。围绕增强贫困地区"造血功能"、激发贫困地区"内生动力"的工作目标，重点面向脱贫攻坚主战场，确保"四个见成效"。

一是在发展职业教育和技能培训方面确保"见成效"。职业教育优先招收建档立卡等贫困家庭子女，确保他们至少掌握一门实用技能。广泛开展公益性职业技能培训，实现脱贫举措与技能培训的精准对接，着力培养培训当地急需、好用且用得上的实用人才。

二是在高校面向贫困地区定向招生方面确保"见成效"。继续实施国家和高校专项计划，积极争取加大安徽省招生指标。进一步完善地方专项计划，增加一本院校对贫困地区的指标投放比例，提高重点高校录取贫困地区农村学生的数量。

三是在推进高校定点帮扶贫困县方面确保"见成效"。充分发挥学科特色和科技优势，帮助贫困县加强产业发展顶层设计，制定符合当地实际的产业发展规

划。组织动员专家教授深入贫困地区一线，找准高校科研项目与当地资源禀赋、区位优势的结合点，帮助贫困地区打造新的经济增长点。

四是在高校食堂定向采购贫困县农产品方面确保"见成效"。部署全省高校与贫困县定向对接，确保有一定品种、数量的贫困县农产品进入高校食堂。探索建立长效机制，逐步形成比较成熟的"农校对接"对接机制和采购模式。

更好保障困难群体受教育权利。对困难群体要从各方面给予特殊的关爱、特殊的扶持，重点抓好"四个全覆盖"。

一是抓好建档立卡家庭学生精准资助"全覆盖"。分级分类建立建档立卡学生数据库，及时补录新进建档立卡家庭学生，精准落实好各级各类建档立卡家庭学生资助政策。

二是抓好义务教育控辍保学"全覆盖"。提升学籍数据质量，更好地发挥学籍系统在控辍保学工作中的作用。推动各地"一县一策"制定控辍保学实施方案，完善联控联保工作机，建立控辍保学动态监测机制，加强对小升初、初中生升高中阶段等重点学段，家庭经济困难儿童、学困生等重点群体，以及辍学率较高的重点地区、学校的监控，落实辍学学生劝返、登记和书面报告制度，实施精准控辍，确保 2018 年义务教育巩固率达 94% 以上。

三是抓好残疾儿童少年接受义务教育"全覆盖"。全面实施《安徽省第二期特殊教育提升计划（2017—2020 年）》，进一步规范随班就读、送教上门等服务方式，做到"一人一案"，切实保障残疾儿童平等接受义务教育权利，人口 30 万人以上未独立设置特殊教育学校的县要加快建设特殊学校。

四是抓好国贫县学生营养改善计划"全覆盖"。投入营养膳食补助资金 10 亿元，支持 21 个县区开展学生营养改善计划试点。进一步扩大食堂供餐覆盖率，确保食品安全和资金安全，把营养改善计划真正做成民生工程、民心工程和良心工程。

（二）典型案例

安徽省在贯彻落实教育"十三五"规划过程中涌现出"建立政府统筹长效机制推进城乡义务教育均衡发展""蚌埠市加强市级统筹推进职教园区建设""强化校企合作，创新人才培养模式""激发高校科研创新活力打通科研经费管理政策最后一公里"等典型案例。

六、存在的困难

（一）安徽省教育战略、教育发展研究有待加强

从全国来看，安徽教育一直处于跟跑地位，在教育战略研究方面没有形成自

己的特色和品牌，省社科院、教育科学规划办缺少针对安徽省的重大战略研究、教育发展研究、教育特色研究方面的课题立项。教育研究机构需要进一步强化，教育研究平台需要进一步扩大扩充，教育理论与教育实践之间结合需要进一步强化。

（二）现代教育体系建设需要提速、机制需要完善

各级政府对教育优先发展的理念需要进一步落到实处，教育系统党的领导需要进一步强化；终身教育体系需要进一步完善，各类别各层次之间需要进一步理顺和协调；教育治理体系需要进一步完善，治理能力需要进一步提高。基础教育城乡一体化教育系统需要顶层设计、制度安排和政策配套，教育资源配置需要优化，城镇学校拥挤，大班额问题和农村学校出现"空心化"问题需要统筹安排；高校办学自主权未得到完全落实，有效激发高校办学活力的体制机制尚未形成。

（三）基础教育优质资源的配置需要进一步均衡

安徽省义务教育在城乡、区域、校际、群体之间的差距仍然存在。一是城乡差异。突出表现在城乡之间的师资配备、教育质量、管理水平等方面的差距。二是区域差异。皖北地区、贫困地区教育发展相对滞后。三是校际差异。不同学校间水平相差较大，社会公认的重点学校长期积累的名牌效应仍然存在。四是群体差异。特殊群体教育保障水平还不高。进城务工人员随迁子女义务教育虽然全部纳入输入地的财政保障和教育发展规划，但享受优质教育资源的比例较低。特殊教育仍是薄弱环节，残疾儿童义务教育入学率低于普通儿童。

（四）职业教育市场导向需要进一步强化，吸引力有待增强

一是对市场缺乏深度研究和预测，职业院校在专业设置、教学、技能训练等方面与市场、产业发展存在部分脱节。二是职业教育宣传力度不足，缺乏应有的吸引力，三是行业企业参与职业教育的法律保障与激励机制不足，企业参与职业教育缺乏足够的动力和积极性，四是职业教育管理体制运转不畅，条块分割、多头管理、职能交叉等问题依然存在。五是职业院校缺乏充分的办学自主权，内部治理结构改革有待完善。

（五）现代高等教育体系需要进一步完善

一是内涵式发展理念不够清晰；二是高校特色不明显；三是人才培养质量标准体系不够完善；四是学科专业和人才培养结构有待优化；五是创新人才培养模式不够鲜明；六是本科教学基础地位尚需巩固；七是研究生规模过小，布点不充分，培养机制不完善；八是创新创业教育和就业指导服务有待强化；九是高校科技创新能力亟待全面提升。

（六）师资队伍建设亟待加强，尤其是教师整体素质亟待提升

安徽省师资队伍仍然存在整体水平欠佳（与发达省份相比）和结构失衡状况。一是城乡教师知识结构和年龄老化。二是中小学教师学科结构性短缺严重。音乐、体育、美术、英语等紧缺学科教师短缺，教师多为兼职。三是学前教育师资不足。四是乡村教师职业吸引力有待增强。五是高等学校高水平人才和团队总量不足，创新实力不强。

（七）考试招生制度需要进一步改革与完善

九年一贯对口招生需进一步推进。普通高中学业水平考试和学生综合素质评价方法还有待完善。高职院校分类考试录取的比例还需进一步提高。重点高校面向贫困地区定向计划完成不足。录取机制僵化，高校和考生双向选择机会不多。

（八）财政对教育投入需要进一步加大

与教育发展的需要、与经济社会发展的需求、与全国平均水平特别是周边省份相比较，安徽省教育总体保障水平仍然有限，发展后劲不足。生均财政教育投入水平偏低，教育经费保障机制不健全，专项投入力度有待加强，非义务教育阶段公办学校学费标准长期未调整，不能适应办学需要。

七、对策建议

（一）加强教育战略研究，推进教育事业科学发展

加强政府主导的教育研究，特别是在全省经济社会发展广阔视野下的教育发展战略研究是引领地方教育发展理念的理论武器和行动指南。加强教育发展战略研究，重点在于加强教育规划研究、教育制度设计和教育政策制订。加强对现代教育理论的学习和研究、教育现状研究、教育改革研究，注重理论联系实际，贡献安徽经验。加大对各级各类教育管理干部、教师的培训，引导广大干部、教师激活发展热情，更新教育理念，厘清发展思路，落实发展举措，促进教育改革的深入发展。

（二）加强顶层设计，配套政策推进教育现代化

以《中国教育现代化 2035》为指南，以《安徽省"十三五"教育事业发展规划》为基础，制订《安徽省教育现代化 2035》，提前谋划，做好顶层设计。围绕推进现代教育体系建设工程，出台深化教育体制机制改革实施意见，以及推进有关文件出台，力争在深化教育改革、推进教育公平、提升教育治理能力现代化、扩大学校办学自主权等重点领域实现政策突破，推进工程深入顺利开展。此外，按照省委省政府部署，并结合调研，对五大发展行动计划共享发展内容进行

修订与完善。

（三）深化高等教育内涵建设，实现"四个回归"

依据教育部《关于全面提高高等教育质量的若干意见》，安徽省可以因地制宜、实事求是有侧重地深化高等教育内涵建设。要着力提升专业建设水平，推进课程内容更新，推动课堂革命，建好质量文化。要坚持"以本为本"，把本科教育放在人才培养的核心地位、教育教学的基础地位、新时代教育发展的前沿地位，努力实现"四个回归"。一是回归常识。要围绕学生刻苦读书来办教育，引导学生求真学问、练真本领。二是回归本分。要引导教师热爱教学、倾心教学、研究教学，潜心教书育人。三是回归初心。要坚持正确政治方向，促进专业知识教育与思想政治教育相结合，用知识体系教、价值体系育、创新体系做，倾心培养建设者和接班人。四是回归梦想。要推动办学理念创新、组织创新、管理创新和制度创新，倾力实现教育报国、教育强国梦。

（四）加大教师培养力度和完善人才引入机制，提升教师整体素质

一要进一步落实农村教师队伍建设支持计划。对农村学校教师队伍建设实行重点倾斜，提高农村教师工资待遇，村小和教学点在绩效工资总额外，设立交通补贴和生活补贴专项资金。按照省级财政和中央综合奖补资金1:1的比例配套资金，提高12个连片特困地区县乡村教师生活补助发放标准和覆盖面。创新中小学教职工编制管理新机制，建立省中小学教职工编制周转池制度。落实幼儿园教师核编政策，配齐配足专任教师和保育人员。认真落实"国培计划"，扩大实施"省培计划"，加大对农村学校教师的培训力度，提高农村学校教师队伍的整体素质和适应新课程改革的能力。完善中小学特级教师、学科带头人等培养选拔机制，实施教育名师培养工程，充分发挥多层次教育名师的示范引领作用。二要加强中等职业学校"双师型"教师队伍建设。推进实施"领雁工程"，推进中职教师素质提升计划，加大学科专业带头人培养力度，提高教师培训的成效，抓实名师工作坊建设项目，加强省、市级职业教育教研机构建设，提升教师教育教学能力和教科研能力。三要构建和完善安徽省人才培养体系，促进高等学校高端领军人才和团队建设发展。配合实施国家"千人计划"和"青年英才开发计划"、教育部"长江学者计划"，搭建"三位一体"人才培养架构。着力引进一批海内外高层次人才，加大对省学术技术带头人及后备人选和高职高专院校、技师学院专业带头人培养资助；采取特殊支持政策，对优秀青年教师进行重点培养，使其尽快成长为高层次拔尖人才。

（五）补齐基础教育短板，提高优质教育资源均衡水平

持续扩大优质教育资源覆盖面，进一步推进教育公平。在继续加大教育经费

投入的同时，还需进一步推进教育信息化建设。充分发挥省级基础教育资源应用平台和教育管理公共平台优势，构建利用信息化手段扩大优质教育资源覆盖面的有效机制。弥补农村、边远、贫困、民族地区师资的不足，引导教师利用网络学习空间开展协同备课和网络研修，形成共同备课、教学研究、资源共享等一体化协作交流机制。帮助学生使用数字资源、网络作业、网上自测、拓展阅读、网络选修课等开展自主学习，养成自我管理、自主学习的良好习惯。促进教与学的方式变革，全面提高农村、偏远、贫困地区学校教育教学质量。推进教育均衡发展关乎千家万户，其中，办学条件改善是"基础"，教师队伍建设是"关键"，实现优质教育资源覆盖面扩大是"目标"。实践表明，推进教育均衡发展，不是降低好的学校的标准，而是要把差的学校办好。同时基础教育均衡发展的目标是在均衡的基础上走向优质，扩大优质教育资源的覆盖面，让更多的人民群众享受到教育改革的成果，真正办好人民满意的教育。

（六）完善职业教育质量提升工程，服务产业升级与转型

一要以安徽产业转型为导向，积极推进职业教育专业结构调整与改革，完善职业教育发展相关配套政策，推动职业教育有序发展。如出台鼓励发展股份制、混合所有制院校的政策，研究制定职业教育校企合作促进办法和激励政策，制定促进职业院校、行业组织、企业、科研机构、社会组织等共同组建职业教育集团的支持政策及管理办法等。二要明确权利与责任，理顺职业教育发展机制。今后安徽省在职业教育发展过程中，应进一步强化省级政府统筹发展职业教育的事权，明晰省、市、县三级政府的职业教育支出责任，促使职业教育与经济社会发展需求相适应，促进中等职业教育与高等职业教育协调发展。健全多渠道投入机制，加大职业教育投入，加快基础能力建设，争取早日实现职业教育达标上新台阶。三要加大职业教育宣传力度，更新传统的教育观念，提高职业教育的吸引力。

（七）改革考试招生制度，建设安徽特色的招考体系

按照《国务院关于深化考试招生制度改革的实施意见》和《安徽省深化考试招生制度改革实施方案》，稳步推进考试招生制度改革。一要均衡发展九年义务教育，完善义务教育划片、就近、免试入学的具体办法，全面实行学区制，推进九年一贯对口招生。二要进一步完善中小学招生办法，规范义务教育招生行为，提高示范性高中招生指标分配到区域内初中学校比例。三要改革考试形式和内容，全面推进实施普通高中学业水平考试和学生综合素质评价改革。实施初中生学业水平考试，改进考试形式和方式，合理确定考试科目成绩等级呈现和使用。四要深化职业院校升学考试改革，规范和加快推进高职院校分类考试，进一步扩大分类考试录取的比例。五要改革录取机制，增加高校和考生双向选择机会。制定并完善安徽省高考综合改革实施方案，并全面实施高考综合改革。同时，要强化落实，加强检查监督，夯实保障体系，推进"平安招考"。到2020年，基本建立具有中国特色、符合安徽省情的现代教育考试招生制度，形成分类考试、综合评价、多元录取的考试招生模式，健全促进公平、科学选才、监督有力的体制机制，构建衔接沟通各级各类教育、认可多种学习成果的终身学习"立交桥"。

课题组成员： 汪开寿　方　明　曹长德　王家云　李宜江　严　萍

撰写人员： 严　萍

第四篇　安徽省第二期学前教育三年行动计划实施情况评估

为全面总结、评估安徽省第二期学前教育三年行动计划（2014—2016 年）（以下简称"二期行动计划"）落实情况，深入分析安徽省学前教育事业面临的形势，为加快全省学前教育事业发展提供决策参考，进一步推进全省学前教育科学发展、健康发展、可持续发展，受安徽省教育厅委托，安徽省教育评估中心对二期行动计划落实情况实施了第三方专业评估。

一、目标达成情况

2014—2016 年，安徽省紧紧抓住政策机遇，以"二期行动计划"为杠杆，学前教育资源总量大幅增加，普及程度达到新高度，取得了显著成绩，实现了跨越式发展。

（一）学前教育建设任务超额完成

由表 1 可知，安徽省学前教育已累计建设完工 1796 个，占"二期行动计划"总任务的 142.54%，项目建设任务超额完成。

表 1　2014—2016 年学前教育二期行动计划目标完成情况统计

	在园幼儿（万人）	新增在园幼儿（万人）	建设幼儿园（所）				学前三年毛入园率
			公办幼儿园			民办幼儿园	
			小计	新建	改扩建		
总目标	178	10	1260	642	618	800	80%
完成	311	53	1796	936	860	1315	84.3%
完成率	174.72%	530.00%	142.54%	145.79%	139.16%	164.38%	105.38%

（二）学前三年毛入园率全面提高

经过"二期行动计划"，安徽省学前三年毛入园率达到 84.3%，比 2010 年增加 35.8 个百分点，提前完成《安徽省中长期教育改革和发展规划纲要

（2011—2020 年)》设定的 2020 年学前三年毛入园率 80% 的目标，高出全国平均水平 6.9 个百分点。详见图 1。

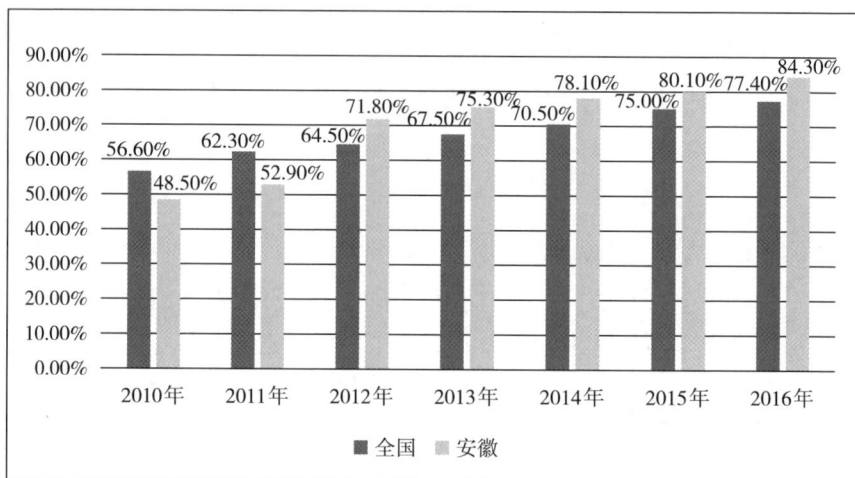

图 1   2010—2016 年学前三年毛入园率安徽省与全国对比统计图

（三）学前教育资源总量显著增加

依据图 2 及相关资料，2010—2016，全省在园幼儿数、幼儿园数、幼儿园专任教师数均大幅度提升，学前教育资源总量逐年增加，学前教育事业发展取得了历史性进步。

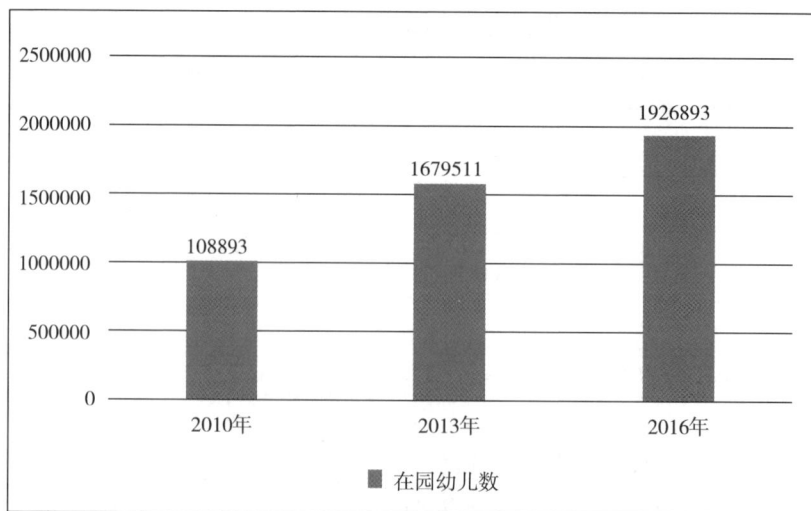

（a）

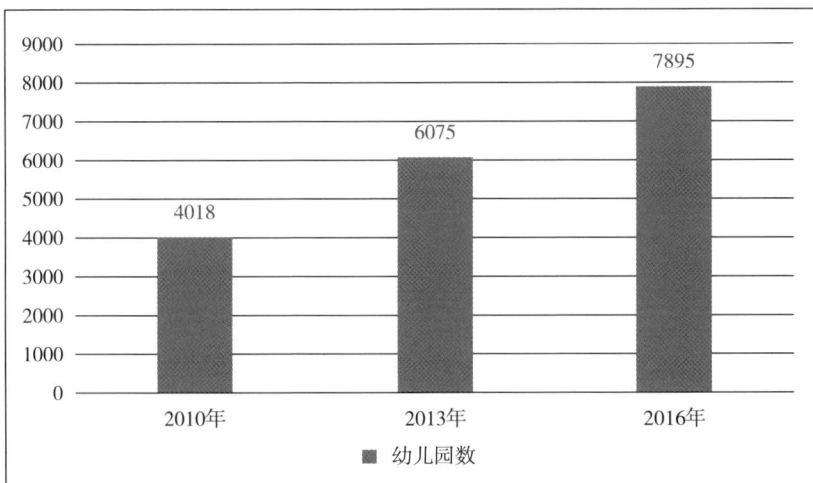

（b）

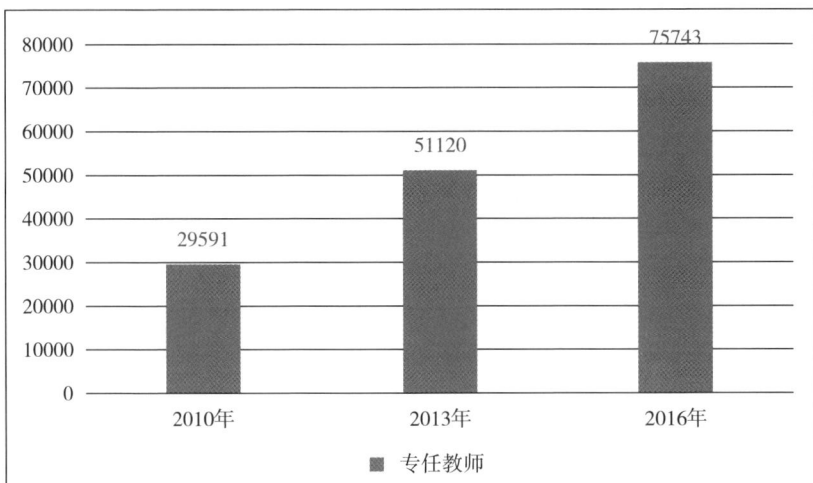

（c）

图 2　2010—2016 年安徽省幼儿园及师生数量统计图

二、主要做法与成效

（一）强化政府统筹，落实主体责任

一是全面推进学前教育立法工作。2014 年 3 月，安徽省第十二届人大常委会通过《安徽省学前教育条例》，2015 年省人大开展其落实情况专项检查。合肥、淮南等市相应出台《学前教育管理条例》，合肥市规定县区人民政府每年度财政

性教育经费应当按不低于5%的比例安排学前教育经费，将学前教育纳入法治化轨道，有力地推进学前教育快速发展。

二是统筹实施学前教育项目工程。加强顶层设计，综合考虑经济社会发展因素，科学确定学前教育发展目标，合理规划项目建设任务。省教育厅建立健全了学前教育项目公示公告、月报通报、定期调度等制度，统筹推进项目建设工程。建立三人巡查小组，实施重点巡查和暗访；建立项目工程永久性标牌，落实质量终身制；完善绩效考核办法，将绩效考核结果纳入省对市、县（区）政府目标考核，纳入对县级党政领导班子教育工作考核，纳入对市教育局年度工作目标考核。各市县健全政府统筹，教育部门主管、有关部门分工负责的协调推进机制，形成学前教育发展的强大合力。

三是重点加大资源分配倾斜力度。坚持广覆盖、保基本，在学前教育资源分配上重点向农村地区、皖北地区等贫困地区倾斜，促进区域学前教育协调发展。逐步完善城乡学前教育网络，农村幼儿园数量逐年提高，农村学前教育发展迅速（详见表2）。全省"一镇一园"覆盖率98.73%，合肥、蚌埠、淮北等13个市实现全覆盖，基本实现"一镇一园"的目标。采取因素法对皖北地区提高20%权重倾斜安排，如仅2016年就安排皖北地区资金28817万元，占全省资金总额的43.83%，皖北地区完成投资32312万元，新建和改扩建乡镇公办幼儿园239所，占全省建设项目数的45.7%。2016年，亳州市和宿州市学前三年毛入园率分别高于全省平均水平6个百分点和0.67个百分点。

表2　2010—2016年农村学前教育发展情况统计表

	2010 年	2016 年	增加数	增幅
农村幼儿园	1553	2896	1343	86.48%
农村小学附属幼儿园	2700	4594	1894	70.15%

案例：安庆市岳西县五河中心幼儿园项目

岳西县五河镇地处大别山腹部，距县城22千米，人口2万。项目实施前，该镇没有公办中心幼儿园，学前适龄儿童大多都在民办幼儿园就读，收费较高，质量无从保证。中央投资项目五河幼儿园建筑面积1480平方米，建成后，因收费标准低，教育质量高，该幼儿园已覆盖附近4个村庄，现有入园学生数180人。

（二）加大财政投入，扩大资源总量

一是财政投入逐步提高。充分发挥中央财政、省级财政引导激励作用，县区政府不断加大财政投入的力度（详见表3、图3）。2011—2016年，全省学前教育财

表3　2014—2016年安徽省各市学前教育财政投入情况

	2014 年			2015 年			2016 年		
	学前教育总经费（万元）	学前教育财政投入（万元）		学前教育总经费（万元）	学前教育财政投入（万元）		学前教育总经费（万元）	学前教育财政投入（万元）	
	学前教育总经费	财政性学前教育经费	其中:本级财政投入	学前教育总经费	财政性学前教育经费	其中:本级财政投入	学前教育总经费	财政性学前教育经费	其中:本级财政投入
合肥市	100281.9	44708.4	39320.45	107557.6	52615.09	49593.16	116619	55878.4	50840
淮北市	31685.26	15909	3575	32683.4	17612	3696.66	20614	8041	2945
亳州市	32515	15594	8683	31393	15945	7993.5	22474	8122	4929
宿州市	20496.2	7286.72	6312.532	26394.5	9311	36836.51	27340	11083	11168.47
蚌埠市	19961.92	7383.7	5492.22	29649.46	14735.6	9007.86	25445.7	11420.3	8820.1
阜阳市	56286.1	29329.3	7696.91	64430.8	35711.8	12402	74305.4	38806	14129
淮南市	20043.61	8934.02	12455.65	21824.05	9161.57	4827.13	20281.19	10747.09	7185.19
滁州市	36339.7	23847.9	18795.9	44439.8	26274	20831.2	60067	37502	32236
六安市	46826.93	22743.47	15855	47527.63	18539.9	14232	52754.57	18797.57	14593
马鞍山市	17535.11	6852.41	6930.87	25083.98	14573.2	14826.9	25281	15113.3	15193
芜湖市	65355.12	44296.55	32180.95	66516.84	41478.42	34103	70965	49700	40656.89
宣城市	18182.7	9264.7	6673.6	23556.2	8584.5	6391.4	24269	7835	5544
铜陵市	8872	4881.75	3090.96	12156.83	6568.56	5482.61	12645.87	6923.4	6056.4
池州市	11932.84	4632.01	3883.01	11659.53	5825.53	4717.53	13641	7382	5717
安庆市	21976	10015.3	3650	20892	9247.7	4291	26339	12481	8148
黄山市	12706.51	6559.9	4775.8	15226.41	8244.08	6557	13541	6971	4845
广德县	3523	2546	2020	4788	3646	3140	5541	2029	1351
宿松县	4733.40	3398.30	2402.30	4016.20	1899.50	154.50	5427.10	2696.50	220

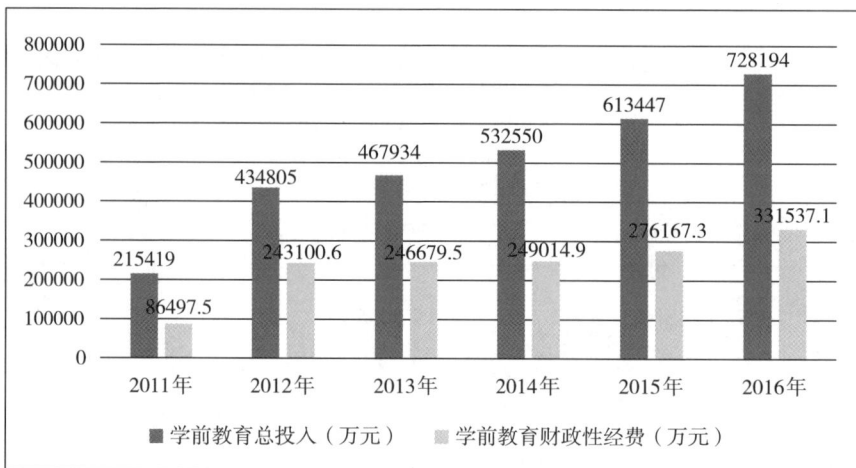

图3 安徽省 2011—2016 年学前教育投入情况

政性经费143.30亿元,在各类教育财政总经费中占2.78%,其中中央47.45亿元约占33.11%,省级2.9亿元约占2.02%,市县区92.95亿元约占64.86%。

二是总体规模迅速扩大。截至2017年8月,全省新建、改扩建幼儿园竣工项目3111个,其中,新建、改扩建公办幼儿园项目1796个(新建936个、改扩建860个);新建民办幼儿园1315所。

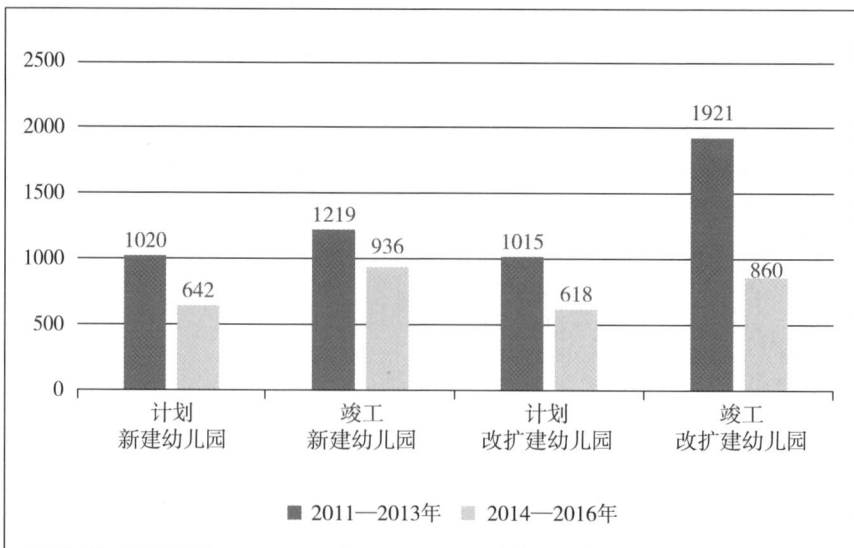

图4 全省学前教育一、二期行动计划公办园新建项目进展情况

案例：亳州市涡阳县林场学区中心幼儿园项目

林场学区中心幼儿园位于涡阳县林场美林新村，为该县 2012 年农村学前教育推进项目，2013 年 9 月投入使用。中央资金投入 199 万元，县级投入 50 余万元，园舍占地面积 5500 平方米，建筑面积 1906 平方米，绿化面积 320 余平方米，室外活动场地 3200 余平方米。内设活动室、舞蹈室、音体美室、休息室、医务室，开设大、中、小班，各类教学设施齐全。

幼儿园服务半径 3 千米，服务人口约为 3000 人，周围有 6 个自然村的孩子可就近入园。2014 年 4 月该园被评为市级一类幼儿园，解决了附近农村幼儿"入园难"的问题，受到广大家长的欢迎。

三是学位供给大幅增加。全省幼儿园学位数 185.4 万个，其中公办幼儿园学位数 79.4 万个。与 2010 年相比，全省学前教育学位数增加 96.5 万个，其中公办幼儿园学位数增加 36.5 万个，分别增长 108.5% 和 85%。全省较 2010 年在园幼儿增加 91.8 万人，幼儿园增幅为 91%。其中，公办幼儿园在园幼儿增加 18.4 万人，增幅为 33%。民办在园幼儿 118.5 万人，占全省总数的 62%，较 2010 年增加 73.4 万人，增幅 162.88%；学位 106 万个，较 2010 年增加 60 万个，增幅 130.43%。（图 5、图 6、表 4）

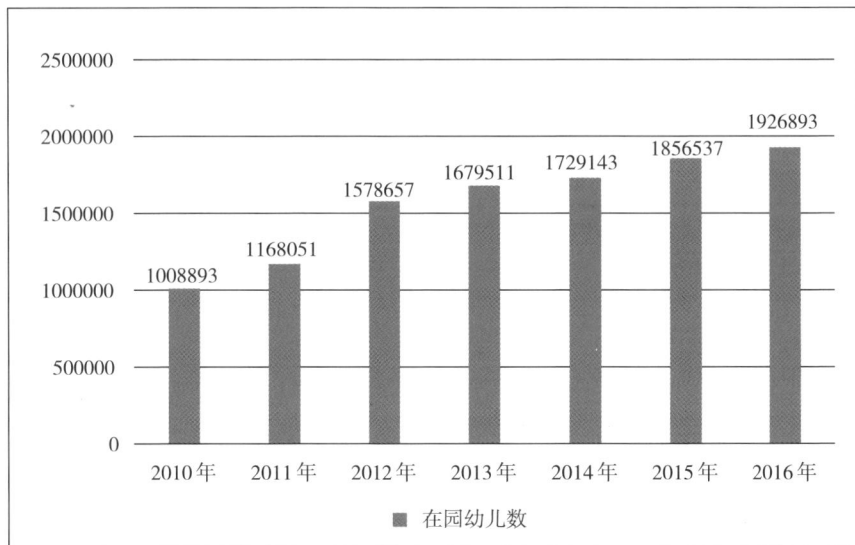

图 5　2010—2016 年安徽省在园幼儿数

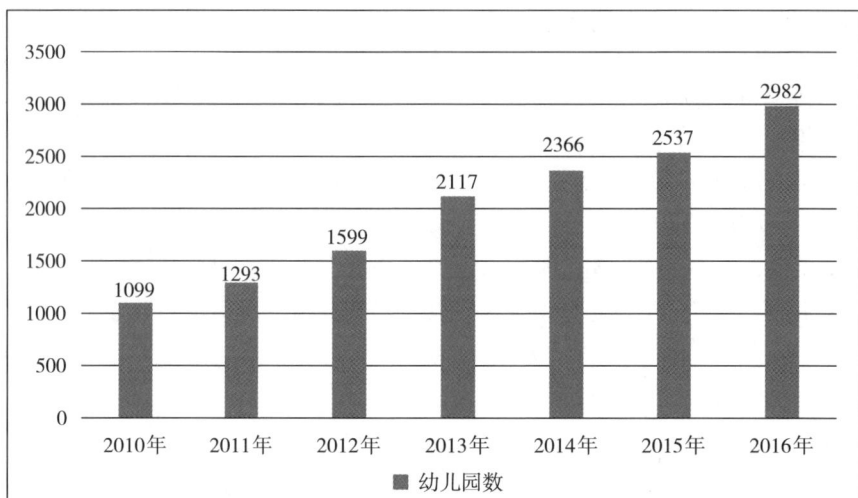

图6 2010—2016年安徽省幼儿园（公办园）数

表4 2010—2016年民办学前教育发展情况统计表

	2010年	2016年	增加数	增幅
民办幼儿园数	2919	4913	1994	68.31%
民办在园幼儿数	451037	1185693	734656	162.88%
民办幼儿园学位数	460000	1060000	600000	130.43%

（三）健全服务网络，提高普惠水平

一是普惠性幼儿园逐步增加。通过政府购买服务、减免租金、派驻公办教师、培训教师等方式，引导和支持民办园提供普惠性服务，参照公办园生均公用经费标准，对普惠性民办园给予适当补贴。2011—2016年，全省民办普惠性幼儿园数量明显上升。截至2016年底，全省普惠性民办幼儿园2271所，在园幼儿48.7万人，分别占民办幼儿园和在园幼儿总数的46%、41%，较2010年分别增加46个百分点、41个百分点。公办幼儿园和普惠性民办园5253所，在园幼儿122.8万人，分别占全省幼儿园数和在园幼儿总数的66.5%、64%（图7、图8）。其中蚌埠等6市公办幼儿园和普惠性民办园占幼儿园总数比例达85%以上，安庆等5市公办幼儿园和普惠性民办园在园幼儿达85%以上。

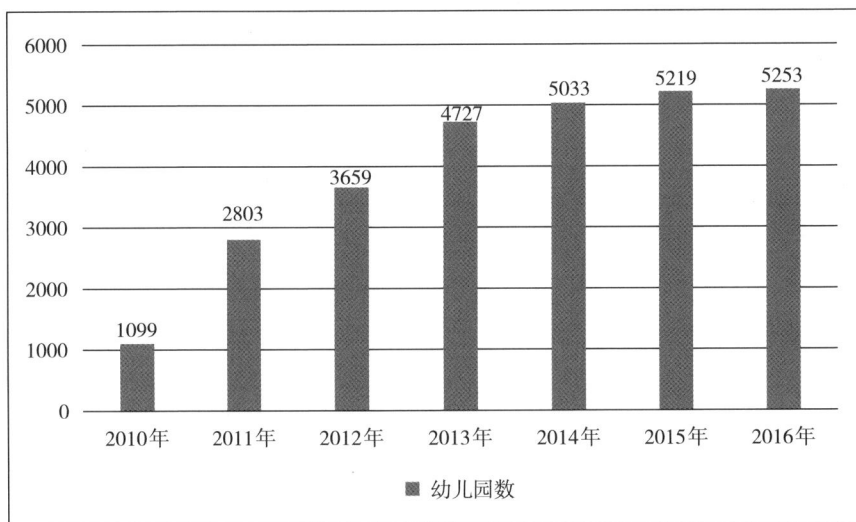

图7 2010—2016年安徽省普惠性幼儿园数

图8 2010—2016年安徽省普惠性幼儿园在园幼儿数

注：2016年开始，普惠园纳入教育事业统计，统计口径有所变化。

案例：蚌埠市强化政策激励 促进幼儿园普惠性发展

为进一步推动学前教育事业发展，扩大学前教育资源，2011年，蚌埠市在全省率先出台了《蚌埠市学前教育发展专项资金管理暂行办法》，用于支持学前教育建设和发展。2016 年，蚌埠市对上述办法进行了修订完善，首次以生均经费（700 元/每生每年）的形式明确了普惠性幼儿园奖补标准，创造性地开展幼儿园集团化办园模式，并设置专项奖补，根据办园规模和科学保教质量，分别按照三个等次，对核心园分别奖补 5 万元、8 万元、10 万元，有力地通过加大政策倾斜力度，加强政策激励，鼓励和扶持普惠性幼儿园的发展。

二是家庭困难幼儿资助稳步开展。2012 年，教育厅会同财政厅出台了学前教育幼儿资助政策，各市、县（区）制定了实施细则。"二期行动计划"以来，芜湖市、滁州市、宿州市等地相继推出了《学前教育资助券实施办法》，幼儿资助工作进一步常态化、规范化。近年来，幼儿资助每年投入 3000 多万元，资助幼儿 6 万人左右，对部分家庭经济困难的幼儿、孤儿和残疾幼儿入园提供了积极帮助。

案例：滁州市全椒县资助学前教育困难儿童

全椒县政府高度重视学前教育资助工作，足额配齐学前教育资助资金，2012 年至 2016 年共资助贫困幼儿 6531 人次，资助金额 323.24 万元。贫困幼儿资助工作的开展有效提高了学前教育的发展水平，解决了贫困家庭幼儿入园贵问题。

三是特殊群体幼儿入园得到关爱。出台《关于鼓励城市多渠道多形式办园和妥善解决进城务工人员随迁子女入园的意见》，重视农村留守儿童入园，建立在园留守儿童生活保障、健康成长关爱体系。

（四）落实保障措施，强化师资力量

一是建立幼儿教师补充机制。印发了《关于做好全省公办幼儿园教职工编制核定工作的通知》，要求各地核定公办园编制，配齐专任教师和其他人员。蚌埠市出台《关于完善学前教育师资补充机制的实施意见》，共核定公办幼儿园教职工编制 1842 人。

案例：铜陵市铜官山区实施公办幼儿园教师管理制度创新

根据公办幼儿园教师编制不足、数量不足、待遇偏低的情况，铜官山区创新思路，2016 年出台了《铜官山区公办幼儿园聘用教师管理办法》，明确了全区公办幼儿园教师的聘用管理原则和考核激励机制，以政府购买的方式解决了公办幼儿园教师管理和待遇稳定的问题。2016 年铜官山区统一招录了 17 名区聘教师，2009—2011 年由原狮子山区统一招录 15 名区聘教师，2014 年、2015 年由原铜官山区统一招录 28 名区聘教师，共 60 名区聘教师，保障了师资队伍整体水平的稳定和提升。

二是不断扩大幼儿教师总量。"二期行动计划"实施以来，各地采取编制内招聘、编外补充、调配顶岗、转岗、支教等方式，不断加大幼儿教师补充力度。全省幼儿园教师逐年增多，截至 2016 年底，全省编内和聘任幼儿园教职工124264 人，较 2010 年增加 78693 人，增幅为 172.6%，比 2013 年增加 40601 人，增幅为 48.53%。其中编内和聘任专任教师 75743 人，较 2010 年增加 46152 人，增幅为 155.9%，平均每年增加 7692 人，比 2013 年增加 24623 人，增幅为48.17%。（表 5、图 9）六安市 2011 年以来，共招聘公办幼儿园教师 818 名。

表 5　2016 年底全省幼儿园幼儿数、专任教师数统计表

	总计	公办		民办	
		人数	占比	人数	占比
在园幼儿数	1926893	741200	38.47%	1185693	61.53%
幼儿专任教师数	75743	21919	28.94%	53824	71.06%

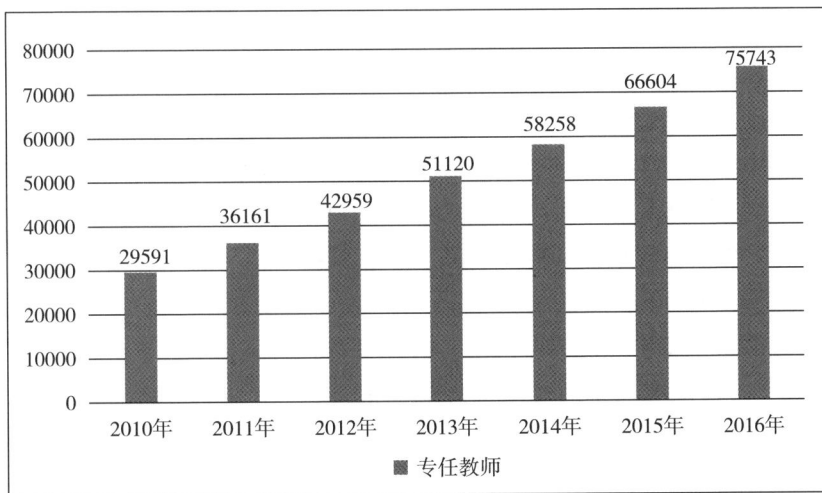

图 9　2010—2016 年安徽省幼儿园专任教师数

三是加大幼儿教师培训力度。出台了《安徽省"十二五"幼儿教师培训指导意见》。2014 年至 2016 年，全省组织实施"幼儿教师国培计划"项目，组织23044 名幼儿园园长、骨干教师和"转岗教师"参加了培训。分级开展市级、县级、园本培训。全省 17 所普通本科高校、14 所专科高校、21 所中等职业学校开办了学前教育专业。宿松县通过送培送教、结对帮扶等形式，推进区域师资均衡，实现优秀教师专业引领作用。马鞍山市雨山区通过幼教研训一体化，加强阵地建设，实现研训双赢，提高教师专业素质。池州市东至县建立完善以县幼儿园为龙头，以乡镇中心园为中轴，以村级幼儿园为落点的县、乡、村连锁教师专业发展体系，加大片区教研与校本教研的力度，教师教育教学能力显著提高。

（五）创新管理模式，提高教育质量

一是编制办园基本标准。出台了《安徽省幼儿园办园基本标准（试行）》，在选址与规模、建设用地、园舍建设、设施设备、教职工配备、经费保障、规范办园、安全卫生等几个方面提出了详细的标准，全省各地幼儿园的规划、设置、评估和管理工作有了统一依据。淮南市积极探索"集团化办园、公建民营、委托管理，公益性、普惠制"的学前教育新模式。石台县政府出台《石台县公建民营幼儿园管理办法》，明确承办人和管理者的权利与义务。黄山市印发《黄山市公办幼儿园等级评估办法》《黄山市公办幼儿园评估指标体系》等文件，使幼儿园等级评估这项工作制度化、规范化。宣城市宣州区通过集团化管理模式，快速提升市区公民办幼儿园办园水平。

二是提高看护点管理水平。安徽省在全国率先将无证民办看护点纳入学前教育统一管理，按照"准入一批、整改一批、取缔一批"的原则，实施分类挂牌、动态监测、跟踪整改、加强指导、规范办园、奖优罚劣，民办看护点动态管理卓有成效。截至2016年底，全省民办看护点3629个，在园幼儿333514人。看护点总数较2012年首次普查时减少2584个，在园幼儿减少163662人，减幅分别为41.6%和32.9%（表6）；比2013年底减少1586个，在园幼儿减少96444人，减幅分别为30.4%和18.3%。近年来，全省没有发生一起"黑幼儿园"、幼儿死亡等安全事故。

表6　2012年与2016年民办看护点数据对比统计

	2012年	2016年	减少数	减幅
民办看护点	6213	3629	2584	41.59%
民办看护点在点幼儿数	497176	333514	163662	32.92%

案例：合肥市包河区强化看护点管理工作

合肥市包河区政府出台《幼儿看护点管理实施意见》，建立街镇、教育、卫生、综治、安监联合监管机制，对幼儿看护点实行分类登记和挂牌，建立"周查月检"制度，从2011年以来累计投入248万元，为看护点免费发放灭火器、体温计、移动紫外线消毒灯、消毒用品等，这一创新举措得到国务院发展研究中心专家组的充分肯定，并写入全国学前教育发展现状调研报告给予推广。

三是切实提高保教质量。在全国率先出台《关于禁止使用幼儿教材的紧急通知》，幼儿园教学小学化倾向得到有效遏制。出台《安徽省中小学幼儿园办学行为规范》等一系列有关学前教育教学及管理的具体政策要求，全面落实以游戏为基本活动的教育理念。建立了规范办园、科学保教的跟踪计分制度、暗访制度、检查通报制度。把规范办园、科学保教纳入幼儿园分类评估体系，纳入学前教育重点工作考核范畴，纳入年度教育目标考核、督导评估、幼儿园年检等内容。规范办园科学保教工作得到教育部的充分肯定，教育部举行学前教育新闻发布会，安徽省是受邀参会并发言的 3 个省份之一。

案例：濉溪县打造"协作共同体"，推进保教质量提升

濉溪县于 2015 年成立南、中、北三片学前教育协作共同体，覆盖 23 所中心幼儿园，实施名园（省市一类园、优秀民办园）带动、多园协作的管理模式，通过定期送教、业务交流、观摩研讨等活动提升全县学前教育学校保教水平，使优质幼儿园的示范引领达到了全覆盖，无盲区。成立幼儿园名师工作室，每年拨付 20000 元资金，严格正常运转。通过联合教研、师徒结对、定期交流会等形式，形成立体、交叉、互动的互助模式，使管理、教学、特色建设等方面先进经验得以传播，促进了园际办园水平均衡发展、共同提升。

案例：阜阳市太和县民办幼儿园实施星级考评

太和县共有民办幼儿园 212 所，在园幼儿 48634 人。为创新管理，推进民办幼儿园质量提升，太和县每年对民办幼儿园量化考评，星级认定，动态管理。制定出台《太和县民办幼儿园评估指标体系》。采用幼儿园自评、中心校初评、县教育局考评的方式，为每所幼儿园量化考评赋分。根据赋分结果，共评定出 5 个星级，并作为民办学校年度检查的重要依据。考评结果与每年的奖补资助、评优评先挂钩。每所幼儿园都有了竞争意识、危机意识，有责任感、压力感和进取心，彰显了管理特色，推动学前教育又快又好地发展。

案例：黄山市屯溪区科学实施幼小衔接

黄山市屯溪区于 2012 年制定下发《屯溪区加强和促进小学教育与幼儿园教育衔接工作实施方案》，建立幼小衔接督查、通报制度，结合开学检查和专项督查，防止发生学前教育"小学化"倾向。从 2013 年秋季起，以学前教育宣传月活动为契机，突出规范办园、科学保教宣传；组织大班幼儿走进小学参观，邀请小学低年级教师为大班幼儿介绍小学的学习生活和规则，通过现场互动提问、游

戏等方式，帮助幼儿感受小学生活，建立学习自信心，保持身心和谐发展；通过QQ群、微信群及家长座谈会、亲子活动、家长开放日等，向家长解读幼小衔接的误区并介绍正确的内容与方法，纠正家长"抢跑"的心态，消除家长"跟不上"的担忧，为家长提出可行性建议，实现家园共育。

三、存在的问题

（一）教育财政投入相对短缺

安徽省属经济欠发达地区，财政基础薄弱，学前教育资金投入缺口较大，虽然近年来加大了对学前教育财政投入的关注力度，但普遍存在需求量大、资金短缺等实际困难。截至目前，安徽省幼儿生均公用经费标准和生均财政拨款标准仍未建立，没有明确规定投入标准和各级政府的责任及合理的分配比例，各地学前教育发展以项目性专项经费为主，缺乏长效保障机制，不能保证学前教育健康可持续发展。

（二）学前教育资源总量不足

据各县（区）填报的学前教育有关情况统计表分析，截至2016年底，全省3~6岁适龄幼儿数约228.6万人，幼儿园实有学位185.4万个，按照适龄幼儿全部入园需求计算，全省幼儿学位数缺额为43.2万个。预计到2020年，全省3~6岁适龄幼儿约275.3万人，按照2016年底实有学位数，学位数差额为89.9万个；如按照2020年学前三年毛入园率达到90%计算，全省需要增加62.3万个学位。全省公办幼儿园占比为38%，远低于北京、天津、河北等省市60%以上的公办园比例。其中，合肥、芜湖公办园比例仅为23%、21%。"家长为孩子上公办幼儿园挤破头"的现象在全省都不同程度存在。另外，在民办看护点接受低质量教育的幼儿有33.4万人，占全省幼儿总数的18%，相对较高。

（三）学前教育师资缺口较大

近年来，虽然安徽省学前教育教师总量增幅相对明显，但随着学前教育规模持续扩大，师资总量不足仍然十分明显。按照专任教师与幼儿比例1∶15测算，截至2016年，全省在园幼儿1926893人，应配备专任教师128459人，而目前含聘用教师在内，专任教师仅为75743人，短缺52716人，短缺教师占41%。另外，按照"二期行动计划"每个乡镇至少建立一所独立建制的公办中心幼儿园的要求，很多地方新建公办园因受机构编制的控制，聘用了一批临时代课教师，代课教师的工资、水平都得不到保证。

四、相关建议

（一）继续加大财政投入

省级层面尽快制定公办幼儿园生均经费标准和生均财政拨款标准。将学前教育发展列入省政府对各级政府目标考核指标体系，督促各级政府将学前教育经费纳入财政预算，明确学前教育占教育经费的比例并逐年提高，建立长效经费保障机制，保障学前教育稳步发展。

（二）持续扩大资源总量

启动第三期学前教育三年行动计划，统筹推进城乡学前教育一体化发展。实施"一镇一园"工程，多渠道发展农村学前教育。加强城市新建小区配套幼儿园建设。大力提高公办幼儿园比例，积极扶持民办幼儿园特别是普惠性民办幼儿园。

（三）加强教师队伍建设

根据幼儿数量，核准公办幼儿园教师编制，建立完善的动态教师编制调剂机制，进一步加大教师补充力度，满足学前教育需求。建立完善教师培训、职称评定、资格认定、表彰奖励制定，切实提高师资队伍整体水平。

五、相关数据

表7 全省各市三年行动计划项目实施情况

地区	公办幼儿园						已开工项目计划投资额（万元）	
	三年行动计划项目数			实际开工建设数				
	合计	新建	利用闲置校舍改扩建	合计	新建	利用闲置校舍改扩建	总计	其中：市县配套
安徽省	1260	638	622	1796	936	860	318035	146932
合肥市	67	43	24	123	86	37	46230	35928
芜湖市	41	28	13	59	42	17	21047	16033
蚌埠市	77	51	26	139	87	52	28060	18199
淮南市	26	14	12	30	17	13	5124	4360
马鞍山市	36	22	14	47	29	18	11520	8485
淮北市	33	16	17	52	29	23	8820	3664
铜陵市	6	5	1	8	7	1	1888	1573

（续表）

地区	公办幼儿园						已开工项目计划投资额（万元）	
	三年行动计划项目数			实际开工建设数				
	合计	新建	利用闲置校舍改扩建	合计	新建	利用闲置校舍改扩建	总计	其中：市县配套
安庆市	141	72	69	192	75	117	23286	8530
黄山市	64	27	37	72	27	45	6293	1696
滁州市	88	53	35	109	71	38	25567	12473
阜阳市	207	85	122	272	124	148	35138	6234
宿州市	126	56	70	255	124	131	21262	64
六安市	150	68	82	180	78	102	29591	9825
亳州市	100	44	56	145	79	66	24763	5572
池州市	27	14	13	30	17	13	5492	1863
宣城市	40	22	18	52	26	26	16782	9438
宿松县	17	6	11	17	6	11	3232	160
广德县	14	12	2	14	12	2	3941	2837

表8　全省各县（区）三年行动计划项目实施情况

地区	公办幼儿园					
	三年行动计划园数			实际开工建设数		
	合计	新建	利用闲置校舍改扩建	合计	新建	利用闲置校舍改扩建
安徽省	1260	638	622	1796	936	860
瑶海区	3	3	—	9	5	4
庐阳区	6	6	—	9	9	—
蜀山区	3	3	—	12	12	—
合肥市新站区	4	4	—	5	5	—
包河区	3	3	—	12	7	5
长丰县	7	3	4	15	11	4
肥东县	8	3	5	11	3	8
肥西县	10	4	6	10	4	6
庐江县	6	3	3	6	3	3

（续表）

地区	公办幼儿园					
	三年行动计划园数			实际开工建设数		
	合计	新建	利用闲置校舍改扩建	合计	新建	利用闲置校舍改扩建
合肥市经开区	2	—	2	3	1	2
合肥市高新区	2	2	—	2	2	—
巢湖市	12	8	4	23	18	5
镜湖区	3	3	—	3	3	—
弋江区	2	2	—	6	6	—
鸠江区	3	3	—	7	5	2
三山区	2	2	—	3	3	—
芜湖市开发区	1	1	—	2	2	—
芜湖县	5	2	3	8	5	3
繁昌县	4	3	1	4	3	1
南陵县	7	4	3	10	6	4
无为县	14	8	6	16	9	7
龙子湖区	2	2	—	6	5	1
禹会区	1	—	1	1	—	1
蚌山区	2	2	—	6	6	—
禹会区	2	2	—	7	7	—
淮上区	4	1	3	7	4	3
怀远县	28	17	11	54	26	28
五河县	16	12	4	21	17	4
固镇县	19	13	6	27	19	8
蚌埠高新区	2	1	1	4	1	3
蚌埠经开区	1	1	—	6	2	4
大通区	3	3	—	3	3	—
田家庵区	6	2	4	6	2	4
谢家集区	3	3	—	4	4	—
八公山区	2	2	—	2	2	—
潘集区	6	2	4	9	4	5

(续表)

地区	公办幼儿园					
	三年行动计划园数			实际开工建设数		
	合计	新建	利用闲置校舍改扩建	合计	新建	利用闲置校舍改扩建
凤台县	5	2	3	5	2	3
毛集试验区	1	—	1	1	—	1
花山区	1	1	—	5	3	2
雨山区	2	2	—	3	3	—
当涂县	6	6	—	7	7	—
含山县	14	5	9	16	5	11
和县	9	6	3	12	9	3
博望区	3	2	1	3	2	1
马鞍山示范园区	1	—	1	1	—	1
杜集区	6	3	3	6	3	3
相山区	7	6	1	8	7	1
烈山区	7	2	5	19	10	9
濉溪县	13	5	8	19	9	10
铜官山区	1	1	—	2	2	—
狮子山区	1	1	—	1	1	—
郊区	1	1	—	2	2	—
义安区	3	2	1	3	2	1
迎江区	3	2	1	8	2	6
大观区	1	1	—	9	1	8
宜秀区	9	3	6	11	5	6
怀宁县	25	9	16	25	9	16
枞阳县	13	7	6	13	7	6
潜山县	21	6	15	47	6	41
太湖县	18	15	3	18	15	3
宿松县	17	6	11	17	6	11
望江县	24	12	12	26	13	13
岳西县	14	10	4	17	10	7

（续表）

地区	公办幼儿园					
	三年行动计划园数			实际开工建设数		
	合计	新建	利用闲置校舍改扩建	合计	新建	利用闲置校舍改扩建
桐城市	13	7	6	15	7	8
安庆市开发区	1	1	—	9	6	3
屯溪区	4	—	4	4	—	4
黄山区	15	7	8	16	7	9
徽州区	5	3	2	5	3	2
歙县	12	8	4	12	8	4
休宁县	9	5	4	9	5	4
黟县	6	3	3	7	3	4
祁门县	13	1	12	19	1	18
琅琊区	3	3	—	7	7	—
南谯区	4	3	1	5	4	1
来安县	3	1	2	10	8	2
全椒县	15	11	4	15	11	4
定远县	16	5	11	24	10	14
凤阳县	11	6	5	12	7	5
天长市	14	6	8	14	6	8
明光市	22	18	4	22	18	4
颍州区	22	10	12	26	11	15
颍东区	18	8	10	23	10	13
颍泉区	18	7	11	22	10	12
临泉县	41	15	26	52	20	32
太和县	31	16	15	48	33	15
阜南县	34	12	22	41	16	25
颍上县	36	14	22	48	17	31
界首市	7	3	4	12	7	5
埇桥区	28	17	11	41	30	11
砀山县	12	6	6	27	9	18

（续表）

地区	公办幼儿园					
	三年行动计划园数			实际开工建设数		
	合计	新建	利用闲置校舍改扩建	合计	新建	利用闲置校舍改扩建
萧县	41	14	27	79	21	58
灵璧县	26	12	14	66	41	25
泗县	19	7	12	42	23	19
金安区	27	9	18	28	9	19
裕安区	17	9	8	17	9	8
寿县	17	10	7	22	12	10
霍邱县	27	11	16	46	17	29
舒城县	22	14	8	22	14	8
金寨县	30	8	22	32	9	23
霍山县	5	4	1	6	5	1
叶集试验区	5	3	2	7	3	4
谯城区	24	12	12	32	20	12
涡阳县	26	9	17	30	10	20
蒙城县	27	12	15	48	27	21
利辛县	23	11	12	35	22	13
贵池区	6	3	3	9	6	3
东至县	3	—	3	3	—	3
石台县	11	8	3	11	8	3
青阳县	5	2	3	5	2	3
九华山管委会	2	1	1	2	1	1
宣州区	9	5	4	13	9	4
郎溪县	6	3	3	7	3	4
广德县	14	12	2	14	12	2
泾县	9	7	2	13	7	6
绩溪县	6	3	3	6	3	3
旌德县	2	—	2	3	—	3
宁国市	8	4	4	10	4	6

表 9　全省各市、县（区）幼儿园基本情况统计表

地区		园数					在园幼儿数						普惠性民办幼儿园	
		总数	公办园		民办园		总数	公办园		民办园			园数	在园幼儿园
			园数	所占比例	园数	所占比例		在园幼儿数	所占比例	在园幼儿数	所占比例			
全省		7895	2982	37.77%	4913	62.23%	1926893	741200	38.47%	1185693	61.53%		2271	487320
合肥市	叠加合计	930	209	22.47%	721	77.53%	248125	51181	20.63%	196944	79.37%		370	77189
	瑶海区	115	13	11.30%	102	88.70%	38081	4650	12.21%	33431	87.79%		64	14578
	庐阳区	57	16	28.07%	41	71.93%	22839	6353	27.82%	16486	72.18%		20	4444
	蜀山区	123	26	21.14%	97	78.86%	32165	6739	20.95%	25426	79.05%		38	8650
	包河区	124	27	21.77%	97	78.23%	46205	9044	19.57%	37161	80.43%		48	13923
	长丰县	105	28	26.67%	77	73.33%	18626	4868	26.14%	13758	73.86%		0	0
	肥东县	96	36	37.50%	60	62.50%	19087	6869	35.99%	12218	64.01%		11	2576
	肥西县	96	26	27.08%	70	72.92%	22671	4225	18.64%	18446	81.36%		50	9527
	庐江县	136	21	15.44%	115	84.56%	29418	5146	17.49%	24272	82.51%		94	15551
	巢湖市	78	16	20.51%	62	79.49%	19033	3287	17.27%	15746	82.73%		45	7940
芜湖市	叠加合计	487	103	21.15%	384	78.85%	91054	23454	25.76%	67600	74.24%		131	19061
	镜湖区	62	14	22.58%	48	77.42%	12016	4388	36.52%	7628	63.48%		0	0
	弋江区	48	5	10.42%	43	89.58%	8698	1119	12.87%	7579	87.13%		0	0
	鸠江区	78	13	16.67%	65	83.33%	16000	2498	15.61%	13502	84.39%		0	0
	三山区	32	4	12.50%	28	87.50%	4778	422	8.83%	4356	91.17%		16	2354
	芜湖县	56	6	10.71%	50	89.29%	8724	1156	13.25%	7568	86.75%		43	5991

（续表）

地区		园数					在园幼儿数					普惠性民办幼儿园	
		总数	公办园		民办园		总数	公办园		民办园		园数	在园幼儿数
			园数	所占比例	园数	所占比例		在园幼儿数	所占比例	在园幼儿数	所占比例		
芜湖市	繁昌县	45	13	28.89%	32	71.11%	7299	2639	36.16%	4660	63.84%	23	3207
	南陵县	76	9	11.84%	67	88.16%	12863	2229	17.33%	10634	82.67%	49	7509
	无为县	90	39	43.33%	51	56.67%	20676	9003	43.54%	11673	56.46%	0	0
	叠加合计	398	196	49.25%	202	50.75%	122347	45667	37.33%	76680	62.67%	150	37104
蚌埠市	龙子湖区	15	9	60.00%	6	40.00%	5665	2793	49.30%	2872	50.70%	5	1142
	蚌山区	29	17	58.62%	12	41.38%	12002	5258	43.81%	6744	56.19%	8	2834
	禹会区	31	10	32.26%	21	67.74%	10350	2016	19.48%	8334	80.52%	17	3472
	淮上区	34	15	44.12%	19	55.88%	11889	4165	35.03%	7724	64.97%	7	1577
	怀远县	128	28	21.88%	100	78.13%	40951	7430	18.14%	33521	81.86%	69	19484
	五河县	77	37	48.05%	40	51.95%	20128	9208	45.75%	10920	54.25%	40	7302
	固镇县	84	80	95.24%	4	4.76%	21362	14797	69.27%	6565	30.73%	4	1293
	叠加合计	260	77	29.62%	183	70.38%	74059	22329	30.15%	51730	69.85%	120	21239
淮南市	大通区	11	2	18.18%	9	81.82%	5601	211	3.77%	5390	96.23%	6	1103
	田家庵区	53	12	22.64%	41	77.36%	15432	5253	34.04%	10179	65.96%	31	6115
	谢家集区	38	2	5.26%	36	94.74%	7577	433	5.71%	7144	94.29%	17	2577
	八公山区	11	1	9.09%	10	90.91%	3324	304	9.15%	3020	90.85%	10	633
	潘集区	26	5	19.23%	21	80.77%	14663	2884	19.67%	11779	80.33%	0	0
	凤台县	121	55	45.45%	66	54.55%	27462	13244	48.23%	14218	51.77%	56	10811

（续表）

地区	园数					在园幼儿数					普惠性民办幼儿园	
	总数	公办园 园数	所占比例	民办园 园数	所占比例	总数	公办园 在园幼儿数	所占比例	民办园 在园幼儿数	所占比例	园数	在园幼儿园数
马鞍山市 叠加合计	279	131	46.95%	148	53.05%	53966	22865	42.37%	31101	57.63%	92	21173
花山区	63	17	26.98%	46	73.02%	11408	4769	41.80%	6639	58.20%	26	3879
雨山区	38	5	13.16%	33	86.84%	6344	1027	16.19%	5317	83.81%	17	2401
博望区	30	17	56.67%	13	43.33%	5038	2420	48.03%	2618	51.97%	10	2243
当涂县	60	28	46.67%	32	53.33%	11010	3538	32.13%	7472	67.87%	20	5251
含山县	53	35	66.04%	18	33.96%	9714	5328	54.85%	4386	45.15%	13	2758
和县	35	29	82.86%	6	17.14%	10452	5783	55.33%	4669	44.67%	6	4641
淮北市 叠加合计	276	107	38.77%	169	61.23%	73016	38708	53.01%	34308	46.99%	86	20564
杜集区	29	18	62.07%	11	37.93%	10449	8058	77.12%	2391	22.88%	9	2013
相山区	99	23	23.23%	76	76.77%	19368	6867	35.46%	12501	64.54%	23	6045
烈山区	40	20	50.00%	20	50.00%	9044	5297	58.57%	3747	41.43%	14	3175
濉溪县	108	46	42.59%	62	57.41%	34155	18486	54.12%	15669	45.88%	40	9331
铜陵市 叠加合计	89	25	28.09%	64	71.91%	17239	6585	38.20%	10654	61.80%	53	9230
铜官山区	32	5	15.63%	27	84.38%	5716	1927	33.71%	3789	66.29%	23	3282
狮子山区	16	5	31.25%	11	68.75%	2987	923	30.90%	2064	69.10%	7	1500
郊区	12	3	25.00%	9	75.00%	1794	504	28.09%	1290	71.91%	7	1007
铜陵县	29	12	41.38%	17	58.62%	6742	3231	47.92%	3511	52.08%	16	3441

（续表）

地区	园数 总数	园数 公办园 园数	园数 公办园 所占比例	园数 民办园 园数	园数 民办园 所占比例	在园幼儿数 总数	在园幼儿数 公办园 在园幼儿数	在园幼儿数 公办园 所占比例	在园幼儿数 民办园 在园幼儿数	在园幼儿数 民办园 所占比例	普惠性民办幼儿园 园数	普惠性民办幼儿园 在园幼儿数
叠加合计	481	264	54.89%	217	45.11%	126342	75642	59.87%	50700	40.13%	192	42085
安庆市 迎江区	30	19	63.33%	11	36.67%	5899	3894	66.01%	2005	33.99%	8	1355
大观区	15	2	13.33%	13	86.67%	6019	3987	66.24%	2032	33.76%	13	2032
宜秀区	33	12	36.36%	21	63.64%	7008	2599	37.09%	4409	62.91%	20	4289
怀宁县	47	21	44.68%	26	55.32%	9592	5419	56.49%	4173	43.51%	26	4173
枞阳县	59	43	72.88%	16	27.12%	12924	5992	46.36%	6932	53.64%	14	2984
潜山县	39	8	20.51%	31	79.49%	12291	9266	75.39%	3025	24.61%	29	2626
太湖县	49	27	55.10%	22	44.90%	12331	6408	51.97%	5923	48.03%	19	4714
宿松县	66	55	83.33%	11	16.67%	21324	18108	84.92%	3216	15.08%	9	2806
望江县	65	34	52.31%	31	47.69%	12600	7234	57.41%	5366	42.59%	25	4964
岳西县	26	20	76.92%	6	23.08%	9368	7428	79.29%	1940	20.71%	4	1357
桐城市	52	23	44.23%	29	55.77%	16986	5307	31.24%	11679	68.76%	25	10785
叠加合计	176	113	64.20%	63	35.80%	36719	23780	64.76%	12939	35.24%	46	9768
黄山市 屯溪区	41	12	29.27%	29	70.73%	8283	3199	38.62%	5084	61.38%	18	2864
黄山区	22	20	90.91%	2	9.09%	3745	3290	87.85%	455	12.15%	2	455
徽州区	18	8	44.44%	10	55.56%	3195	1092	34.18%	2103	65.82%	7	1579
歙县	47	40	85.11%	7	14.89%	9443	7437	78.76%	2006	21.24%	7	1937
休宁县	17	9	52.94%	8	47.06%	5684	3622	63.72%	2062	36.28%	7	1941

（续表）

地区		园数					在园幼儿数					普惠性民办幼儿园	
		总数	公办园		民办园		总数	公办园		民办园		园数	在园幼儿数
			园数	所占比例	园数	所占比例		在园幼儿数	所占比例	在园幼儿数	所占比例		
黄山市	黟县	6	5	83.33%	1	16.67%	1928	1892	98.13%	36	1.87%	0	0
	祁门县	25	19	76.00%	6	24.00%	4441	3248	73.14%	1193	26.86%	5	992
	叠加合计	588	227	38.61%	361	61.39%	107426	52296	48.68%	55130	51.32%	88	16606
滁州市	琅琊区	23	4	17.39%	19	82.61%	7448	3492	46.89%	3956	53.11%	3	929
	南谯区	49	24	48.98%	25	51.02%	10640	3938	37.01%	6702	62.99%	7	2001
	来安县	63	31	49.21%	32	50.79%	9644	3744	38.82%	5900	61.18%	7	1593
	全椒县	25	19	76.00%	6	24.00%	8770	6924	78.95%	1846	21.05%	0	0
	定远县	99	56	56.57%	43	43.43%	21450	11458	53.42%	9992	46.58%	11	2753
	凤阳县	141	21	14.89%	120	85.11%	17642	5515	31.26%	12127	68.74%	30	4703
	天长市	82	37	45.12%	45	54.88%	16800	9353	55.67%	7447	44.33%	28	4399
	明光市	106	35	33.02%	71	66.98%	15032	7872	52.37%	7160	47.63%	2	228
	叠加合计	1088	506	46.51%	582	53.49%	296899	91094	30.68%	205805	69.32%	78	29097
阜阳市	颍州区	66	38	57.58%	28	42.42%	29915	12291	41.09%	17624	58.91%	8	2393
	颍东区	106	52	49.06%	54	50.94%	21922	7711	35.17%	14211	64.83%	7	2563
	颍泉区	56	19	33.93%	37	66.07%	28310	6192	21.87%	22118	78.13%	23	9457
	临泉县	208	141	67.79%	67	32.21%	49049	19687	40.14%	29362	59.86%	10	4675
	太和县	273	56	20.51%	217	79.49%	55422	9737	17.57%	45685	82.43%	0	0
	阜南县	233	159	68.24%	74	31.76%	41632	19599	47.08%	22033	52.92%	0	0

（续表）

地区		园数					在园幼儿数					普惠性民办幼儿园	
		总数	公办园		民办园		总数	公办园		民办园		园数	在园幼儿数
			园数	所占比例	园数	所占比例		在园幼儿数	所占比例	在园幼儿数	所占比例		
阜阳市	颍上县	51	18	35.29%	33	64.71%	43036	7422	17.25%	35614	82.75%	30	10009
	界首市	95	23	24.21%	72	75.79%	27613	8455	30.62%	19158	69.38%	0	0
	叠加合计	761	321	42.18%	440	57.82%	217924	98178	45.05%	119746	54.95%	194	48242
宿州市	埇桥区	186	46	24.73%	140	75.27%	61469	21412	34.83%	40057	65.17%	72	16542
	砀山县	69	26	37.68%	43	62.32%	35267	15491	43.92%	19776	56.08%	0	0
	萧县	154	57	37.01%	97	62.99%	44858	22684	50.57%	22174	49.43%	55	14819
	灵璧县	146	76	52.05%	70	47.95%	41082	19876	48.38%	21206	51.62%	25	8643
	泗县	206	116	56.31%	90	43.69%	35248	18715	53.10%	16533	46.90%	42	8238
	叠加合计	802	244	30.42%	558	69.58%	160002	61759	38.60%	98243	61.40%	262	45025
六安市	金安区	166	21	12.65%	145	87.35%	22730	3686	16.22%	19044	83.78%	62	7121
	裕安区	163	11	6.75%	152	93.25%	28144	4148	14.74%	23996	85.26%	112	16365
	寿县	85	30	35.29%	55	64.71%	28411	13524	47.60%	14887	52.40%	48	13027
	霍邱县	136	39	28.68%	97	71.32%	45300	23390	51.63%	21910	48.37%	9	3112
	舒城县	103	27	26.21%	76	73.79%	15323	4568	29.81%	10755	70.19%	28	4492
	金寨县	122	99	81.15%	23	18.85%	12983	8561	65.94%	4422	34.06%	0	0
	霍山县	27	17	62.96%	10	37.04%	7111	3882	54.59%	3229	45.41%	3	908

（续表）

地区		园数					在园幼儿数					普惠性民办幼儿园	
		总数	公办园		民办园		总数	公办园		民办园		园数	在园幼儿数
			园数	所占比例	园数	所占比例		在园幼儿数	所占比例	在园幼儿数	所占比例		
亳州市	叠加合计	687	247	35.95%	440	64.05%	200423	86202	43.01%	114221	56.99%	179	53347
	谯城区	139	31	22.30%	108	77.70%	48226	17604	36.50%	30622	63.50%	36	10007
	涡阳县	183	124	67.76%	59	32.24%	49272	31663	64.26%	17609	35.74%	19	6524
	蒙城县	173	33	19.08%	140	80.92%	52566	18150	34.53%	34416	65.47%	47	15843
	利辛县	192	59	30.73%	133	69.27%	50359	18785	37.30%	31574	62.70%	77	20973
池州市	叠加合计	169	69	40.83%	100	59.17%	34786	18011	51.78%	16775	48.22%	52	7586
	贵池区	88	22	25.00%	66	75.00%	15194	6641	43.71%	8553	56.29%	33	3921
	东至县	27	12	44.44%	15	55.56%	10718	7579	70.71%	3139	29.29%	3	346
	石台县	31	25	80.65%	6	19.35%	1969	1509	76.64%	460	23.36%	3	397
	青阳县	23	10	43.48%	13	56.52%	6905	2282	33.05%	4623	66.95%	13	2922
宣城市	叠加合计	424	143	33.73%	281	66.27%	66566	23449	35.23%	43117	64.77%	178	30004
	宣州区	103	36	34.95%	67	65.05%	20684	7584	36.67%	13100	63.33%	45	9382
	郎溪县	55	11	20.00%	44	80.00%	8916	2516	28.22%	6400	71.78%	25	3505
	广德县	90	23	25.56%	67	74.44%	12791	3948	30.87%	8843	69.13%	43	6724
	泾县	53	23	43.40%	30	56.60%	7021	2724	38.80%	4297	61.20%	20	3031
	绩溪县	20	12	60.00%	8	40.00%	3585	2074	57.85%	1511	42.15%	8	1511
	旌德县	24	12	50.00%	12	50.00%	2786	1451	52.08%	1335	47.92%	11	786
	宁国市	79	26	32.91%	53	67.09%	10783	3152	29.23%	7631	70.77%	26	5065

表10 全省各市、县（区）幼儿园教职工情况统计表

地区		在园幼儿数	教职工情况			
			总数	专任教师情况		
				按照1：15师生比应配备专任教师数	实有专任教师数	实有专任教师数占应配备数比例
全省		1926893	124264	128460	75743	58.96%
合肥市	叠加合计	248125	21309	16542	11151	67.41%
	瑶海区	38081	3272	2539	1735	68.34%
	庐阳区	22839	1977	1523	1020	66.99%
	蜀山区	32165	4024	2144	2009	93.69%
	包河区	46205	4430	3080	2239	72.69%
	长丰县	18626	1696	1242	890	71.67%
	肥东县	19087	1306	1272	754	59.25%
	肥西县	22671	1748	1511	947	62.66%
	庐江县	29418	1529	1961	818	41.71%
	巢湖市	19033	1327	1269	739	58.24%
芜湖市	叠加合计	91054	9405	6070	5064	83.42%
	镜湖区	12016	1677	801	957	119.47%
	弋江区	8698	1124	580	594	102.44%
	鸠江区	16000	1905	1067	1000	93.75%
	三山区	4778	584	319	280	87.90%
	芜湖县	8724	869	582	451	77.54%
	繁昌县	7299	736	487	442	90.83%
	南陵县	12863	1139	858	599	69.85%
	无为县	20676	1371	1378	741	53.76%
蚌埠市	叠加合计	122347	6713	8156	3920	48.06%
	龙子湖区	5665	333	378	209	55.34%
	蚌山区	12002	1139	800	576	71.99%
	禹会区	10350	787	690	477	69.13%
	淮上区	11889	422	793	234	29.52%
	怀远县	40951	2227	2730	1278	46.81%

（续表）

地区		在园幼儿数	教职工情况			
			总数	专任教师情况		
				按照1：15师生比应配备专任教师数	实有专任教师数	实有专任教师数占应配备数比例
蚌埠市	五河县	20128	1191	1342	776	57.83%
	固镇县	21362	614	1424	370	25.98%
淮南市	叠加合计	102470	5810	6831	3174	46.46%
	大通区	5601	265	373	142	38.03%
	田家庵区	15432	1665	1029	877	85.24%
	谢家集区	7577	573	505	309	61.17%
	八公山区	3324	142	222	77	34.75%
	潘集区	14663	545	978	196	20.05%
	寿县	28411	1130	1894	699	36.90%
	凤台县	27462	1490	1831	874	47.74%
马鞍山市	叠加合计	53966	5343	3598	2881	80.08%
	花山区	11408	1644	761	798	104.93%
	雨山区	6344	964	423	468	110.66%
	博望区	5038	486	336	229	68.18%
	当涂县	11010	1081	734	545	74.25%
	含山县	9714	648	648	483	74.58%
	和县	10452	520	697	358	51.38%
淮北市	叠加合计	73016	4251	4868	3070	63.07%
	杜集区	10449	343	697	242	34.74%
	相山区	19368	1895	1291	1329	102.93%
	烈山区	9044	471	603	339	56.23%
	濉溪县	34155	1542	2277	1160	50.94%
铜陵市	叠加合计	17239	1854	1149	999	86.92%
	铜官山区	5716	682	381	392	102.87%
	狮子山区	2987	380	199	186	93.40%
	郊区	1794	231	120	113	94.48%

（续表）

地区		在园幼儿数	教职工情况			
			总数	专任教师情况		
				按照 1：15 师生比应配备专任教师数	实有专任教师数	实有专任教师数占应配备数比例
铜陵市	铜陵县	6742	561	449	308	68.53%
安庆市	叠加合计	126342	6347	8423	3445	40.90%
	迎江区	5899	585	393	285	72.47%
	大观区	6019	439	401	215	53.58%
	宜秀区	7008	676	467	340	72.77%
	怀宁县	9592	482	639	282	44.10%
	枞阳县	12924	587	862	342	39.69%
	潜山县	12291	420	819	265	32.34%
	太湖县	12331	700	822	349	42.45%
	宿松县	21324	522	1422	302	21.24%
	望江县	12600	816	840	403	47.98%
	岳西县	9368	190	625	144	23.06%
	桐城市	16986	930	1132	518	45.74%
黄山市	叠加合计	36719	2424	2448	1442	58.91%
	屯溪区	8283	928	552	515	93.26%
	黄山区	3745	192	250	148	59.28%
	徽州区	3195	263	213	127	59.62%
	歙县	9443	433	630	300	47.65%
	休宁县	5684	270	379	144	38.00%
	黟县	1928	78	129	56	43.57%
	祁门县	4441	260	296	152	51.34%
滁州市	叠加合计	107426	6251	7162	4344	60.66%
	琅琊区	7448	583	497	272	54.78%
	南谯区	10640	853	709	475	66.96%
	来安县	9644	644	643	448	69.68%
	全椒县	8770	481	585	358	61.23%

（续表）

地区		在园幼儿数	教职工情况			
			总数	专任教师情况		
				按照1：15师生比应配备专任教师数	实有专任教师数	实有专任教师数占应配备数比例
滁州市	定远县	21450	925	1430	671	46.92%
滁州市	凤阳县	17642	1097	1176	737	62.66%
	天长市	16800	987	1120	908	81.07%
	明光市	15032	681	1002	475	47.40%
阜阳市	叠加合计	296899	15475	19793	10517	53.13%
	颍州区	29915	1441	1994	933	46.78%
	颍东区	21922	1739	1461	1110	75.95%
	颍泉区	28310	1480	1887	965	51.13%
	临泉县	49049	2003	3270	1410	43.12%
	太和县	55422	3823	3695	2544	68.85%
	阜南县	41632	2251	2775	1732	62.40%
	颍上县	43036	1081	2869	727	25.34%
	界首市	27613	1657	1841	1096	59.54%
宿州市	叠加合计	217924	10871	14528	7811	53.76%
	埇桥区	61469	2856	4098	2150	52.47%
	砀山县	35267	2341	2351	1523	64.78%
	萧县	44858	2372	2991	1632	54.57%
	灵璧县	41082	1800	2739	1400	51.12%
	泗县	35248	1502	2350	1106	47.07%
六安市	叠加合计	131591	9050	8773	5342	60.89%
	金安区	22730	2097	1515	1192	78.66%
	裕安区	28144	2515	1876	1412	75.26%

（续表）

地区		在园幼儿数	教职工情况			
			总数	专任教师情况		
				按照1：15师生比应配备专任教师数	实有专任教师数	实有专任教师数占应配备数比例
六安市	霍邱县	45300	1881	3020	1192	39.47%
	舒城县	15323	1332	1022	706	69.11%
	金寨县	12983	771	866	504	58.23%
	霍山县	7111	454	474	336	70.88%
亳州市	叠加合计	200423	10921	13362	7903	59.15%
	谯城区	48226	3120	3215	2247	69.89%
	涡阳县	49272	2088	3285	1667	50.75%
	蒙城县	52566	3064	3504	2071	59.10%
	利辛县	50359	2649	3357	1918	57.13%
池州市	叠加合计	34786	2148	2319	1257	54.20%
	贵池区	15194	1171	1013	663	65.45%
	东至县	10718	401	715	237	33.17%
	石台县	1969	112	131	94	71.61%
	青阳县	6905	464	460	263	57.13%
宣城市	叠加合计	66566	6092	4438	3423	77.13%
	宣州区	20684	1893	1379	1069	77.52%
	郎溪县	8916	757	594	407	68.47%
	广德县	12791	1346	853	695	81.50%
	泾县	7021	520	468	283	60.46%
	绩溪县	3585	219	239	163	68.20%
	旌德县	2786	180	186	125	67.30%
	宁国市	10783	1177	719	681	94.73%

表11　全省各市、县(区)2014—2016年学前教育经费投入情况

市	县区	2014年					2015年					2016年				
		学前教育总经费(万元)		学前教育财政投入(万元)			学前教育总经费(万元)		学前教育财政投入(万元)			学前教育总经费(万元)		学前教育财政投入(万元)		
		学前教育总经费	在各类教育总经费中占比(%)	财政性学前教育经费	在各类教育性经费中占比(%)	其中：本级财政投入	学前教育总经费	在各类教育总经费中占比(%)	财政性学前教育经费	在各类教育性经费中占比(%)	其中：本级财政投入	学前教育总经费	在各类教育总经费中占比(%)	财政性学前教育经费	在各类教育性经费中占比(%)	其中：本级财政投入
合肥市	瑶海区	16717	20	5275	5	3262	16843	20	5946	5	3735	17069	21	6614	5	4205
	庐阳区	21065	25	7023	12	6423	25445	26	13552	18	12552	27500	28	15500	19	14000
	蜀山区	15529	31	3453	7	1784	20168	35	4354	7	2267	21200	31	5937	6	3859
	包河区	4268	6	3248	5	2800	4661	8	4278	8	3365	6596	8	5988	7	4170
	经开区	3037	18	2832	17	1502	1343	9	1123	5	575	788	4	587	6	376
	高新区	6499	16	933	5	571	7040	16	1288	7	620	10135	19	1223	5	720
	新站区	4800	5	780	5	563	5600	6	2264	6	1884	5500	5	1367	5	890
	长丰县	5892	5	4460	4	4260	6100	6	4325	4	4025	6500	6	3980	4	3760
	肥东县	5280	5	4910	4	3928	4810	5	4500	5	3600	4200	6	3134	5	2507
	肥西县	5392	6	3383	5	1988	3904	5	3200	4	1741	3765	5	3307	4	2502
	巢湖市	6605	6	3557	4	2411	5482	5	2327	3	2302	6757	6	3511	4	2183
	合巢经开区	—	—	—	—	—	—	—	—	—	—	280	0	0	0	0
	庐江县	5198	4	4854	5	4073	6161	4	5457	5	4527	6329	5	4730	5	4368
	市级财政	—	—	—	—	5755	—	—	—	—	8400	—	—	—	—	7300
淮北市	杜集区	5010	20	637	4	101	5451	20	989	5	185	6732	20	1229	5	284
	相山区	1971	7	1223	5	545	1997	6	1197	4	442	2538	7	1388	4	0

（续表）

市	县区	2014年 学前教育总经费（万元）	在各类教育总经费中占比（%）	财政性学前教育经费	在各类财政性教育经费中占比（%）	其中：本级财政投入	2015年 学前教育总经费（万元）	在各类教育总经费中占比（%）	财政性学前教育经费	在各类财政性教育经费中占比（%）	其中：本级财政投入	2016年 学前教育总经费（万元）	在各类教育总经费中占比（%）	财政性学前教育经费	在各类财政性教育经费中占比（%）	其中：本级财政投入
淮北市	烈山区	2485	8	1882	7	613	2853	8	2189	7	967	3192	9	2320	7	775
	濉溪县	4350	4	3742	2	804	5009	4	4375	2	1002	5751	5	1628	2	1041
	市级财政	17869	6	8425	3	1512	17373	7	8862	4	1101	2401	3	1476	2	845
亳州市	谯城区	3179	3	2774	3	987	5463	3	2760	3	1155	8646	5	3604	3	1900
	蒙城县	7275	5	6202	1	4498	7391	5	5471	4	3455	—	—	—	—	—
	涡阳县	7669	6	3789	3	500	8838	6	4830	3	500	—	—	—	—	—
	利辛县	10	—	10	—	10	10	—	10	—	10	50	—	50	—	50
	蒙城资金	14382	11	2819	3	2688	9691	7	2874	2	2874	13778	9	4468	3	2979
	市级财政	—	—	—	—	0	—	—	—	—	0	—	—	—	—	0
宿州市	埇桥区	8843	6	1712	2	1712	12026	7	3246	2	1712	12871	7	4914	3	6345
	砀山县	4661	5	2184	2	210	7147	7	1970	3	219	5890	4	1711	3	240
	萧县	644	0	304	0	304	580	0	715	0	582	394	0	271	0	396
	灵璧县	4612	6	1907	3	1907	4504	5	1948	3	1948	5685	5	2387	3	2387
	泗县	1736	2	1180	2	1180	2138	3	1432	2	1432	2500	3	1800	3	1800
	市级财政	—	—	—	—	1000	—	—	—	—	200	—	—	—	—	0

（续表）

市	县区	2014年 学前教育总经费（万元） 学前教育总经费	在各类教育总经费中占比(%)	财政性学前教育经费	在各类财政性教育经费中占比(%)	其中：本级财政投入	2015年 学前教育总经费	在各类教育总经费中占比(%)	财政性学前教育经费	在各类财政性教育经费中占比(%)	其中：本级财政投入	2016年 学前教育总经费	在各类教育总经费中占比(%)	财政性学前教育经费	在各类财政性教育经费中占比(%)	其中：本级财政投入
蚌埠市	怀远县	6009	4	1229	1	1229	8143	5	1920	1	1920	9120	5	2520	1	2520
	五河县	3676	6	655	1	243	7014	9	4306	6	443	3917	7	1107	2	172
	固镇县	3212	6	2053	4	1060	5935	8	4066	6	3031	6530	8	4474	6	3503
	龙子湖区	670	5	351	3	227	1382	8	381	3	265	1017	5	702	3	312
	蚌山区	1941	11	88	1	88	1639	9	250	2	250	1892	10	586	3	586
	禹会区	838	4	369	2	259	1661	8	891	4	708	0	0	212.6	0	29.4
	淮上区	159	1	159	1	7	1048	5	1048	5	701	604	3	604	3	601
	经开区	356	5	356	5	296	141	2	141	2	37	83	1	83	1	83
	高新区	42	1	41	1	1	84	1	82	1	2	121	1	121	1	3
	市级财政	3060	3	2083	3	2083	2603	3	1651	2	1651	2162	2	1011	1	1011
阜阳市	颍州区	9139	10.03	3985	4.97	1215	11188	11.25	5346	6.31	1356	9754	9.35	4650	5.17	1523
	颍东区	10546	13.1	8111	11.4	544	4442	4.8	2284	2.7	960	6828	6.6	2838	3.1	985
	颍泉区	3742	6.10	1662	3.00	575	4750	6.40	1920	2.92	945	6706	8.27	2583	3.61	1885
	太和县	6461	4.16	2315	1.76	174	10921	5.34	7100	3.98	344	9547	3.96	4613	2.20	423
	临泉县	11362	6.5	4958	3.1	607	14245	6.7	7297	3.7	100	19509	7.6	10611	4.4	750
	颍上县	5516	6.70	5516	6.70	3287	5055	3.76	5055	3.76	3845	8545	4.52	8545	4.52	6301

（续表）

市	县区	2014年 学前教育总经费(万元)	在各类教育总经费中占比(%)	2014年 财政性学前教育经费	在各类财政性教育经费中占比(%)	其中:本级财政投入	2015年 学前教育总经费	在各类教育总经费中占比(%)	2015年 财政性学前教育经费	在各类财政性教育经费中占比(%)	其中:本级财政投入	2016年 学前教育总经费	在各类教育总经费中占比(%)	2016年 财政性学前教育经费	在各类财政性教育经费中占比(%)	其中:本级财政投入
阜阳市	阜南县	5224	4.60	1816	1.70	965	8370	5.80	4917	3.70	4417	6391	3.80	2314	1.48	1828
	界首市	4296	6.11	967	1.58	15	5459	7.23	1793	2.73	50	7025	7.29	2652	3.07	50
	市级财政	—	—	—	—	315	—	—	—	—	385	—	—	—	—	384
淮南市	大通区	505	7	445	6	445	619	8	539	7	539	534	6	455	5	455
	谢家集区	2542	1	169	0	169	1707	1	129	0	129	100	0	—	—	—
	八公山区	1160	10	191	2	191	1140	8	189	1	189	1150	8	189	2	189
	凤台县区	3427	5	1122	2	894	4556	6	2011	2	934	6060	7	2711	3	1782
	毛集实验区	421	5	278	4	278	776	9	522	6	522	615	7	345	4	345
	田家庵区	5479	12	3493	8	3348	6724	13	3402	7	2452	4333	9	4333	9	4333
	潘集区	466	2	141	2	50	737	3	367	3	63	811	3	310	3	81
	寿县	6044	5	3096	3	0	5565	5	2003	2	0	6678	5	2404	3	0
	市级财政	—	—	—	—	7081	—	—	—	—	0	—	—	—	—	0
滁州市	琅琊区	3145	7	1770	4	1099	5809	10	2917	6	1650	8770	14	6030	11	4630
	南谯区	3210	6	1249	3	751	6113	9	2943	5	1569	6807	10	4042	6	3085
	来安县	2676	5	2312	5	2031	2856	6	2523	5	2312	8437	14	6254	11	6011
	全椒县	4888	10	3900	9	3450	6059	11	4536	9	4020	7653	13	5872	11	5357

（续表）

市	县区	2014年 学前教育总经费（万元）		学前教育财政投入（万元）			2015年 学前教育总经费（万元）		学前教育财政投入（万元）			2016年 学前教育总经费（万元）		学前教育财政投入（万元）		
		学前教育总经费	在各类教育总经费中占比（%）	财政性学前教育经费	在各类财政性教育经费中占比（%）	其中：本级财政投入	学前教育总经费	在各类教育总经费中占比（%）	财政性学前教育经费	在各类财政性教育经费中占比（%）	其中：本级财政投入	学前教育总经费	在各类教育总经费中占比（%）	财政性学前教育经费	在各类财政性教育经费中占比（%）	其中：本级财政投入
滁州市	定远县	6471	6	4395	5	3036	5770	5	2651	3	1649	7203	6	3649	3	2794
	凤阳县	6363	8	4112	6	2726	4555	5	1925	2	862	5734	6	2759	3	1865
	天长市	7612	8	4483	6	4033	10383	10	6420	7	6020	11903	11	7503	7	6541
	明光市	1975	4	1627	3	1170	2895	4	2359	4	1249	3560	5	1393	2	853
	市级财政	—	—	—	—	500	—	—	—	—	1500	—	—	—	—	1100
六安市	舒城县	2656	3	1643	3	850	2865	3	1597	3	900	3023	3	1560	3	950
	霍山县	7482	11	6735	12	3488	3036	5	2101	4	1851	3447	6	2320	5	2021
	金寨县	4077	5	2370	3	500	3741	4	1654	2	520	7275	7	1824	2.1	540
	霍邱县	4090	3	1920	2	1350	7704	5	3544	3	1750	7638	5	3705	5	2000
	金安区	15460	17	6530	6	5200	16725	17	6842	6	5800	17056	17	6025	6	5116
	裕安区	10984	12	2322	4	3510	11946	10	2450	4	3278	12876	8	3021	4	3580
	叶集区	2050	10	1196	7	877	1461	5	302	2	47	1413	4	316	1	316
	六安开发区	28	—	28	—	—	50	—	50	—	—	27	—	27	—	—
	市级财政	—	—	—	—	80	—	—	—	—	86	—	—	—	—	70
马鞍山市	含山县	4798	8	3214	6	2965	11065	16	9559	14	9559	11020	16	9580	15	9580
	和县	1000	2	500	45	500	500	1	500	33	500	400	1	1000	28	400

（续表）

市	县区	2014年 学前教育总经费（万元）	2014年 在各类教育总经费中占比（%）	2014年 财政性学前教育经费	2014年 在各类教育性教育经费中占比（%）	2014年 其中：本级财政投入	2015年 学前教育总经费（万元）	2015年 在各类教育总经费中占比（%）	2015年 财政性学前教育经费	2015年 在各类教育性教育经费中占比（%）	2015年 其中：本级财政投入	2016年 学前教育总经费（万元）	2016年 在各类教育总经费中占比（%）	2016年 财政性学前教育经费	2016年 在各类教育性教育经费中占比（%）	2016年 其中：本级财政投入
马鞍山市	当涂县	4948	5	1845	2	1108	4894	6	2346	3	1787	5311	7	2488	3	2000
	花山区	5604	16	912	3	814	6856	16	1478	4	1158	6900	16	1450	4	1200
	雨山区	384	2	199	1	199	474	2	324	1	267	300	2	210	1	180
	博望区	801	4	183	1	125	1295	7	366	2	236	1350	7	385	3	69
	市级财政	—	—	—	—	1220	—	—	—	—	1320	—	—	—	—	1764
芜湖市	镜湖区	18637	29	13400	24	12582	20325	30	15935	25	15332	20325	30	15935	25	15332
	弋江区	10089	24	9703	24	2508	3982	7	588	1	370	2705	4	2555	4	2555
	鸠江区	4491	8	2215	4	1898	6463	10	4122	7	3729	5263	9	3566	5	3022
	开发区	5302	33	3758	26	—	8081	24	5882	18	—	9000	24	6000	18	—
	三山区	3055	14	1664	9	1660	1741	8	343	2	310	3150	15	1800	10	1200
	芜湖县	3216	6	492	1	350	4092	8	704	2	380	3140	7	739	2	412
	南陵县	3725	6.1	1577	3.0	977	3910	6.2	1650	3.1	982	4110	6.3	1730	3.2	987
	无为县	5800	5	2549	2	2549	14086	9	10292	7	10292	16696	10	12691	8	12092
	繁昌县	11041	18	8939	17	8657	3837	6	1962	4	1708	6576	10	4684	8	4057
	市级财政	—	—	—	—	1000	—	—	—	—	1000	—	—	—	—	1000

（续表）

市	县区	2014年					2015年					2016年				
		学前教育总经费（万元）	在各类教育总经费中占比（%）	财政性学前教育经费	在各类财政性教育经费中占比（%）	其中:本级财政投入	学前教育总经费（万元）	在各类教育总经费中占比（%）	财政性学前教育经费	在各类财政性教育经费中占比（%）	其中:本级财政投入	学前教育总经费（万元）	在各类教育总经费中占比（%）	财政性学前教育经费	在各类财政性教育经费中占比（%）	其中:本级财政投入
宣城市	宣州区	6138	7	2683	4	1992	7743	8	1996	2	1244	7212	8	1864	2	1021
	郎溪县	2217	4	658	1	109	5893	9	1198	2	470	4737	8	859	2	605
	宁国市	4020	10	1882	4	1295	4310	10	1904	4	1583	6246	7.80	1463	1.80	1007
	泾县	3349	6.49	2245	4.66	2245	2615	4.89	1521	2.99	1521	2772	5.0	1511	3.0	1511
	绩溪县	1245	5	1048	5	64	1746	7	1287	5	655	1500	7	1075	5	515
	旌德县	1214	7	749	5	749	1249	6	679	4	679	1802	8	1063	7	625
	市级财政	—	—	—	—	220	—	—	—	—	240	—	—	—	—	260
铜陵市	铜官区	4226	17	2217	10	1293	5134	18	2691	11	2292	5200	19	2650	11	2300
	义安区	645	2	397	1	397	2143	5	1069	2	1069	2375	5	1273	3	1273
	郊区	536	7	260	4	173	725	9	388	5	281	718	12	280	5	117
	枞阳县	3465	4	2008	3	1117	4155	5	2420	3	1731	4353	5	2720	3	2147
	市级财政	—	—	—	—	111	—	—	—	—	109	—	—	—	—	219
池州市	贵池区	5592	8	1405	2	901	3975	5	1289	2	815	4830	6	1782	2	925
	东至县	2871	4	1837	3	1837	2547	4	1174	2	1174	2854	4	1481	2	1481
	石台县	1118	7	894	6	96	1680	10	1310	8	115	1907	10	1569	9	150
	青阳县	2175	5	319	0	319	3238	6	1833	4	1833	3800	6	2300	4	2300

（续表）

市	县区	2014年 学前教育总经费（万元）		2014年 学前教育财政投入（万元）			2015年 学前教育总经费（万元）		2015年 学前教育财政投入（万元）			2016年 学前教育总经费（万元）		2016年 学前教育财政投入（万元）		
		学前教育总经费	在各类教育总经费中占比（%）	财政性学前教育经费	在各类财政性教育经费中占比（%）	其中：本级财政投入	学前教育总经费	在各类教育总经费中占比（%）	财政性学前教育经费	在各类财政性教育经费中占比（%）	其中：本级财政投入	学前教育总经费	在各类教育总经费中占比（%）	财政性学前教育经费	在各类财政性教育经费中占比（%）	其中：本级财政投入
池州市	九华山风景区	177	11	177	11	177	220	11	220	11	220	250	11	250	11	250
	市级财政	—	—	—	—	553	—	—	—	—	561	—	—	—	—	611
安庆市	桐城市	960	1	739	1	168	1614	2	893	1	273	3889	4	1700	2	241
	怀宁县	2208	3	720	1	270	2042	3	891	1	293	5970	7	4751	6	4086
	潜山县	5699	9	2390	5	290	3582	6	1782	3	291	2599	4	699	1	350
	岳西县	3386	6	2484	5	350	2234	4	1128	2	385	2450	4	1205	2	420
	太湖县	2700	4	646	1	211	3291	5	1067	2	360	3500	5	1200	2	400
	望江县	2235	4139	1456	3	366	2769	5	1169	2	580	2826	5	1026	2	624
	迎江区	1801	10	597	4	360	1853	8	805	4	395	1989	13	964	7	492
	大观区	1912	11	242	2	180	2037	12	285	2	207	2240	14	315	2	215
	宜秀区	592	5	393	3	230	710	4	610	4	247	312	2	211	2	60
	开发区	483	0	348	0	225	760	0	618	—	260	564	0	410	0	260
	市级财政	—	—	—	—	1000	—	—	—	—	1000	—	—	—	—	1000

（续表）

市	县区	2014年					2015年					2016年				
		学前教育总经费（万元）	在各类教育总经费中占比（%）	学前教育财政投入（万元） 财政性学前教育经费	在各类教育性经费中占比（%）	其中：本级财政投入（万元）	学前教育总经费（万元）	在各类教育总经费中占比（%）	学前教育财政投入（万元） 财政性学前教育经费	在各类教育性经费中占比（%）	其中：本级财政投入（万元）	学前教育总经费（万元）	在各类教育总经费中占比（%）	学前教育财政投入（万元） 财政性学前教育经费	在各类教育性经费中占比（%）	其中：本级财政投入（万元）
黄山市	屯溪区	2227	20	319	3	279	3229	26	669	7	639	3947	29	649	6	467
	黄山区	1738	8	1400	7	1070	1843	8	1455	8	1152	1963	8	1605	8	1250
	徽州区	1627	10	600	4	444	2140	12	1474	9	1321	1817	13	877	10	724
	歙县	2646	4	1191	2	788	3230	5	1855	3	1465	673	1	673	1	255
	休宁县	895	3	300	1	44	1711	5	690	2	416	1525	4	555	2	337
	黟县	1504	11	1318	10	807	1227	10	992	8	511	1349	10	1190	8	639
	祁门县	1507	7	1108	5	1108	1274	5	808	3	808	1436	5	920	3	920
	市级财政	563	2	324	2	236	573	2	301	1	245	831	2	502	2	253
广德县	—	3523	5.1	2546	4.05	2020	4788	6.26	3646	5.14	3140	5541	6.6	2029	2.85	1351
宿松县	—	4733	5	3398	4	2402	4016	4	1900	2	155	5427	5	2697	3	220

表12 全省城市市区、县城城区"3万人口1所公办幼儿园"及乡镇一镇一园情况

市	县区	城市市区县城城区常住人口（万人）	3万人口1所公办园需要配建园所数量	现有幼儿园数（所）			在园幼儿数			3万人口1所公办园已建园所数量占需要配建数量的比例	乡镇数（不包括街道）	乡镇公办幼儿园数	公办幼儿园覆盖乡镇数	"一镇一园"覆盖率
				公办园		民办园	公办园	民办园	总数					
				年报统计独立园数	分园数									
合肥市	瑶海区	80	26.67	7	5	77	2970	23075	26045	45.00%	1	2	1	100.00%
	庐阳区	65	21.67	16	7	41	7606	16486	24092	106.15%	2	3	2	100.00%
	蜀山区	82	27.33	22	0	81	5679	21530	27209	80.49%	3	5	3	100.00%
	包河区	91.5	30.50	19	4	46	7874	23069	30943	75.41%	2	2	2	100.00%
	高新区	20	6.67	4	—	16	1060	3896	4956	60.00%	—	—	—	—
	经开区	53.2	17.73	6	2	51	2009	14446	16455	45.11%	1	2	1	100.00%
	新站区	33	11.00	5	—	25	1710	10326	12036	45.45%	—	—	—	—
	肥东县	30	10.00	1	1	28	1169	5659	6828	20.00%	20	32	20	100.00%
	肥西县	22.4	7.47	2	2	27	807	6549	7356	53.57%	12	25	12	100.00%
	长丰县	10.4	3.47	2	1	16	704	2453	3157	86.54%	15	15	15	100.00%
	巢湖市	23.6	7.87	2	3	36	1469	6279	7748	63.56%	13	14	13	100.00%
	合巢经开区	5	1.67	—	—	3	0	632	632	0.00%	1	—	—	0.00%
	庐江县	20	6.67	1	0	34	253	5527	5780	15.00%	17	17	17	100.00%
	合肥市	536.1	178.70	87	25	481	33310	139927	173237	62.67%	87	117	86	98.85%
淮北市	相山区	42	14.00	8	14	50	4512	10490	15002	157.14%	1	1	1	100.00%
	杜集区	16.5	5.50	9	—	6	1869	1391	3260	163.64%	3	7	3	100.00%

（续表）

市	县区	城市市区、县城城区常住人口（万人）	3万人口1所公办园需要配建园所数量	现有幼儿园园数（所）			在园幼儿数			3万人口1所公办园已建园所数量占需要配建数量的比例	乡镇			
				公办园		民办园	公办园	民办园	总数		乡镇数（不包括街道）	乡镇公办幼儿园数	公办幼儿园覆盖乡镇数	"一镇一园"覆盖率
				年报统计独立园数	分园数									
淮北市	烈山区	37	12.33	15	—	1	3685	1566	5251	121.62%	3	10	3	100.00%
	濉溪县	15	5.00	8	—	9	2205	1764	3969	160.00%	13	46	13	100.00%
	淮北市	110.5	36.83	40	14	66	12271	15211	27482	146.61%	20	64	20	100.00%
亳州市	涡阳县	25	8.33	6	0	22	3048	7984	11032	72.00%	21	106	21	100.00%
	利辛县	23	7.67	2	1	36	1460	10184	11644	39.13%	23	58	23	100.00%
	亳州经济开发区	11.8	3.93	3	—	10	848	2092	2940	76.27%	—	—	—	—
	蒙城县	18	6.00	5	1	57	3435	11457	14892	100.00%	17	19	17	100.00%
	谯城区	48	16.00	7	2	35	1897	10796	12693	43.75%	22	28	22	100.00%
	亳州市	125.8	41.93	23	2	160	10688	42513	53201	59.62%	83	211	83	100.00%
宿州市	埇桥区	68	22.67	4	0	62	2776	14384	17160	17.65%	26	47	26	100.00%
	砀山县	50	16.67	3	0	16	2491	6278	8769	18.00%	13	24	13	100.00%
	萧县	30	10.00	6	2	30	3894	10112	14006	80.00%	23	23	23	100.00%
	灵璧	26	8.67	2	9	64	2072	7936	10008	126.92%	19	27	19	100.00%
	泗县	15	5.00	6	0	19	3368	3820	7188	120.00%	15	15	15	100.00%
	宿州市	189	63.00	21	11	191	14601	42530	57131	50.79%	96	136	96	100.00%

（续表）

市	县区	市区、县城城区								乡镇			
		城市市区、县城城区常住人口（万人）	3万人口1所公办园需要配建园所数量	现有幼儿园数（所）			在园幼儿数			3万人口1所公办园已建园所数量占需要配建数量的比例	乡镇数（不包括街道）	乡镇公办幼儿园数	公办幼儿园覆盖乡镇数	"一镇一园"覆盖率
				公办园		民办园	公办园	民办园	总数					
				年报统计独立园数	分园数									
阜阳市	颍州区	28	9.33	12	1	17	6972	4951	11923	139.29%	9	18	9	100.00%
	颍东区	11	3.67	4	0	17	1285	4832	6117	109.09%	9	9	9	100.00%
	颍泉区	30	10.00	5	—	13	2307	5833	8140	50.00%	4	11	4	100.00%
	临泉县	31	10.33	14	2	20	3813	7852	11665	154.84%	24	127	24	100.00%
	太和县	25	8.33	4	1	49	1425	8973	10398	60.00%	31	54	31	100.00%
	阜南县	27	9.00	3	0	29	3690	7494	11184	33.33%	29	26	29	100.00%
	颍上县	31	10.33	4	0	8	2520	3274	5794	38.71%	30	18	18	60.00%
	界首市	22	7.33	6	0	22	2595	6989	9584	81.82%	15	19	15	100.00%
	阜阳市	205	68.33	52	4	175	24607	50198	74805	81.95%	151	282	139	92.05%
蚌埠市	怀远县	10	3.33	3	0	37	1089	6384	7473	90.00%	18	25	18	100.00%
	五河县	13	4.33	3	0	19	1968	3187	5155	69.23%	14	37	14	100.00%
	固镇县	12	4.00	3	2	3	3849	1087	4936	125.00%	11	11	11	100.00%
	龙子湖区	18.1	6.03	8	0	6	2580	1252	3832	132.60%	1	2	1	100.00%
	蚌山区	15.4	5.13	12	0	2	3245	631	3876	233.77%	2	3	2	100.00%
	禹会区	26	8.67	9	0	15	1693	2904	4597	103.85%	2	2	2	100.00%
	淮上区	26.8	8.93	15	0	18	3933	5236	9169	167.91%	5	5	5	100.00%

（续表）

市	县区	城市市区县城城区常住人口（万人）	3万人口1所公办园需要配建园所数量	现有幼儿园数（所）			在园幼儿数			3万人口1所公办园已建园所数量占需要配建数量的比例	乡镇			
				公办园		民办园	公办园	民办园	总数		乡镇数（不包括街道）	乡镇公办幼儿园数	公办幼儿园覆盖乡镇数	"一镇一园"覆盖率
				年报统计独立园数	分园数									
蚌埠市	高新区	8	2.67	1	0	6	323	2423	2746	37.50%	1	1	1	100.00%
	经开区	17.8	5.93	6	0	10	2226	3257	5483	101.12%	1	1	1	100.00%
	蚌埠市	147.1	49.03	60	2	116	20906	26361	47267	126.44%	55	87	55	100.00%
	寿县	7.9	2.63	5	0	2	1571	596	2167	189.87%	25	30	25	100.00%
	毛集实验区	—	—	—	—	—	—	—	—	—	3	3	3	100.00%
淮南市	大通区	3.5	1.17	1	0	4	109	775	884	85.71%	4	4	4	100.00%
	凤台	12	4.00	6	0	12	1660	2015	3675	150.00%	17	45	17	100.00%
	淮南高新区	4	1.33	0	0	3	0	612	612	0.00%	—	—	—	—
	八公山区	15	5.00	1	0	10	304	633	937	20.00%	2	2	2	100.00%
	经济技术开发区	—	—	—	—	—	—	—	—	—	—	—	—	—
	谢家集区	23	7.67	2	0	41	613	10354	10967	26.09%	6	6	6	100.00%
	田家庵区	53	17.67	11	0	42	5253	10179	15432	62.26%	4	4	4	100.00%
	潘集区	8.23	2.74	5	0	6	1040	1061	2101	182.26%	10	40	10	100.00%
	淮南市	126.63	42.21	31	0	125	10550	27112	37662	73.44%	71	134	71	100.00%

（续表）

市	县区	城市市区县城城区常住人口（万人）	3万人口1所公办园需要配建园所数量	现有幼儿园数（所）			在园幼儿数			3万人口1所公办园已建园数量占需要配建数量的比例	乡镇			
				公办园		民办园	公办园	民办园	总数		乡镇数（不包括街道）	乡镇公办幼儿园数	公办幼儿园覆盖乡镇数	"一镇一园"覆盖率
				年报统计独立园数	分园数									
滁州市	琅琊区	24.2	8.07	4	4	19	1656	3956	5612	99.17%	0	0	0	—
	南谯区	6.99	2.33	1	4	18	1294	5075	6369	214.59%	8	8	8	100.00%
	来安县	10.5	3.50	8	0	5	1603	1357	2960	228.57%	12	23	12	100.00%
	全椒县	20	6.67	10	1	4	2725	1219	3944	165.00%	10	19	10	100.00%
	定远县	10	3.33	5	0	28	1881	4450	6331	150.00%	22	35	22	100.00%
	凤阳县	5.1	1.70	6	0	14	2129	1543	3672	352.94%	15	15	15	100.00%
	天长市	15	5.00	5	0	34	2259	5265	7524	100.00%	14	37	14	100.00%
	明光市	12.3	4.10	2	0	13	940	2450	3390	48.78%	13	29	13	100.00%
	滁州市	104.09	34.70	41	9	135	14487	25315	39802	144.11%	94	166	94	100.00%
六安市	舒城县	20	6.67	2	1	29	992	4790	5782	45.00%	21	21	21	100.00%
	霍山县	7	2.33	1	0	7	789	2361	3150	42.86%	16	17	16	100.00%
	金寨县	16.54	5.51	4	—	8	1333	2310	3643	72.55%	24	95	24	100.00%
	霍邱县	12.12	4.04	1	2	10	1880	2110	3990	74.26%	6	10	6	100.00%
	叶集区	7.8	2.60	2	—	13	336	2528	2864	76.92%	31	29	31	100.00%
	金安区	25	8.33	2	—	66	308	9819	10127	24.00%	17	23	17	100.00%
	裕安区	30	10.00	1	1	152	750	23996	24746	20.00%	19	24	19	100.00%

（续表）

市	县区	城市市区县城城区常住人口（万人）	3万人口1所公办园需要配建园所数量	市区、县城城区			在园幼儿数			3万人口1所公办园已建园所数量占需要配建数量的比例	乡镇			
				现有幼儿园数（所）							乡镇数（不包括街道）	乡镇公办幼儿园数	公办幼儿园覆盖乡镇数	"一镇一园"覆盖率
				公办园		民办园	公办园	民办园	总数					
				年报统计独立园数	分园数									
六安市	六安开发区	5	1.67	—	—	8	—	1853	1853	0.00%	—	—	—	—
	六安市	123.46	41.15	13	4	293	6388	49767	56155	41.31%	134	219	134	100.00%
芜湖市	镜湖区	106	35.33	12	0	50	3538	8406	11944	33.96%	—	—	—	—
	弋江区	32	10.67	5	—	43	1119	7579	8698	46.88%	—	—	—	—
	鸠江区	57	19.00	7	2	49	1810	9223	11033	47.37%	4	5	3	75.00%
	三山区	15	5.00	4	0	28	422	4356	4778	80.00%	1	1	1	100.00%
	经开区	11.63	3.88	2	—	16	560	4235	4795	51.59%	—	—	—	—
	繁昌县	8	2.67	4	0	14	1036	2235	3271	150.00%	6	13	6	100.00%
	芜湖县	8.5	2.83	3	0	20	820	3244	4064	105.88%	5	6	5	100.00%
	南陵县	6	2.00	2	0	20	904	3156	4060	100.00%	8	23	7	87.50%
	无为县	17.6	5.87	3	1	12	980	3285	4265	68.18%	20	39	20	100.00%
	芜湖市	261.73	87.24	42	3	252	11189	45719	56908	51.58%	44	87	42	95.45%
马鞍山市	含山县	8	2.67	3	1	10	876	2635	3511	112.50%	8	8	8	100.00%
	和县	10	3.33	16	1	11	4060	1997	6057	510.00%	9	16	9	100.00%
	当涂县	15	5.00	3	0	11	526	2424	2950	60.00%	11	25	11	100.00%
	花山区	44	14.67	16	—	32	4701	4987	9688	109.09%	1	1	1	100.00%

（续表）

市	县区	城市市区县城城区常住人口（万人）	3万人口1所公办园需要配建园所数量	现有幼儿园数（所） 公办园 年报统计独立园数	现有幼儿园数（所） 公办园 分园数	民办园	在园幼儿数 公办园	在园幼儿数 民办园	在园幼儿数 总数	3万人口1所公办园已建园所数量占需要配建数量的比例	乡镇 乡镇数（不包括街道）	乡镇 乡镇公办幼儿园数	乡镇 公办幼儿园覆盖乡镇数	乡镇 "一镇一园"覆盖率
马鞍山市	雨山区	33	11.00	4	0	31	920	5123	6043	36.36%	3	3	3	100.00%
	博望区	—	—	—	—	—	—	—	—	—	3	22	3	100.00%
	马鞍山市	110	36.67	42	1	95	11083	17166	28249	117.27%	35	75	35	100.00%
安庆市	桐城市	20	6.67	7	—	11	1685	4477	6162	105.00%	12	19	12	100.00%
	怀宁县	12.6	4.20	2	—	11	388	2159	2547	47.62%	20	21	20	100.00%
	潜山县	19.5	6.50	1	4	22	1612	2352	3964	76.92%	16	16	16	100.00%
	岳西县	5	1.67	3	0	2	1961	740	2701	180.00%	24	20	24	100.00%
	望江县	9.1	3.03	2	0	6	938	1660	2598	65.93%	10	35	10	100.00%
	太湖县	12.5	4.17	4	0	6	1156	2803	3959	96.00%	15	23	15	100.00%
	迎江区	25	8.33	15	3	10	3658	1925	5583	216.00%	3	3	3	100.00%
	大观区	16.7	5.57	2	3	13	2914	2032	4946	89.82%	4	4	4	100.00%
	宜秀区	5	1.67	9	—	8	996	1676	2672	540.00%	5	44	5	100.00%
	开发区	22	7.33	3	0	14	608	2955	3563	40.91%	1	1	1	100.00%
	安庆市	147.4	49.13	48	10	103	15916	22779	38695	118.05%	110	186	110	100.00%
池州市	贵池区	23	7.67	3	4	38	3758	5959	9717	91.30%	9	12	9	100.00%
	东至县	8	2.67	1	2	5	1274	1219	2493	112.50%	15	12	15	100.00%

（续表）

市	县区	城市市区县城城区常住人口（万人）	3万人口1所公办园需要配建园所数量	现有幼儿园数（所） 公办园 年报统计独立园数	现有幼儿园数（所） 公办园 分园数	现有幼儿园数（所） 民办园	在园幼儿数 公办园	在园幼儿数 民办园	在园幼儿数 总数	3万人口1所公办园建园所数量已占需要配建数量的比例	乡镇 乡镇数（不包括街道）	乡镇 乡镇公办幼儿园数	乡镇 公办幼儿园覆盖乡镇数	乡镇 "一镇一园"覆盖率
池州市	石台县	3.2	1.07	1	0	3	528	397	925	93.75%	8	8	8	100.00%
池州市	青阳县	8	2.67	1	2	2	1035	1016	2051	112.50%	11	18	11	100.00%
池州市	九华山风景区	—	—	—	—	—	—	—	—	—	2	1	1	50.00%
池州市	池州市	42.2	14.07	6	8	48	6595	8591	15186	99.53%	45	51	44	97.78%
铜陵市	铜官区	40.9	13.63	8	0	38	2543	5853	8396	58.68%	1	1	1	100.00%
铜陵市	郊区	3	1.00	2	0	6	432	643	1075	200.00%	3	3	3	100.00%
铜陵市	义安区	4.8	1.60	1	0	5	331	821	1152	62.50%	8	9	8	100.00%
铜陵市	枞阳县	12	4.00	3	0	2	886	385	1271	75.00%	22	43	22	100.00%
铜陵市	铜陵市	60.7	20.23	14	0	51	4192	7702	11894	69.19%	34	56	34	100.00%
宣城市	宣州区	26	8.67	46	0	30	10390	5932	16322	530.77%	18	28	18	100.00%
宣城市	郎溪县	34.6	11.53	1	2	7	854	1613	2467	26.01%	10	12	10	100.00%
宣城市	宁国市	17.69	5.90	2	0	31	1073	6700	7773	33.92%	13	13	13	100.00%
宣城市	泾县	10	3.33	2	0	12	758	2353	3111	60.00%	11	23	11	100.00%

（续表）

市	县区	城市市区县城城区常住人口（万人）	3万人口1所公办园需要配建园所数量	现有幼儿园数（所）			在园幼儿数			3万人口1所公办园已建园所数量占需要配建数量的比例	乡镇			
				公办园		民办园	公办园	民办园	总数		乡镇数（不包括街道）	乡镇公办幼儿园数	公办幼儿园覆盖乡镇数	"一镇一园"覆盖率
				年报统计独立园数	分园数									
宣城市	绩溪县	5.7	1.90	2	0	7	840	1459	2299	105.26%	11	12	11	100.00%
	旌德县	5	1.67	1	0	4	733	810	1543	60.00%	10	10	10	100.00%
	宣城市	98.99	33.00	54	2	91	14648	18867	33515	169.71%	73	98	73	100.00%
黄山市	屯溪区	23.2	7.73	10	1	28	3182	4894	8076	142.24%	5	6	5	100.00%
	黄山区	2.4	0.80	3	—	2	1014	455	1469	375.00%	14	20	14	100.00%
	徽州区	4.7	1.57	7	0	10	770	2113	2883	446.81%	7	7	7	100.00%
	歙县	12	4.00	1	3	5	1191	1607	2798	100.00%	28	49	28	100.00%
	休宁县	6.1	2.03	1	1	5	851	1756	2607	98.36%	21	24	21	100.00%
	黟县	2.8	0.93	3	0	1	986	36	1022	321.43%	8	7	8	100.00%
	祁门县	4	1.33	2	0	5	997	926	1923	150.00%	18	18	18	100.00%
	黄山市	55.2	18.40	27	5	56	8991	11787	20778	173.91%	101	131	101	100.00%
	广德县	15.5	5.17	2	—	21	1037	3789	4826	38.71%	9	9	9	100.00%
	宿松县	7	2.33	5	0	6	1427	1814	3241	214.29%	22	55	22	100.00%
	全省统计	2466.4	822.13	608	100	2465	222886	557148	780034	86.12%	1264	2164	1248	98.73%

课题组成员：武庆鸿　梁　妤　周文选　彭江龙

撰写人员：武庆鸿

第五篇　安徽省中小学校体育工作评估
（2017 年度）

根据教育部关于中小学校体育工作评估的要求，安徽省教育厅委托第三方机构对全省中小学校体育工作进行了评估。从 2017 年评估结果看，全省中小学校积极贯彻落实国家和省学校体育工作的决策部署，采取有力措施，不断提高学生体质健康水平，呈现出高度重视、制度落实、活动有序、工作有力、态势良好等特点。

一、评估基本情况

围绕学生体质健康测试工作，省教育厅下发《安徽省教育厅关于做好 2017 年〈国家学生体质健康标准（2014 年修订）〉测试和数据上报工作的通知》，通过召开培训会、开展专项巡查和抽查等方式，有效提高了全省各级各类中小学校（含中等职业学校，下同）学生体质监测及学校体育评估工作的质量和工作绩效。

（一）学校自评

各地各校按照要求，积极开展《国家学生体质健康标准（2014 年修订）》测试及数据上报工作，并在规定的时间里全部完成学生体质健康测试和上报工作，测试率、上报率接近 100%。2017 年 12 月 31 日前，全省各中小学对照《中小学校体育工作评估指标体系》完成自评，填写自评得分表，撰写自评报告，收集相关佐证材料，形成评估材料报所属教育主管部门审核。

（二）市县复核

根据要求，各市、县（市、区）教育部门在 2017 年 12 月 31 日前对本行政区域内各校体育工作自评情况进行了复核，填写《安徽省县（市、区）中小学校体育工作评估审核结果报表》，形成评估工作报告，公布复核结果。黄山市结合规范办学行为检查，采取"四不两直"的工作方式，组织人员深入学校、走进课堂，对学校体育课程落实情况进行督查，严禁其他科目挤占体育课和体育活动时间。蚌埠市通过招标确定第三方监测机构对全市 1 万名学生体质健康状况进行监测。合肥、芜湖、滁州、马鞍山等市教育局还对所属县区中小学校开展现场评估抽查，做到评估工作层层负责、层层落实，推动辖区学校以评估促整改、以评促发展，保证评估工作真实、有效、全面。

（三）省级抽查

2017 年 11 月 19 日至 11 月 24 日，省教育厅委托安徽师范大学"安徽省学生体质健康监测与分析研究中心"组织专家对 12 个市 96 所中小学校进行了抽查复核。省教育厅下发《关于开展 2017 年度学校体育工作省级评估的通知》，2018 年 1 月中旬委托安徽省教育评估中心在对各市上报的自评材料评审的基础上，组成 6 个专家组对学校体育工作开展实地验证。专家组通过听取汇报、查阅资料、随机访谈、学生体质健康测试复核等方式验证相关信息。开展问卷调查，发放 2017 年安徽省中小学校体育工作学生问卷 1620 份，学生问卷对象为 16 个市及 2 个省直管县的小学四年级、初中二年级、高中二年级学生，共回收问卷 1617 份，回收率为 99.8%，其中有效问卷 1617 份，有效率为 100%；发放教师问卷 360 份，涉及抽查的 16 个市及 2 个省直管县的中小学校体育教师，共回收问卷 360 份，回收率为 100%，其中有效问卷 360 份，有效率为 100%。

二、评估指标分析

（一）组织管理情况

2017 年，全省各市、县（市、区）把深入学习贯彻党的十九大精神和习近平总书记关于体育和学校体育工作的重要论述作为强化学校体育工作的理论起点和逻辑起点，吃透精神，把握要义，活学活用，融会贯通，切实把学习贯彻习近平新时代中国特色社会主义思想转化为强化学校体育工作的强大动力和有力举措，扎实有效、统筹推进，做好区域内学校体育工作协调健康发展。各地各校把促进学生全面发展、健康成长作为学校体育工作的出发点和落脚点，推动每个学生掌握一项或数项体育运动技能；以培育"一校一品""一校数品"为目标，深化学校体育教学改革；强化课外锻炼，切实保证学生每天一小时或数小时体育锻炼；完善竞赛体系，地方和学校每年举办一次或数次运动会或体育节；进一步发挥好校园足球的改革先锋和示范引领作用；提升体育教学基础能力。从开展教师问卷调查情况看，小学、初中超过 80% 的教师，高中 70% 以上的教师认为学校领导及班主任重视学校体育工作（见图 1）。

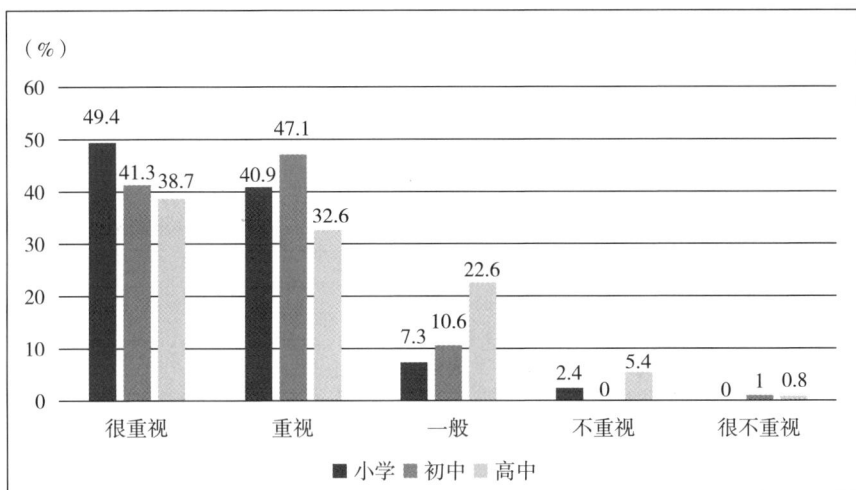

图 1　2017 年学校体育工作的重视情况问卷统计

（二）教育教学情况

全省各中小学校能认真贯彻实施《国家学生体质健康标准（2014 年修订）》，按照国家关于体育与健康课程的课时规定，开展体育课教学，学生大课间体育活动时间、课外活动时间及每年召开运动会均得到了有效保证。

调查问卷的分析表明，2017 年中小学生对学校体育满意度均处于较高水平（见图 2），小学生满意率为 93％，初中生满意率为 91.5％，高中生满意率为

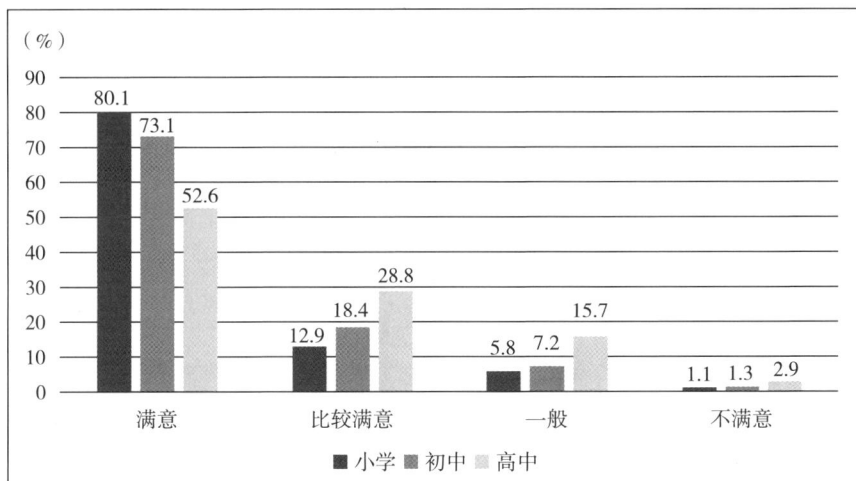

图 2　2017 年学校体育活动开展的总体满意情况问卷统计

81.4%。从近3年比较看，小学生、初中生、高中生对体育活动开展满意度连续3年提升（见图3）。

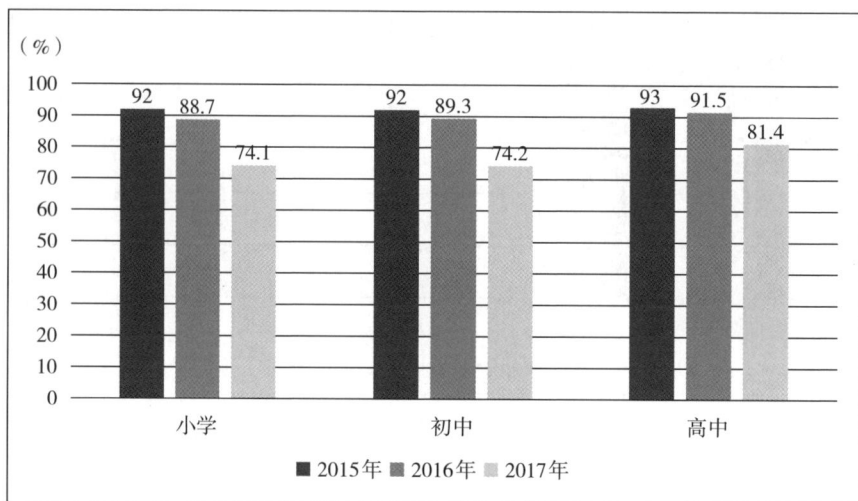

图3 2015—2017年学校体育活动开展总体满意情况问卷统计

按照国家体育与健康课程标准规定，小学一、二年级每周4课时，小学三至六年级和初中每周3课时，高中每周2课时。问卷调查结果显示，74.8%的小学四年级学生体育课时达到3课时及以上；81.6%的初中二年级学生体育课时达到3课时及以上；86.8%的高中二年级学生体育课时达到2课时及以上。（见图4）

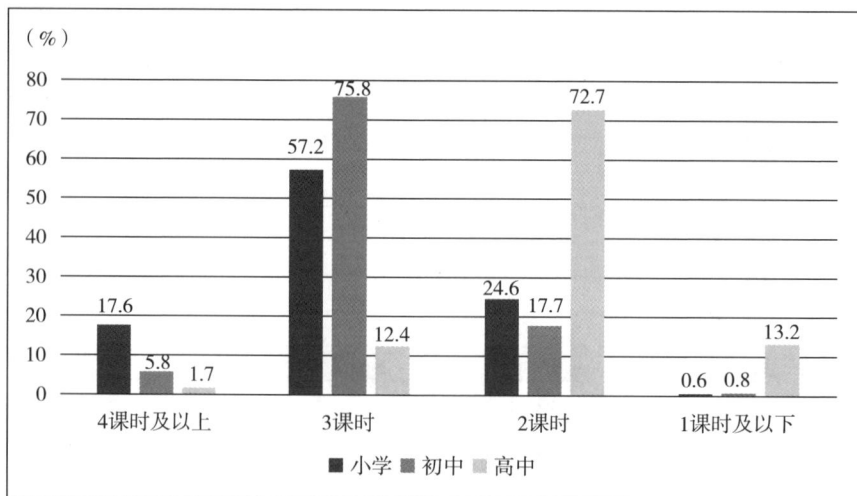

图4 学生反映每周开设体育课节数情况问卷统计

从学生对体育课的喜爱情况看（见图 5），95.2% 的小学四年级学生喜欢体育课，92.7% 的初中二年级学生喜欢体育课，88.9% 的高中二年级学生喜欢体育课。从与 2015 年、2016 年相比看，2017 年非常喜欢、比较喜欢体育课学生的比例，各学段均有提升。

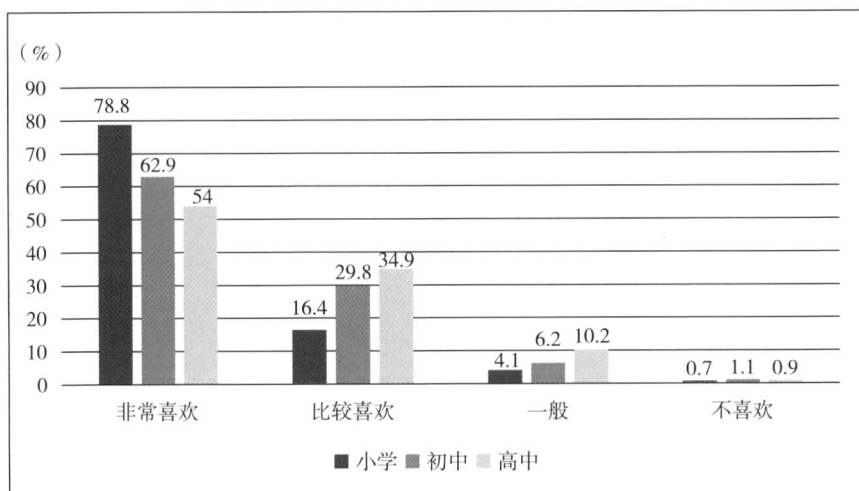

图 5　学生对体育课的喜爱情况问卷统计

学生喜欢上体育课的主要原因调查结果显示（见图 6），小学生喜欢体育课的原因主要是喜欢运动，占比 56.4%，其次是老师上课精彩，占比 31%，喜欢

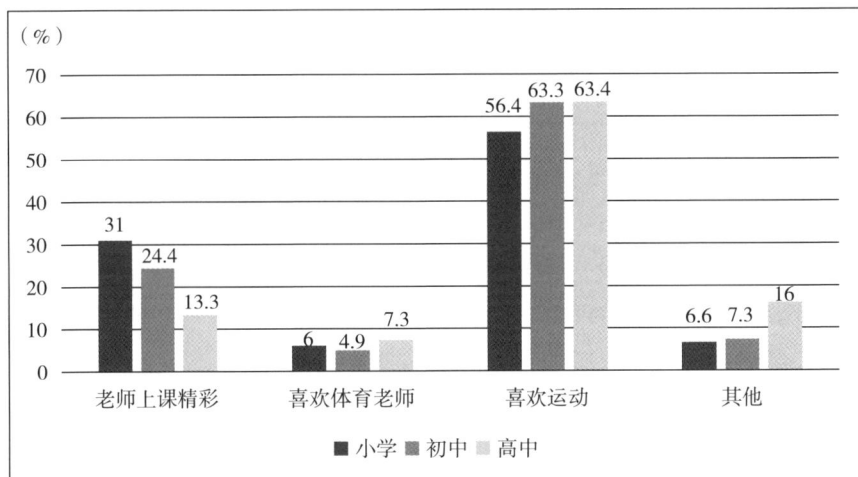

图 6　学生喜欢上体育课的主要原因问卷统计

体育老师占比 6%；初中生喜欢体育课的原因主要是喜欢运功，占比 63.3%，其次是老师上课精彩，占比 24.4%，喜欢体育老师占比 4.9%；高中生喜欢体育课的原因主要是喜欢运功，占比 63.4%，老师上课精彩占比 13.3%，喜欢体育老师占比 7.3%。

按照国务院文件规定，全面实行大课间体育活动制度，学校每天上午统一安排 25～30 分钟的大课间体育活动。问卷调查结果显示（见图 7），75.7% 的小学生大课间体育活动达到 25 分钟；75.6% 的初中生大课间体育活动达到 25 分钟；78.3% 的高中生大课间体育活动达到 25 分钟。

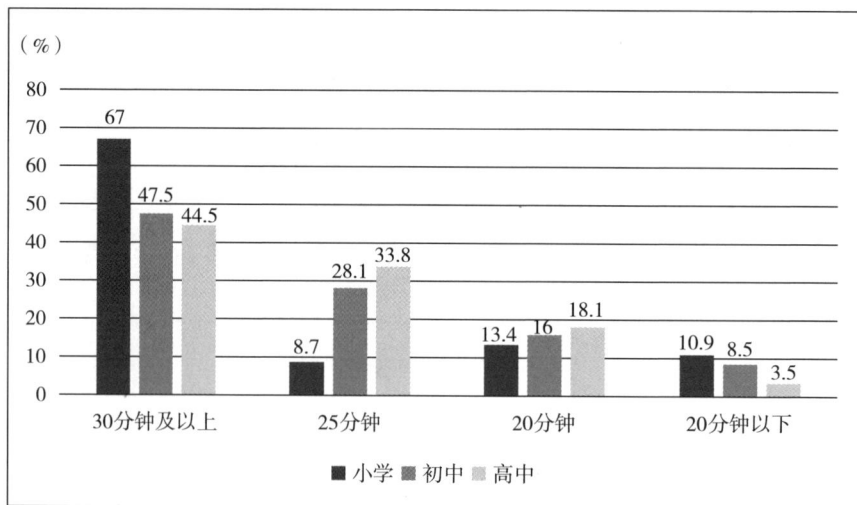

图 7　学生大课间体育活动问卷统计

从城乡大课间体育活动开展对比情况看（见图 8），小学阶段，农村好于城市；初中、高中阶段，城市好于农村。

全省各地贯彻落实 2017 年印发的《省体育局和省教育厅签署体教结合备忘录》，加快推进学校体育组织领导体系、招生培养体系、训练竞赛体系、投入保障体系、考核评估体系建设，提升青少年学生身体素质水平，培养更多高水平体育后备人才，推进体教结合向体教融合发展。马鞍山市教育局会同体育局举办田径、游泳、乒乓球、羽毛球、篮球等十余项学生体育赛事。

（三）条件保障情况

2017 年，全省提前 3 年全域通过了义务教育发展基本均衡县督导验收。近年来，全省各地以义务教育发展基本均衡县验收为契机，极大改善了学校体育场地、器材、设施条件等办学条件，均衡配置体育师资力量，优化了体育工作条件。

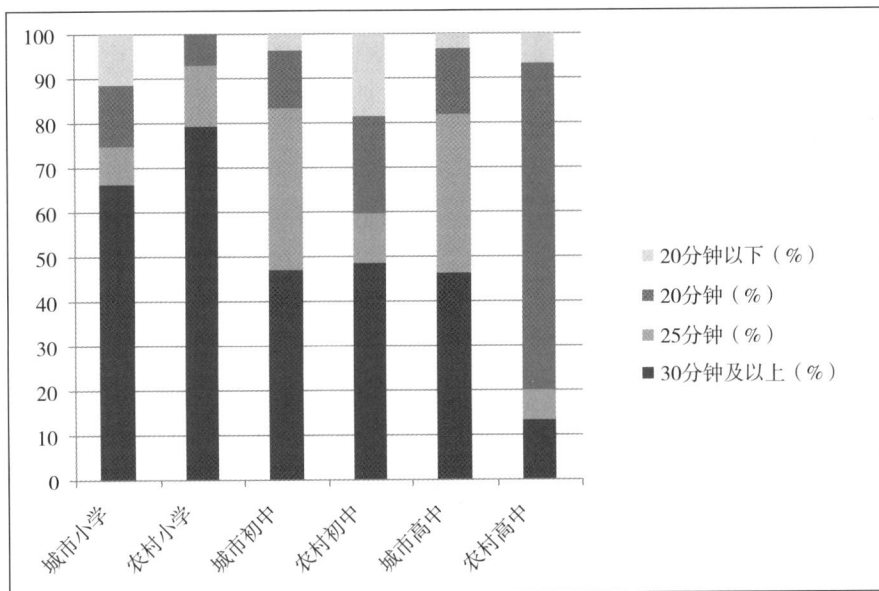

图8　城乡大课间体育活动情况问卷统计

问卷调查结果显示（见图9），89.8%的小学生认为学校体育场地、器材、设施等满足了体育活动的需要；82.8%的初中生认为学校体育场地、器材、设施等满足了体育活动的需要；66.7%的高中生认为学校体育场地、器材、设施等满足了体育活动的需要。

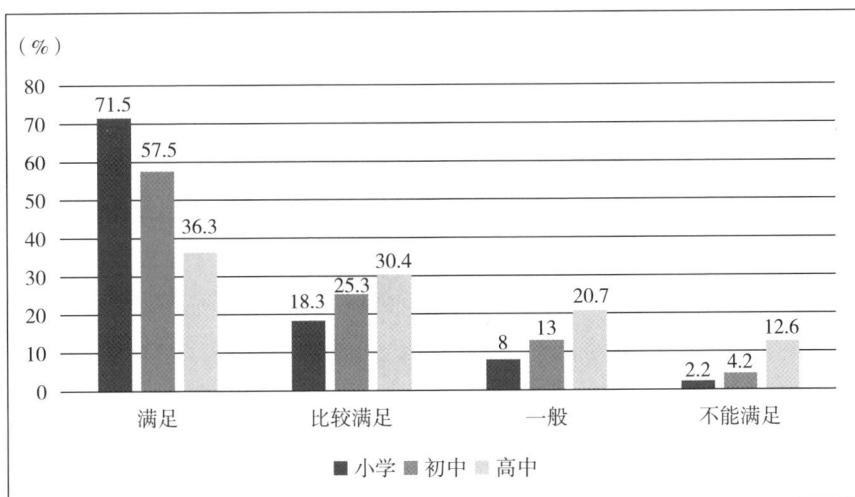

图9　学校体育场地、器材、设施等满足情况问卷统计

全省各中小学校以体质健康测试、大课间体育活动、课外体育活动等工作为抓手，加强体育教师培训、继续教育，开展体育教学优质课评比、教师基本功大赛等活动，不断提高体育教师业务水平。全省体育教师与其他教师在评优、评先和职称评聘上统一标准，切实做到公平、公正。各市教育行政部门将体育场地设施建设纳入学校总体建设规划，大力投入，统筹安排，分步实施，并将学校体育工作条件的改善与学校布局调整、薄弱学校建设结合起来，充实完善学校体育场地、设施器材、器械，保证开展教育教学活动的基本需要来编制经费预算。合肥市充分发挥"互联网+场馆开放"技术创新，建立体育场馆开放的信息化综合平台，使信息采集、信息共享、动态监控、用户评价等多种功能一体化，实时显示体育场馆开放工作情况。部分开发区还利用废弃的工业厂房，开发体育文化综合体，满足广大市民健身需求。亳州市坚持公用经费不少于10%投入体育经费，用于场地设施的维修改善、器材教具挂图的日常购置、课内外体育活动的正常开展。滁州市城区中小学校塑胶运动场地覆盖率已达到100%，县城以上学校塑胶场地占有率已达9成以上。六安市2017年学校体育专项投入资金近1.09亿元，大力购置体育设备和器材，中小学体育器材达标率为82.93%。

（四）学校体育工作等级分布情况

从2017年各中小学校统计数据看，全省中小学校优秀等级学校占38.27%、良好等级学校占39.91%、合格等级学校占20.91%、不合格等级学校占0.91%、加分学校占13.31%。从近3年相关数据比较看，合格等级以上学校比例逐年增加，不合格等级学校比例逐年递减（见图10、图11）。这充分说明，全省各地各

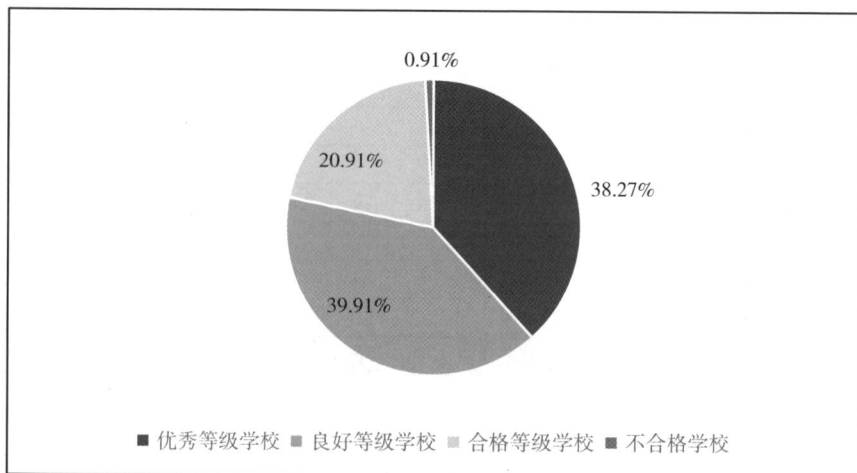

图10　2017年安徽省中小学体育工作评估审核结果

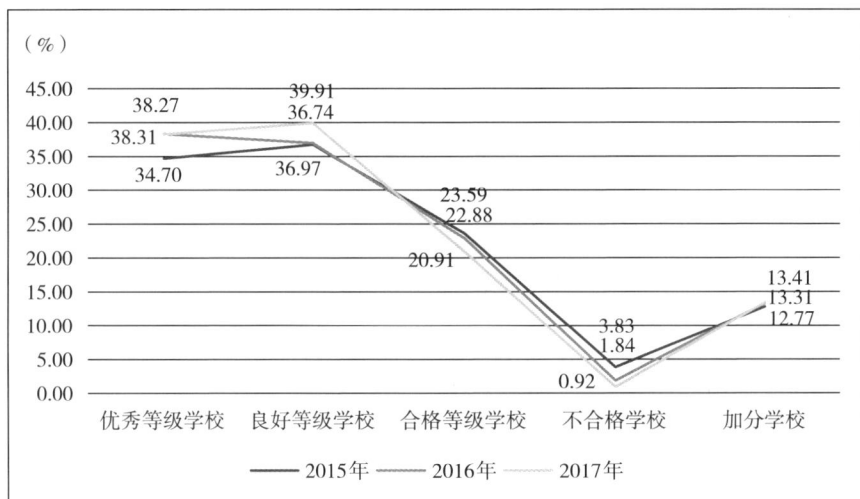

图 11 全省中小学体育工作评估审核结果 2015—2017 年各类别学校所占比例

校 3 年来落实国家和省学校体育工作政策措施有力，中小学校体育工作开展成效显著，推动了各级各类中小学校体育工作水平和质量不断提高。

三、2017 年全省中小学生体质健康状况总体分析

2017 年，全省各级各类中小学校按照省教育厅的统一部署，在市、县（市）区教育行政部门的统一安排下，采用自测自报的方式，于 2017 年 9 月 1 日至 2017 年 12 月 31 日自行组织测试，并通过教育部提供的软件将测试结果上报至"国家学生体质健康标准数据管理与分析系统"。经统计，安徽省 2017 年度受测中小学生共 7272845 人，其中男生 3944315 人，女生 3328530 人；学生总数较 2015 年（7031693 人）、2016 年（7115002 人）分别增加 241152 人、157843 人。

从学生体质健康测试总成绩看（见图 12、图 16），2017 年及格及以上比例为 94.11%，分别高于 2015 年（91.38%）、2016 年（92.71%）2.73 个和 1.40 个百分点，其中优秀率为 4.67%、良好率为 28.02%、及格率为 61.42%。

从各学段测试总成绩看（见图 13、图 14、图 15），小学生、初中生、高中生优良比例分别为 33.49%、35.06%、27.45%，与 2015 年（27.94%、31.68%、26.12%）、2016 年（29.47%、31.41%、25.27%）数据相比，小学生优良率分别高 5.55 个和 4.02 个百分点，初中生优良率分别高 3.38 个和 3.65 个百分点，高中生优良率分别高 1.33 个和 2.18 个百分点。

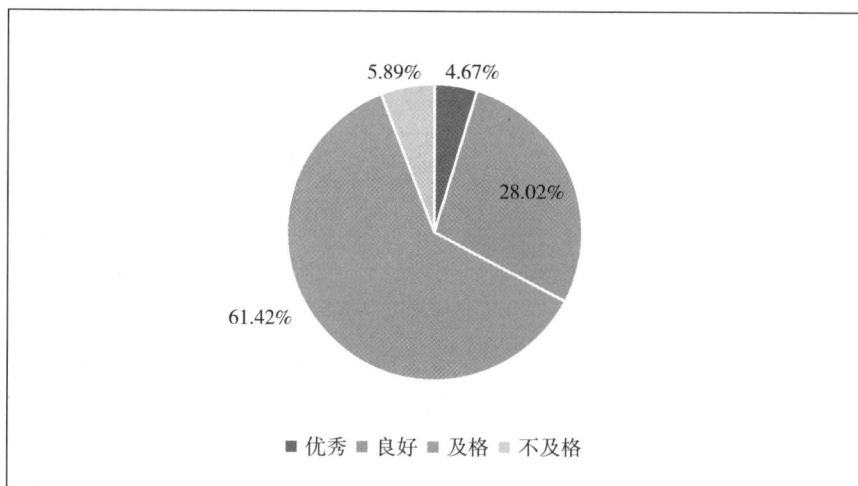

图 12　安徽省 2017 年中小学生体质健康测试总成绩等级百分比

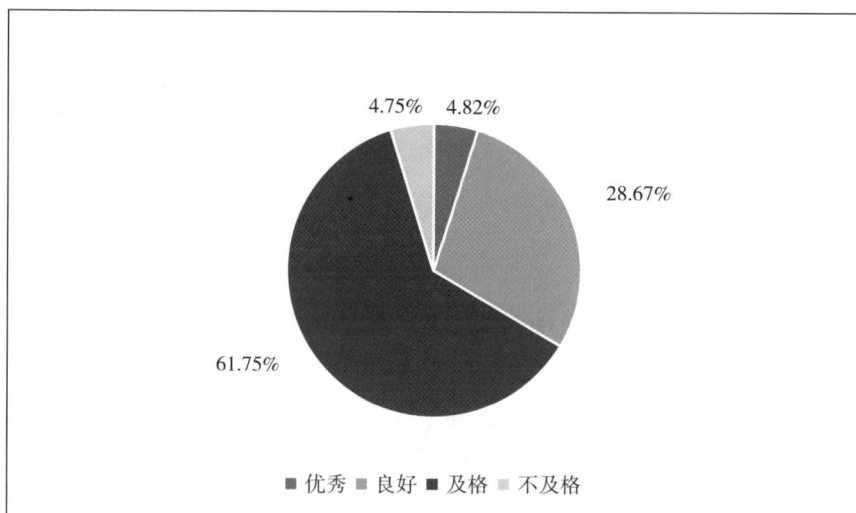

图 13　安徽省 2017 年小学生体质健康测试成绩评定等级百分比

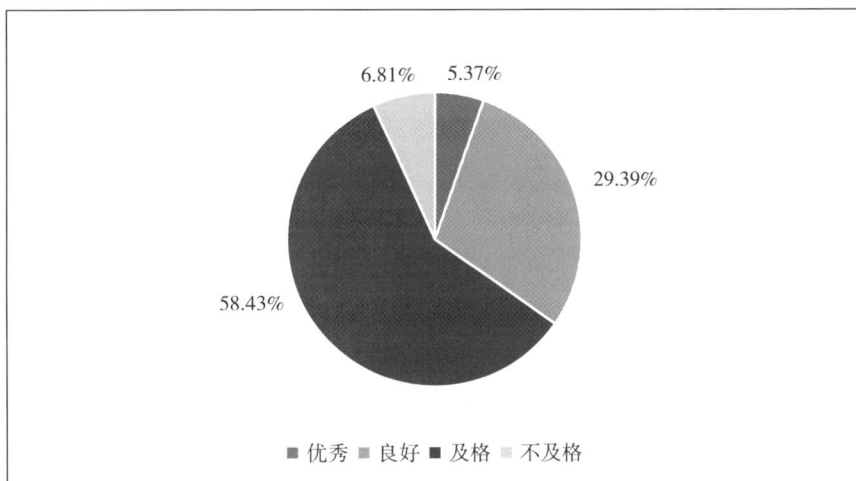

图 14 安徽省 2017 年初中生体质健康测试成绩评定等级百分比

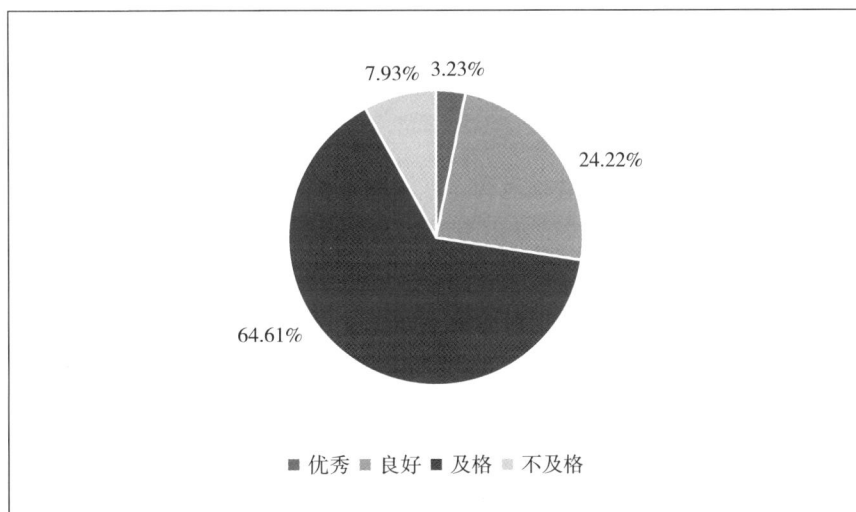

图 15 安徽省 2017 年高中生体质健康测试成绩评定等级百分比

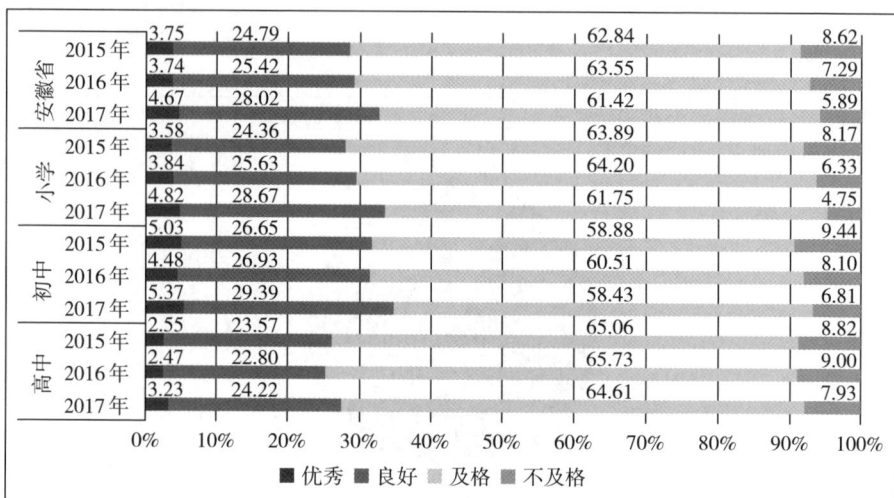

图 16　安徽省 2015—2017 年中小学生体质健康测试总成绩等级百分比对比

从全省各市学生体质健康测试平均成绩看（见图 17），全省平均成绩为 75.8 分，比 2015 年、2016 年分别高 1.42 分、0.83 分，其中亳州、宿州、阜阳、滁

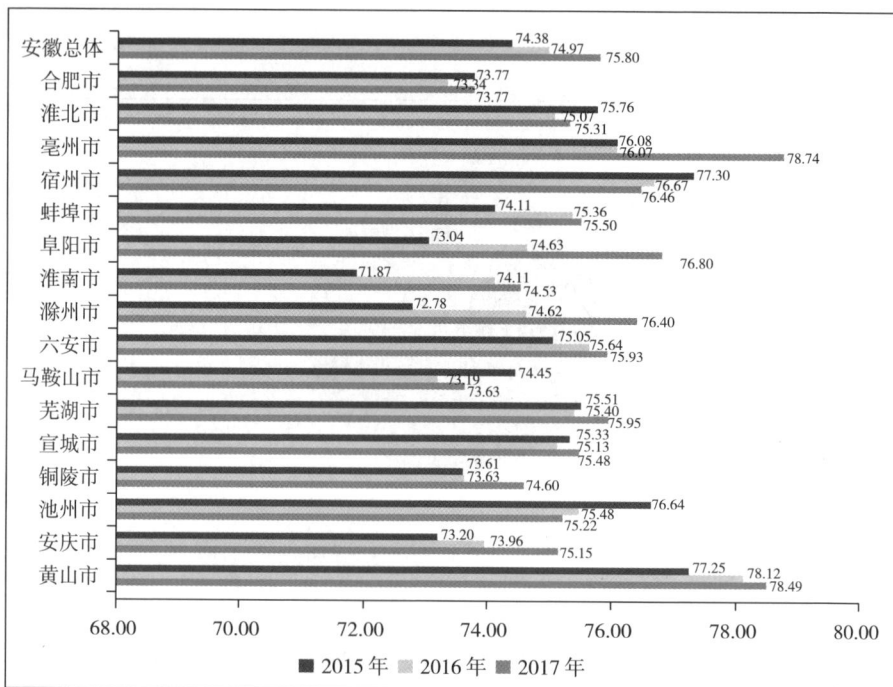

图 17　安徽省 16 市 2015—2017 年中小学生体质健康测试平均分对比

州、六安、芜湖、黄山等 7 市中小学生平均成绩高于安徽省中小学生的平均成绩，最高分为黄山市，分值为 78.49。从近 3 年测试平均成绩看，全省总体上平均成绩连续 3 年上升，其中蚌埠、阜阳、淮南、滁州、六安、铜陵、安庆、黄山等 8 市也是连续 3 年平均成绩上升，而宿州、池州等 2 市连续 3 年平均成绩下降。

从全省各市学生体质健康测试总成绩等级对比看（见图 18），合肥、宿州、淮南、池州、六安等 5 市中小学生总成绩的优秀率高于全省平均值（4.67%），分别为 8.49%、6.40%、5.88%、5.72%、4.96%。

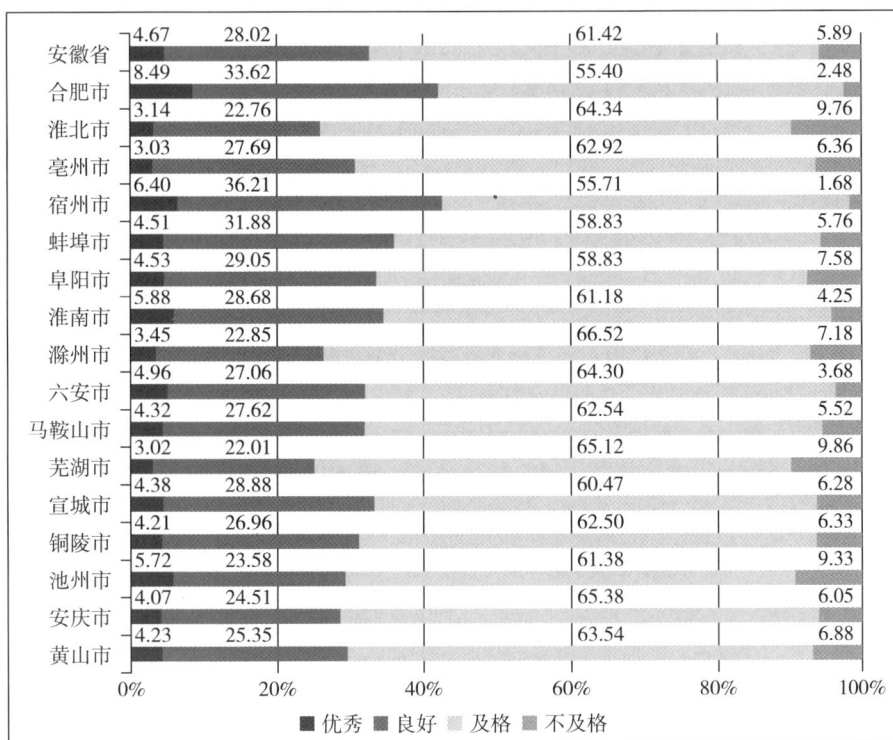

图 18　安徽省 16 市 2017 年中小学生体质健康测试总成绩等级对比

从全省测试总成绩城乡对比看（见图 19、图 20、图 21、图 22），乡村学生总体上优于城镇学生，乡村学生优秀率、良好率分别高于城镇学生 1.63 个百分比、5.01 个百分比，不及格率城镇学生高于乡村学生 2.42 个百分比。从近 3 年的数据分析比较看，城乡学生体质差距呈拉大趋势。从城乡中小学生 10 个测试项目及格及以上等级所占百分比情况看（见图 23），除 50 米跑外，其他 9 个项目城乡学生均存在不同程度的差距，引体向上差距尤为明显，相差 22.19 个百分比。从学段比较看（见图 24），各学段乡村学生总成绩均优于城镇学生。

	城市		乡村
小学男	5.23	小学男	4.09
小学女	6.12	小学女	4.77
小学总体	3.99	小学总体	3.18
初中男	5.32	初中男	4.17
初中女	6.00	初中女	4.67
初中总体	6.54	初中总体	5.04
高中男	5.62	高中男	4.24
高中女	5.98	高中女	4.47
高中总体	5.81	高中总体	4.37
安徽男	5.53	安徽男	4.19
安徽女	5.99	安徽女	4.59
安徽总体	5.90	安徽总体	4.27

■城市 ■乡村　　　　　　（单位：%）

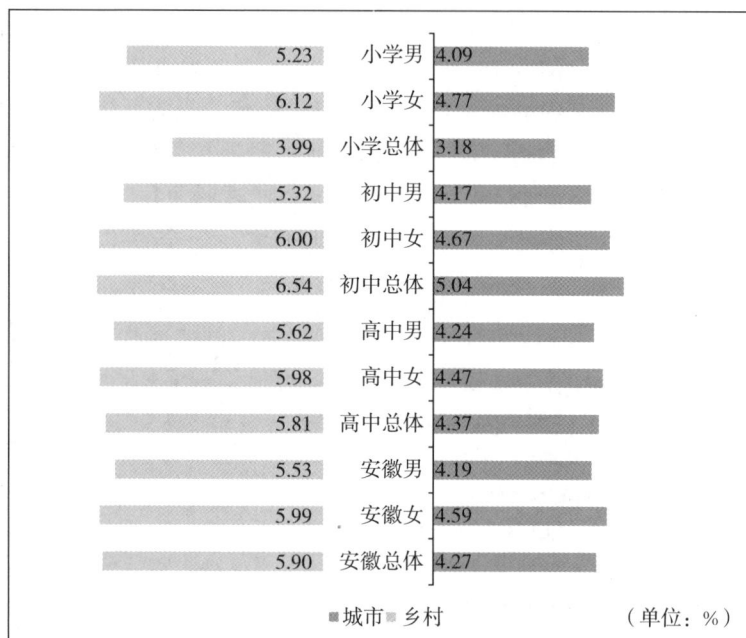

图 19　安徽省 2017 年中小学生体质健康测试总成绩优秀等级百分比城乡对比

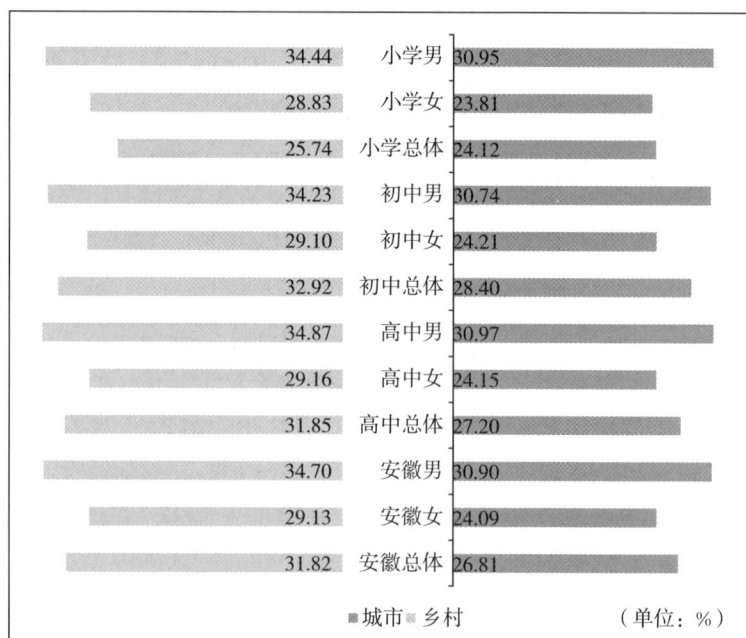

	城市		乡村
小学男	34.44	小学男	30.95
小学女	28.83	小学女	23.81
小学总体	25.74	小学总体	24.12
初中男	34.23	初中男	30.74
初中女	29.10	初中女	24.21
初中总体	32.92	初中总体	28.40
高中男	34.87	高中男	30.97
高中女	29.16	高中女	24.15
高中总体	31.85	高中总体	27.20
安徽男	34.70	安徽男	30.90
安徽女	29.13	安徽女	24.09
安徽总体	31.82	安徽总体	26.81

■城市 ■乡村　　　　　　（单位：%）

图 20　安徽省 2017 年中小学生体质健康测试良好等级百分比城乡对比

城市		乡村	
56.97	小学男	60.54	
60.47	小学女	63.84	
63.20	小学总体	64.70	
57.15	初中男	60.76	
60.64	初中女	64.25	
55.66	初中总体	59.21	
56.37	高中男	60.60	
60.88	高中女	65.20	
58.75	高中总体	63.14	
56.58	安徽男	60.63	
60.80	安徽女	64.64	
58.23	安徽总体	62.44	

■城市 ■乡村　　　　　　（单位：%）

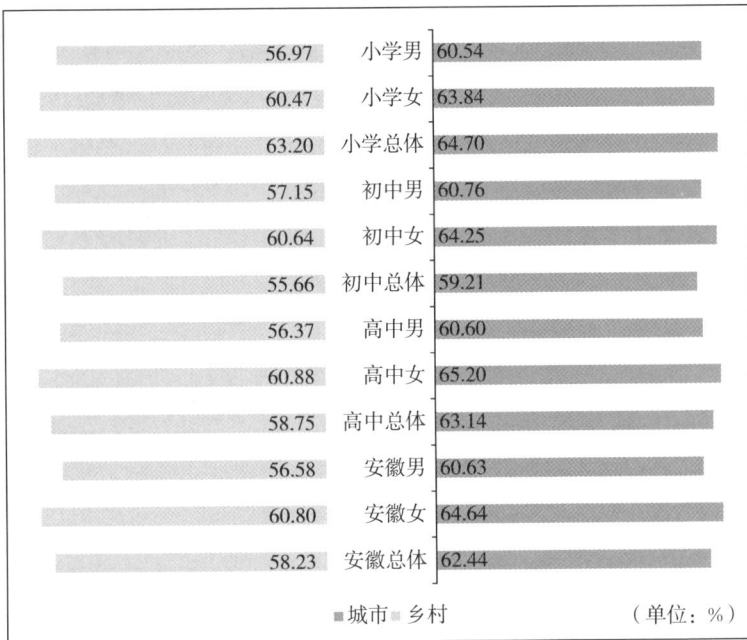

图 21　安徽省 2017 年中小学生体质健康测试及格等级百分比城乡对比

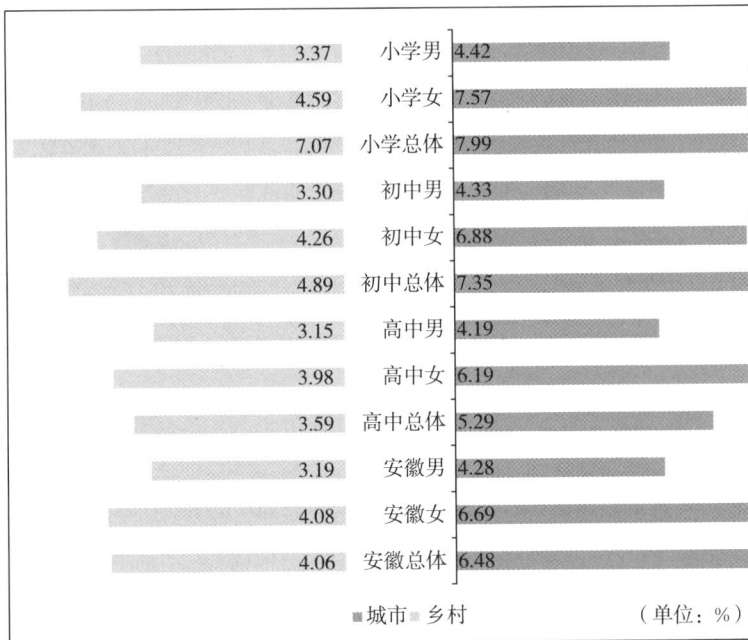

城市		乡村	
3.37	小学男	4.42	
4.59	小学女	7.57	
7.07	小学总体	7.99	
3.30	初中男	4.33	
4.26	初中女	6.88	
4.89	初中总体	7.35	
3.15	高中男	4.19	
3.98	高中女	6.19	
3.59	高中总体	5.29	
3.19	安徽男	4.28	
4.08	安徽女	6.69	
4.06	安徽总体	6.48	

■城市 ■乡村　　　　　　（单位：%）

图 22　安徽省 2017 年中小学生体质健康测试不及格等级百分比城乡对比

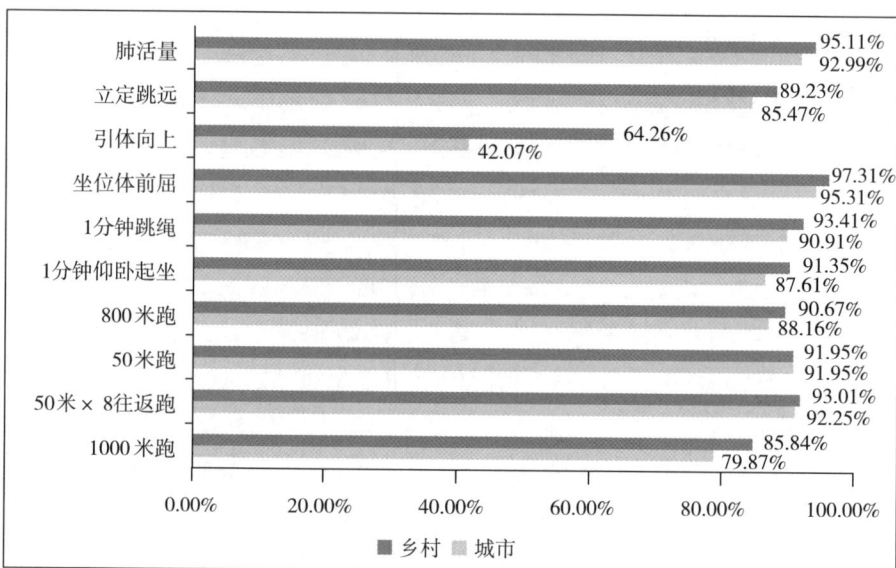

图 23　安徽省 2017 年中小学生体质健康测试项目及格及以上等级百分比城乡对比

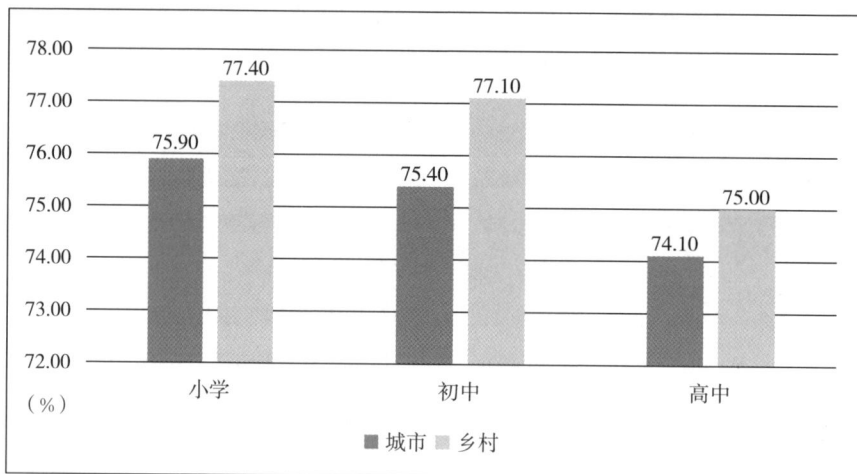

图 24　安徽省 2017 年中小学生体质健康测试总成绩城乡对比

从全省中小学生性别看（见图 25、图 26），2017 年男、女生测试总成绩较
2015 年、2016 年均有所提高，女生优于男生。在男生的 9 个测试项目中，肺活
量、1 分钟跳绳、1 分钟仰卧起坐、50 米跑、50 米×8 往返跑、1000 米跑等 6 个
项目测试成绩连续 3 年均有提升，坐位体前屈的测试结果虽然 3 年变化不大，但
及格及以上比例仍然高达 96% 以上；引体向上的测试结果，2017 年较 2015、

2016 年均有小幅进步，但总体水平偏低。在女生的 8 个测试项目中，2017 年的成绩均为 3 年中最优，其中肺活量、1 分钟跳绳、1 分钟仰卧起坐、50 米跑、50 米×8 往返跑、800 米跑等 6 个项目测试成绩 3 年连续提高。

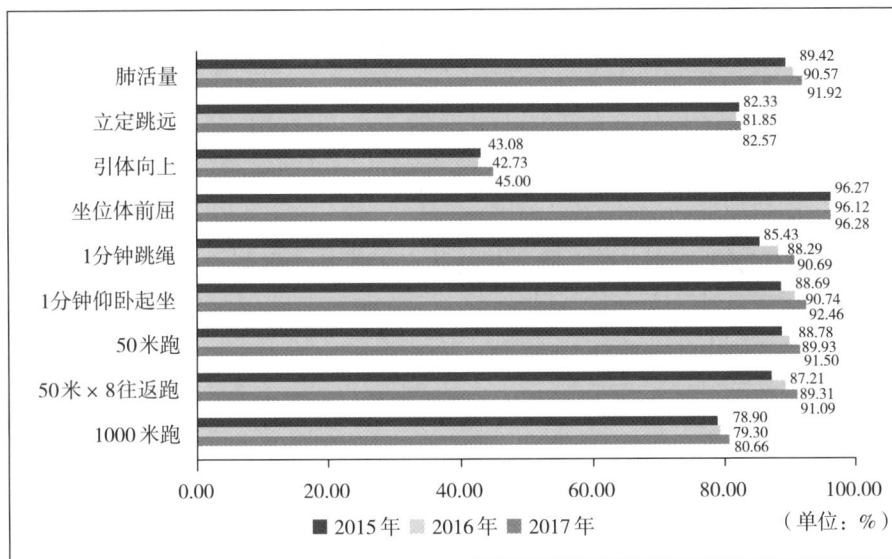

图 25　安徽省 2015—2017 年中小学男生体质健康测试及格及以上等级百分比对比

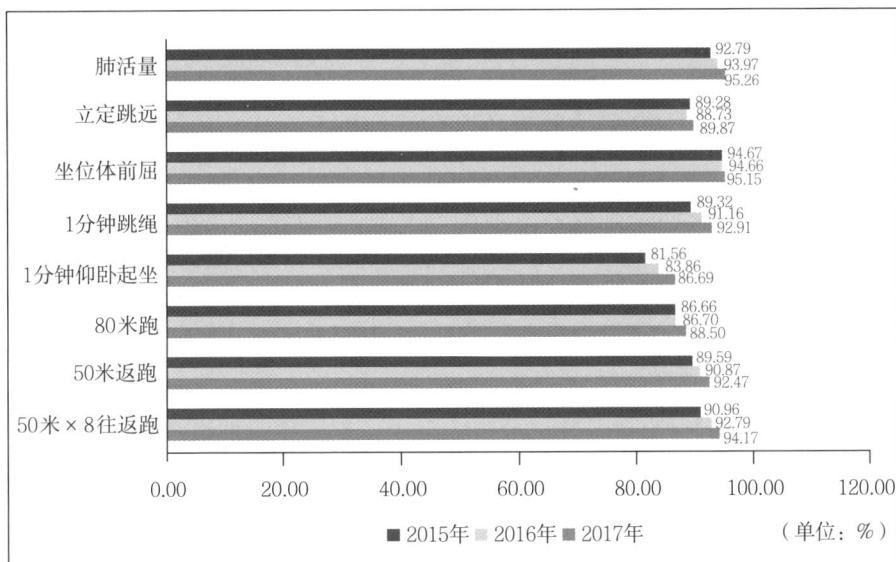

图 26　安徽省 2015—2017 年中小学女生体质健康测试及格及以上等级百分比对比

四、体育工作特色

2017 年，中共中央办公厅、国务院办公厅印发《关于深化教育体制机制改革的意见》，明确提出要建立促进学生身心健康、全面发展的长效机制，切实加强和改进体育。2017 年 9 月，全国学校体育工作座谈会召开，会议要求准确把握学校体育工作的新定位、新方向、新要求，切实提高强化学校体育工作的责任感、使命感，推动学校体育工作再上新台阶。2017 年 10 月，党的十九大召开，十九大报告把全社会对体育和学校体育工作的认识提升到新高度，赋予了学校体育工作新的历史使命。

（一）强化顶层设计，建立健全学校体育工作长效机制

面对新时代的体育工作，《安徽省"十三五"教育事业发展规划》明确将"学生体魄强健工程"作为"十三五"期间全省 17 个重大教育专项之一予以实施，从制度上保障了学生体质健康工作的持续推进。省教育厅制定《安徽省学生体质健康监测工作实施方案》，提出了监测工作的指导思想、基本原则、工作任务、监测方法、结果应用等 5 个方面内容。

强化体育工作督导，将学校体育工作纳入县（市、区）党政领导干部履行教育职责的年度督导考核内容、省政府对各市政府目标管理绩效考核内容，2017 年在全国率先用学生体质健康优秀率不低于 4% 作为 2 项考核的重要内容，这种倒逼机制极大地调动了各地、各校抓学生体质健康的积极性、主动性和紧迫性，促进了各地各校进一步建立和完善学校体育的各项规章制度，推动学校体育改革发展，促进学生身心健康、体魄强健。据第三方抽查，安徽省学生体质健康优秀率已经从 2016 年的 3.36%，大幅提高到 2017 年的 5.19%，摆脱了长期低水平徘徊的局面。

逐年增加初中毕业体育考试分值，从 2013 年的 30 分提高到 2018 年的 60 分。这个分值超过全国大多数省市初中升学体育考试的分值。不少县（市、区）用政府购买服务的形式，委托第三方采用电子仪器设备对考生进行测试，确保了考试工作的公平、公正、公开。一些地方积极探索将体育考试成绩与体育课教学相结合、与学生日常锻炼过程相结合的办法。铜陵市在初中升学体育考试中，通过网络对考试现场进行直播，并试行初二年级、初三年级两次考试的改革。《人民日报》曾以"体育教育得让孩子受益"为题进行报道，对铜陵市初中升学体育考试的改革创新予以充分肯定。初中升学体育考试已经成为安徽省加强学校体育工作、促进学生体育锻炼的重要抓手。

全面实施学校体育提升、体育场馆共建共享、青少年体育品牌赛事培育、青

少年体育人才培养和体育教师队伍建设"五大工程"。

（二）创新体育活动载体，彰显体育工作特色

全省各地积极创新体育活动，增强体育活动趣味性、吸引力。合肥市向进校锻炼居民发放芯片卡或采集居民指纹信息，提高学校体育场馆开放工作管理水平。蚌埠市实施"校园体育 333 工程"（即每周至少 3 节体育课、每天上午 30 分钟体育大课间活动、每天下午 30 分钟课外体育活动），制订《蚌埠市校园体育 333 工程实施方案》，建立健全工程标准体系、监管体系和保障体系，推进制度化管理和常态化运行。亳州市在全市中小学推广五禽戏，推进"五禽戏进校园"，举办校园五禽戏交流比赛。滁州市与国际手球联合会等单位签订战略合作协议，打造"东方手球之都"。淮北市有机结合体育课、大课间和课外活动，创设丰富活动载体，把跳绳活动列入学校、教师绩效考核目标进行评比，建立花样跳绳运动长效机制，确保中小学生每天在校园体育锻炼 1 小时，打造学校阳光体育运动新亮点。

（三）强化体育师资力量培训，提高体育教学效果

全省体育专兼职教师能基本保证中小学体育课的正常开设，基本达到了国家的规定要求，但各地、各学校体育教师数量分配不够均衡，城区学校体育教师相对充足，乡村学校体育教师仍缺乏。亳州市加大体育教师招聘力度，2017 年体育教师人数比 2016 年增加 771 人，缺额比率比 2016 年减少 13.5%。蚌埠市实施"中小学体育教师 511 计划"，即 3 年内全市中小学新招聘 500 名左右体育老师，动员和鼓励 100 名左右体育专业或具有体育特长的教师改任和兼任体育教学，通过购买服务等方式吸纳 100 名左右优秀教练员、退役运动员和有体育特长的志愿人员兼任学校体育教师。黄山市加大师资培训力度，积极参加教育部、省市举办的中小学体育与健康教学大纲培训、体育与健康新课程标准培训等相关培训，主动接受新的体育教学思想和理论，把教师引导到比业务、比技能的正确导向上来。宣城市加大教师补充力度，不断加大转岗培训、专题培训力度，推进城区体育教师支援农村体育教学工作，有效改善农村教师结构，促进城乡间的体育教学交流，缓解体育教师缺乏现象。阜阳市树立体育教师先进典型，被称为"足球妈妈"的颍泉区三义九年一贯制学校体育教师王侠被评为"2017 年安徽最美乡村教师"，她扎根偏远农村学校开展校园足球的先进事迹，被人民网、《中国教育报》等多家媒体报道。

（四）大力发展校园足球，试点推进校园篮球

"振兴足球事业要从娃娃抓起"，各地各校积极响应国家号召，从基础做起，从校园做起，全省先后创建了 903 所全国校园足球特色学校、3 个全国校园足球

试点县区。积极开展校园足球国际交流与合作，引进 5 名外籍足球教练到合肥市、蚌埠市、铜陵市、芜湖市的中小学校开展足球教学与训练工作等。合肥市很多学生在全国校园足球夏令营活动中入选最佳阵容，代表中国中学生赴德国、英国等参加交流比赛。校园足球已成为完善学校教育、促进人才全面发展、培育校园文化的重要手段，使参与足球运动成为体验、适应社会规则和道德规范的有效途径。

重视足球四级联赛。安徽省教育厅制定下发了《安徽省青少年校园足球四级联赛工作方案》，逐步建成规范有序的小学、初中、高中、大学四级校园足球联赛机制。据统计，2017 年，全省参加校园足球比赛的学生由 2015 年的 32 万多人次，增加到 2017 年的 50 多万人次，足球联赛活动受到学生们的热烈欢迎。滁州市积极探索足球教学改革，成功申报 35 所全国足球特色示范学校，命名 50 所市级校园足球特色学校。亳州市 2017 年校园足球联赛共有 23 支队伍参加，是该市历年来水平最高、人数最多的一次，其中首次有 11 支女队参赛。马鞍山市从 2015 年开始每年在教育附加中安排专项资金 100 万～150 万元对国家及市校园足球特色学校进行奖补。

试点推进校园篮球。合肥市 2016 年承接教育部校园篮球试点推进任务，目前该市现有全国校园篮球特色学校 60 所、合肥市校园篮球特色学校 25 所，蜀山区被认定为合肥市校园篮球改革试点区。

扎实推进体育四级联赛体系。安徽省计划从 2018 年起用 2 年时间建立全省田径、排球、篮球、手球、乒乓球、羽毛球、体操、武术、游泳等项目的省、市、县、校中小学体育四级联赛体系，给中小学生更多参与体育比赛的机会，不断提高他们的竞技水平，激发师生参赛的热情，受到广大师生的热烈欢迎。

五、存在的主要问题

安徽省学校体育工作发展态势良好，亮点纷呈，成效显著，但教育主管部门重视程度有待提高、学校体育内在质量有待提升、师资队伍力量有待加强、落实力度有待加大。

（一）各级教育主管部门重视程度需进一步提高

目前，安徽省学校体育工作仍然是教育事业相对薄弱的环节，学生体质健康水平仍是学生素质的短板。在实地督查中，各市、县（市、区）教育主管部门对学生体质健康测试结果复核不够全面，少数学校数据不真实。少数教育主管部门分管领导、学校负责人对 2014 年教育部、省教育厅出台的有关学校体育工作 3 个文件不了解、不熟悉，在实际工作中也没有完全落实到位。从调查问卷情况看

（见图27），体育教师工作热情受到影响的最主要因素有一项为"学校不重视"，小学占7.2%，初中占3.9%，高中占10.7%，说明学校因素不可忽视。

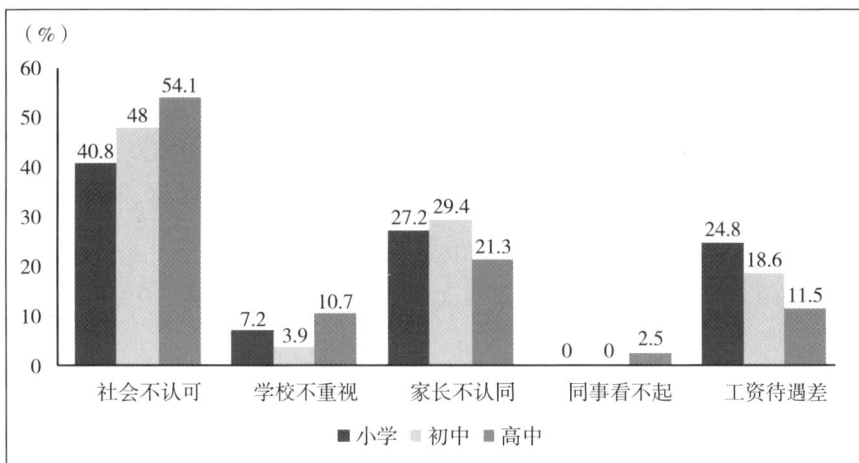

图27 体育教师工作热情受到影响的最主要因素统计

（二）学校体育工作落实力度需进一步加大

少数学校没有完全把学生正常体育活动纳入学校整体工作计划，或者虽有工作计划，但落实不到位。问卷调查结果显示（见图28），在小学阶段，经常"挤占"或"不上"体育课占比4.6%；在初中阶段，经常"挤占"或"不

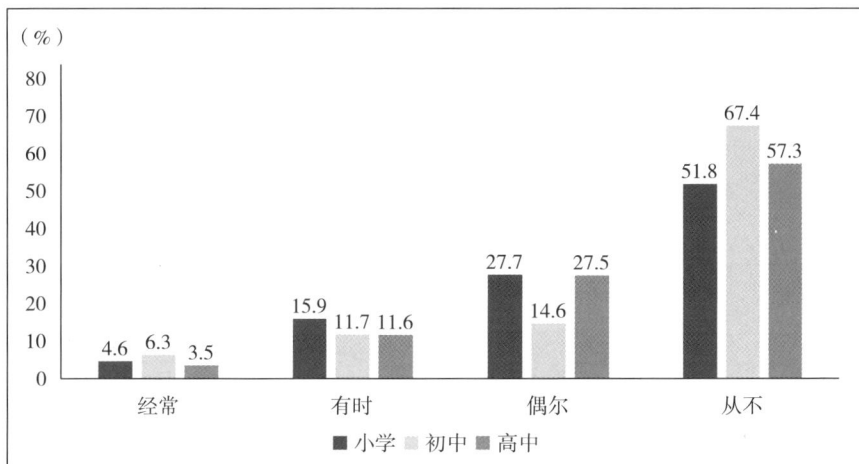

图28 体育课是否被"挤占"情况问卷统计

上"体育课占比 6.3%；在高中阶段，经常"挤占"或"不上"体育课占比 3.5%。

《国家学校体育卫生条件试行基本标准》明确规定：小学一、二年级每 5~6 个班配备 1 名体育教师，三至六年级每 6~7 个班配备 1 名体育教师。照此计算，体育专职教师专业化程度低，依然存在结构性缺编问题。部分体育教师是兼职教师，农村学校专职体育教师缺乏。

按照安徽省义务教育阶段学生课业负担监测指标体系要求，小学生平均每天完成家庭书面作业时间控制在 1 小时内，初中生平均每天完成家庭书面作业时间控制在 2 小时内。但目前学生课业负担依然较重，从学生调查问卷情况看（见图29），73.1% 的小学生每天完成家庭书面作业时间在 1 小时内；79.9% 的初中生每天完成家庭书面作业时间在 2 小时内；60.8% 的高中生每天完成家庭书面作业时间在 2 小时内。从体育教师调查问卷看（图30），43.7% 的小学体育老师、44.2% 的初中体育老师、78.9% 的高中体育老师认为部分学生不积极参加体育活动的第一原因是文化课任务重。

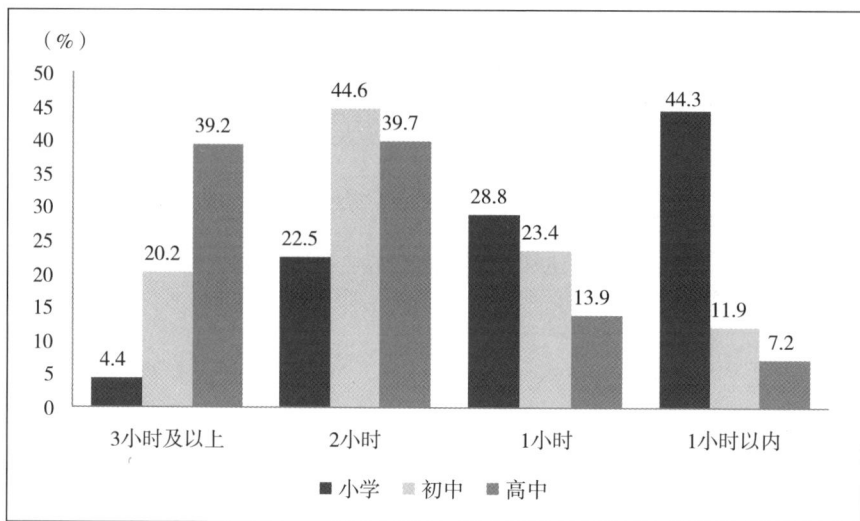

图 29　学生每天完成家庭书面作业统计

按照国家要求，确保青少年休息睡眠时间，保证小学生每天睡眠 10 小时，初中学生 9 小时，高中学生 8 小时，目前学生睡眠不足问题依然存在，问卷调查结果显示（见图31），43.6% 的小学四年级学生睡眠时间达到 10 小时，42.1% 的初中二年级学生睡眠时间达到 9 小时，33.4% 的高中二年级学生睡眠时间达到 8 小时。

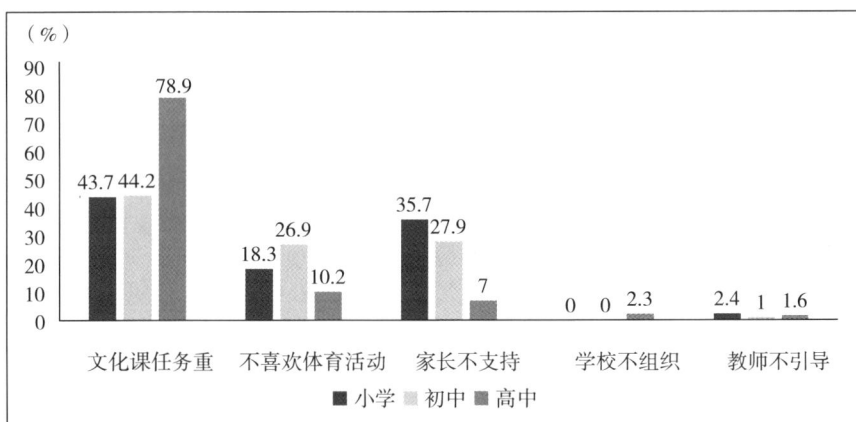

图30　体育教师认为部分学生不积极参加体育活动的第一原因统计

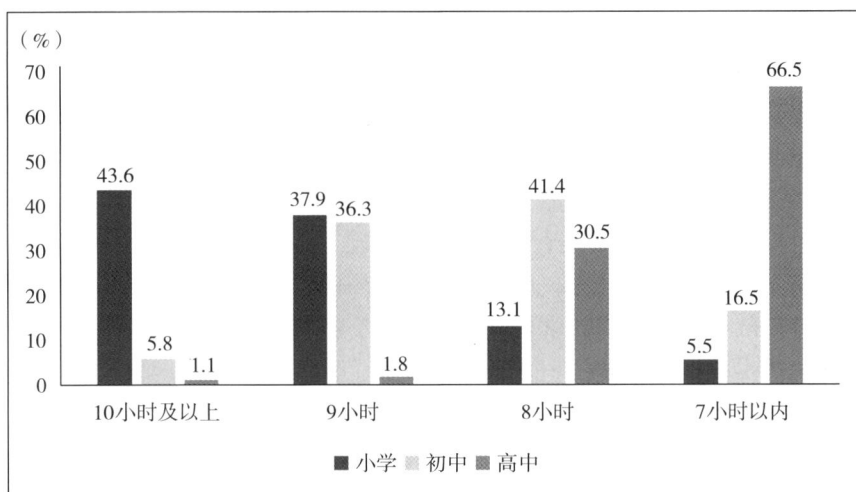

图31　学生每天睡眠时间问卷统计

（三）体育场地设施建设需进一步发力

虽然各地不断加大对学校体育设施及场地建设的资金投入，但与全省城镇化加快推进相比，部分学校体育场地设施建设仍存在一定差距。部分学校无标准体育运动场，并且活动场地面积偏小，学校体育教学与活动的开展受到一定限制，对学生体质健康水平的提高产生一定影响。少数城市老城区学校和村小，由于历史原因及学校周边环境限制，部分学校校园场地受到制约。少数学校运动器材仍然不足，由于投入资金有限、新增器材有限、个别器材破损、政府采购的设备还未能及时到位，部分学校体育器材对照新标准还略有差距。个别学校体育器材、设备使用率不高，体育器材比较分散，无专人负责，无器材借用相关记录。

六、有关工作建议

（一）推进学校体育内涵质量发展

目前学校人才培养工作已经进入提高质量的升级期、变轨超车的机遇期、改革创新的攻坚期。面对新时代新形势新要求，安徽省学校体育仍然存在外延虚化、内容陈旧、模式滞后的突出问题，应该引起高度重视。学校体育需要回归本分、回归初心、回归梦想，学校的体育理念思路要跟上时代的步伐，回归培养人的根本任务，创新模式和方法，及时更新体育内容，及时应答时代变革，让体育教学标准立起来、学校体育制度建起来、改革创新动起来、体育特色亮起来，挤出水分、严把出口，真正把内涵建设、质量提升贯穿在学校体育发展的过程之中。

（二）推动师资队伍能力全面提升

全面提升中小学校体育师资队伍水平，引导教师热爱教学、潜心教学、研究教学，注重"德高、学高、艺高"三高的提升。实施中小学校体育教学名师打造工程，以提升职业素质和技能为核心，培养有影响力的知名人才队伍。实施中小学校体育师资队伍促进工程，发挥师范类高校人才聚集、专家密集的专业优势，以提高学识和专业水平为核心，培养高素质的学校体育师资队伍。实施中小学校体育教研队伍提升工程，学历教育和非学历教育齐力并进，凝练专业化的研究队伍。打造出政治素质过硬、业务能力精湛、育人水平高超、方法技术娴熟的新时代中小学校体育师资队伍。

（三）强化学校体育工作深入研究

深入开展中小学校体育研究工作，构建有的放矢、有据可查、指导性强的优化方案选择路径。实施学校体育发展指导计划，以问题为导向，加强专题性、热门点、需求旺的对口研究，为地方学校体育发展提供指导性菜单。实施"互联网+学校体育"行动计划，充分研究和利用网上平台、移动客户端等新载体、新技术，拓展线上线下、跑步体验分享等多种学校体育活动开展形式。实施学校体育大数据工程，研究和建立中小学校体育数据平台，提供信息查询、数据共享、服务指导等集成服务。推动智慧校园体育建设工程，引入"互联网+"管理理念，构建中小学校"智慧校园体育"服务网络和平台，提高校园体育的管理能力和使用效率。

七、有关特色案例

淮北市淮纺路小学花样跳绳队扬威国际赛场

淮北市学校体育工作能够有机结合体育课、大课间和课外活动，创设丰富活动载体，把跳绳活动列入学校、教师绩效考核目标进行评比，建立花样跳绳运动长效机制，确保中小学生每天在校园体育锻炼 1 小时，打造学校阳光体育运动新亮点。淮北市中小学花样跳绳运动坚持多年，能够把中国武术、民族舞、国标舞、嘻哈街舞、啦啦操、健美操和音乐剧等完满融入其中，不仅成为本市学校体育工作的特色，而且走进了上海、香港、安徽省春晚和国际等更大的舞台。其中，2014 年 11 月 10 日，淮纺路小学 clever 花样跳绳代表队在比利时第十一届国际交互绳大赛 U19 组速度赛和表演赛中，荣获双冠军。

据了解，此次国际交互绳大赛有来自中国、比利时、法国、德国、匈牙利、日本等 26 个国家的参赛队参加角逐，淮纺路小学 clever 花样跳绳队是中国唯一一支参赛代表队。他们精彩的表演，精湛的跳绳技艺，以绝对的优势取得速度赛和表演赛双冠军，向世界展示了相山少儿健康积极、阳光自信的精神风貌。

淮纺路小学 clever 花样跳绳队成立于 2012 年，成员有 30 多名。该队 2014 年 11 月 10 日应邀参加"上海交互绳公开赛少年组表演赛"获得第六名，2015 年 9 月 6 日在"上海交互绳公开赛少年组表演赛"中获得第三名，2015 年 11 月 21 日在"中国香港交互绳公开赛少年组表演赛"中分别获得表演赛和速度赛第二、三名。2016 年 11 月 6 日，在第三届上海国际交互绳大奖赛中，clever 跳绳队与来自全国各地及美国、巴西、韩国、日本等国的优秀选手同场竞技，首创了交互绳跳车轮跳及人马组合跳、背上前手翻等高难度动作，夺得少年组第一名。

近年来，淮北市相山区教育局积极响应教育部号召，扎实开展"阳光体育运动"，区属各校开足开齐体育活动课，确保每个学生每天都有 1 个小时以上的锻炼时间。此外，该区教育局要求区属各校积极开发和开展各具特色的体育校本教材。目前，该区所属学校形成了人人健身、天天锻炼的良好氛围。

亳州校园足球成果突出学校体育硕果累累

亳州市共有全国校园足球特色学校 83 所，涉及各县区及城市、农村学校，初步形成了全面普及、全面发展校园足球的新局面。全市通过开展师资培训、联赛、外出学习等活动，开阔了视野，锻炼了能力，促进了交流，提高了技能，对全市校园足球的推广、普及起到了很好的示范和引领作用。其中利辛县江集学区郑小集中学江涛老师，在全国校园足球教练员选拔中，被派往法国参加校园足球培训。根据《亳州市强化学校体育促进学生身心健康发展工作实施方案》，结合实际制定《亳州市足球中长期发展规划（2016—2050 年）》，把足球改革发展作为深化发展学校体育管理体制改革的突破口，认真贯彻《关于加强青少年校园足球改革试验区、试点县工作指导意见》，制定《亳州市中小学校园足球特色学校创评办法》，将校园足球纳入年终学校体育工作考核重点项目，定期举行市级校园足球联赛。全市普及校园足球，达到"校校有足球"，打造一批校园足球特色学校，培养一批高水平校园足球指导员，训练出一批足球运动技能水平较高的学生，让校园足球成为学校体育的主体活动，让校园足球与体育教育教学有机结合，让学生在足球运动中快乐、健康、全面地成长，真正成为知识渊博、道德高尚、体魄强壮、意志顽强、善于合作的学生。

2017 年，利辛县举办了全县第九届中小学生田径运动会、第三届中小学生篮球赛、第三届幼儿趣味足球赛、第四届校园阳光足球联赛、全县教育系统校园五禽戏展示比赛等活。选拔优秀队员，积极组队参加上级部门组织的竞赛活动。新张集学区希望小学在全省姚基金足球季中获得全省第一名；巩店学区希望小学在全省姚基金篮球季中获得全省第二名，并代表安徽省参加全国比赛；利辛中学在安徽省阳光体育大会上荣获全省二等奖，在安徽省县级田径运动会中 5 人获得单项第一，男子团体获得全省第三名，团体总分获得全省第五名。目前全县全国校园足球特色学校 23 所，市级体育、艺术 2+1 示范学校 16 所。

蚌埠市构建具有蚌埠特色的学校体育发展体系

一、领导体系

从顶层设计和组织管理上加强领导：一是政府出台《蚌埠市学校体育振兴计划》，对学校体育进行顶层设计。二是政府层面召开全市学校体育大会，常务副市长参加并讲话，解决关键问题。三是建立全市青少年体育联席会议制度。四是将《蚌埠市青少年体质健康促进条例》列入立法计划。五是对县区政府开展年度学校体育专项督导。

二、思想体系

着重从思想层面解决学校体育不是"育体"而是"以体育人"的认识问题。全市形成"三个第一的共识"——一是健康第一：健康是学生的第一需求。二是体育第一：体育是学校的第一学科，"无体育不教育"。三是足球第一：足球是蚌埠市的第一体育项目。

三、目标体系

体能：每个学生达标创优，合格率为 95% 以上。技能：每个学生掌握一到两项体育技能，强化项目教学。公能：体育精神涵养学生爱国主义、集体主义、合作精神等服务国家、服务社会、奉献他人的公民素养。

四、课程体系

实施"三个3工程"，即每周至少3节体育课，每天上午30分钟体育大课间活动，每天下午30分钟体育课外活动（社团活动）。推行公示制度、回查制度、飞检制度、抽检制度等"四制"确保，"三个3工程"落实到位。

五、竞赛体系

1. "三纵"即三大主题内容纵到底的大联赛

秋季学期举办以竞技体育为主题的蚌埠市中小学奥林匹克运动会，项目包括田径、足球、篮球、排球、乒乓球、羽毛球、毽球等，实行三级大联赛并将各学校、各县区比赛纳入积分制管理，不简单以竞赛成绩计积分，更重各级比赛的举办情况。

春季学期举办以群众体育为主题的蚌埠市中小学阳光体育大会，项目包括体质大抽测、大课间活动大观摩、一校一品大展示、团体操健美操大展演、体育才艺大PK等项目，也实行积分制管理。

全学年举办以蚌埠特色体育为主题的蚌埠市校园足球"三级三际三段"联赛，即校级的班级联赛、县区级的校际联赛、市级的县区际联赛。

2. "三横"即市、县、校三个层级，层层举办、层层选拔

市级比赛注重示范性和高端性，用于上层示范和精英培育。

区县级比赛注重规范性和选拔性，用于中层管理和人才选拔。

校级比赛注重全员性和参与性，用于底层推动和大众健身。

全市三纵三横大联赛，统筹设计、统一管理、统一考核，分级负责、分时举办、分头承办，变一年等一赛为一赛赛一年。

六、人才培养体系

建设一批特色体育项目。计划建设20个左右项目、100个项目基地校。目前已布局32个项目基地校。

招收一批体育特长生。制定和出台了蚌埠市初中和高中体育特长生招生制度，打破学区限制，破解学段不衔接的问题，打通体育特长生发展通道。同时建设学校体育特长生培养和管理制度，从师资配备、资源建设、课程设置及训练比赛等方面建立发展支持平台，实现体育特长生充分发展。

培养一批体育特色校。计划培养100所足球学校和100所其他项目特色校，目前已建设63所国家级足球特色校和34所田径、游泳、篮球、排球等35所体育特色校。

七、监测体系

1. 学校全面开展学生体质健康监测，将监测结果纳入学生综合素质评价和

体育教师绩效考核，并给每个学生开出体育运动"处方"，指导学生及家长，布置体育家庭作业，开展课外体育锻炼。

2. 县区全面开展学校体育工作年度评估，将评估结果纳入学校年度考核，并对学校体育工作薄弱、学生体质较差的学校，开出体育教学"处方"，提高学校体育教学的质量。

3. 市政府对各县区政府开展学校体育年度督导，将结果纳入县区政府考核，并对各县区开出学校体育发展"处方"，指导各县区政府建强保障，弥补短板。

八、保障体系

1. 师资保障。保数量，实施511计划，即3年补充体育教师500人、兼职教师100人，校外聘用有体育专长的教练100人；保质量，把体育教师通识培训和专长培训结合、普及和提高结合，全面提升体育教师素养；保待遇，确保体育教师同等待遇，并把体育教师年服装费600元写入政府文件中。

2. 场地保障。实施"一场一馆计划"。

3. 经费保障。两个8%：各县区用于学校体育活动及体育教师培训的经费不低于教育附加费的8%，各学校用于体育活动开展的经费不低于生均公用经费的8%。

界首市体育艺术"2+1"项目课后延时一小时服务+联片教研活动

体育艺术"2+1"项目课后延时服务是2017年界首市教育局结合界首实际创新举措的新亮点。界首市实验学校真正将界首市教育局的这一创新举措落到了实处，结合不同年级的实际情况，开设了多种多样的特色课程，既有艺术类的舞蹈、合唱、器乐、书法、绘画，又有科技类的电脑制作，运动类的篮球、乒乓球、武术……形式多样，内容丰富，让孩子们能够在课余，既丰富知识，又发展特长，孩子们纷纷表示，在学校里就能免费学到校外兴趣班的课程，真的是以前从来没想到的。家长们也把这项举措称作是一件贴心的大好事，这样教育便民的举措，给家长们带来了更多的幸福感和获得感，促进体育与健康生活方式融合，广泛开展全民健身，使更多人享受运动快乐、拥有健康体魄。

2017年，界首成立了市教育局联片教研工作领导小组，将教研片区划分为10个片区。同时，建立党组成员包保下的五级教研网络，明确教研员的工作分解表，教研员的考核与片区教学开展直接挂钩，采取捆绑式评价，形成了全市上下"抓教研，提质量"的良好氛围。实施学校体育工作考核方案，视考核情况对校长、分管副校长、年级主任、体育备课组组长、优秀教师、优秀学生进行表彰。

芜湖市第十二中学立足"立德树人"突出"体育"育人

　　芜湖市第十二中学以"提升内涵、强化特色"为主题，深入贯彻落实"立德树人"的根本任务，全面推进素质教育，注重培养学生发展核心素养，利用一流的体育资源，实现了学校体育工作的跨越式发展。学校在体育后备人才培养模式上进行了有效探索，组建了校"三优"运动队，下辖田径队、足球队、击剑队、武术队、游泳队、乒乓球队、射击队。2017 年校足球队在市阳光体育运动会取得蝉联十三连冠的优异成绩，在芜湖市第 13 届运动会中小学组足球比赛中夺得冠军，在 2017 年安徽省足球体育传统项目学校比赛中获得亚军，在 2017 年安徽省高中校园足球联赛中获得第六名，在芜湖市第 13 届运动会中田径队夺得团体总分第四名且在男子 4×100 米项目中再次打破芜湖市记录，男子 4×400 米获冠军，击剑队、游泳队夺得冠军，武术队获团体第三名。

　　作为首批全国青少年校园足球特色学校、安徽省足球传统项目学校，芜湖市第十二中学校园足球进教材、进课堂，积极开展大课间体育活动，保证学生每天 1 小时的校园体育锻炼。体育组教师群策群力共同编制了足球校本课程，自主开发足球课程资源。学校现建有男子足球代表队和学生足球社团，有一大批对足球有兴趣的学生积极参与足球活动。学校组建了年级代表队、班级代表队，努力提高女生参与足球的热情和数量，基本实现学生全员参与足球运动。

　　建立竞赛制度，组织校内足球班级联赛、年级挑战赛。吸引更多的学生培养终身喜爱足球的理念，满足广大学生的足球文化需求，塑造"更快、更高、更强"的人文精神，促进学校足球竞技水平得到进一步的普及和提高。2017 年 4 月学校举办了第二届"校长杯"校园足球联赛，开展了以足球为主题的形式多样的校园文化活动，并同时通过校园足球信息平台，报道足球活动、特色成果等。

课题组成员：武庆鸿　姜同仁　许　颖　秦纪强　石红星　宋述雄
撰写人员：武庆鸿　许　颖

第六篇　安徽省中等职业教育质量提升工程项目省级中期评估（2017 年度）

根据《安徽省教育厅关于开展安徽省中等职业教育质量提升工程项目中期（2017 年度）评估工作的通知》和《安徽省教育厅关于开展安徽省中等职业教育质量提升工程项目中期（2017 年度）评估省级实地验证性评估的通知》等文件精神，为全面了解全省中等职业教育质量提升工程项目 2017 年建设进度和阶段性建设成效，进一步指导和推进质量提升工程项目建设，受省教育厅委托，安徽省教育评估中心开展了质量提升工程项目建设中期（2017 年度）省级评估工作。

一、项目中期评估基本情况

（一）评估依据

根据省教育厅、省人社厅、省财政厅《关于印发安徽省中等职业教育质量提升工程实施方案的通知》和省教育厅、省人社厅《关于印发安徽省中等职业教育质量提升工程项目管理暂行办法的通知》《关于印发安徽省中等职业教育质量提升工程项目评估验收办法和评估验收指标体系的通知》精神，组织开展项目建设中期（2017 年）评估。

（二）评估方式及过程

本次评估按照项目学校自评、市级审核、省级评估的方式进行，省级评估采取网上材料评审和实地验证性评估相结合的方式进行。

1. 学校自评

2018 年 3 月下旬至 4 月初，各项目学校对照各项目建设任务书、实施方案和评估验收指标体系，总结 2016 年未完成建设任务项目整改情况、2017 年度项目建设进度以及所取得的成效，汇总资料进行自主性评价，形成自评报告，并将有关材料按要求报市教育、人社部门审核。同时，将各项目核心指标、佐证材料、资金管理、自评报告等材料在省中职质量提升工程管理平台上呈现，项目学校均完成自评工作。

2. 市级审核

2018年4月，各市按照省中期（2017年）评估工作要求，对区域内质量提升工程项目在注重过程性指导的基础上，对项目学校自评情况、2016年中期评估被省级认定为"未完成年度目标"的项目整改情况，进行审核性评估，并及时将2016年建设任务未完成项目整改情况和中期（2017年）评估材料报省备案、抽查。

3. 省级评估

2018年5—7月，省教育评估中心组织专家对省级质量提升工程项目建设的市级审核评估情况进行复核验证性评估，全面了解掌握2016年项目建设整改情况和各项目2017年建设进度、建设质量、配套资金、建设成效等情况，加强对各市质量提升工程项目建设工作的督促指导。省级评估以评估指标体系为依据，对照各项目建设任务书、实施方案，采取网上材料评审全覆盖、实地抽查验证性评估的方式进行。

（1）网上材料评审。5月18日—6月6日，省教育评估中心组织40名专家分别对质量提升工程管理平台上提交的166个项目整改情况和972个项目2017年建设情况材料进行全面复查评审，分别审核了市级中期（2017年）评估报告、汇总表和项目学校中期（2017年）评估报告、未完成项目整改材料、项目中期（2017年）评估表、资金使用评估表以及相应的佐证材料等，逐一形成项目建设复核评估意见。

（2）实地验证性评估。7月9—14日，省教育评估中心组织教育、人社部门专家分4个组对16个市进行实地验证性评估。专家组深入每个市随机抽取3所项目学校，采取听取汇报、查阅资料、现场核实、随机听课、深度访谈、成果展示等形式，专家对接领导、对接项目、对接师生，全过程、全方位地了解2016年建设任务未完成项目的整改情况、各项目2017年建设进展情况与建设成效，通过全面考察、综合评价，形成各市质量提升工程项目建设中期（2017年）评估报告，提交省教育评估中心。

（3）项目建设数据比对分析。省教育评估中心组织专家分别对省中职质量提升工程六大类972个项目的核心指标网上填报数据，包括84个示范特色学校、299个示范专业、299个实训基地、202个名师工作坊、44个现代学徒制试点、44个技能大赛赛点等项目2017年数据，逐一与2016年及建设初期数据进行比对，形成了系列精准、有效地反映质量提升工程项目建设成效的系列核心数据。

二、评估结论

（一）项目建设目标达成率提高

全省省级中职质量提升工程项目数共计 972 个，2017 年度建设任务目标完成数是 843 个，完成率为 86.73%，比 2016 年多 37 个，完成率提高 3.81 个百分点，其中省级示范特色学校、示范专业、示范实训基地和名师工作坊项目 2017 年建设任务完成率均比上年提高（各类项目建设任务完成情况如表 1 所示）。

表 1　省级质量提升工程项目 2016 年、2017 年建设任务完成情况比较表

序号	项目类别	年度	项目总数（个）	完成项目数（个）	基本完成项目数（个）	已完成比例（%）	未完成项目数（个）
1	省级示范特色学校	2016	84	34	27	72.62	23
		2017	84	44	29	86.9	11
2	省级示范专业	2016	299	121	118	79.93	60
		2017	299	115	145	86.96	39
3	省级示范实训基地	2016	299	96	154	83.61	49
		2017	299	99	158	85.95	42
4	省级名师工作坊	2016	202	95	78	85.64	29
		2017	202	56	122	88.12	24
5	省级现代学徒制试点	2016	44	17	23	90.91	4
		2017	44	9	26	79.55	9
6	省级技能大赛赛点	2016	44	20	23	97.73	1
		2017	44	17	23	90.9	4
	汇总	2016	972	383	423	82.92	166
		2017	972	340	503	86.72	129

（二）项目市建设任务完成较好

超过一半的市完成项目比例在全省排名中有进步，完成率为 100% 的有 2 个市：安庆市和滁州市。完成率超过 90% 的有 5 个市，依次是：亳州市、马鞍山市、宿州市、蚌埠市、芜湖市。完成率超过 85% 的有 3 个市，依次是：淮南市、淮北市、宣城市。其中进步最明显的市分别是：滁州市，前进 11 名，全省排名并列第一；淮南市，前进 8 名，全省排名第 8 名；马鞍山市，前进 6 名，全省排

名第 4 名；宣城市，前进 5 名，全省排名第 10 名〔各市（直管县）项目 2017 年度建设任务完成情况及排名顺序如表 2 所示〕。

表 2　省级质量提升工程项目各市（直管县）2016 年、2017 年建设任务完成情况比较表

序号	所属市	年度	项目总数（个）	完成项目数（个）	基本完成项目数（个）	已完成比例（%）	未完成项目数（个）	名次
1	广德县	2016	6	3	3	100.00	0	1
		2017	6	2	3	83.33	1	11
2	安庆市	2016	90	64	25	98.89	1	2
		2017	90	51	39	100	0	1
3	芜湖市	2016	56	24	30	96.43	2	3
		2017	56	11	40	91.07	5	6
4	亳州市	2016	48	24	22	95.83	2	4
		2017	48	23	24	97.92	1	2
5	铜陵市	2016	25	8	15	92.00	2	5
		2017	25	10	11	84.00	4	10
6	宿州市	2016	60	16	37	88.33	7	6
		2017	60	20	35	91.67	5	4
7	蚌埠市	2016	59	28	24	88.14	7	7
		2017	59	25	29	91.53	5	6
8	合肥市	2016	146	65	63	87.67	18	8
		2017	146	39	82	82.88	25	12
9	六安市	2016	53	25	21	86.79	7	9
		2017	53	12	31	81.13	10	13
10	马鞍山市	2016	37	21	11	86.49	5	10
		2017	37	25	11	97.3	1	3
11	黄山市	2016	42	9	25	80.95	8	11
		2017	42	13	18	73.81	11	14
12	滁州市	2016	55	25	19	80.00	11	12
		2017	55	35	20	100	0	1

（续表）

序号	所属市	年度	项目总数（个）	完成项目数（个）	基本完成项目数（个）	已完成比例（%）	未完成项目数（个）	名次
13	淮北市	2016	43	22	12	79.07	9	13
		2017	43	17	21	88.37	5	8
14	池州市	2016	27	11	10	77.78	6	14
		2017	27	7	10	62.96	10	16
15	宣城市	2016	59	11	34	76.27	14	15
		2017	59	16	36	88.14	7	9
16	淮南市	2016	44	13	19	72.73	12	16
		2017	44	17	22	88.64	5	7
17	阜阳市	2016	122	14	53	54.92	55	17
		2017	122	17	71	72.13	34	15
	汇总	2016	972	383	423	82.92	166	
		2017	972	340	503	86.72	129	

（三）项目建设整改成效较明显

2016 年未完成建设任务项目 166 个，2017 年完成整改任务的项目 111 个，完成率为 66.9%，超过一半的市完成项目整改任务。

三、主要做法

（一）整体规划，完善项目建设资源库

一是整体规划。为贯彻落实《安徽省人民政府关于加快发展现代职业教育的实施意见》，以项目带动、引领全省中等职业教育全面提升办学水平，提高服务经济社会发展能力，2015 年，省教育厅、省人社厅、省财政厅整合国家和省级各类职业教育项目资源，与国家现代职业教育质量提升计划相衔接，与加快发展安徽现代职业教育的实际需求相对接，与强化职业教育市级统筹相结合，统筹布局，整体规划，实施安徽省中等职业教育质量提升工程。2017 年 10 月 9—10 日，省教育体制改革领导小组召开了全省中等职业教育工作会议；2017 年 10 月 9—11 日和 2018 年 8 月 23—25 日，两次举办全省中等职业教育管理干部培训班，深入推进省级质量提升工程项目建设。

二是开展遴选。2015 年 11 月，省教育厅、省人社厅、省财政厅印发《安徽省中等职业教育质量提升工程实施方案》，明确到 2020 年重点建成 80 所省级示范特色中等职业学校、300 个省级示范专业、300 个省级示范实训基地、200 个省级"名师工作坊"等，并制定质量提升工程项目建设标准，开展省级示范特色学校、示范专业、示范实训基地、名师工作坊、现代学徒制试点和技能大赛赛点等六类项目遴选工作。

三是立项建库。经过学校申报、市级遴选推荐、省级公示等程序，2016 年 5 月，省教育厅、省人社厅、省财政厅公布了"安徽省中等职业教育质量提升工程项目库"名单，确定 84 所学校列入省级示范特色学校项目库，299 个专业列入省级示范专业项目库，299 个实训基地列入省级示范实训基地项目库，202 个名师工作坊列入省级名师工作坊项目库，42 所学校列入省级现代学徒制试点项目库，31 所学校列入省级技能大赛赛点项目库，并对赛点项目按专业类别分为 42 个项目进行建设。

（二）出台政策，强化项目建设管理

一是加强项目管理。为加强对质量提升工程项目管理，规范项目建设工作，提高项目管理水平，保证项目建设顺利实施，2016 年 5 月，省教育厅、省人社厅印发了《安徽省中等职业教育质量提升工程项目管理暂行办法》，明确了省级、市级、县级教育、人社部门和项目学校的主要职责，建立相应的工作机制和评估验收、奖惩制度。

二是规范资金使用。为规范和加强省中职专项资金管理和中央现代职业教育质量提升计划专项资金管理，2016 年 6 月和 7 月，省财政厅、省教育厅分别印发了《安徽省中等职业教育专项资金管理办法》《安徽省中央现代职业教育质量提升计划专项资金管理办法》。为充分发挥专项资金的导向作用，提高质量提升工程项目建设资金使用效益，省教育厅、省财政厅每年组织开展质量提升工程项目资金使用绩效评估工作，并在组织项目省级中期评估时，对项目资金使用情况进行评估督查。

三是建立质量保障。为切实加强质量提升工程项目建设和管理，建立项目建设质量评价体系，加强项目内涵建设，规范评估验收过程，有效开展评估验收工作，促进项目按期按质按量完成，2016 年 8 月，省教育厅、省人社厅印发了《安徽省中等职业教育质量提升工程项目评估验收办法》和《安徽省中等职业教育质量提升工程项目评估验收指标体系》，明确了质量提升工程项目评估验收的原则、内容、程序、结果和指标体系以及有关要求等；省教育厅组织项目建设中期 2016 年、2017 年评估工作。

（三）完善机制，加强过程督查指导

一是强化市级统筹。2016 年 4 月，省教育厅、省发改委、省财政厅和省人社厅印发《关于加强职业教育市级统筹的指导意见》，进一步扩大市级政府统筹权，统筹区域职业教育发展规划、资源配置、条件保障和政策措施，发挥市级政府发展职业教育的重要主体作用。各市切实履行市级统筹协调指导职能，在省级质量提升工程项目建设过程中，发挥市级政府在统筹协调、政策支持、资金引导和各部门协同推进等方面的职能作用，以市为主统筹项目建设规划编制、资源配置、督查指导、管理评价。

二是修改完善任务书。省级质量提升工程项目库建立后，省教育厅、省人社厅、省财政厅及时指导各市督促项目学校完善各项目建设任务书和实施方案，省教育评估中心按照省教育厅统一部署，组织专家对各市报送备案的项目建设任务书和实施方案进行了评审，形成了修改完善的意见与建议书，并再次组织进一步修改完善项目建设任务书和实施方案，报送省教育评估中心备案。

三是组织中期评估。为加强对各市质量提升工程项目建设监管，促进质量提升工程项目按期按质按量完成建设任务，2017 年 3 月省教育厅印发《安徽省中等职业教育质量提升工程项目省级中期评估工作方案》，组织开展全省质量提升工程项目建设中期（2016 年）评估工作；2018 年 3 月，省教育厅印发《安徽省教育厅关于开展安徽省中等职业教育质量提升工程项目中期（2017 年度）评估工作的通知》，组织开展全省质量提升工程项目中期（2017 年）评估工作。

四是督促项目整改。根据 2016 年度中期评估情况，2018 年 2 月 26 日，省教育厅印发《安徽省教育厅关于印发安徽省中等职业教育质量提升工程项目中期评估报告的通知》，要求各市教育行政部门，依据省级分市评估报告，巩固、扩大阶段性建设成果，督促、指导项目学校认真梳理省级评估中发现的问题，以问题为靶向，制定问题清单和责任清单，落实项目整改工作。

（四）提供保障，建设平台技术支持

一是提供资金支撑。为保障省级质量提升工程项目建设，省财政厅会同省教育厅及时下拨中央现代职业教育质量提升计划专项资金，支持省级示范特色学校、省级示范实训基地、省级名师工作坊项目建设，拨付省级职业教育专项资金支持省级示范专业、省级现代学徒制试点、省级技能大赛赛点项目建设。

二是建设管理平台。为加强质量提升工程项目管理，监控项目学校工程建设进度，提高项目管理水平和工作绩效，省教育厅组织开发建设了"安徽省中等职业教育质量提升工程信息化管理平台"，各项目学校和市级教育、人社部门及时上传报送项目建设有关材料和数据等，初步建成质量提升状态数据库，利用平台

组织开展项目建设网上评估工作，用大数据展示项目建设成效，用数据诊断存在的问题，基本实现用信息化手段管理项目建设，为项目建设的顺利实施提供技术支撑和支持。

三是组织专家指导。为加强对质量提升工程项目建设的指导，保障项目建设顺利实施，省教育厅成立了由 26 名专家组成的"安徽省中等职业教育质量提升工程项目建设专家咨询组"，并建立 QQ 群、微信群等交流平台，及时为项目学校提供咨询服务，帮助项目学校解读有关政策文件、建设内涵及指标体系等，化解建设过程中的疑难问题。据不完全统计，2017 年度，省级专家上门为项目校专业指导 80 多人次。

（五）组织推动，着力提升建设成效

一是优化学校布局。2016 年 5 月，省教育厅、省发改委、省财政厅印发《关于报送中等职业教育布局结构调整规划的通知》，要求各市编制中等职业教育布局结构调整规划，优化中职学校布局、专业布点和功能分工，并组织专家对各市布局结构调整规划进行二轮审核，邀请省有关部门负责人和省内外职教专家组成审核咨询专家委员会，采取陈述、答辩、咨询和评议的形式对 16 个市及 2 个直管县中职布局结构调整规划进行了审核。在质量提升工程项目建设中，156 所规划保留学校的项目被列入省级质量提升工程项目库，其中示范特色学校项目 84 个，各市整合区域内学历教育和技能培训等要素资源，提升中职学校办学能力。

二是坚持立德树人。省教育厅、省文明办等 6 部门持续举办中职"文明风采"竞赛，省教育厅、省经信委、省人社厅持续举办全省职业院校技能大赛，引领学校坚持立德树人、德育为先的办学思想和服务发展、促进就业的办学目标，深入开展社会主义核心价值观和中国梦教育，学习、宣传、践行《中等职业学校学生公约》，实施学校文化育人创新行动，以文化素养和技能技艺为主线，开展内容丰富、形式多样的学生社团活动，在专业建设、人才培养上与社会、企业保持紧密联系，适应经济社会发展新常态和技术技能人才成长需要，形成了全员、全过程、全方位协同育人的新局面。

三是促进专业建设。省教育厅贯彻教育部《中等职业学校专业设置管理办法（试行）》，制定《安徽省中等职业学校专业设置管理实施细则（试行）》，实施中职学历教育办学资质清查和招生专业审核备案及公布制度，每年发布全省中职专业分析年度报告，引导学校加强和规范专业建设，形成由学校依法自主设置、行业企业积极参与、行政部门进行宏观规划与监控指导的专业设置质量保障体系。遴选建设 299 个省级示范专业项目，分布在除资源环境、司法服务类外的 16 个专业大类，项目布点与全省产业升级和转型发展趋势一致，对接主导产业发展的需要。同时，部分专业点成为全国示范专业点，如马鞍山工业学校数据技术应用、安徽省汽车工业学校汽车制造与检修为全国职业院校装备制造类示范专业点，安徽省汽车工业学校汽车运用与维修分别为全国职业院校交通运输类示范专业点。

四是深化校企合作。省教育厅、省经信委等部门推广合肥、马鞍山校企合作的经验；省教育厅每年举办皖江城市带职业教育办学模式改革校企对接会，开展校企合作主题征文和典型案例评选活动，深入推动职业院校与行业企业进行对接交流，完善校企对接及专业对话协作机制。2018 年 2 月，省政府办公厅印发《关于深化产教融合的实施意见》。2017 年，省教育厅与省经信委、省国资委遴选 64 个安徽省首批校企合作示范基地；2018 年，省教育厅遴选 56 所安徽省首批校企合作示范典型学校，多部门推动校企合作协同育人。推进现代学徒制试点，亳州中药科技学校、安徽金寨职业学校分别成为第一、二批全国现代学徒制试点单位；成立安徽省现代学徒制试点联盟并召开年会；组建省现代学徒制工作专家指导委员会；开展现代学徒制试点情况调研。2016 年 10 月，省教育厅、省经信委印发《关于推进职业教育集团化办学的指导意见》，进一步推动职业教育集团化发展，规范集团管理机制，实行职教集团办学备案制度，全省首批获准备案的职教集团达 41 家；2017 年新增备案职教集团 2 家，备案集团成员达 1946 家，其中本科和中高职院校 570 所、省内外企业 1126 家、行业协会 76 个。

五是改善办学条件。2016 年 3 月，省教育厅、省编办等五部门印发《关于中等职业学校规范类别名称的通知》，规范学校类别名称；省教育厅等部门通过推进职教园区建设、布局调整规划和"硬化"省级示范特色学校标准等，引领和带动全省中职学校加快基础设施建设。合肥市进一步整合资源组建合肥工业学校入驻职教城，淮北职教园区、蚌埠职教园区投入使用，宣城市机械电子工程学校、霍山职高、黄山旅游管理学校整体搬迁新校区等，许多项目学校基础条件得到显著的改善。近年来，省教育厅出台了《安徽省职业教育信息化建设实施方案》《安徽省中等职业学校数字校园建设规范》《安徽省中等职业学校数字校园建设评价标准》和《安徽省中等职业学校智慧校园建设指导意见》，组织开展国家中职学校数字校园建设实验校遴选建设工作，8 所中职学校入选国家级职业院校数字校园建设实验校项目，80% 以上学校达到数字校园建设"4B"标准。

六是强化师资队伍。省教育厅、省财政厅、省人社厅印发《关于进一步做好职业院校聘用兼职教师工作的通知》等文件，落实职业院校编内聘用兼职教师财政支持政策；省教育厅、省人社厅及时修订完善了教师专业技术资格申报条件，统一普通中专学校和职业高中教师职称序列；出台了中职学校正高级讲师专业技术资格评审条件和评审办法，启动了正高级讲师评审工作，打破中职教师专业发展的天花板；省教育厅出台并完善中职"双师型"教师认定标准和认定办法，在全国率先开展职业院校"双师素质"培训；每年开展中职学校教师信息化教学大赛和优秀教育论文、教学软件、精品课评选活动，引领教师专业发展，教师的教学能力、教科研能力得到明显提高。

七是深化教学改革。省教育厅印发《安徽省深化职业教育教学改革全面提高人才培养质量实施意见》《关于进一步推进中等职业学校学分制改革试点工作的意见》和《关于开展中等职业教育质量年度报告工作的通知》等文件，进一步推进职业学校学分制改革试点工作，积极探索"分类考试、综合评价、多元录取"招生考试制度改革，在分类招生考试改革试点过程中，进一步强化专业技能导向，优化"知识素质+职业技能"考试结构，引导学校深化教学改革，以促进学生"就业有能力，升学有基础"为目标，在保障学生技术技能培养质量的基础上，加强文化基础教育，建立和完善人才培养评价制度和质量保障体系，全面提高技术技能人才培养质量。2017年7月，省教育厅印发《安徽省中等职业学校教学工作诊断与改进实施方案（试行）》，成立省级中职学校教学诊断与改进工作专家委员会，推动学校教学诊断与改进工作。

八是营造良好氛围。省教育厅每年组织举办职业教育活动周和全民终身学习活动周，各市以职业教育活动周、劳模进校园、校园文化技能节等为载体，大力弘扬社会主义核心价值观和"劳动光荣、技能宝贵、创造伟大"的时代风尚，促进职业教育产教融合、校企合作培养技术技能人才，支撑经济转型升级，促进大众创业、万众创新，多角度体现德技并重的育人理念，展示事业发展成果，持续传播正能量。合肥市承办2017年全民终身学习活动周全国总开幕式，并被中国成人教育协会评选为"2017年中国成人教育十件大事"之一。安徽省被授予"2017年全民终身学习活动周优秀组织单位"，省教育厅被授予"2017年全民终身学习活动周特殊贡献单位"。

四、主要成效

（一）示范特色学校项目

省级示范特色学校项目84个，布局合理，分布在16个市和1个直管县。阜阳市最多，11个，占13.1%；铜陵市和广德县最少，各1个，占1.2%（见图1）。

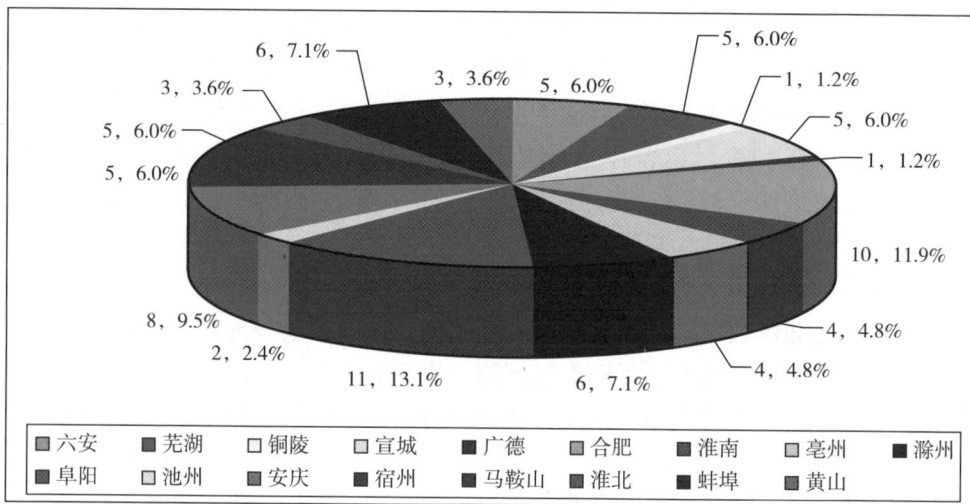

图1 省级示范特色中等职业学校项目区域分布图

2017年，省级示范特色学校项目建设成效显著，对全省中职的改革发展起到积极的引领和示范带动作用。主要建设成效体现在以下方面。

1. 办学方向进一步明晰

项目学校继续坚持以立德树人为根本、以服务发展为宗旨、以促进就业为导向，科学定位学校发展目标和人才培养目标，进一步拓展校企合作和集团化办学，探索现代学徒制试点和中高职衔接培养，中高职衔接培养的规模有所扩大。2017年，项目学校参与职教集团达175个，分别比上年、2015年增加8个、38个，分别增长4.79%、27.74%（见图2）。

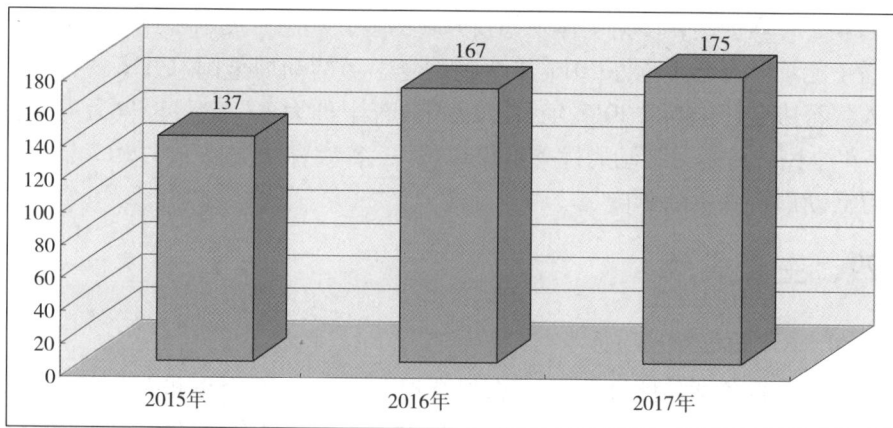

图2 省级示范特色学校参与职教集团比较图

2017 年，项目学校举办"3+2"中高职衔接培养班 1254 个，分别比上年、2015 年增加 238 个、415 个，分别增长 23.43%、49.46%。在校学生 52806 人，分别比上年、2015 年增加 12137 人、19823 人，分别增长 29.84%、60.1%（见表 3），其中，与上年相比，增幅排在前三位的是铜陵市（303.57%）、六安市（262.89%）、亳州市（226.99%）。

表 3　省级示范特色学校开展中高职衔接培养比较表

年度	2015 年	2016 年	2017 年
"3+2" 班数	839	1016	1254
"3+2" 班在校生数	32983	40669	52806

2. 办学条件进一步改善

项目学校非常重视基础能力建设，加强基础设施、实训基地和信息化基础建设，强化师资队伍尤其是专业教师队伍建设，以信息化培训和教学大赛为抓手，提高教师信息化教学素养，基本办学条件进一步改善，教师育人基本能力进一步提升。

（1）师资队伍。2017 年，项目学校有专任教师 14261 人，分别比上年、2015 年增长 7.3%、13.06%，生师比为 17.96∶1，比上年更加优化，总体达到省级示范特色学校指标 20∶1 的要求，其中阜阳市专任教师数比上年增长 17.18%。

2017 年，项目学校专任教师具有硕士学位（学历）1260 人，占专任教师的 8.84%，分别比上年、2015 年高 1.01、1.85 个百分点；本科学历 12546 人，专任教师学历合格率为 96.81%，分别比上年、2015 年高 0.19 个、0.81 个百分点，其中六安市硕士人数比上年增长 75.68%，阜阳市本科人数比上年增长 17.08%。高级职称 5005 人，分别比上年、2015 年增长 2.96%、9.69%，占专任教师的 35.1%，其中铜陵市高级职称教师数增长 17.65%。市级以上专业（学科）带头人 381 人、骨干教师 1241 人，分别比上年增长 0.79%、5.44%，分别比 2015 年增长 25.33%、29%（见表 4）。

表 4　省级示范特色学校专业教师结构与素质情况比较表

年度	专任教师（人）	硕士（人）	本科（人）	高级职称（人）	专业带头人（人）	骨干教师（人）
2015	12614	882	11228	4563	304	962
2016	13291	1041	11801	4861	378	1177
2017	14261	1260	12546	5005	381	1241

2017 年，项目学校"双师型"教师 7426 人，占专业课和实习指导教师的 52.07%，比 2015 年高 1.43 个百分点，其中六安市"双师型"教师数比上年增长 21.29%。面向行业、企业聘任兼职教师 2845 人，分别比上年、2015 年增长 15.42%、43.04%，占专任教师编制数的 19.95%，分别比上年、2015 年高 1.4 个、4.18 个百分点（见图 3），其中淮南市兼职教师数比上年增长 67.12%。总体来说，面向企业、行业聘用技术技能型人才任兼职教师达到编制数的 20%。

总的来说，项目学校教师队伍结构得到优化，整体素质有所提升。

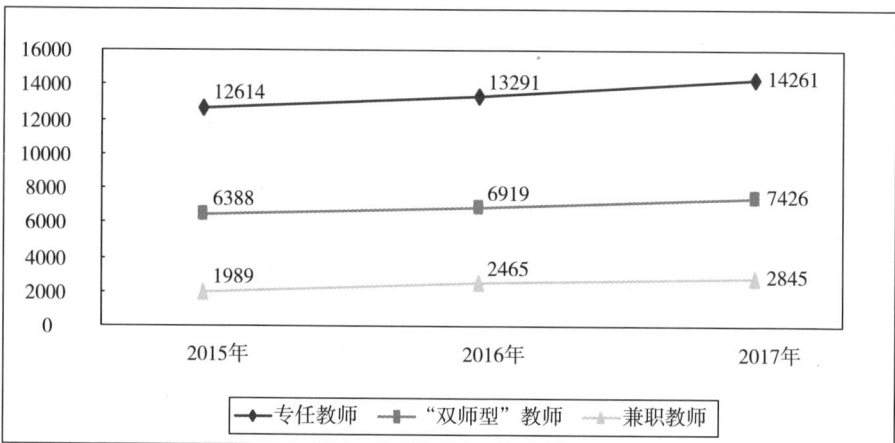

图 3 省级示范特色学校"双师型"教师和兼职教师情况比较图

（2）基础条件。2017 年，项目学校占地面积 23937.81 亩，分别比上年、2015 年增长 7.13%、21.21%；校均占地 284.97 亩，接近学校占地一般不少于 300 亩的要求；建筑面积 731.89 万平方米，分别比上年、2015 年增长 6.82%、21.34%；校均建筑面积 8.71 万平方米，项目学校校均建筑面积总体达到省级示范特色学校要求。（见表 5）其中淮南市项目学校占地面积比上年增长 56%；六安市项目学校建筑面积比上年增长 39.42%。

表 5 省级示范特色学校占地面积和建筑面积比较表

年度	占地面积 （亩）	校均占地面积 （亩）	建筑面积 （万平方米）	校均建筑面积 （万平方米）
2015	19749.44	235.11	603.18	7.18
2016	22344.24	266.00	685.13	8.16
2017	23937.81	284.97	731.89	8.71

2017 年，项目学校校内建设实习实训基地覆盖专业面达 91.78%，分别比上年、2015 年高 3.41 个、8.85 个百分点，其中广德县、黄山市覆盖率为 100%。建设省级示范实习实训基地 239 个，分别比上年、2015 年增加 16 个、113 个，分别增长 7.17%、89.68%，其中阜阳市比上年增加 8 个、增长 40%，铜陵市校均 6 个省级示范基地。教学用计算机 71232 台，分别比上年、2015 年增长 12.65%、34.44%，其中六安市比上年增长 47.06%，总的生机比为 3.6∶1，比上年的 3.83∶1、2015 年的 4.24∶1 更加优化；运用信息化教学手段进行教学的教师达 12763 人，所占比重达 87.85%，分别比上年、2015 年高 7.38 个、15.61 个百分点。总的来看，学校的教学设施和实习实训条件进一步改善，教师教学信息化水平进一步提高。

3. 教育教学工作进一步加强

项目学校组织师生员工深入学习党的十九大精神和习近平新时代中国特色社会主义思想，继续坚持以社会主义核心价值观为引领，以理想信念教育为核心，以促进学生尚德精技、全面发展为目标，学习、宣传、践行《中等职业学校学生公约》，贯彻《中等职业学校德育大纲（2014 年修订）》和教育部颁布的教学大纲或课程标准，按规定开设德育课程和公共基础课程，加强校园文化建设，推进优秀传统文化、技术文化、产业文化、企业文化进校园，形成了全员、全过程、全方位协同育人的新格局。

（1）专业建设。2017 年，项目学校落实《安徽省中等职业学校专业设置管理实施细则（试行）》，完善学校专业建设的管理体制、运行机制和相关制度，健全专业设置随产业发展动态调整的长效机制，专业设置基本覆盖区域经济主导产业和新兴产业，专业建设继续朝着规范化、品牌化、特色化方向发展。

项目学校开展专业点 1184 个，分别比上年、2015 年增加 47 个、136 个，分别增长 4.13%、12.98%；校均开设专业 14.1 个，比 2015 年增加 1.6 个。对接区域产业的专业占 83.98%，分别比上年、2015 年高 4.3 个、7.71 个百分点，其中芜湖市、铜陵市、广德县学校开设专业与区域产业对接率达 100%。实践性教学课时占总课时数一半的专业点有 1086 个，占专业点数的 91.7%，分别比上年、2015 年高 0.9 个、4.9 个百分点。顶岗实习累计时间为半年的专业点有 1041 个，占专业点数的 87.9%，比 2015 年高 0.5 个百分点。建有省级示范专业点 270 个，分别比上年、2015 年增加 6 个、108 个，分别增长 2.27%、66.67%，其中铜陵市校均 9 个省级示范专业。建有校级及以上精品课程的主干专业点 399 个，占专业点的 33.7%，分别比上年、2015 年高 1.9 个、7.3 个百分点。（见图 4）

（2）课程建设。2017 年，项目学校深入贯彻落实《安徽省深化职业教育教

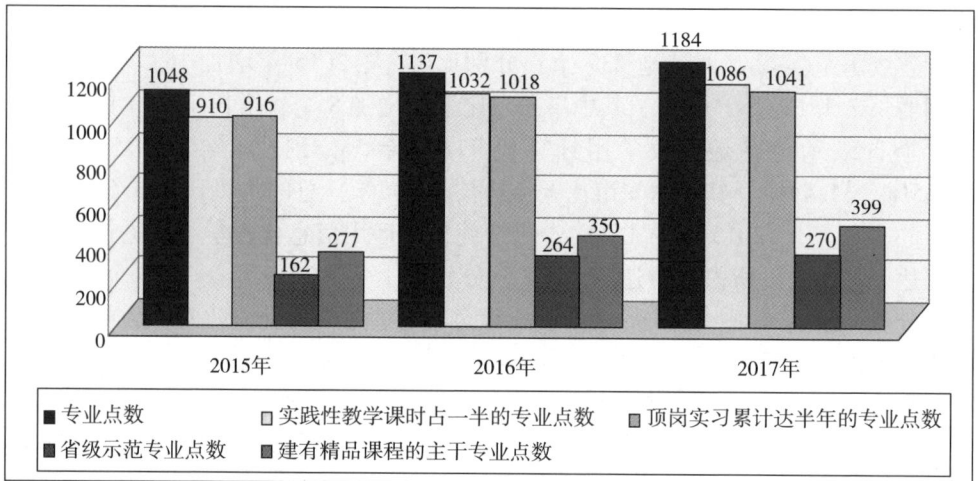

图4　省级示范特色学校专业建设情况比较图

学改革全面提高人才培养质量实施意见》，推进学校专业课程改革和课程体系建设，完善教材选用制度和校本教材研发及审核使用机制，建设一批具有地方专业特色的课程体系和校本教材。

项目学校建设对接职业标准、行业标准和岗位规范的课程达5535门，分别比上年、2015年增长12.66%、29.26%，每个专业点平均达4.67门，其中马鞍山市对标课程比上年增长60.8%。项目学校建设校级及以上精品课程达768门，分别比上年、2015年增长13.11%、42.49%，其中宿州市、池州市分别比上年增长69.57%、69.23%。项目学校选用国家、省规划教材达9255种，所占教材比重达92.92%，比2015年高1.5个百分点。开发有特色的校本教材达749种，分别比上年、2015年增长28.25%、68.31%，其中淮南市比上年增长193.3%。（见表6）

表6　省级示范特色学校课程和教材建设比较表

年度	专业点（个）	对接职业岗位的课程数（门）	校级及以上精品课程数（门）	选用国家、省规划教材（种）	特色校本教材（种）
2015	1048	4282	539	7787	445
2016	1137	4913	679	8497	582
2017	1184	5535	768	9255	749

（3）教学管理。2017年，项目学校适应技术技能人才培养模式改革和学校学生特点及教育教学工作实际，进一步健全教育教学管理机构，修订完善教育教学管理制度，加强教育教学工作过程性管理，推进教育教学研究与改革实践，形成了较为完善的教育教学质量监控和保障体系，专业教学不断向规范化、特色化、高效化发展。

2017年，项目学校建有教学管理制度2101件、校均25件，分别比上年、2015年增长9.54%、29.61%，其中阜阳市比上年增长29.52%。新制定、修订、废止的教学管理制度达485件、校均5.77件，分别比上年、2015年增长32.29%、134.54%，其中马鞍山市制度更新比上年增长125%。（见表7）

表7　省级示范特色学校教学管理制度建设情况比较表

年度	现有教学管理制度		教学管理制度更新	
	总数（件）	校均（件）	总数（件）	校均（件）
2015	1621	19.3	207	2.46
2016	1918	22.8	367	4.37
2017	2101	25.0	485	5.77

2017年，项目学校开展教学计划执行情况检查792次、校均9.43次，分别比上年、2015年增长36.4%、57.87%，其中淮北市比上年增长116.67%。开展日常教学检查、巡查16833次、校均200.39次，分别比上年、2015年增长25.98%、40.29%，其中芜湖市比上年增长244.13%。（见表8）

表8　省级示范特色学校教学检查和巡查情况比较表

年度	教学计划执行检查		日常教学检查巡查	
	总数（次）	校均（次）	总数（次）	校均（次）
2015	502	5.98	11999	142.85
2016	581	6.92	13362	159.07
2017	792	9.43	16833	200.39

2017年，项目学校实施专业教学标准的专业点1020个，占专业点数的86.15%，分别比上年、2015年高1.98个、3.99个百分点。按照课程标准实施教学的课程7566门，分别比上年、2015年增长5.3%、19.42%，专业点平均达6.39门，其中六安市按标准实施教学的课程比上年增长27.34%。（见表9）项目学校专业教学管理的制度化、常态化和教学的规范性、标准化的趋势进一步增强。

表9　省级示范特色学校专业教学标准和课程标准实施情况比较表

年度	实施专业教学标准		实施课程标准的课程	
	专业点（个）	覆盖率（%）	总数（门）	专业点平均（门）
2015	861	82.16	6244	5.96
2016	957	84.17	6988	6.15
2017	1020	86.15	7566	6.39

4. 学校管理水平进一步提升

2017年，项目学校继续落实《安徽省职业院校管理水平提升行动计划实施方案（2015—2018年)》，进一步加强学校领导班子建设，提升领导能力和管理水平，建立完善学校章程和管理制度体系，推进学校治理结构改革，健全民主决策机制，引导教职工参加学校管理，激发教师参与教育教学改革的内在动力。

（1）领导班子建设。2017年，项目学校领导班子成员410人，分别比上年、2015年减少8.48%、19.92%；校均4.88人，比2015年少1.17人，领导班子人数精简。领导成员有高级职称的346人，分别比上年、2015年的减少7.98%、14.14%；所占比重为84.39%，分别比上年、2015年高0.46个、5.68个百分点。

（2）管理制度建设。2017年，项目学校制定的管理制度达6657件，校均79.3件，分别比上年、2015年增长10.75%、23.11%；新制定、修订、废止的教学管理制度达679件，校均8.1件，比上年减少23.71%，比2015年增长21.68%，说明项目学校制度建设不断修订完善又日趋稳定。（见表10）其中阜阳市学校制度更新增长302.44%。

表10　省级示范特色学校管理制度建设情况比较表

年度	现有学校管理制度		学校管理制度更新	
	总数（件）	校均（件）	总数（件）	校均（件）
2015	5403	64.3	558	6.6
2016	6011	71.6	890	10.6
2017	6657	79.3	679	8.1

5. 质量效益进一步显现

2017年，项目学校继续着眼于服务创新型"三个强省"和五大美好安徽建设，大力发展中等职业教育，不断拓展服务领域，充分利用学校自身资源，面向各类在职人员和一线劳动者，广泛开展各类培训服务，培养大批技术技能人才和高素质劳动者，为全省重大战略的实施提供人力资源支持。

（1）办学规模。2017 年，项目学校全日制学历教育在校生 256129 人、校均 3049.15 人，分别比上年、2015 年增长 5.89%、14.01%，其中阜阳市分别比上年、2015 年增长 16.23%、79.81%。非全日制学历教育在校生 101330 人、校均 1206.31 人，分别比上年、2015 年增长 2.35%、15.67%，其中亳州市分别比上年、2015 年增长 133.06%、366.12%。开展职业培训 406262 人次、校均 4836.45 人次，分别比上年、2015 年增长 10.63%、26.69%，其中广德县分别比上年、2015 年增长 135.16%、304.26%。（见图 5）

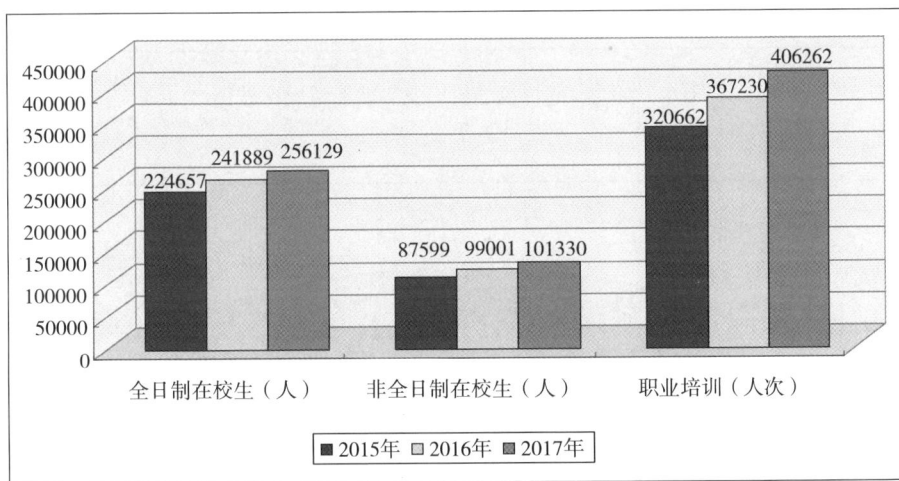

图 5　省级示范特色学校学历教育与培训规模比较图

（2）质量效益。2017 年，项目学校毕业生就业率为 95.2%，分别比上年、2015 年高 0.03 个、1.22 个百分点。毕业生对口就业率为 82.27%，分别比上年、2015 年高 2.98 个、5.72 个百分点，达到省级示范特色学校项目评估指标的规定要求，其中池州市毕业生就业率稳定在 98.5%，对口就业率达 89.85%。毕业生本地就业率为 58.34%，分别比上年、2015 年高 0.33 个、4.46 个百分点，其中广德县毕业生本地就业率达 86.4%，多数毕业生留在本地就业创业，成为服务地方经济建设和社会发展的一支生力军。（见图 6）

（二）示范专业项目

省级示范专业建设项目 299 个，分布在 17 个市、直管县的 153 个学校（见图 7）。其中，合肥、阜阳以 44 个、41 个项目居全省前两位，低于 10 个项目的分别为池州市（9 个）、铜陵市（7 个）和广德县（2 个）。

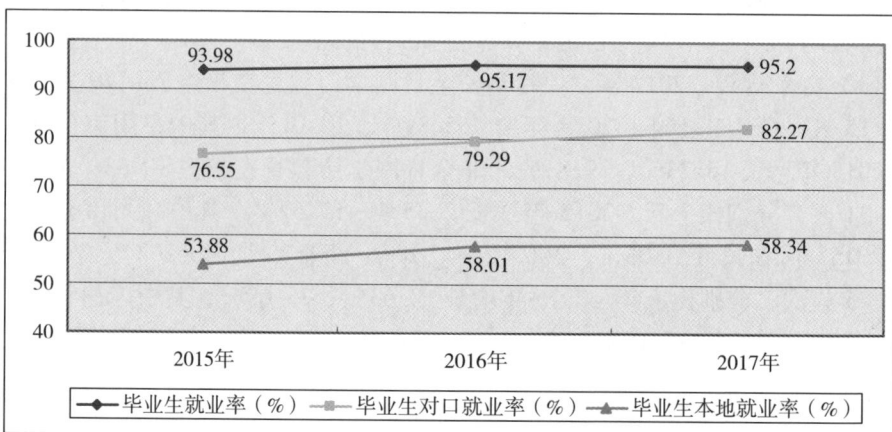

图 6　省级示范特色学校毕业生就业情况比较图

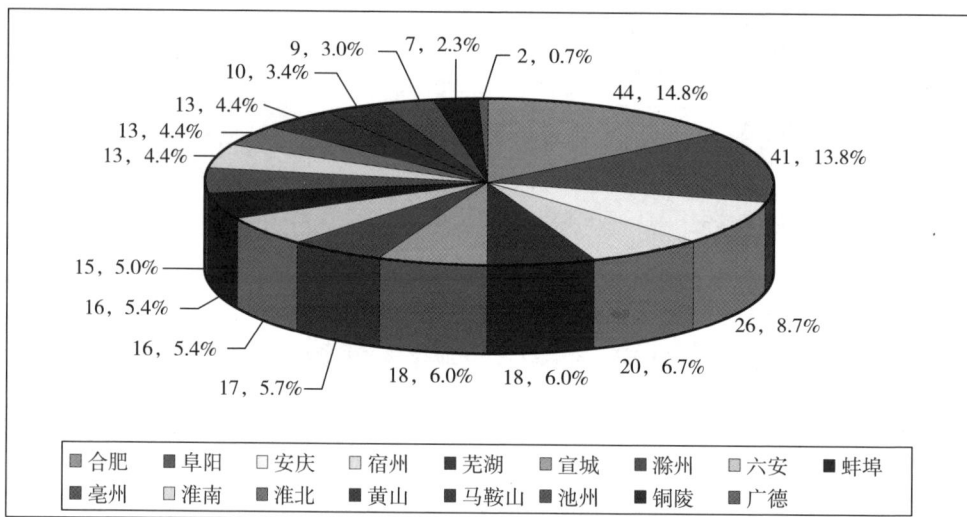

图 7　省级示范专业区域分布图

2017 年度，省级示范专业建设项目任务目标完成率为 86.96%，比上年高 7.03 个百分点，其中，5 个市（县）完成率达 100%，亳州市、安庆市和广德县连续两年完成率为 100%。相比 2016 年，5 个市完成率上升，6 个市完成率保持不变，6 个市的完成率有所下降，其中阜阳和滁州 2 个地市完成率分别上升 125% 和 70%。（见表 11）虽然项目完成率提升，但是基本完成项目数相对完成项目数所占比重较大。

表 11 省级示范专业项目建设任务完成情况一览表

号	区域	项目数	项目完成率（%）		完成项目数		基本完成项目数		未完成项目数	
			2017 年	2016 年	2017 年	2016 年	2017 年	2016 年	2017 年	2016 年
1	安庆	26	100	100	22	26	4	0	0	0
2	滁州	17	100	58.82	13	7	4	3	0	7
3	亳州	15	100	100	13	14	2	1	0	0
4	马鞍山	10	100	90	9	6	1	3	0	1
5	广德	2	100	100	1	0	1	2	0	0
6	宿州	20	95	95	4	10	15	9	1	1
7	芜湖	18	94.44	100	1	8	16	10	1	0
8	蚌埠	17	94.12	88.24	7	6	9	9	1	2
9	池州	9	88.89	100	5	7	3	2	1	0
10	阜阳	41	87.80	39.02	7	1	29	15	5	25
11	淮北	13	84.62	92.31	8	11	3	1	2	1
12	淮南	13	84.62	61.54	7	4	4	4	2	5
13	合肥	44	81.82	90.91	8	15	28	25	8	4
14	宣城	18	77.78	77.78	2	0	12	14	4	4
15	铜陵	7	71.43	100	4	2	1	5	2	0
16	六安	16	68.75	81.25	3	4	8	9	5	3
17	黄山	13	46.15	46.15	1	0	5	6	7	7
	汇总	299	86.96	79.93	115	121	145	118	39	60

299 个省级示范专业项目对照建设标准加强建设，专业课程、教材等教学资源建设成果丰富，师资结构更加优化，促进了人才培养水平的整体提升，为同类专业建设和改革起到一定的示范和带动作用。

1. 专业建设发展定位进一步明确

示范专业基本建立了由行业企业参与的专业建设指导委员会，并形成了健全的管理制度和运行机制，示范建设专业能对接区域经济发展，一些项目学校迁入职教园区或开发区办学，能更好地服务地方产业发展，服务产业的转型升级。

2. 教学团队结构进一步优化

示范专业双带头人机制基本形成，2017 年，学校专业带头人和企业专业带头人比 2015 年分别增长 131.58% 和 272.73%；专业带头人成果水平得到提升，2017 年获省级教科研成果奖、参与公开出版教材编写、在省级刊物发表专业论文、主持省级课题研究的分别比上年增长 83.5%、35.31%、52.53%、50.00%。（见图 8）教师的结构趋向合理，其中双师型教师人数和面向企业、行业聘用任兼职教师人数比上年增长 10.43% 和 20.12%（见图 9），双师型教师所占比例、兼职教师所占比例分别比上年高 3.13 个百分点、1.06 个百分点（见表 12）；教师企业实践的人数、天数分别比 2016 年增长 56.13% 和 64.31%。

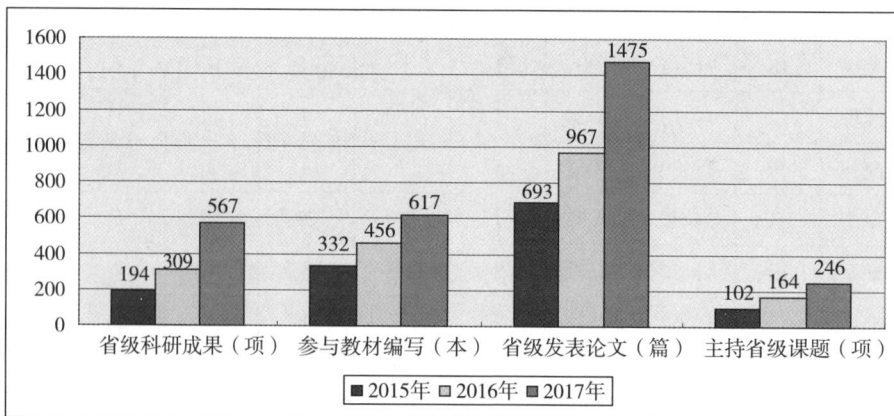

图 8　省级示范专业带头人成果比较图

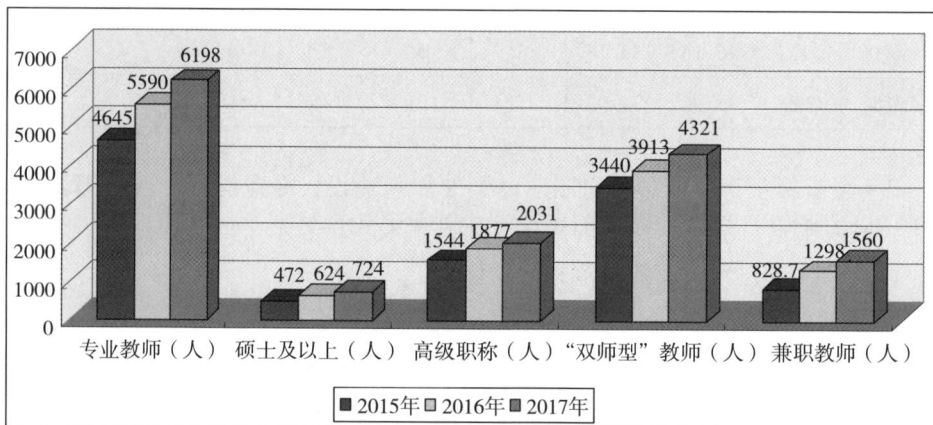

图 9　省级示范专业教师结构比较图

表12　省级示范专业教师结构比较表

年度	高级职称所占比重 （%）	双师型教师占专业教师比例 （%）	兼职教师占专业教师比例 （%）
2015	33.24	64.14	17.84
2016	34.46	69.89	24.11
2017	32.77	73.02	25.17

3. 实践教学条件进一步改善

2017年，项目学校继续加大实训室建设的投入，满足专业教学标准规范要求和办学要求，同时注重实训室功能的发挥。按部颁专业教学标准建设的校内实训室比上年增长12.44%，现有实训室与部颁专业教学标准规定数量的差值由2015年的1534间下降为1122间（见表13）；平均每个示范专业有实训设备241台套，比2015年增长36.08%，实践教学、职业资格鉴定、技能竞赛、社会服务等功能得到进一步实现。

表13　省级示范专业实训室建设情况一览表

年度	按标准新建实训室 （间）	实训设备数 （台/套）	与教学标准要求实训室的差值 （间）
2015	2224	53093	1534
2016	2685	64042	1227
2017	3019	72248	1122

2017年，示范专业继续强化实训室管理，制定完善了包括安全操作、安全事故应急预案在内的实训室管理相关制度，提高实训室管理设备利用率；并逐步加大专业的实训开出率，示范专业能开设实训数和专业实训设备利用数比2015年分别增长19.13%和44.44%，实训设备利用率和实训开出率达到90.81%和99.48%。（见图10）

4. 人才培养成效进一步提升

2017年，示范专业继续坚持校企合作、工学结合，行业企业参与人才培养全过程，与行业企业共同制定专业人才培养方案、共同组织实施专业教学、共同开展教学管理和人才培养质量评价等，积极探索现代学徒制人才培养模式，并取得明显的成效。2017年，开展专业工学结合学生达34812人，现代学徒制试点班级学生达8774人，现代学徒制试点班级数达249个。

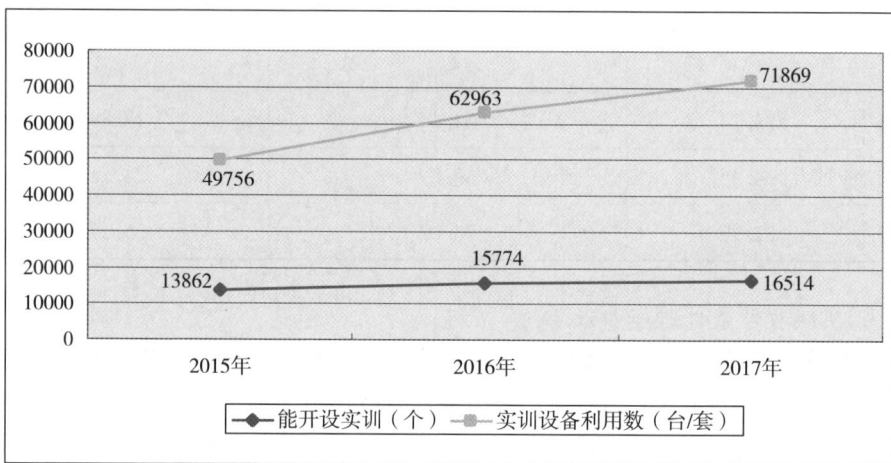

图 10　省级示范专业实训开设和设备利用情况比较图

表 14　省级示范专业现代学徒制试点和工学结合情况比较表

年度	现代学徒制试点学生		专业工学结合学生	
	总数（人）	专业平均（人）	总数（人）	专业平均（人）
2015	5420	18.13	23347	78.08
2016	9875	33.03	32515	108.75
2017	8774	29.34	34812	116.43

2017 年，示范专业继续加强专业课程体系建设，按照教育部印发的标准开齐、开好课程，落实部颁教学大纲（课程标准）的班级为 8.67 班/专业，占全部班级的 94.25%。（见表 15）在课程和教材方面，一方面，加强精品课程和教材的建设，形成符合标准和具有特色的优质资源，建成市级及以上精品课程 420门，比 2015 年增长 106.9%，选用国家、省规划教材达 15.83 种/专业，比 2015年增长 30.31%，占专业所开设课程的 84.72%，比上年增长 3.85%；另一方面，专业强调校企共建特色课程和教材，校企合作开发专业课程门数、特色教材、校本教材数以及课程资源库逐年递增，每专业分别达到 1.75 门课程、2.17 本教材和 0.89T 的课程资源（见图 11）。

表15 省级示范专业课程建设标准落实情况比较表

年度	落实部颁教学大纲班级		占全部班级比重	
	总数（个）	专业平均（个）	平均占比（%）	地市最大最小差异（%）
2015	1903	6.39	81.57	48.5
2016	2293	7.69	87.97	47.96
2017	2593	8.67	94.25	15.71

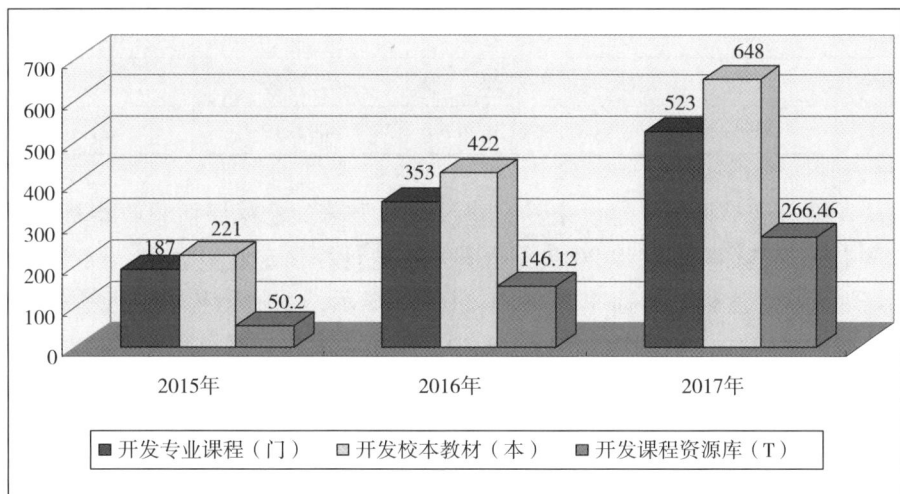

图11 省级示范专业校企合作开发课程资源情况比较图

5. 质量效益得到进一步凸显

2017 年，省级示范专业培养规模稳定增长，毕业生就业质量、就业满意度高。在校生规模达 128585 人，比 2015 年增长 27.09%，就业率和就业对口率达 95.52% 和 78.37%。（见表16）社会服务能力得到提升，经济与社会效益得到彰显。示范专业面向社会开展各种职业培训 291922 人次，专业平均达 976.33 人次，比 2015 年增长 94.02%，累计经济效益达 8093.19 万元（见表17）；专业资源应用于职业资格鉴定、专业技能竞赛等项目达 1484.5 个，专业平均 4.96 个，比 2015 年增长 100.34%；专业建设成果在全省交流或在省级及以上媒体宣传 920 次，专业平均 3.08 次，比 2015 年增长 151.37%。

表 16　省级示范专业在校生规模及就业情况比较表

年度	在校生规模		毕业就业	
	总数（人）	专业平均（人）	就业率（％）	就业对口率（％）
2015	101176	338.38	93.37	69.04
2016	116726	390.39	94.42	73.18
2017	128585	430.05	95.52	78.37

表 17　省级示范专业开展职业培训情况比较表

年度	职业培训人数		职业培训经济效益	
	总数（人）	专业平均（人）	总额（万元）	专业平均（万元）
2015	150461	503.21	4623.73	15.46
2016	236873	792.22	6597.66	22.07
2017	291922	976.33	8093.19	27.07

　　从省级示范专业总体建设来看，建设成效显著。根据评估验收指标体系的 10 个量化关键指标来看，以 2017 年全省平均值计算，专业生师比、双师型比例和年培训人次未达标，达标率为 80%。图 12 显示，生师比基本接近达标水平，而年培训人次尚有一段差距，达标指标中，年招生人数、高级职称率相对偏离标准，其余指标基本是通过建设逐年提高达到标准且偏离不大。

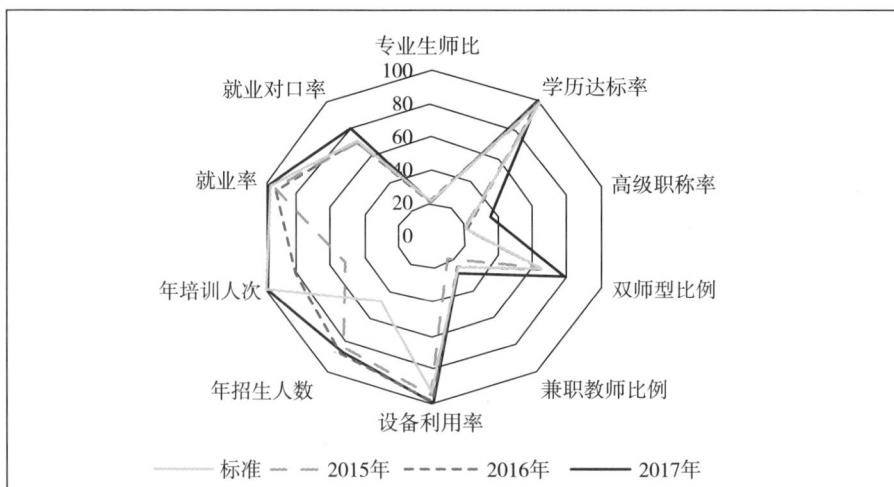

图 12　省级示范专业达标情况雷达图

（三）示范实训基地项目

2017年度，省级示范实训基地建设项目299个，地区布局与上年相同，项目建设成效进一步彰显。一是服务技能人才培养、服务区域经济建设、服务技术改革创新的功能定位明确；二是场地设备、信息化环境等设备设施条件得以改善；三是实训教学及改革创新、实训师资队伍建设等成效突出；四是实训基地管理制度进一步规范；五是学生综合职业能力培养、学生就业质量及开放共享社会服务等建设成效已经为地方经济发展带来明显支撑；六是初步建成一批或以产教融合校企合作为特色、或以社会培训服务地方为特色、或以大师领衔辐射带动为特色等特色基地。

1. 支撑人才培养、服务区域经济发展功能定位进一步确立

2017年，省级实训基地项目在专业建设指导委员会的指导下，进一步建立完善校企共建的有效工作机制；服务专业群建设、支撑人才培养模式改革、运用先进的教育理念和实训教学观念、重视理论知识与实践技能培养的功能定位进一步明晰。

2017年省级示范实训基地专业建设指导委员会企业委员1512人，平均每个基地5.06人，比2015年增长118.18%，比2016年增长14.98%；专业建设指导委员会指导基地建设2387.5次（见图13），平均每个基地7.98次，比2015年增长411.24%，比上年增长116.06%。

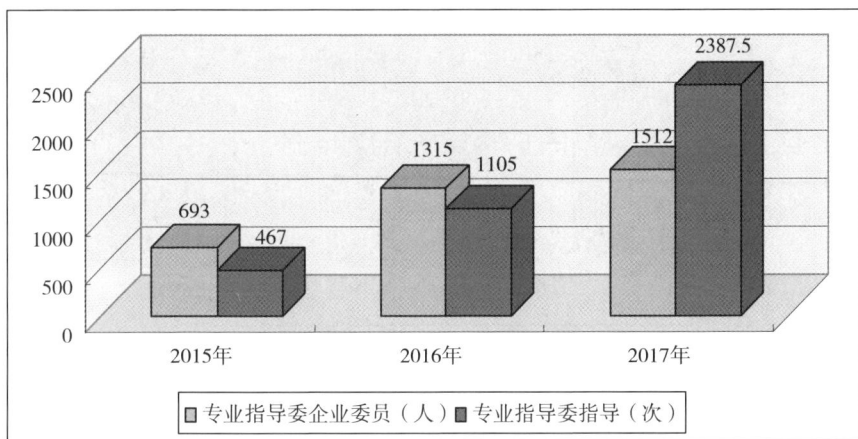

图13　省级示范实训基地专家指导情况比较图

2. 硬件条件、信息化水平显著改善

2017年，省级示范实训基地场地面积达844315.3平方米，基地平均

2823.77 平方米，平均值提前一年达到建设标准要求，比 2015 年增长 77.24%，比上年增长 25.2%。（见图 14）

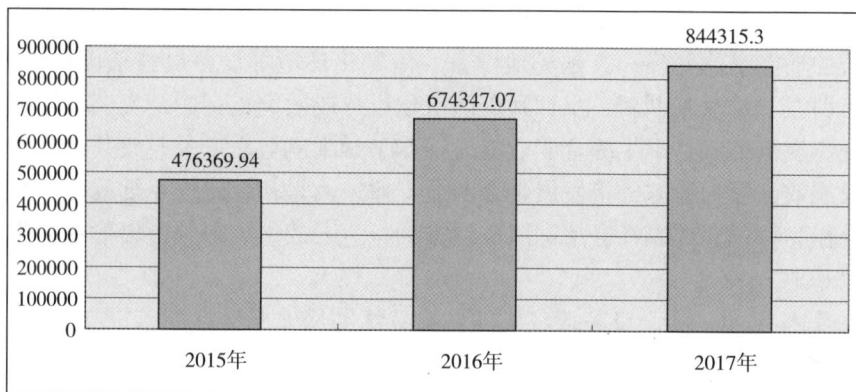

图14　省级示范实训基地场地比较图

2017 年，299 个省级示范实训基地新增仪器设备达 19018 台/套，基地仪器设备达 100030 台/套，比 2015 年增长 49.61%，比上年增长 23.48%；实训基地仪器设备总值 15.89 亿元，基地平均设备总值 531.49 万元，比 2015 年增长 50.78%，比上年增长 23.64%。（见图 15）

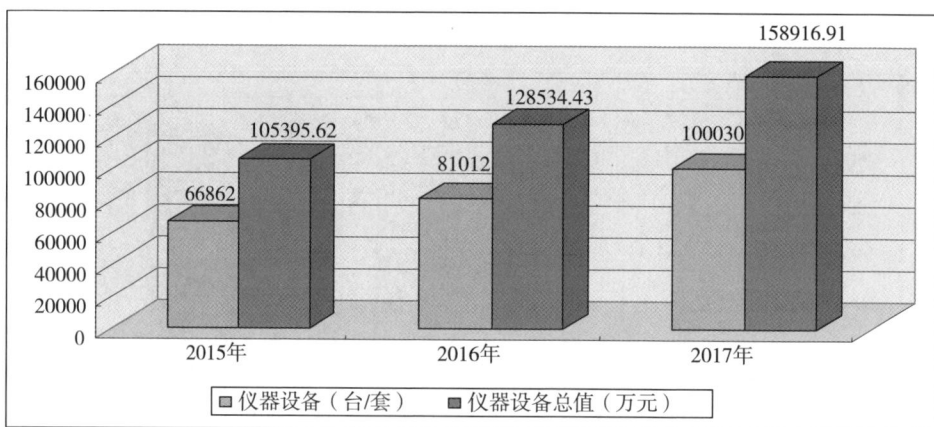

图15　省级示范实训基地设备情况比较图

在基地建设过程中，加强实习实训数字化教学环境和信息化教学资源建设，有效运用信息技术与数字资源，开展包括虚拟仿真教学在内的信息化实训教学，有效解决实训教学中的重难点问题，满足信息化实验实训教学的要求。2017 年建有 532 个虚拟仿真实训室，比 2015 年增长 134.36%，比上年增长 29.13%；现有网络化实习实训教学平台 869 个，基地平均拥有 2.9 个。

基地实训场地平均数前 5 名的市为马鞍山、亳州、池州、芜湖、合肥，分别为 5011 平方米、4883 平方米、4283 平方米、4235 平方米、4032 平方米；2017 年增长前 5 名的市分别为池州、六安、亳州、蚌埠、黄山，分别增长 327.08%、97.06%、70.04%、49.33%、37.22%。亳州市在基地场地平均面积与增长率两项指标上均靠前。

基地设备台套数平均数排名前 5 名的市为合肥、马鞍山、蚌埠、宿州、淮北，分别为 722 台/套、457 台/套、415 台/套、376 台/套、374 台/套；2017 年增长率排名前 5 名的市为铜陵、池州、亳州、合肥、六安，分别为 52.00%、35.11%、32.16%、32.01%、30.42%。基地项目实训基地仪器设备价值平均数排名前 5 名的市为淮北、铜陵、马鞍山、合肥、淮南，分别为 1062 万元、1046 万元、960 万元、808 万元、714 万元；2017 年增长率排名前 5 名的市为铜陵、蚌埠、滁州、宿州、黄山，分别为 36.06%、34.10%、33.26%、32.99%、27.95%。铜陵市在场地设备建设成效上较为突出。

3. 管理进一步规范、实训课程与师资质量明显提升

示范实训基地运行与管理以人才培养和师资队伍为重点，把人才培养作为基地建设的首要任务，开发以工作过程为导向的实训课程体系，积极开展"做中学、做中教"的教学模式改革，同时探索多元化评价体系，强化综合实践能力的考核，有效提高基地的使用效率。到 2017 年底，基地面对的专业能开设实训课 323330 个，平均每个基地为 1081 个，比 2015 年增长 52.09%，比上年增长 5.53%；专业实训课开课率为 90.05%，比 2015 年增长 17.53%，比上年增长 2.63%。

积极开展高素质实训指导团队建设，通过内培提高校内实训指导教师素质，通过外引将企业的能工巧匠引进到指导团队，2017 年度实训指导教师数量充足，结构合理。2017 年，基地实训指导团队教师 4228 人，比 2015 年增长 44.99%，比上年增长 10.97%；兼职实训指导教师 1642 人，比 2015 年增长 73.21%，比上年增长 15.63%；专任实训教师获高级以上职业资格占 67.81%，比 2015 年增长 14.95%，比上年增长 6.74%；实训室使用率和设备完好率分别为 92.65% 和 94.59%。（见图 16）

积极开展社会服务，项目建设以来基地生产性"实习产品"总产值达 6963.03 万元，平均每个基地 7.76 万元；基地承接企业生产服务获得利润达 3984.47 万元，平均每个基地 4.44 万元。

基地实训指导团队平均人数排名前 5 名的市为马鞍山、淮北、滁州、亳州、铜陵，分别为 33 人、18 人、16 人、16 人、15 人。专任实训教师获高级以上职

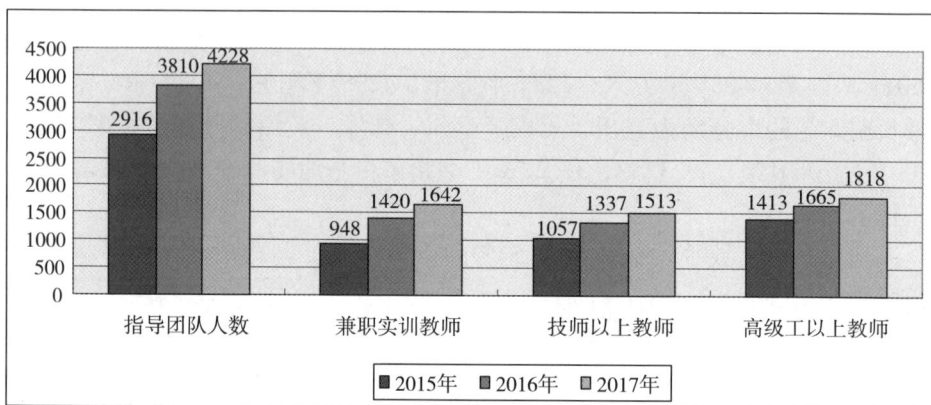

图16 省级示范实训基地实训指导教师结构比较图

业资格的比例排名前 5 名的市分别是广德、铜陵、宣城、蚌埠、芜湖，分别为 100%、78.81%、78.53%、77.46%、76.36%；2017 年增长率排名前 5 名的市为淮北、亳州、滁州、阜阳、池州，分别为 37.79%、24.23%、20.77%、20.50%、19.09%。

基地生产性"实习产品"产值平均数排名前 5 名的市为铜陵、亳州、芜湖、池州、淮北，分别为346 万元、56 万元、33 万元、31 万元、25 万元；基地承接企业生产服务获得利润平均数排名前 5 名的市为铜陵、亳州、蚌埠、滁州、宿州，分别为173 万元、41 万元、39 万元、13 万元、13 万元。

4. 服务专业与地方经济建设成效显著增强

示范实训基地建设成效突出为质量与规模、开放与服务两个方面。

在质量与规模方面：基地服务专业的规模和覆盖面正在不断扩大，学生综合职业能力、创新能力和就业质量显著提高。2017 年，示范实训基地服务专业达976 个，平均服务专业为 3.26 个，比 2015 年增长 51.79%，比上年增长11.54%，服务专业面更为广泛；示范实训基地服务核心专业招生65083 人，平均年招生 217.66 人，比 2015 年增长 44.72%，比上年增长 12.63%。

在开放与服务方面：积极承担各类社会培训；依托实训基地资源积极为当地中小企业开展技术服务，取得了较为显著的效果；参加各类技能竞赛，成绩显著提高；在区域职业学校中示范辐射作用显著增强，产生良好的经济效益和社会效益。项目建设期内，基地服务的学生共获市级一等奖及以上技能竞赛奖项3954项，平均为 13.22 项/基地；基地承担职业培训总数为 493465 人次，平均 1650人次/基地；共承办市级以上技能大赛864 次，平均为 2.89 次/基地。

基地服务的核心专业年招生数平均数排名前 5 名的市为亳州、淮北、合肥、马鞍山、芜湖，分别为320人、311人、291人、272人、253人；2017年增长率排名前5名的市为六安、宣城、淮北、安庆、黄山，分别为34.82%、26.49%、26.06%、23.47%、19.31%；项目建设期内学生获市级一等奖及以上技能竞赛奖项总数排名前5名的市分别为合肥、宿州、阜阳、亳州、马鞍山。项目建设期内基地承担职业培训平均数排名前5名的市分别为铜陵、滁州、广德、蚌埠、池州，分别为5276人次、3411人次、2995人次、2551人次、2385人次。

（四）名师工作坊项目

202个名师工作坊项目分布在全省16个市和1个直管县的112所学校，最多的是合肥市（31个项目），广德县最少（1个项目）。（见图17）建设任务完成及基本完成的178项，占项目总数的88.1%，完成、基本完成项目数达100%的市分别为安庆、亳州、滁州、铜陵、芜湖、宣城，占比35.3%，总体完成情况较好。通过项目建设，领衔人及团队在师德修养、教学研究、技能竞赛、团队建设、社会服务等方面取得了系列成果，为全省师资队伍建设起到良好的示范和带头作用。

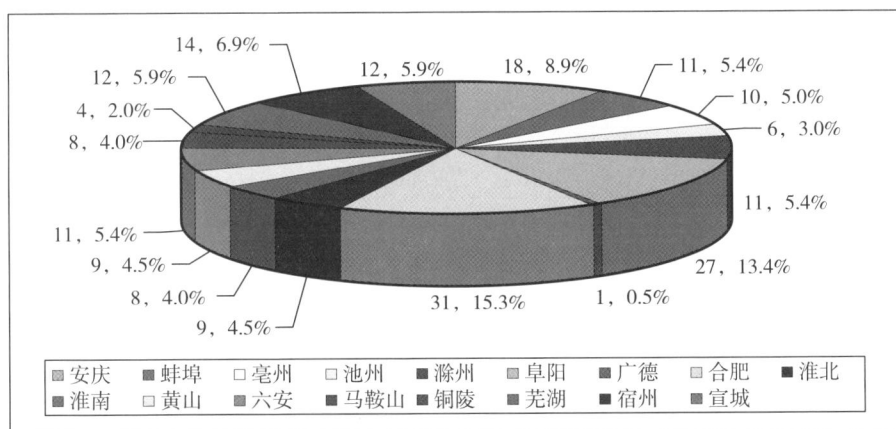

图17 省级名师工作坊项目区域分布图

1. 领衔人成果不断显现，项目建设已见成效

领衔人通过项目建设，不断加强个人职业素养、技术资质、专业水平以及示范作用的提升，尤其在教学研究成果上，取得进展。2017年，领衔人教学成果获市级以上表彰或交流累计达1015次，比上年增长70.02%，比2015年增长156.31%。主持校级课题、参与市级课题、发表论文累计分别达532项、381项、805篇，比上年分别增长65.73%、70.85%、43.49%。（见图18）其中淮北市获表彰或交流累计达67次，比上年增长458.33%；池州、蚌埠、合肥市参与市级课题增幅大，分别比上年增长125%、125%、115.79%。

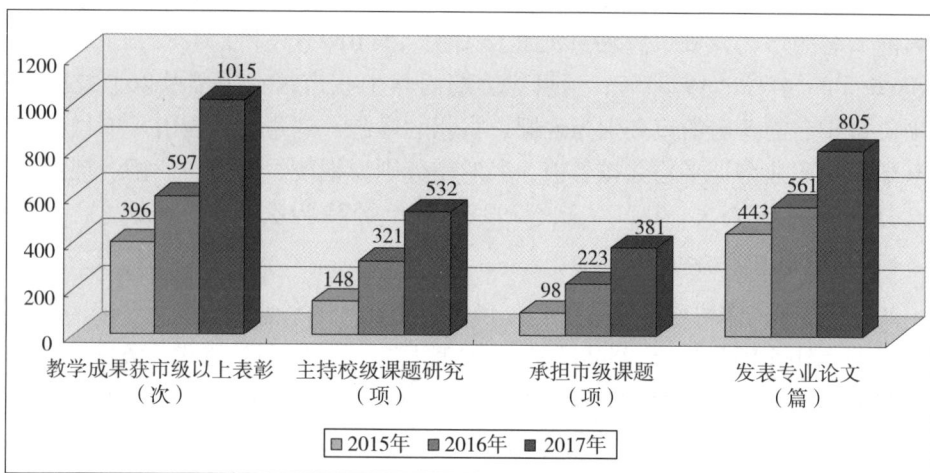

图 18　省级名师工作坊领衔人教研教改成果比较图

2. 团队结构合理，专兼结合，运行有效

名师工作坊项目已初步形成由校内核心成员及校外兼职人员组成，在数量、学历、职称等方面合理、稳定的建设团队。2017 年，团队核心成员 1577 人，核心成员具有本科以上学历 1491 人、中高级职称 807 人，分别比上年增长 8.01%、8.99%、10.25%（见图 19）；团队核心成员双师型教师比例为 82.73%，比上年高 5.98 个百分点。亳州市团队核心成员数以及团队核心成员中学历达本科的人数分别比上年增长 16.90%、23.53%；宣城市团队核心成员双师型教师所占比例最高，达 93.27%。

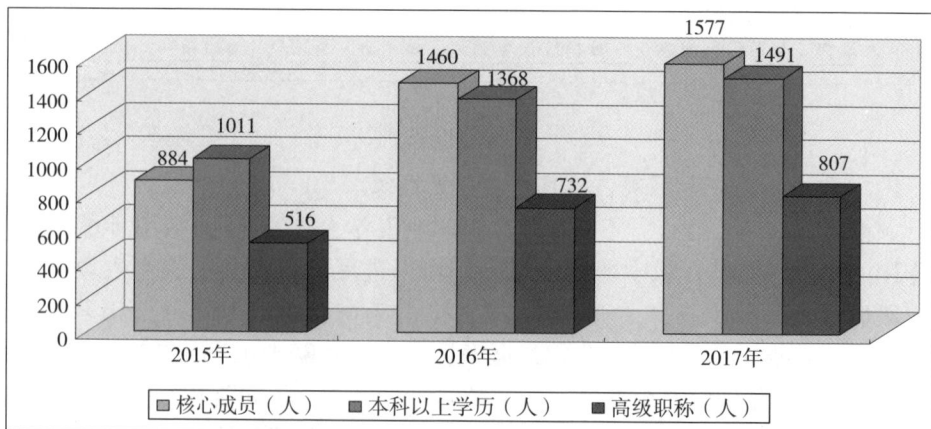

图 19　省级名师工作坊团队核心成员情况比较图

　　2017 年，名师工作坊团队成员中专业课教师 1351 人、本科以上学历 1731 人、中级以上专业技术职称 1480 人、具有高级工以上证书 1119 人，分别比上年增长 8.25%、1.23%、6.17%、11.12%。（见图 20）

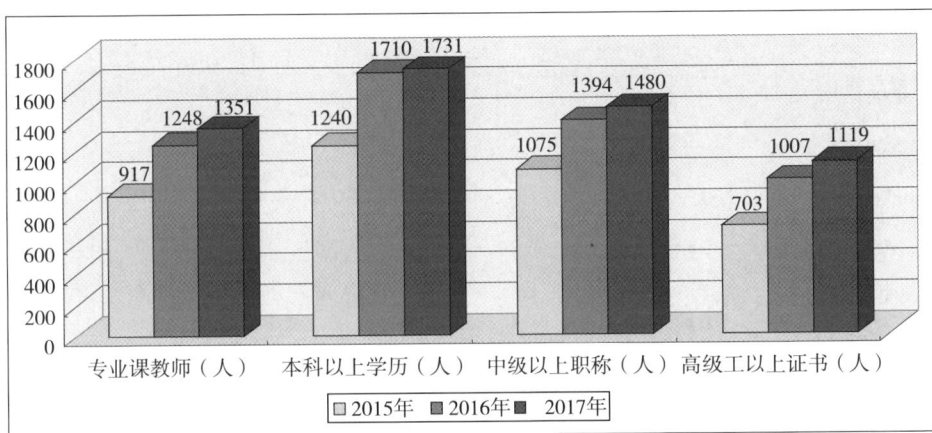

图 20　省级名师工作坊团队成员基本情况比较图

　　团队成员具有信息化教学设计或教学管理能力的比例已由 2015 年的 57.32%、2016 年的 81.64%，增长到 2017 年的 88.37%（见图 21），其中淮北市最高，为 96.67%。

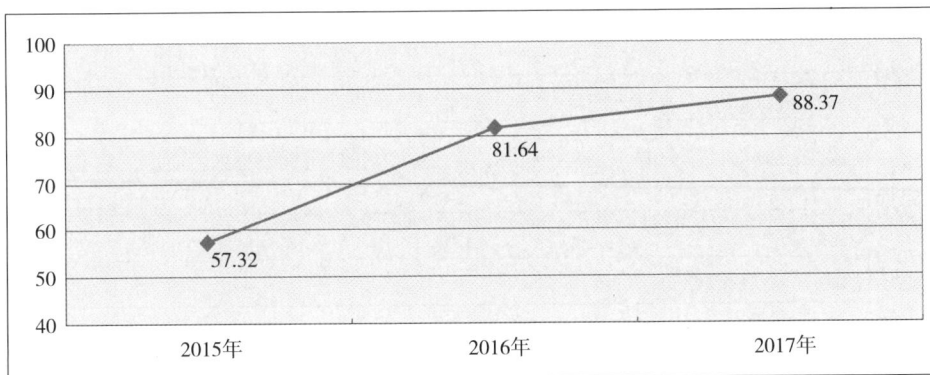

图 21　省级名师工作坊具有信息化教学及管理能力成员所占百分比比较图

　　3. 加强团队建设，管理规范、有序

　　名师工作坊项目与区域产业、学校重点建设专业及事业发展契合紧密，发挥核心成员专业特点，提升成员专业技能，团队整体建设发展思路清晰、制度完善，场地建设达标，名师建设成果动态信息更新及时，保障工作坊项目建设机制有效。2017 年，名师工作坊工作场所面积 14525.72 平方米（见图 22），比上年增长 16.35%，平均每个工作坊 71.9 平方米，远远高于建设标准要求。其中宣城市名师工作坊工作场所面积增幅最大，比上年增长 67.03%。

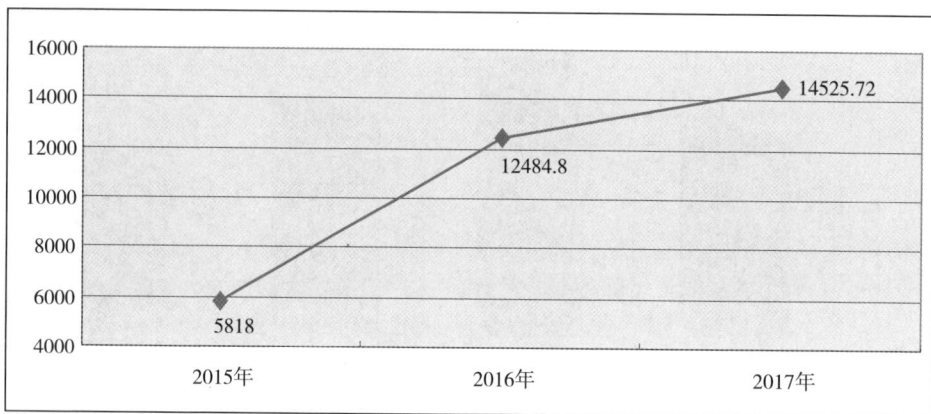

图 22　省级名师工作坊场地面积比较图

2017 年，名师工作坊信息化平台反映建设成果 5546 条（见图 23），比上年增长 137.11%。其中宣城市名师工作坊信息化平台反映的建设成果增幅最大，比上年增长 220.87%。

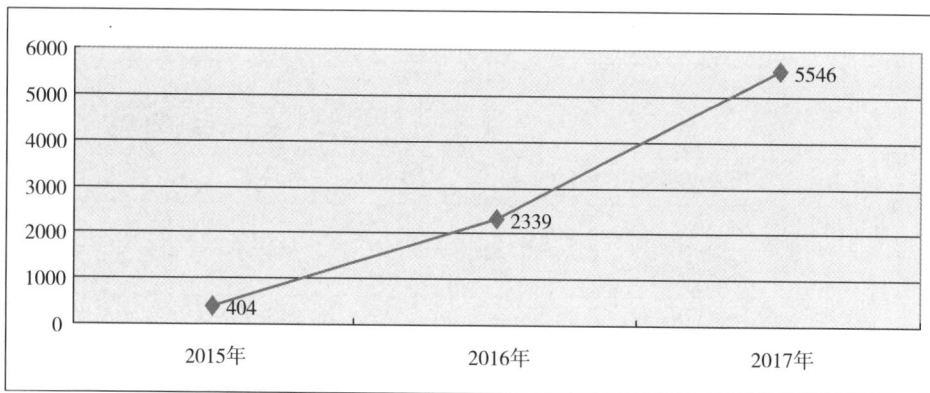

图 23　省级名师工作坊信息化平台反映建设成果比较图

4. 发挥示范作用，带动建设成效明显

名师工作坊项目在教学质量提升、专业建设、团队建设、社会服务等方面，发挥项目建设的示范带动效应，建设团队通过参与市级以上研究或改革项目、市级以上示范课、指导学生或亲自参加技能竞赛等带动质量提升。2017 年，参与

市级以上研究或改革项目累计达 1125 个，上市级以上示范课 1908 节，指导学生
或亲自参加技能竞赛 3635 人次（见图 24），分别比上年底增长 40.80%、
93.71%、106.18%。宣城市名师工作坊成员上市级以上示范课、参与技能竞赛
人次增幅最大，分别比上年增长 205.8%、144.84%。六安市名师工作坊参与市
级以上研究或改革项目增长最大，2017 年 76 人次，比上年增长 235.82%。

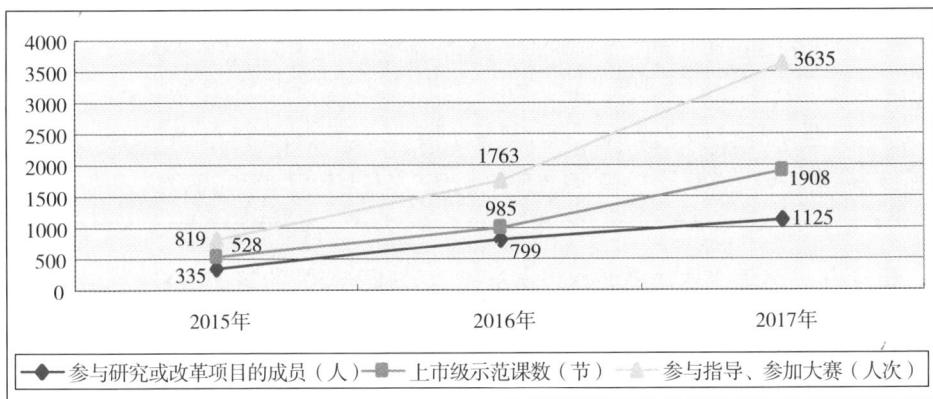

图 24 省级名师工作坊质量提升成果比较图

2017 年，名师工作坊开发校本课程 557 门、校本教材 3630 本，成员获教科
研成果或技术研发成果 1505 个（见图 25），分别比上年增长 79.10%、53.29%、
103.93%。淮南市名师工作坊开发校本课程 56 门、校本教材 59 本，增幅最大，
分别比上年增长 409.09%、247.06%。

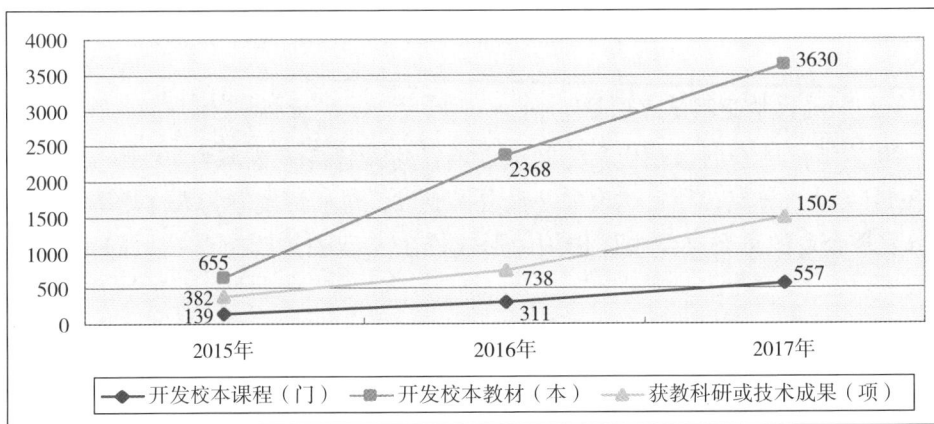

图 25 省级名师工作坊专业建设成果比较图

2017 年，名师工作坊领衔人带领团队建设取得系列成果，其中结对帮扶青年教师的成员 959 人，获更高级别骨干教师、带头人 605 人，为学校、企业培养青年技术技能骨干 7354 人（见表 18），分别比上年增长 18.69%、48.65%、120.64%。其中蚌埠市培养技术技能骨干 1339 人次，比上年增长 200.22%。

表 18   省级名师工作坊团队建设成果比较表

年度	结对指导青年教师的工作成员（人）	获更高级别骨干教师、专业（学科）带头人（人）	为学校、企业培养青年技术技能骨干（人）
2015	290	200	2221
2016	808	407	3333
2017	959	605	7354

2017 年，名师工作坊团队承担市级以上教师专业技能培训 28834 人次、开展服务 155549 人次（见表 19），分别比上年增长 91.14%、90.63%。其中芜湖市承担市级以上教师专业技能培训 811 人次，比上年增长 575.83%；淮北市开展服务 13732 人次，比上年增长 270.13%。

表 19   省级名师工作坊开展社会服务成果比较表

年度	承担市级以上教师专业技能培训（人次）	开展服务（培训）（人次）
2015	3764	27197
2016	15085	81598
2017	28834	155549

（五）现代学徒制试点项目

2017 年，44 个省级现代学徒制试点项目建设任务完成率为 79.5%，比上年度低 11.4 个百分点，项目建设进一步取得成效，企业深度参与人才培养全过程，充分发挥企业的重要办学主体作用，形成校企"双主体"办学、协同育人的新模式。

1. 校企协同育人机制进一步完善

现代学徒制试点项目通过建设，校企协同育人机制基本形成，工作机构、运行机制、经费保障、招生工作方案等方面进一步得到完善。与上年相比，2017年省级现代学徒制试点项目研究及工作机构人员由 459 人增加到 514 人，定期例会次由 227 次增加到 448 次，调研报告、实施方案由 84 份增加到 135 份（见图

26），分别增长 11.98%、97.36%、60.71%。

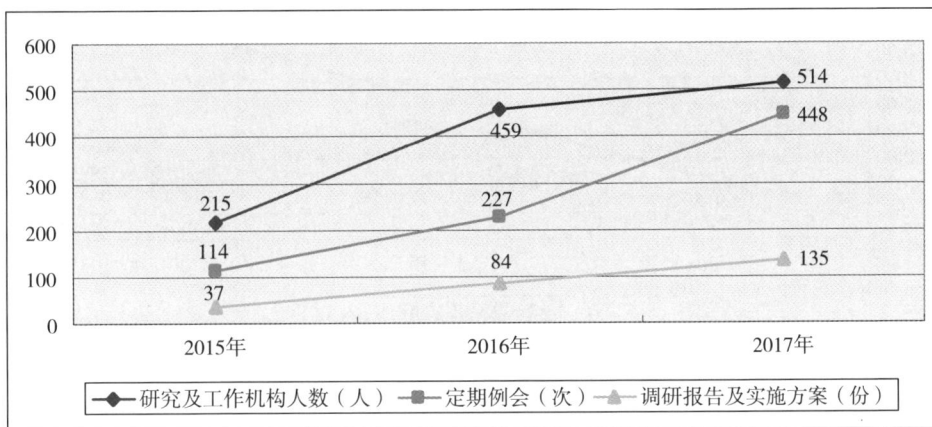

图 26　省级现代学徒制试点工作机制情况比较图

与上年相比，2017 年省级现代学徒制试点项目学校对项目建设投入的经费由 618.23 万元增加到 1162.92 万元，合作企业对项目建设投入的资金由 179.36 万元增加到 481.29 万元（见图 27），试点项目招生由 2504 人增加到 4044 人（见图 28），分别增长 88.1%、168.34%、61.5%。

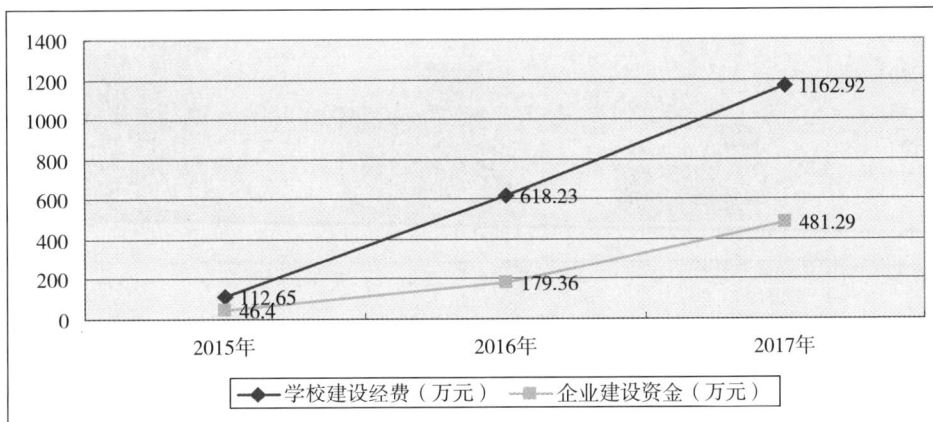

图 27　省级现代学徒制试点项目建设资金比较图

2. 人才培养模式改革进一步探索

实施现代学徒制试点，推动了校企双方深度合作，在人才培养方案、专业教学标准、专业课程、课程标准、校本教材、教改案例、特色教案、信息化教学资源、实训课程标准、实践教学等方面不断探索，取得了阶段性成果。

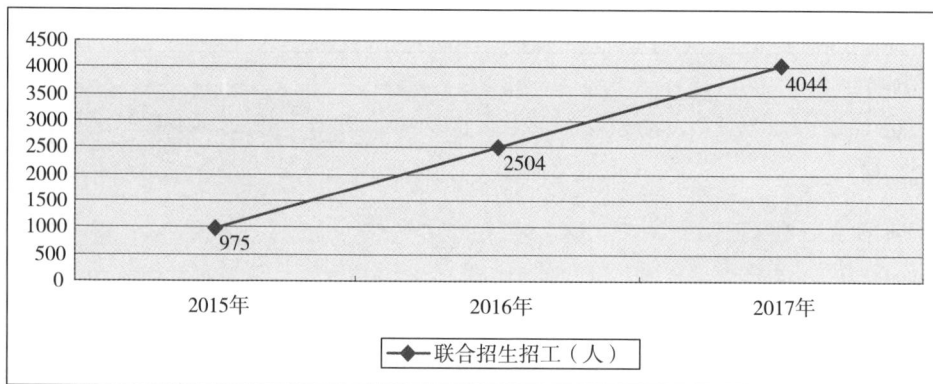

图 28　省级现代学徒制试点校企招生招工数比较图

2017 年，现代学徒制试点项目进一步探索校企合作、工学结合人才培养模式，校企合作共同开发专业课程、校本教材，项目学校系统构建人才培养方案达105 份，校企共同制定专业教学标准达 100 份，开设专业课程达 269 门，制定课程标准达 175 份，组织编写现代学徒制教材讲义 221 份（见图 29），比上年分别增长 43.84%、53.85%、35.18%、60.55%、58.99%。

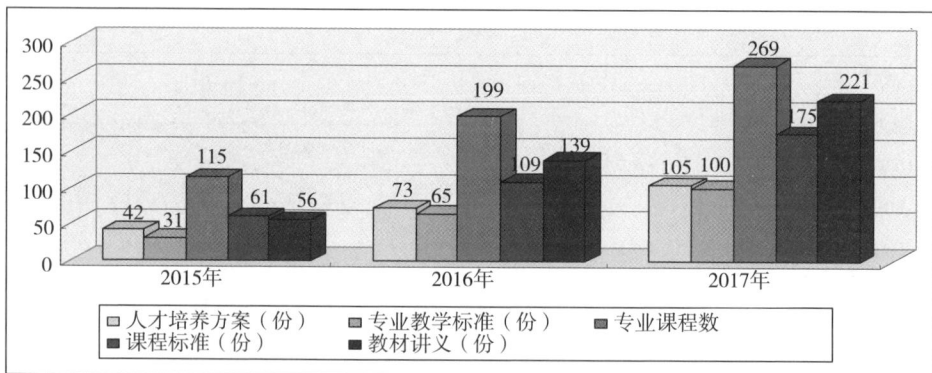

图 29　省级现代学徒制试点课程教材建设情况比较图

2017 年，现代学徒制试点项目进一步推进教学模式改革，形成典型案例115份、撰写特色教案 333 份、开发教学资源 175 种、制定实训课程标准 170 份、产生实践教学教案 253 份（见图 30），比上年分别增长 98.28%、75.26%、57.66%、78.95%、36.76%。

3. 校企共建师资队伍水平提升

现代学徒制试点项目的师资队伍规模不断扩大，团队成员相互学习和交流，

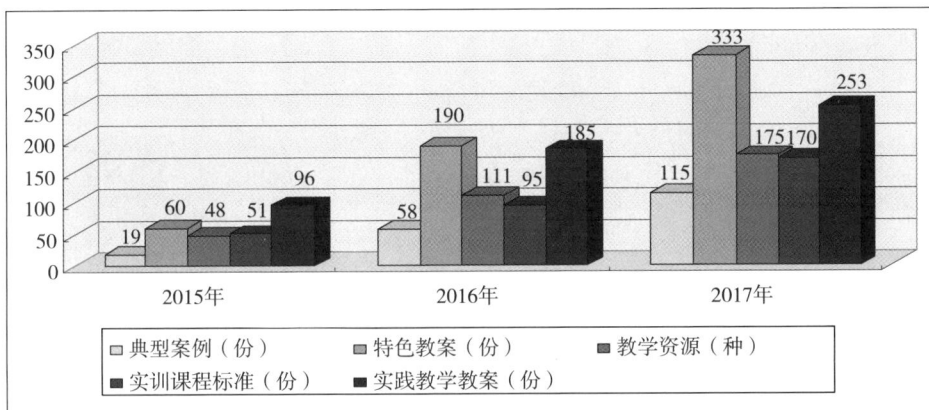

图 30　省级现代学徒制试点教学改革情况比较图

深入企业开展实践活动，专业教学理论、技能水平不断提升，教学实践能力得到提升。2017 年，现代学徒制试点项目拥有教学团队 615 人、校企双导师 424 人，组织专业教师到企业实践 7721 人天（见图 31），比上年分别增长 24.49%、24.71%、63.65%。

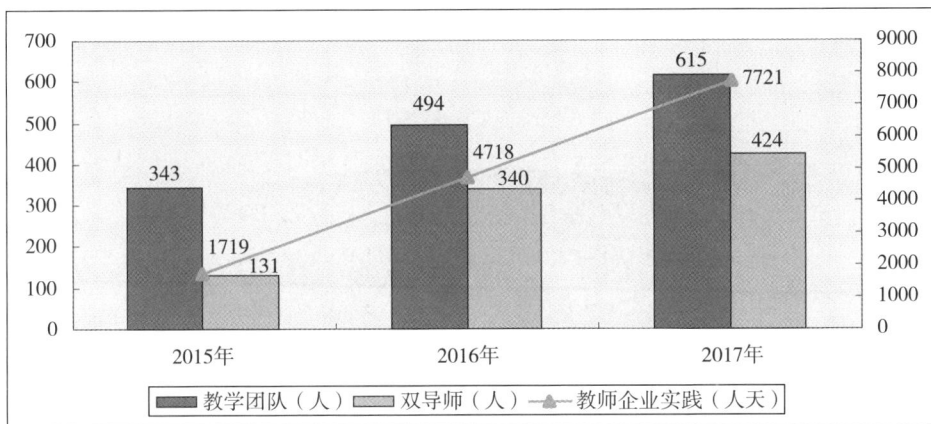

图 31　省级现代学徒制试点项目师资队伍建设情况比较图

4. 试点项目建设成效进一步显现

现代学徒制试点实行小班化教学，项目管理制度逐步完善。学徒学习任务具体明确，兴趣较高，考核及时，管理到位，特别是在企业实行 5S 管理，增强了学徒的劳动观念和组织纪律意识，反馈培养效果良好，学生"员工"意识逐渐强化，试点项目社会影响力逐步扩大。2017 年项目建设发布年度质量报告 81 份、发表研究论文 95 篇、典型案例 129 份（见图 32），比上年分别增长 68.75%、90.00%、57.32%。

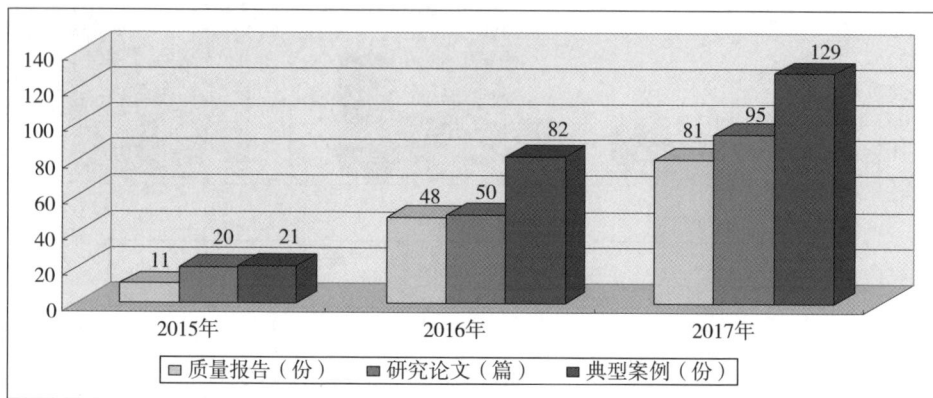

图32 省级现代学徒制试点项目试点成果比较图

（六）技能大赛赛点项目

技能大赛赛点项目 44 个，布局较为合理，分布在除池州外的 15 个市的 31 所学校，合肥市最多（5 所学校 7 个项目），占 15.9%；宿州市最少（1 个项目），占 2.3%（见图 33）。

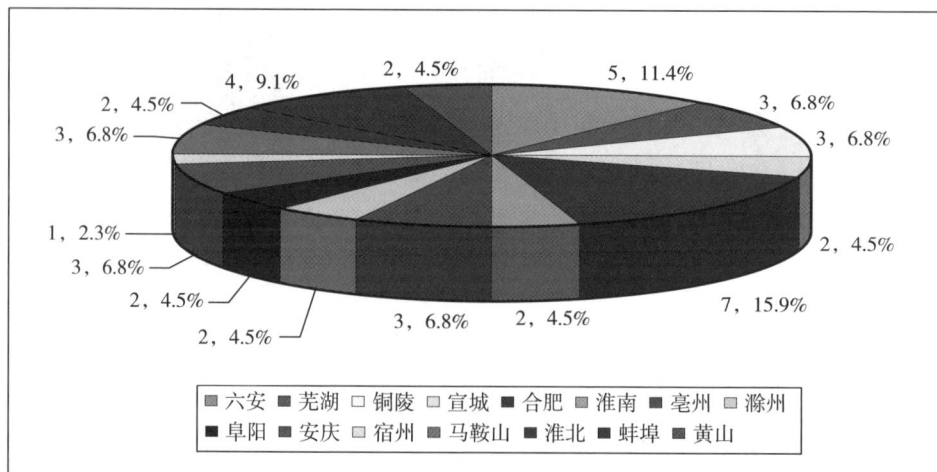

图33 省级技能大赛赛点项目分布图

2 年来，技能大赛赛点项目建设成效显著，承办全省职业院校技能大赛中职组比赛，并对全省中等职业学校技能大赛赛点建设起到良好的示范带动作用。主要建设成效体现在以下方面：

1. "以赛促教、以赛促改"目标定位明确，引领专业综合改革

项目学校坚持对接全省优势产业、主导产业、特色产业，服务省级以上职业院校技能大赛。坚持以赛促教、以赛促学、以赛促改、以赛促建，引领和推进中职学校专业建设和教学改革，提高人才培养质量。赛点建设基础和办赛能力得到明显增强，显现出明显的专业优势和专业实力。2017年3月，17所赛点学校承办了全省职业院校技能大赛中职组全部15个专业大类、63个比赛项目。2017年4月，12所赛点学校承担了2017年国赛安徽省选拔赛全部12个专业大类、35个项目比赛；部分学校还承担了世界技能大赛安徽省选拔赛、首届省农民工大赛等省级赛事。学校结合技能大赛，增设机器人应用技术、新能源汽车、物联网技术应用与维护等专业，开设VR技术、网络空间安全、3D打印等课程。

2017年，赛点有承办赛项相关专业教师1100人，平均每个赛点25人，比上年增长18.79%，比2015年增长36.31%，宿州、蚌埠、亳州增幅明显；相关专业全日制学历教育招生14788人，平均每个赛点336.09人，比上年增长6.35%，比2015年增长21.21%（见表20）。合肥市赛点招生6434人，比2015年增长26.43%；宿州市1个赛点招生人数达946人，宣城市赛点2017年招生351人，比上年增长31.46%，比2015年增长58.82%。总的来看，赛点全日制学历教育招生人数达到了指标体系的"100人以上"的要求，赛点具有良好的建设基础。

表20 省级技能大赛赛点专业教师和招生情况比较表

年度	承办赛项专业教师		相关专业全日制招生	
	总数（人）	平均（人）	总数（人）	平均（人）
2015	807	18.34	12200	277.27
2016	926	21.05	13905	316.02
2017	1100	25	14788	336.09

2. 以大赛服务专业建设，扎实推进基地硬件建设水平

项目学校按照承办省级技能大赛的标准和要求加强赛点场地和设备建设，更新、添置竞赛所需的设施设备，优化场地基础环境和赛场布置，提高赛点接待能力和开放办赛的能力。2017年，赛点有符合省技能大赛要求的设备11735台/套，平均266.70台/套，均比上年增长10.45%，比2015年增长55.18%。亳州、六安、铜陵3市设备台/套数量增加50%以上。

赛点校内实训中心建设多功能实训室1202间，平均每个赛点27.32间，均比上年增长68.82%，比2015年增长96.08%。建设相关技能教室968间，平均

22 间套，比上年增长 92.06%，比 2015 年增长 145.06%。良好的竞赛设备为比赛提供了较好环境，场地设备条件得到了明显改善。（见表 21）比赛所有时间缩短，承担比赛人员增加，2017 年全省参赛选手 2358 人，参赛学校 158 所，指导教师 1687 人，项目 63 个，均为历届省级竞赛规模之最。各赛点均建立了视频监控系统，并组织了赛事观摩。

表 21　省级技能大赛赛点设备场地情况比较表

年度	符合省赛要求的设备		校内实训中心实训室		技能教室	
	总数（间）	平均（间）	总数（间）	平均（间）	总数（间）	平均（间）
2015	7562	171.86	613	13.93	395	8.98
2016	10625	241.48	712	16.18	504	11.45
2017	11735	266.7	1202	27.32	968	22

3. 推进"一流"竞赛团队建设，大赛服务教学改革成效突出

项目学校按照承办省级技能大赛的要求加强竞赛相关团队建设，一方面，加强省级技能大赛参赛的指导团队建设，提高省级技能大赛的参赛水平和成绩；另一方面，加强承办省级技能大赛的裁判队伍管理团队和志愿者队伍建设，提高技能大赛的组织管理能力和办赛水平。

2017 年，赛点指导团队指导学生参加省级技能大赛获奖达 785 人次，比上年增长 39.85%，比 2015 年增长 124.26%。2017 年省赛前十名学校均为赛点学校，名次顺序为合肥市经贸旅游学校、淮北工业与艺术学校、合肥工业学校、安徽省汽车工业学校、滁州市机电工程学校、宣城市工业学校、铜陵市中等职业技术教育中心、马鞍山经济技术学校、天长市职业教育中心、安徽省马鞍山工业学校。其中合肥市经贸旅游学校连续 4 年保持全省第一，铜陵市中等职业技术教育中心 2017 年位次前进 5 名。

各赛点重视裁判队伍建设，拥有省级以上技能大赛裁判人数 108 人，比上年增长 38.46%，比 2015 年增长 92.86%。合肥市省级以上裁判最多，达 34 人，滁州市一年新增 4 名省级裁判，六安、铜陵、淮南、马鞍山均增加较多。（见表 22）

表 22　省级技能大赛竞赛团队比较表

年度	省级以上获奖数	省级以上裁判数	省级赛事研讨数	省级以上规程制定数
2015	338	56	81	114
2016	542	78	161	177
2017	785	108	232	218

赛点牵头组织开展赛项研讨活动232次，比上年增长44.1%，比2015年增长186.42%。赛点牵头组织开展赛项研讨与专题研究；参加相关赛项说明会，担任省领队工作负责。

赛点参与赛项规程制定218次，比上年增长23.16%，比2015年增长91.23%。2017年省赛承办学校能按要求编制竞赛规程，同时公布各种资料，专家审核通过率高。

4. 坚持规范化赛事管理，提升赛点承办赛事能力

2017年赛点学校承办了省职业院校技能大赛、国赛省选拔赛、世界技能大赛安徽省选拔赛等赛事，均较好地完成了任务。各赛点成立了赛务组委会。组委会下设联络筹备组、竞赛组、接待组、安全保卫组、后勤保障组、宣传报道组、纪检组等竞赛工作组，分工负责，统一协作；学校对竞赛场地、所需设施安排专人负责，进行了精心布置。赛点赛务组委会对备赛情况多次检查、调度，赛前对工作人员进行了认真培训，并安排多次演练；专家裁判第一时间到场验收指导，这一切保证了竞赛活动的顺利进行。赛点认真落实大赛细则及保密、回避等有关比赛制度；科学合理安排竞赛流程。赛点通过电视、广播、网络等新闻媒体对大赛概况、进展情况、重要动态等进行宣传报道；采集视音频资料，制作赛项宣传短片，多途径全方位地进行宣传报道。

5. 科学选拔与训练国赛选手，国赛成绩逐年提升

2年来，赛点学校不断完善、定期更新，满足举办行业技能竞赛、省级技能大赛需要，能承担全省相关专业国赛集训、教师培训研讨、省赛规程与标准制定的任务，在国赛中表现突出。

2017年全省参加全国职业院校技能大赛中职组38所学校中，赛点学校有21所，占55.26%，赛点学校荣获国赛一等奖2个、二等奖22个、三等奖40个，合计64个，占全部获奖的76.19%，赛点建设成效显著。

表23 安徽省近三年参加全国职业院校技能大赛获奖情况比较表

年度	一等奖	二等奖	三等奖	合计	获奖率
2015年	1	24	50	75	66.96%
2016年	2	28	59	89	73.55%
2017年	5	23	56	84	74.34%

五、主要问题

（一）部分市市级统筹力度减弱、不持续

部分市市级统筹、协调、指导、监督作用较上一年度有弱化的趋势。数据显示，与2016年相比，2017年度有6个市完成项目比例在全省排名中退步，个别市未完成项目建设任务比例逐年上升，反映出这些市过程性监控不力、持续性关注不够、指导性力量较弱、督查性制度缺失。部分项目校对质量提升工程重要性认识不高、动力不足、干劲不大、措施不力、执行力不强，严重影响了区域内职业教育为地方经济发展输送高质量技能型人才发展的需要。

（二）全省项目进度不均衡、建设有短板

数据显示，2017年有6个市完成年度目标建设任务比例不足85%，黄山市、阜阳市、池州市3个市低于80%，2017年全省129个项目未完成年度目标任务，主要集中在这6个市，未完成数共计95个，占未完成数的73.64%；2017年度六大工程项目中现代学徒制、大赛赛点项目完成率较上一年度下降，同时，129个未完成项目中，新增74个项目，55个项目连续2年未完成建设任务，形成项目建设短板。

（三）部分建设指标与目标值差距较大

对照《安徽省中等职业教育质量提升工程项目评估验收指标体系》，数据显示，六大工程项目中还有部分建设指标未达到建设标准和验收指标要求。以省级示范特色学校项目为例，截至2017年底，有45所学校尚未达到300亩的指标要求，占84所项目学校的53.6%；有47所学校尚未达到建筑面积达8万平方米的标准。26所学校的生师比高于20∶1；18所学校的双师型教师尚未达到专业课和实习指导教师的70%；38所学校面向行业、企业聘任兼职教师尚未达到教师编制数的20%；23所学校在校生规模尚未达到3000人；38所学校开展职业培训尚未达到2000人次以上。

（四）部分项目对评估指标体系理解不到位

一些项目学校对指标体系内涵理解有偏差，存在提供的材料与指标内容不符；佐证材料支撑度不够，关联性不强；验收要点未能完全涵盖验收指标体系中的主要观测点；2017年材料与2016年的重复，时效性不强；建设内容未紧扣指标体系等问题。这些问题主要集中在129个未完成年度目标任务及基本完成年度目标任务的项目中。

（五）部分项目资金拨付滞后，资金支付率偏低，资金使用效益不明显

经实地核查验证，部分项目学校对项目资金预算不够科学、不够理性，导致

预算与投入存在偏差；个别地方教育、财政部门在收到省财政厅、省教育厅专项资金预算文件后，未及时对资金使用安排进行研究并提出方案，造成未在规定时限内将资金拨付到项目单位，个别项目学校没有立即使用专项资金，导致财政资金"趴在"账上，沉淀时间较长，经费保障不力，严重影响项目建设，使用效率亟待提高。一些学校质量提升工程项目缺乏激励机制。

六、有关工作建议

（一）持之以恒强化市级统筹力度

质量提升工程任务过半、建设周期过半，已经到了十分重要、关键的时间节点，各市级教育行政部门要进一步提高思想认识，强化责任意识、大局意识，坚定不移、持之以恒抓好项目建设的统筹，进一步强化工作措施，持续开展督查、指导、督促等项目推进活动。对于在2017年度省级评估中取得较好成绩、全省排名进步的市，要继续保持强力推进项目建设的势头，继续强化市级统筹、协调的力度，再创工作佳绩；对于全省排名退步、落后的市，要落实市级统筹、监督、指导责任。要认真贯彻执行省级文件要求，发挥政府在质量提升工程建设中的主导作用，履行市级统筹推进的责任，采取有效措施，加强督促、监督和指导，下大力气，知难而进，迎头赶上。各级教育部门要弘扬严谨务实的工作作风，做到思想不放松，统筹力度不减弱，工作不懈怠，确保辖区内项目建设学校一个不掉队，校校都过关。

（二）全力以赴加大项目建设力度

一是要促均衡、补短板。中期评估暴露出建设中的短板，项目建设单位要高度重视、引以为戒，举一反三，要认真梳理本部门建设中的问题和短板，建立问题清单和责任清单，制定路线图和时间表，即刻行动，补缺补差，集中优势兵力各个击破。二是要加强过程监控力度。越是到建设的关键期，越是要加大对项目建设的过程监控力度。市教育行政部门要将过程监控作为工作常态，经常性地开展督查、指导、协调等工作，充分地利用安徽省中等职业教育质量提升工程信息化管理平台，用大数据分析、监控区域内项目建设进度、建设质量、建设成效。三是要借梯登高，发挥专家的技术指导作用。质量提升工程专业强，技术含量高，各地要打造一支包括区域内外的市级专家队伍，采取行政推动、专家跟踪过程指导、强校带弱校、弱校学强校、强项目带弱项目、走出去请进来等精准指导措施，推进项目建设均衡发展、优质发展。四是要进一步研读建设标准、指标体系。各市要组织市级专家队伍指导建设团队人员再研读项目建设标准、评估指标体系，把对标补漏、补差工作作为目前项目建设工作的重中之重，提高项目的建设准确度、精准度。五是校长要主动作为。校长是质量提升工程项目建设第一责任人,抓质量提升工程项目建设是校长的主责主业。校长对项目建设的质量要心中有数,对建设团队遇到的困难要想方设法给予解决,对项目实施的进度要亲自调度,对未通过省级评估的项目要挂图督战,对项目资金的规范使用要时刻谨记。要建立奖惩制度,与项目负责人签订责任状,对未达到项目建设任务目标、未通过省级评估的项目,要限期整改、限期完成。六是积极营造攻坚克难和达标冲刺的建设氛围。各级教育部门要继续保持向前冲的干劲,及时发现并宣传典型人物、典型案例、先进经验,传播正能量,提振士气,鼓舞斗志,在全市,在项目校,营造推进项目建设夺标冲刺浓厚的建设氛围。

(三)严格落实项目资金管理

《安徽省中等职业教育质量提升工程实施方案》《安徽省中等职业教育质量提升工程项目管理暂行办法》明确要求加强经费保障和资金管理,落实"谁主管、谁负责"的原则,各地要统筹中等职业教育各类经费,积极争取地方财政专项资金,保证中央及省级专项资金只能用于项目建设。建议教育、财政等部门联合对辖区内项目校开展一次专项经费督查,立即纠正部分学校项目建设资金到位率低的问题,督促这些部门严格按照质量提升工程项目管理暂行办法、专项资金管理办法等有关规定,及时拨付项目资金,确保项目资金投入到位、规范管理、专款专用,确保项目资金发挥资金绩效,确保资金使用安全,确保经得起项目审计。

七、有关特色案例

把实用技术送到百姓手中　　把扶贫责任扛在自己肩上
——皖西经济技术学校社会服务典型案例

霍邱县是农业大县、人口大县,是国家新一轮集中连片扶贫开发大别山片区县、较深度贫困地区和全省脱贫攻坚重点地区,贫困人口多、扶贫攻坚难度大。学校借助质量工程提升项目平台,针对不同层次的需求开展有针对性的技术技能培训。2014年以来,年均开展各类培训5000人次,为社会培养了3万多名高素质技术技能型人才,培训数量大、影响广、成效显著。

一、实施过程

学校根据霍邱县扶贫攻坚工作部署,结合贫困劳动者需求,充分发挥自身优势,以产业扶贫、技能就业扶贫为重点,全方位开展技术技能培训,着力促进教育强民、技能富民、就业安民。

（1）高度重视。学校成立由校长任组长的扶贫工作领导小组，领导小组下设办公室，培训部主任兼任办公室主任，负责扶贫培训日常工作。定期召开扶贫工作例会，选派一名中层干部驻村帮扶。制定《皖西经济技术学校扶贫工作考核办法》，将全体教职工扶贫工作与年度考评直接挂钩，一票否决。在充分调研的基础上分类制定《皖西经济技术学校扶贫培训实施方案》，编印培训教材，免费为培训对象提供学习用具和午餐，做到精准施策。

（2）建立培训师资队伍。根据扶贫工作需要，建立一支以本校专业教师为主，相关行业专家、技术人员为补充的专兼结合的培训师资队伍，人数达到 56 人，涵盖农业、加工制造、信息技术、服务等产业，保证培训质量。

（3）开展村（社区）干部信息技术应用能力培训。2016 年，在县委组织部的指导下，与县委党校合作，免费开办全县村（社区）干部信息技术应用能力提升培训，984 名村（社区）干部参加培训，以提高村（社区）干部信息技术应用能力，推动扶贫信息报送工作。

（4）开展技能脱贫培训。2016 年以来，学校结合地方主导产业，与县人社局合作，利用"就业技能脱贫"项目资金，免费在全县开展以有劳动能力的贫困劳动者为对象的技能脱贫培训，2000 多名符合条件的贫困劳动者参加培训。如在三流乡、王截流乡开展稻田养龙虾和养鸡技术培训，在冯瓴乡开展养猪技术培训，在花园镇开展养鹅技术培训，在新店镇开展蔬菜种植技术培训，在沿淮乡镇开展优质水稻、小麦技术培训等。参训人员在学到技术的同时还可获得 250 元补贴，就业率达 90%。

（5）开展新型职业农民培训。2016 年以来，学校与县农委合作，开展新型职业农民培训，培养新型职业农民 500 多名，带动 1000 多名贫困劳动者增产增收。

（6）开展贫困残疾人实用技术培训。2016 年以来，学校与县残联合作，开展农村贫困残疾人实用技术培训，培训农村贫困残疾人 730 人，人均增收 2000 元。

（7）开展农村电商人才培训。2017 年，学校与县电商办合作，免费开办农村电商人才培训班，100 名贫困学员顺利结业，46 名学员成功开办农村淘宝店，人均增收 5000 元。

（8）利用专业合作社、扶贫车间开展扶贫。2014 年以来，学校技术指导 18 家专业合作社，吸收贫困劳动者 500 多名入社，人均增收 2000 元；技术指导扶贫车间 6 个，培训 200 多名贫困劳动者掌握服装加工、草绳编织、工艺品制作等技术，顺利就业。

二、成效

学校共培训贫困劳动者5000多名，帮扶村年度扶贫任务全面完成，4名教师被评为县级扶贫工作先进个人。学校被评为六安市职业教育先进集体，被认定为省级扶贫培训基地、省级新型职业农民培训基地、霍邱县万名劳动力转移培训基地、霍邱县技能脱贫培训基地。社会培训工作典型案例《依托雨露计划项目载体，搭建校乡合作平台——探索村级信息化培训模式》获得国家级教学成果奖二等奖、安徽省教学成果奖一等奖。《实施非全日制学历教育，培养农村经济发展人才的探索与实践》获得安徽省教学成果奖一等奖。社会培训工作经验在全省、全市交流，《中国职业技术教育》以"扎根农村 倾情奉献"为标题报道学校的社会培训工作。

育技术技能人才 探教改教研思路
——安庆工业学校构建技能大赛与教学对接机制的探索典型案例

安庆工业学校（原安庆市第一职业教育中心）在安徽省中等职业教育质量提升工程建设项目过程中，通过以赛促教、以赛促改、以赛促学等形式，形成以技能大赛推动项目教学改革的理念，通过制度保障教师学生广泛参与，为师生搭建常规化平台、教学方案设计平台、校企合作实训平台，构建常规教学与技能大赛的对接机制，保证常规教学与技能大赛长效发展。

一、寓教于赛，以赛促教

在职业技能大赛过程中，通过竞赛活动促进教师采用新的教学方法，并创新教学设计和教学理念。技能大赛是考试场，通过竞赛项目可以检查职业学校教学是否体现了"以服务为宗旨，以就业为导向"的办学宗旨，是否突出了职业教育的办学特色，是否重视综合能力特别是实践能力的培养，是否把握了市场发展的方向等。在具体操作中，学校提出了以技能大赛推动项目教学法应用的思想，即要求专业课教师在专业核心课程的实践教学中，通过一个或几个项目，以大赛形式组织学生团队来完成项目过程，实施基于大赛和工作过程的教、学、做一体化的项目导向教学模式，最终促进学生职业技能和职业素养的提高。同时，校本课程实训化，学校积极推进精品课程建设，建设有特色的校本教材，重点建设6门精品课程和6本校本教材。以技能大赛模式为突破口，促进了工学结合、项目导向的教学方法的应用，也使广大教师的教学能力和教学水平得到不断提高。

二、赛教结合，以赛促改

将职业技能大赛和日常教学相结合，把技能大赛纳入专业培养方案，将技能大赛结果作为教学评价和教学测量的一个环节，以大赛模式带动整个专业培养模式的改革，促进赛教一体化。在赛教结合的教学模式改革与实践中：一是完善了竞赛模式的专业教学计划，在专业教学中的专门化方向模块中均安排了技能竞赛形式的教学课程；二是完善技能竞赛管理及奖励办法，从组织、制度、经费、设备、师资等方面全方位保障竞赛工作开展。这不仅为提升学生技能、建设双师型教师队伍提供了有利条件，更为日常教学与比赛的融合创造了良好平台。

在建设高质量的中职教育过程中，学校教师们越来越觉得教学要立足于学生、立足于实践，不能将学生限制在书本知识的"框框"里，要着重培养学生的实践能力，重视提高学生的技术技能水平。

在教学改革方面，边改边试，边试边做。充分调动学生的积极性，让学生组织课堂，教师按学生的需求来授课的方式组成了产品创客实践、智能加工制造、智能机器人、网络空间安全、美术与手工、弹唱与舞蹈、志愿者等多个社团课堂，同时形成了多个教师培训团队。学生凭借自己的兴趣爱好自主选择社团加入，社团由学生自主发起和管理，教师只负责授课，学生可在自由、轻松、平等的氛围中掌握一项技能，提高动手能力。能力突出的学生被选拔参加各级技能比赛，这样的社团课堂不但锻炼了学生的组织能力，完善了学生的知识结构，激发了学生的学习兴趣，而且为技能竞赛储备了参赛选手。目前，学校将技能竞赛与教育教学紧密结合，将技能竞赛纳入实践教学，成为学校教学改革的重要手段。

表1　2016年技能大赛获奖情况统计表

类别	获奖人数			
	小计	一等奖	二等奖	三等奖
市赛	86	32	36	18
省赛	13	2	4	7
国赛	1	0	1	0
合计	100	34	41	25

表2　2017年技能大赛获奖情况统计表

类别	获奖人数			
	小计	一等奖	二等奖	三等奖
市赛	82	29	29	24
省赛	22	1	4	17

（续表）

类别	获奖人数			
	小计	一等奖	二等奖	三等奖
国赛	2	0	0	2
合计	106	30	33	43

三、寓学于赛，以赛促学

将学生的日常学习和专业核心能力的培养融入大赛项目中，使教师做到赛中教，学生做到赛中学。专业培养方案设计和实际操作过程中，均要求各专业学生在校期间必须要参加一次以上的职业技能竞赛，同时必须完成专业核心课程中以项目教学出现的技能竞赛。社会文化艺术专业举办校园歌手、美术与手工、讲故事与舞蹈等比赛，还积极参与相关行业的比赛。2017世界超级模特大赛中国冠军赛江苏赛区亚舟同学获季军。

四、寓建于赛，以赛促建

技能大赛促进了学校实习实训设备的建设，2016—2017年上半年共完成8个项目建设，建设资金为287.737万元。新增工业机器人校内实训基地、中望CAD实训室、3D打印实训室和智能家居安装与维护实训室，改善了学生的实训条件，为竞赛取得好成绩奠定了扎实的基础。技能竞赛为学生提供了一个学习、展示的舞台，为教师提供了一个学习、提升的舞台。

五、寓研于赛，以赛促研

校科研科充分调动全体教职工参与教科研的积极性，在教学教法上不断进行研究探讨，出现了前所未有的良好态势。老师们认真参加暑期"管理者与骨干教师能力提升培训"及网络校本培训，认真撰写培训后的感想；在教学研究上相互探讨，相互学习，共同提高，教师的整体教科研水平有了进一步提高。

2016年以来，学校老师在《职业》《美术教育研究》等CN刊物上发表论文37篇，论文在省、市评选中获奖58篇次，在信息化大赛中获国家级奖2次、省级奖22次、市级奖38次，省级课题研究1项、市级课题研究4项；培训456人次，省培15人次，赴宁波永佳电子科技有限公司开展企业实践活动。程例老师被评为省特级教师。

六、以赛促管理

为打造出一支经验丰富的赛事管理队伍。学校先后承办了安庆市第八届、第十三届中等职业技术学校学生技能大赛，省职业院校技能大赛中职组学前教育和文化艺术类比赛赛点工作，并获得"安徽省职业院校技能大赛优秀组织奖"。教师十多人次参与省技能大赛及全国技能大赛裁判或监督员工作，拥有一支经验较为丰富的赛项管理团队。

七、以赛谋发展

通过比赛实施走出去、请进来，全面推进校企深度合作，实现资源共享，互利互赢，促进校园文化和企业文化紧密结合，促进学习、技能实训、工作实践的结合，推动教、学、做统一，实现学生全面发展。增强教师强烈的责任心和使命感，提高自身的综合素质，谋求学校的持续发展。

深化产教融合　建设"产、学、研"同步发展教学工厂
——马鞍山工业学校数控技术省级示范实训基地典型案例

马鞍山工业学校围绕马鞍山市现代化装备制造业对中高级技能人才培养的需求，结合马鞍山市地区产业实际和学校专业统筹规划，以安徽省中等职业教育质量提升工程为契机，打造数控实训基地建设、基地教学和管理运行全真企业化模式，使基地与企业达到零距离，实现了"校中厂"的校企合作办学模式，开辟"教学工厂"式的人才培养模式。

一、背景

1. 国家政策总体要求

2005 年国务院出台《国务院关于大力发展职业教育的决定》，首次肯定职业教育实行校企合作的育人模式；2016 年中央深改组要求，尽快印发有关校企合作促进政策文件；2017 年"深化产教融合、校企合作"写入党的十九大报告，中共中央办公厅、国务院办公厅《关于深化教育体制机制改革的意见》和《国务院办公厅关于深化产教融合的若干意见》分别就实行与推动校企合作提出具体要求与政策指导，释放校企合作政策"组合拳"信号。

2. 地区产业需求

马鞍山是地处长三角经济区的工业城市。马鞍山"十三五"发展规划提出，将重点实施工业强市、以港兴市、创新驱动、协调发展、绿色发展、民生共享等六大战略。到 2020 年规模以上工业企业数突破 2000 家，规模以上工业增加值达到 1000 亿元、力争突破 1200 亿元，制造业从业人员将达 30 万人。马鞍山重点骨干 60 家企业，制造企业占一半以上，其中包括马钢集团、马鞍山星马汽车、马鞍山华菱汽车、马鞍山泰尔重工、马鞍山方圆回转支承、马鞍山万马机床、马鞍山惊天液压等特大型、大型制造企业。

随着马鞍山市推进皖江城市带产业转移示范区的需求和马鞍山市"十三五"发展规划的实施，数控技术高素质应用型人才相当缺乏，成为制约马鞍山经济发

展的"瓶颈"。

3. 专业人才培养的必然选择

专业人才培养模式改革的基本途径是校企深度合作。现代化装备制造业需要高技能人才,产学研结合的教学工厂是重要途径。

二、主要目标

马鞍山工业学校通过数控技术省级示范实训基地建设平台,建设教学工厂,实现"校中厂",即在校内实现数控技术应用专业产学研生产性实训基地,将真空的企业环境与教学环境相融合,师生按照工学结合、工学交替方式在真实的职业场景中,按照企业服务流程开展实训和教学工作,培养师生职业能力和综合素质,提高育人质量。

1. 开创"校企合一"教学工厂之路,形成产学研一体化人才培养新模式

在"校企合一"的教学工厂情况下,校企双方是共生共存的一家人。企业对人才培养的参与是全方位的整体参与、深层次的参与,管理上实行一体化管理,实现了校企合作跨越式发展。

2. 共同设定生产性实训课程体系

依据生产性实训课程特点,根据工作过程导向,构建专业课程内容,深化教学模式改革,强化过程评价等,凸显任务引领性教材和工作页的编写。

3. 实现教学课堂与生产岗位的有效对接

将企业的 ISO9000 和 6S 管理有效地引入课堂,营造由"生产实践环境""教学实习环境""职业训导环境"三个要素组成的"企业化育人环境",培养岗位能力和职业素质。

4. 促进合作与交流

合作交流包括师生交流、技术交流和对外交流。双方共同完成专业建设、课改和实训指导;教师参与数控实训基地技术攻关、生产服务和初二学生专业体验等工作;依托数控实训基地建立蒋伟技能大师工作室,开展相关院校间横向学习与交流,为安徽省中职院校参加全国职业院校技能大赛献力献策。

三、建设过程

2016 年,学校为建设安徽省数控技术省级示范实训基地,在马鞍山市数控公共实训基地的基础上,又利用德促贷款项目,投入近 1450 万元,力求打造实训面积 8500 平方米、设备价值约 3500 万元、师资力量雄厚、省内有影响力的示范性实训基地。起初,这些设备仅供学生实训和社会培训,没有形成真实的生产环境,也没有任何经济效益,实训耗材和日常维护费用给学校造成了沉重的经济负担。为有效解决这个矛盾,学校大胆创新,依托数控职教集团成员企业,建立

数控技术应用专业生产型实训基地，开创"校企合一"教学工厂之路，形成产学研一体化人才培养新模式。数控实训基地所有实训教师均为生产指导"师傅"，学生以"工人"身份进入企业进行实际生产。

四、主要成绩

经过近几年的建设，学校依托"校企合一"教学工厂，共建"产学研"生产性实训基地成果显著。引进实训基地的 ISO9000 和 6S 管理模式，创建真实的生产环境，实现了车间、教室合一，学生、学徒合一，教师、师傅合一，理论、实践合一，作品、产品合一，育人、创收合一的"六合一"。专业教学改革做到了学校与企业、专业与产业、课程与岗位、教材与技术、素质与文化、技能大赛与校级交流的对接，提高了人才培养质量，为地方经济的发展作出了巨大的贡献。

1. 教学理实一体化，校企"零距离"对接

教学工厂成立之初，探索与数控集团成员企业泰尔重工股份有限公司开展合作，进行小批量来料零件加工，教师针对不同的零件加工，引导学生在真实零件的生产环境中进行专业技能实训，随着生产经验的积累，目前订单范围已经扩展到了 15 家成员企业，涉及近百种零件的生产加工。这种改革探索，既在校内为学生提供了真实的生产技术实践环境，提高了生产性实训的效果，又节省了实训材料和设备维护费用，将消耗型实训转化为生产效益型实训，为学校专业实训基地打开了良性可持续发展的局面。学生在不出校门的情况下，深刻感知企业文化，做到了教室与车间合一、理论与实践合一、教师与师傅合一、学生与学徒合一、作品与产品合一，大大提高了学生实践操作能力与岗位适应能力。校办公司按照企业运作模式经营，校企合作实现了真正意义上的优势互补、资源共享，使学校与企业保持"零距离"，使"学生"与"工人"角色实现了"零转换"。因为这些企业都处在学校的管辖之内，学校就能有效解决学生生产与实习之间的矛盾，使生产、实习两不误，初步实现了校企的深度融合。

2. 有效提高教师专业技能，推动"产、学、研"同步发展

通过教学工厂的实训环境，专业教师队伍生产实践能力显著提升。一方面，广大教师在组织生产和教学的同时，积极开展专业课程教学改革，探索基于工作过程系统化课程，以"项目教学""模块化教学"等方式，以企业实际生产过程建立"工作页"模式，开展课程教学改革；另一方面，有了生产经验，理论知识很快凸显出强大的功用。专业教师在组织指导学生加工华菱西厨的欧式切菜机机身、进料体等部件时，很快就发现了对方原有加工工艺、程序存在的缺陷，并针对性地进行了改进优化。其中经过优化的切菜机进料体加工程序，将单件加工时间由 30 多分钟缩短到了 23 分钟以内；针对机身加工工艺的改进，不仅缩短了加工时间，还提高了加工质量。2016 年以来，科兴机电有限公司先后为华菱西

厨有限公司等成员企业解决技术难题近 20 个，每年为企业节约资金约 50 万元。2017 年，学校与企业共同研制开发的 HLC－300 多功能食品加工机获国家专利，实现了"生产—教学—科研"三位一体。

3. 通过企业文化熏陶，学生职业素养得到提高

数控实训基地引进 ISO9000 质量管理，工作岗位引入 6S 管理。基地师傅根据学生认知规律，讲解职业化内容，让学生以准员工的身份，履行企业岗位职责，接受企业文化教育。企业文化进课堂树立了学生的质量意识，提升了学生的综合职业素养，达到"润物无声"的效果。

4. 技能大赛成绩显著提升，校级交流开展积极

数控实训基地积极完成省市级职业院校技能大赛赛点承办工作，为相关兄弟院校间学习与交流提供了平台。依托数控实训基地建立蒋伟技能大师工作室，各级开展技能大赛培训和指导工作。2016 年刘洋同学取得全国技能大赛数控车工项目金牌。2017 年在全国职业院校技能竞赛中获 2 枚银牌，在安徽省职业院校技能竞赛中获 8 金 4 银的优异成绩，总成绩位列全省同类学校第一名，参赛学生获奖级别和获奖面都有了稳步提升。

5. 教师素质得到提高，办学质量稳步提升

依托"校企合一"教学工厂，共建"产学研"生产性实训基地成果显著，学校办学质量稳步提升。专业教师队伍由几名高级工发展到了由一大批硕士、技师为引领组成的豪华阵容，目前学校有硕士 51 人、高级技师和技师 49 人、双师型教师 161 人；毕业生"双证率"从 2015 年的 83% 逐步提高到了 2017 年的 92%；在"双元制"教学本土化过程中，学校教师积极开展专业课程教学改革，吸收德国专业课程教学方法，探索以"工作页"为主的基于工作过程系统化的课程教学模式。2017 年数控专业教师获马鞍山市教学成果二等奖 1 项、三等奖 2 项，安徽省信息化大赛一等奖 3 项、二等奖 1 项，创新杯信息化教师信息化教学说课比赛二等奖 1 项、三等奖 1 项，全国信息化大赛三等奖 1 项。

五、体会与思考

校企合作实质上是利用学校和企业两种不同的教育环境和教育资源促进产学结合的互动共赢模式，是一种以市场和社会需求为导向的运行机制。当前校企合作还存在认识不足、层次较浅、制度缺位、基础欠稳、合作松散、质量欠佳等问题，职业院校校企合作还有很大的发展空间。目前，学校的校企合作方式探索仍取决于企业的订单生产，依赖于企业的生产状况，没有自己的主打品牌，缺少一定的长效机制。促进职业院校校企合作，建立健全政府主导、行业指导、企业参与的办学机制，制定促进校企合作办学法规，推进校企合作制度化，是提高职业教育质量和可持续发展的必由之路。

共建共享"厂中校"　根植企业育人才

——亳州中药科技学校开展现代学徒制探索典型案例

亳州中药科技学校积极开展中药制药专业现代学徒制人才培养模式探索，与安徽华善堂中药饮片有限公司依托校企合作，共建共享"厂中校"，探索校企协同育人新模式，成功解决了学校人才培养与企业用人需求差异以及企业用人"留不住"的问题，成效显著。

一、实施背景

近年来，皖北地区中职学校招生规模不断扩大，在校生人数急剧增加，而实训基地的建设却相对滞后，导致许多中职学校的实习实训条件不能满足当前的专业教学需要。建设一个高水平的实训基地，需要投入大量的人力、物力。因此，整合校企双方优势资源，共建"厂中校"，学生学习与企业生产交替进行，零距离对接，在企业师父的指导下开展专业学习与实践，解决了专业实训单一的困难，能极大地提高学生的岗位适应能力，弥补现行校企合作育人方面存在的诸多缺陷和不足，实现校企双赢，促进现代学徒制有效开展。

二、主要目标

1. 建立"校企融合、工学交替、分段培养"的培养模式

依托"厂中校"，校企双方在人才、技术、设备、文化、管理等元素上充分融合与共享，在校企联合招生、学段安排等方面进行探索与实践，形成"校企融合、工学交替、分段培养"的现代学徒制培养模式，突出解决学生身份、教学组织实施等现代学徒制的关键问题。

2. 构建"模块组合、能力递进"的课程体系

根据专业人才培养目标，由学校与企业、教师与师父共同参与，构建"专业基础课程+专业核心课程+能力拓展课程"3个模块的专业课程体系，实现"专业基础能力→岗位专项能力→职业综合能力"的递进，完成"学生→学徒→准员工→员工"的身份转换。

3. 形成"主体多元、分段考核"的评价体系

以专业知识、职业技能和职业素养为核心，形成专业负责人、教师、企业师父、学生及家长等多元主体参与的评价机制；根据分段培养要求，建立全程评价、分段考核的评价体系。

4. 加强导师互聘互用，实现"人才双向流动"

学校与亳州市沪谯中药饮片有限公司、安徽华善堂中药饮片有限公司建立了稳定的校企合作关系，实现教育过程与生产过程的对接，能够满足学生实习实训和教师下企业锻炼的需要。

5. 加强职业技能训练，实现毕业证书与职业证书的对接

通过现代学徒制实践，让学生接受多岗位锻炼，完成在专业培养目标中包含的各个岗位（工种）的轮岗实习任务，实现核心岗位（工种）达到国家职业资格中级工以上标准、其他岗位（工种）达到国家职业资格初级工以上标准的目标要求。

三、实施过程

1. 校企合作、共建共享"厂中校"

通过股份制合作，学校先期投入 129.8 万元与富丽华商旅集团联合建设年产 1500 吨、产值 8000 万元的集教学、实训、培训于一体的"厂中校"——安徽华善堂中药饮片有限公司，为实施现代学徒制提供了强有力的保障。

2. 校企联动，招生招工一体化

校企签订合作协议，共同制订招生招工方案，按照"中考→企业面试→签订学徒合同→学校注册入学"的校企"双录取"方式，取得学徒制身份，学生（学生家长）、学校、企业三（四）方签订学徒制协议，学校办理入学注册，取得中职学籍的学生身份。

3. 制定学徒培养方案，开发课程体系

依托"厂中校"，校企共同制定了学徒班人才培养方案，按照"模块组合、能力递进"的要求，构建了"专业基础课程+专业核心课程+能力拓展课程"的学徒制课程体系，使教学与生产融合、课程标准与岗位标准融合、学校文化与企业文化融合、教师与师父相互融合，学生一边工作，一边学习，形成了"校企融合、工学交替、分段培养"的现代学徒培养模式。

4. 实施"三段式"教学，提高学生技能水平

按照"学生→学徒→准员工→员工"四位一体的学徒培养总体思路，实行"三段式"教学组织实施，学生一年在校完成文化课程学习任务，掌握专业所需各项基本技能；一年在"厂中校"项目实训，让学生在实际岗位上训练技能，体验和感悟企业文化；一年在"厂中校"顶岗实习，让学生真刀真枪体验企业工作和企业文化。同时，实施企业班组化管理模式，1 个师父带 5 个左右的徒弟，组成学习小组，确保学生切实掌握职业岗位所需的技能。

5. 多途径培养专业教学团队

实施双导师制，学校确定专业教师作导师，下到实习单位指导学生理论学习；实习单位选派技术人员作师父，负责实习生岗位技能传授。实施学校与企业管理人员双向挂职锻炼，提高专业教师的实践能力和教学水平。推动专业教师与企业共同开展技术研发，及时完善和更新相关理论知识。建立健全绩效考核制度，评选并奖励优秀实习指导教师和师父，形成吸引人才、稳定队伍的激励机制。

6. 积极开展职业技能鉴定，推行"1+X"证书制度

学校依托校企合作平台和职业技能鉴定站，大力推行"1+X"证书制度。围绕中药生产企业岗位工种需求和国家职业资格标准，校企合作构建新型课程体系和考核评价体系，实现专业课程内容与工作岗位任务对接、专业设置与国家相关职业（工种）对接、专业教学标准与国家职业标准对接、实践教学考核评价与职业技能鉴定对接、学历证书与职业资格证书对接。

四、条件保障

1. 组织保障是前提

学校邀请行业、企业和职教专家，成立项目建设专家指导委员会，对任务书和实施方案进行多次研讨论证，保障了试点工作规划合理、科学推进；成立现代学徒制工作领导小组，明确职责和工作任务；定期召开例会，研讨项目建设，推进学徒制工作有效开展。

2. 健全标准制度是保障

校企共同制订专业人才培养方案、教学标准、课程标准、岗位职业标准等标准，出台《现代学徒制双导师管理制度》《企业师父遴选和认定办法》《企业指导师父工作职责》《学徒管理制度》《学徒毕业制度》《学徒毕业制度》《学徒实习召回制度》《学徒实习考核制度》等制度，使学徒制管理科学、规范、合理，运行正常有序。

3. 校企一体是关键

在学徒制的实践中，通过共建"厂中校"，在企业建立现场教学基地，形成了校企一体、深度融合的机制，确保了现代学徒制的有效实施。同时，企业整合现有生产要素，调整生产布局，优化职业岗位设置，建设学徒制实训基地，用于学生综合项目实训和顶岗实习，为现代学徒制实施创造了良好的条件。

五、主要成果与成效

1. 深化产教融合，增强学生岗位适应能力

校企"双主体、全过程"深度融合，实现了岗位标准与培养目标对接、生产过程与教学过程对接、工作内容与学习内容对接、企业生产现场与实训基地对接、企业技术团队与专业教学团队对接。校企一体教学平台的建立，实现了育人环境的企业化、社会化，极大地提高了学生实践能力和水平，增强了学生岗位适应能力。

2. 师资队伍建设加强，导师队伍水平逐步提高

目前，导师完成省级教育科学规划课题1项，指导学生获得省中药传统技能大赛一等奖4个，1位导师获得"亳州市优秀班主任"荣誉称号，1位导师获得"全国文明风采大赛优秀指导教师"荣誉称号，2位导师参加"华佗杯"全国中

医药知识电视大赛获一等奖，教学团队申报省级课题 2 项、发表论文 5 篇、获奖论文 12 篇。

3. 学徒技能水平提升，岗位适应能力强

学徒在 2017—2018 年亳州市中药传统技能大赛中荣获一等奖 4 个、二等奖 3 个、三等奖 2 个。学徒与普通顶岗实习的学生相比，具有更加扎实的专业理论知识、更加过硬的实践操作能力和良好的职业道德素养，上岗后能迅速适应工作要求，实现个人与岗位的无缝对接。

4. 产学研能力增强，产品申请专利

校企双导师共编制了《中药固体制剂工艺》《中药检验操作技术》《中药材及饮片真伪鉴别图谱》3 本实用校本教材。同时，双导师共同研发出"九蒸九制"系列产品，现已申请专利并投入生产，市场前景良好。在 2018 年安徽省中等职业学校教学成果奖评选中，学校报送的现代学徒制项目荣获一等奖。

5. 解决了企业技术人才选用育留的难题

在现代学徒制的实施中，学生技能考核合格率达 100%，学生流失率为 0%。学生具有学生和准员工双重身份，中药制药专业学徒班学徒一次性就业率为 100%、对口就业率为 100%、合作企业留职率为 35%。

让文化行动内化为成长力
——宣城市实施中等职业学校文化育人创新行动典型案例

一、背景介绍

文化是一所学校的灵魂、核心，也是学校凝聚力和活力的源泉。文化育人是职业学校内涵发展、提升核心竞争力的必由之路。宣城是徽文化发祥地之一，文化积淀深厚，历来崇文尚德，重视以文化人，在中等职业教育发展中重视德育与校园文化建设，坚持立德树人、文化育人，开展职业学校"规范办学行为·校园文化建设年""规范办学行为·校园文化建设促进年""规范办学行为·校园文化提升年"活动，制定标准，从精神文化、物质文化、制度文化、行为文化 4 个方面引领职业学校文化建设，遴选德育与校园文化建设先进单位、个人，组织专题研讨，职业学校校园文化建设进步明显，文化育人成效显著。

由于历史和现实、主观和客观多方因素的影响，职业学校面临社会认同度低、招生缺乏吸引力、生源数量不足和质量不高以及人才培养难以满足企业要求等困难。此外，《中等职业学校德育大纲（2014 年修订）》的颁布进一步明确培养中国特色社会主义事业合格建设者和可靠接班人的历史使命、校园文化作为德育途径具有育人功能，因此，进一步引领广大师生增强对职业学校文化认同感，增强自信心和成长成才自觉性、主动性和创造性，是职业教育高质量发展的课题。近些年来，宣城市结合贯彻落实《职业院校管理水平提升行动计划》，实施"文化育人创新行动"，打造文化育人活动平台，引领学校以"行为文化"为着力点，加强校园文化建设，提升文化软实力和核心竞争力。

二、实施过程

1. 让文明成为自觉

一是开展文明创建活动。2015 年，宣城市创建"全国文明城市"，学校成为创建的重要窗口，市教体局推进全国未成年人思想道德先进城市创建，实施社会主义核心价值观入脑入心行动、未成年人美德行为在线，开展文明校园创建行动和学雷锋志愿服务行动，评选文明学校、文明班级和文明学生，引导各级各类学校融入全国文明城市创建热潮中。二是举办"文明风采""校园读书创作"活动。引导学生以"征文演讲"抒发对党、国家和民族的热爱之情，表达在践行工匠精神过程中的行动、收获和感悟；以"职业生涯规划"表达职业意识和职业理想，展现创新精神和实践能力；以"摄影、视频"聚焦校园文化生活、实训实习等场景，反映学生乐观自信、奋发向上的精神风貌和青春正能量；以"才艺展示"传承中华优秀传统文化，呈现学生的道德修养和人文素养。

2. 让传统发扬光大

一是开展"我们的节日"活动。以传统节日为载体，开展节日民俗、经典诵读、研学旅行、文化娱乐和体育健身等活动，打造特色鲜明、气氛浓郁的节日文化，培育和践行社会主义核心价值观，倡导文明、健康、和谐、节俭、绿色的节日理念，引导学生认知、尊重、弘扬和传承中华优秀传统文化和美德。二是举办传统文化活动。举办中华国学经典朗诵、中华传统文化故事和中华才艺表演等竞赛，组织皖南花鼓戏、黄梅戏、徽剧等戏剧进校园，举办书法、绘画比赛，引导学生在学习、诵读、讲演、表演、欣赏、习作等体验中，感受中华优秀传统文化的魅力，倡导"向真、向善、向美、向上"的价值理念，提高学生的文明素养、道德水平和文化素养。

3. 让技术洋溢时尚

一是技能大赛成为常态。完善技能大赛制度化机制，举办职业学校技能大赛，组织学生参加全省技能大赛，引领学校办技能节，强化专业实践教学，弘扬技术文化，引导学生热爱专业、崇尚技术，练就就业创业的技能本领。二是举办创新创业大赛，推动学校开展创新创业教育，增强学生创新精神、创造活力和职业能力。三是组织教师技能比武，引导教师强化专业技能，提高实践能力和育人水平。四是开展校企对接。组织学校领导、骨干教师走进市、县经济开发区，了解企业文化、人才需求，为校企文化对接牵线搭桥。

4. 让素养彰显个性

一是以大赛历练素养。举办"职教情"文艺会演、职业素养大赛，引领学生养成良好的职业素养。二是评选优秀学生社团。引导学校加强学生社团建设，丰富社团活动，让社团促进学生自主成长，养成良好职业素养。三是举办教师"素养"大赛。举办班主任基本功大赛、教师信息化教学大赛、优质课比赛以及"品读教育理论，感悟企业实践"主题征文等活动，引领教师提升职业素养和育人能力，加强班级文化和教学文化建设。

5. 让典型引领成长

一是遴选身边典型树标杆。组织遴选"最美中职生"和十二类"校园之星"，展示学校文明创建成果，树立先进典型，引领学生提升素质、多样成长。二是让社会典型进校园。利用职教活动周和校园技能节、文化节，邀请劳模、宣城工匠、技能大师、优秀校友进校园，让学生学习劳模、工匠精神。三是利用典型带团队。建设名师（校长、班主任）工作室，培养有教育思想、教学风格和管理才能的骨干队伍，带动师资整体素质提升。

三、特色创新

1. 文化主线紧抓不放

立德树人是学校的根本任务，文化育人是学校育人的重要途径。始终把发展学校文化作为重要内容列入年度工作要点，作为一条工作主线紧抓在手。将文化融合在工作之中。在工作安排上，将文化活动与重点工作、常规工作等相结合，如在创建全国文明城市中开展文明校园创建等，在职教活动周举办"职教情"文艺会演和学生职业素养大赛。

2. 文化活动百花齐放

活动不断创新，推陈出新。项目有规定的，也有自选的；形式多样，有竞赛、演出，也有作品评选；有研讨交流，也有参观学习，还有报告讲座；内容丰富，有传统的，也有现代的；有思想道德的，也有技术素养的。

3. 文化主体全面参与

文化活动主体是学生和教职工。开展文化活动，既安排学生"竞演"，在活动中体验成长；也组织教师"登台"，历练文化素养和育人本领；还请领导"亮相"，研讨交流文化育人的经验与感悟。

4. 文化活动融入制度

活动开展需要制度保障。一方面，建立活动常态化机制，如每年举办技能大赛、"文明风采"竞赛、"职教情"文艺会演等；另一方面，将"文化育人"融入学校教学管理、学生管理和后勤管理基本规范等制度之中。

四、取得成效

1. 学生成长力明显增强

一是参加全省职业院校技能大赛，总分均居前6名；安徽材料工程学校吴双、李俊同学双双获2017年全国技能大赛中职组"蔬菜嫁接"金牌，实现历史性突破。二是参加"文明风采"和校园读书创作活动成绩优异。三是毕业生参加对口高考成绩突出。四是市工业学校叶雪芬、安徽材料工程学校李俊成为全国"最美中职生"。

2. 教师发展力明显增强

一是教师参加全省信息化教学大赛和优秀教研论文、教学软件和优质课评选成绩突出。二是涌现出一批优秀教师，包括1人获省政府津贴、4名省特级教师，建设13个省级"名师工作坊"，教师整体素质明显提升。

3. 学校影响力明显增强

一是学校骨干示范作用明显，办学社会影响力增强。二是安徽材料工程学校蝉联"安徽省文明单位"，荣获全国"五四红旗团委"和省"青年文明号"；市工业学校荣获市"五四红旗团委"；一批学校成为市级文明学校。

建设智慧校园　助力"三教"改革
——淮北工业与艺术学校推进智慧校园建设典型案例

淮北工业与艺术学校积极推进全国数字化校园实验校和省智慧校园试点校建设，成为全国首批112所数字化校园实验校之一。2019年3月，淮北工业与艺术学校获批安徽省职成教学会教育信息化工作先进单位。

一、建管用并举，"三教"改革落地生根

学校立足于信息化的建管用，以信息化推进教学和教师信息化素养提升为抓手，以推进教师、教法、教材"三教"改革为目标，加强教师信息化素养培训，全方位提升师资素质，打造教学创新团队；通过教学能力大赛推进电子混合教材、工作页手册式教材、网络课程、微课视频集的建设，构建多元立体教学资源，推进线上线下混合式教学；信息技术融合教育教学、教学平台助力教学科研实训常态、教学资源融入智慧教学实训生态、教学大赛驱动教育教学方法改革创新，数字化校园推进了"三教"改革的落地生根。

二、开展信息化培训，为教师赋能

学校坚持"全员培养、整体提高"思维理念，多次组织"互联网+教师"专题报告、"数字化教学资源建设"学术讲座、"云课堂"应用培训等，邀请专家讲学，开展全省技工院校一体化教学培训、全省教学能力大赛提升培训。

三、搭建网络教研平台，促理念更新

搭建校园网平台，教师可以通过个人账号构建个人学习空间、以资源为中心的资源空间和以网络教学平台为中心的网络教学空间。建立学校的精品在线课程平台，形成一批有特色的在线开放课程。及时推送"智慧职教、聚焦职教、信息化教学创新、智慧微学"等微信号。

四、对标对表建库，构建立体式电子课程

学校添置超星一平三端、新能源汽车资源库、旅游教学资源库、中望软件平台、凤凰创壹平台的相关专业课程，满足学生线上学习和教师线上教学的需求，为教师教学科研和线上学习提供资源与学习科研平台。引入超星尔雅通识课程，在选修课领域构建网络通识课体系。

五、推进一体化项目改革，打造职业教育金课

学校从人才培养的系统工程维度出发，要求教师要课上课下一体化，课堂教学、科技兴趣小组、技能大赛、教师能力大赛四位一体，线上线下相结合；落实教师到企业实践制度，充分利用好5个省级名师工作坊和4个市级名师工作室的集聚作用，形成技术研究和教学实施团队，建立多元参与的双师型教师评价考核体系，将师德师风、工匠精神和教育教学实绩作为职称评聘的主要依据。

课题组成员： 武庆鸿　高利兵　袁春雨　魏　芬　洪　应　马峰　杨　羿
撰写人员： 武庆鸿

第七篇　安徽省学位与研究生教育质量报告（2016 年度）

为深入贯彻落实国家和安徽省中长期教育改革与发展规划纲要，完善研究生教育质量保证和监督体系，促进研究生培养单位加强质量自律，安徽省教育厅委托安徽省教育评估中心开展《安徽省学位与研究生教育质量报告（2016 年）》编制工作，旨在用客观数据和典型案例反映全省各研究生培养单位在学科建设、招生培养、学位授予、质量保障及国际合作交流等方面所采取的改革创新措施及所取得的成就，同时对其存在的问题提出改进建议，以期促进研究生培养单位主动开展研究生教育工作的自我检查与监督，为安徽省研究生教育事业发展和国家社会的监督评价工作提供科学的分析依据。①

一、学位授权情况

2016 年，安徽省研究生培养单位（不含军队院校）21 个，其中科研机构 1 个，重要部委所属高校 2 个，省属高校 18 个。21 个研究生培养单位中博士学位授予单位 9 个，硕士学位授予单位 21 个，专业硕士学位授予单位 20 个。现有一级学科博士学位授权点 70 个，二级学科博士学位授权点 81 个，专业博士学位授权点 3 个；18 个授予单位一级学科硕士点 203 个；16 个授予单位二级学科硕士学位授权点 221 个，20 个授予单位专业硕士学位授权点 197 个。安徽省（不含军队院校）专业博士学位授予单位 2 个，专业学位博士授权点 3 个。

二、研究生招生与规模

（一）招生与生源

2016 年，安徽省计划招收硕士生 17192 人，经确认后报考 46334 人，实际录取 17069 人，报到 16757 人，第一志愿录取 11815 人，录取推免研究生 2244 人，具体见表 1。

---

① 报告中所有数据根据各研究生培养单位上报数据统计得出，统计时间截至 2016 年 12 月 31 日。

表1　安徽省高校招生计划及录取人数

学校	经确认后报考人数	招生计划	录取人数
中国科学技术大学	8202	4083	4018
合肥工业大学	7949	2670	2641
安徽大学	学术硕士5559人、博士255人、专业学位硕士5639人	博士88人、硕士2059人	博士88人、硕士2059人
安徽师范大学	3263	1451	1451
安徽医科大学	4388	1361	1367
安徽农业大学	756	958	958
安徽理工大学	526	819	811
安徽建筑大学	592	325	325
安徽工程大学	785	274	274
安徽财经大学	2504	662	662
皖南医学院	949	265	265
淮北师范大学	417（含特岗86名）	364（特岗80名）	346（特岗65名）
合肥师范学院	113	50	50
阜阳师范学院	153	73	73
蚌埠医学院	1252	322（含退役士兵5人）	318（含退役士兵1人）
安庆师范大学	403	162	159
安徽中医药大学	1064	406	406
安徽工业大学	1450	712	710
安徽科技学院	72	50	50
合肥学院	41	30	30
中钢集团马鞍山矿山研究院	2	8	8

（1）全省各招生单位按录取推免硕士生人数排序，排在前五位的单位分别是中国科学技术大学（以下简称"中国科技大学"）、合肥工业大学、安徽大学、安徽医科大学和安徽师范大学。（见图1）

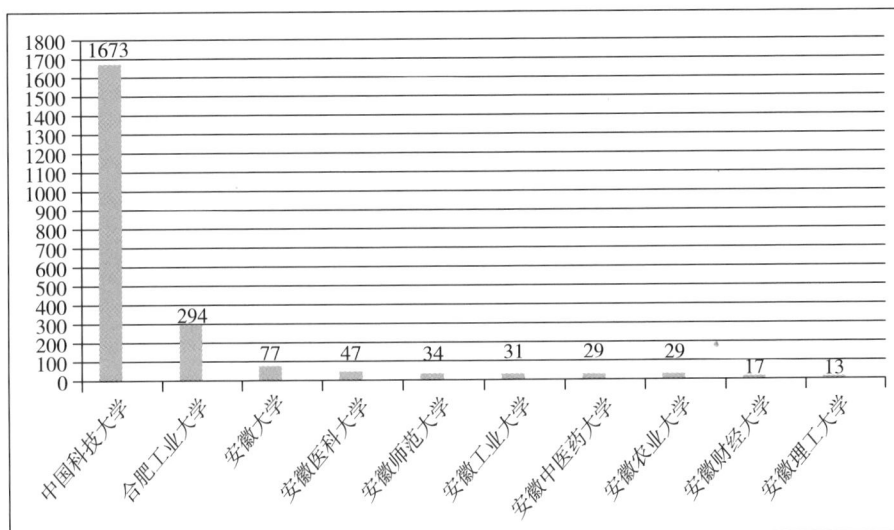

图1 研究生培养单位硕士招生录取推免研究生人数排序

（2）全省各招生单位按第一志愿录取人数排序，排在前五位的单位分别是中国科技大学、安徽大学、合肥工业大学、安徽医科大学和安徽师范大学。（见图2）

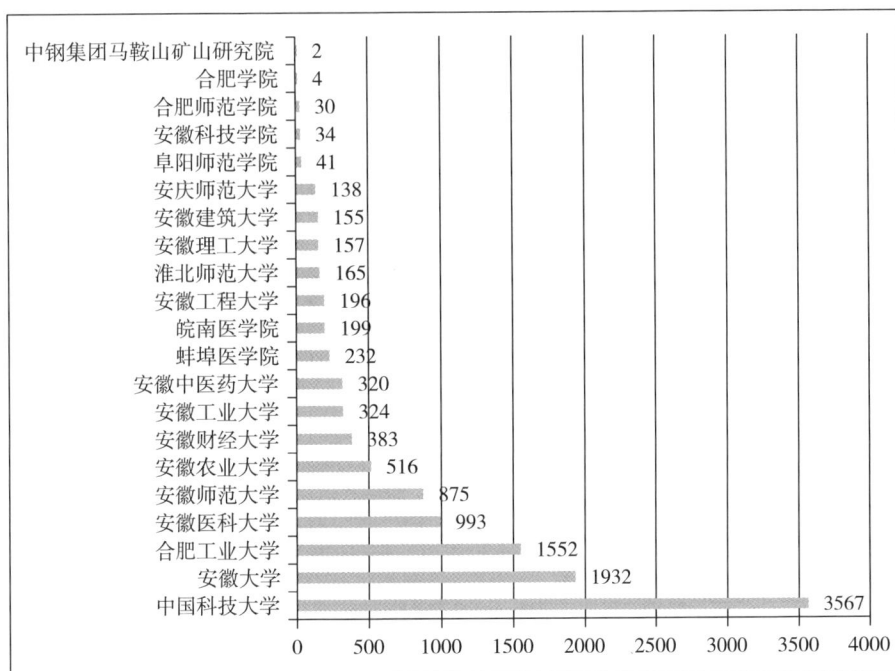

图2 研究生培养单位硕士招生第一志愿录取人数排序

（二）规模与结构

全省（不含军队院校）各类在校（单位）研究生共计 61140 人，其中，学术学位博士研究生 7137 人，专业学位博士研究生 70 人，学术学位硕士研究生 26026 人，专业学位硕士研究生 27907 人，具体见表 2。

表 2　各研究生培养单位在校生规模与结构

培养单位	学术学位博士研究生	专业学位博士研究生	学术学位硕士研究生	专业学位硕士研究生
中钢集团马鞍山矿山研究院			21	
合肥学院				78
安徽科技学院				75
安徽建筑大学			434	335
安徽工程大学			401	245
安徽大学	289		3514	2723
安徽财经大学			883	1189
中国科技大学	4753	68	4939	7417
皖南医学院			300	410
淮北师范大学			475	356
合肥师范学院				77
合肥工业大学	1224		4090	7183
阜阳师范学院			112	41
蚌埠医学院			328	520
安庆师范大学			289	79
安徽中医药大学	27		1013	552
安徽医科大学	179	2	1744	2108
安徽师范大学	241		2662	1153
安徽农业大学	255		1820	674
安徽理工大学	142		1203	1354
安徽工业大学	27		1798	1338

（1）全省在校（单位）研究生学历构成情况见图 3，其中，硕士研究生占 88.21%，博士研究生占 11.79%。

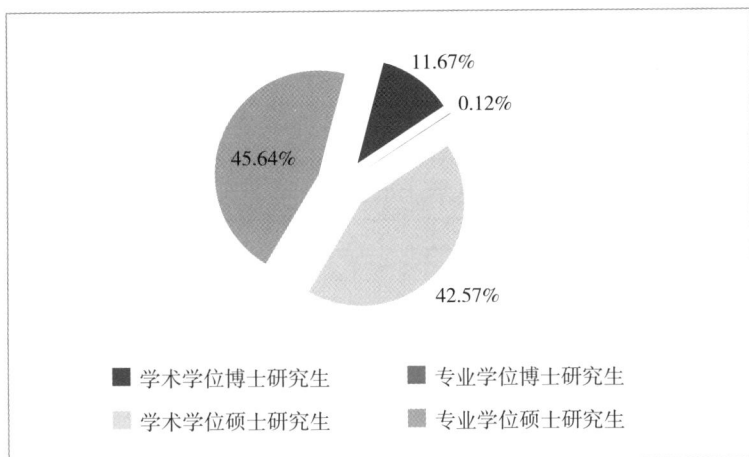

图 3 在校（单位）研究生学历构成情况

（2）全省在校（单位）研究生（包含博士研究生和硕士研究生）人数，排在前五位的单位分别是中国科技大学、合肥工业大学、安徽大学、安徽师范大学和安徽医科大学。（图 4）

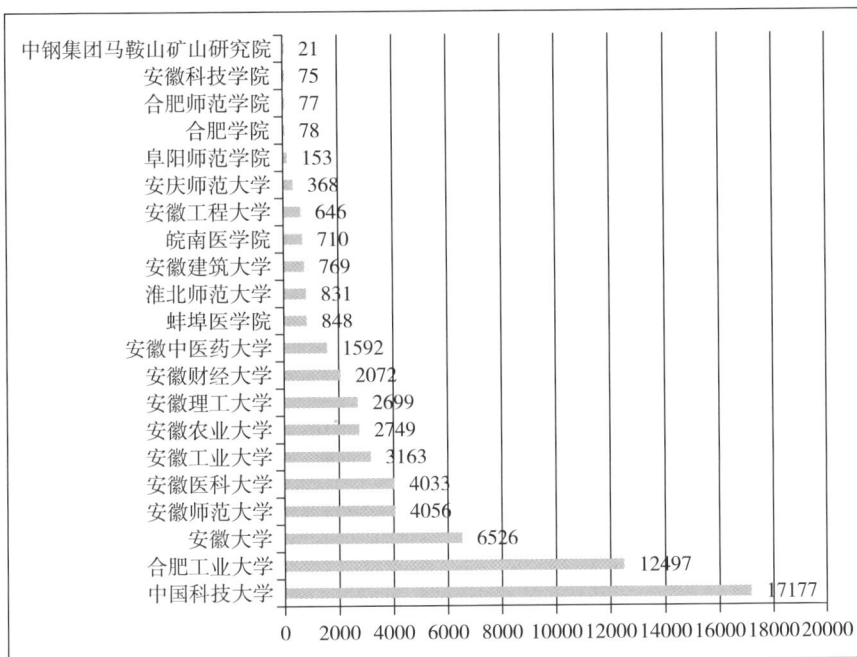

图 4 在校（单位）研究生（包含博士研究生和硕士研究生）数量排序

（3）全省在校（单位）学术学位博士研究生按数量排序，排在前五位的单位分别是中国科技大学、合肥工业大学、安徽大学、安徽农业大学和安徽师范大学。（图5）

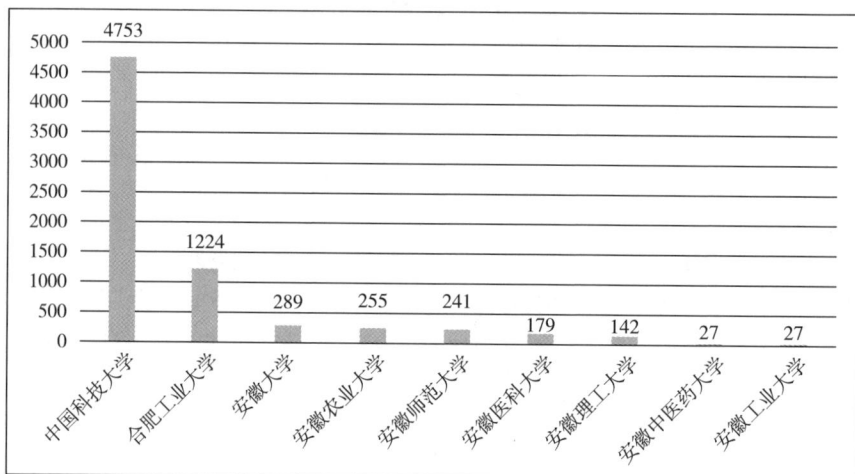

图5　在校（单位）学术学位博士研究生数量排序

（4）全省在校（单位）学术学位硕士研究生人数，排在前五位的单位分别是中国科技大学、合肥工业大学、安徽大学、安徽师范大学和安徽农业大学。（图6）

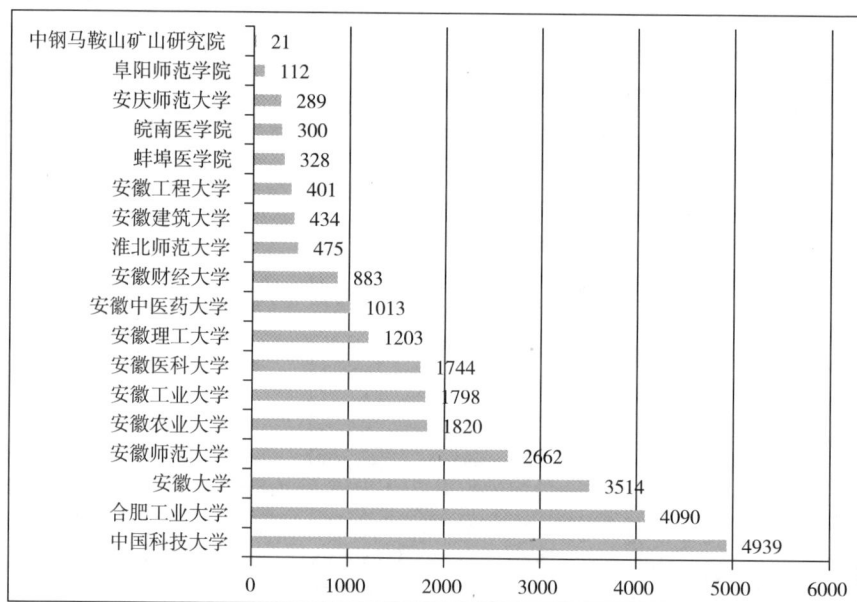

图6　在校（单位）学术学位硕士研究生数量排序

（5）全省在校（单位）专业学位硕士研究生人数比较，排在前五位的单位分别是中国科技大学、合肥工业大学、安徽大学、安徽医科大学和安徽理工大学。（图7）

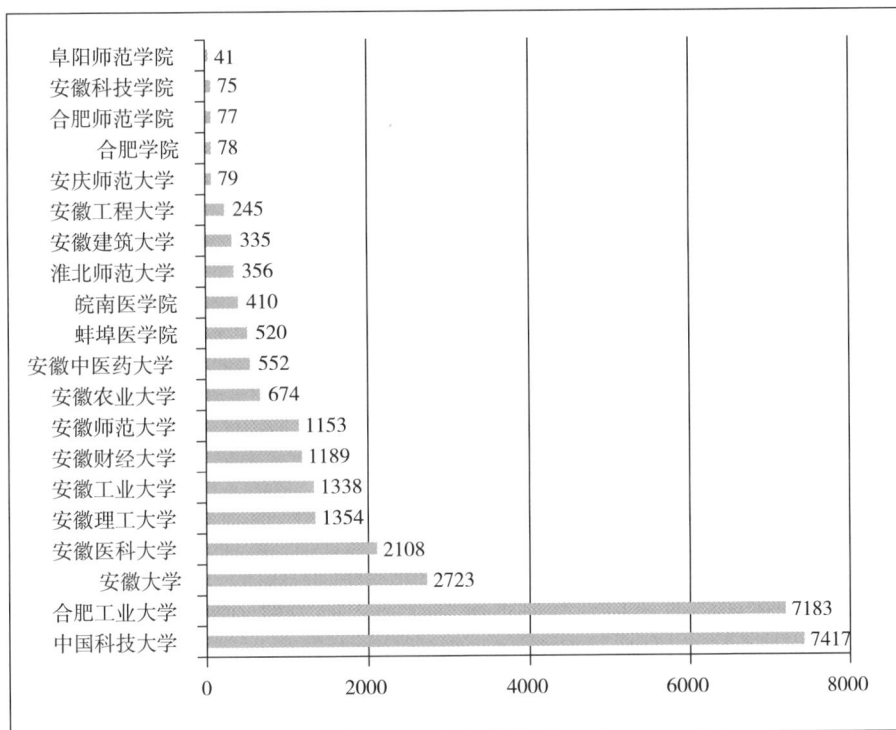

图7　在校（单位）专业学位硕士研究生数量排序

三、研究生培养过程

（一）课程建设

依据《中华人民共和国学位条例》第五条关于硕士研究生的规定与第六条关于博士研究生的规定，结合学科特点和专业发展的经济社会需求，各研究生培养单位应加强研究生课程体系建设，科学设置研究生培养课程，创新建构培养模式，不断加强对研究生课程的监控与管理，提高研究生课程质量。

2016年全省研究生培养单位共开设5416门研究生学位课程，具体如图8所示。

中国科技大学深入开展研究生课程体系改革工作。如进一步推动研究生公共课程改革，加强重要学位课程与网络课堂建设；加大英文课程建设力度；资助优

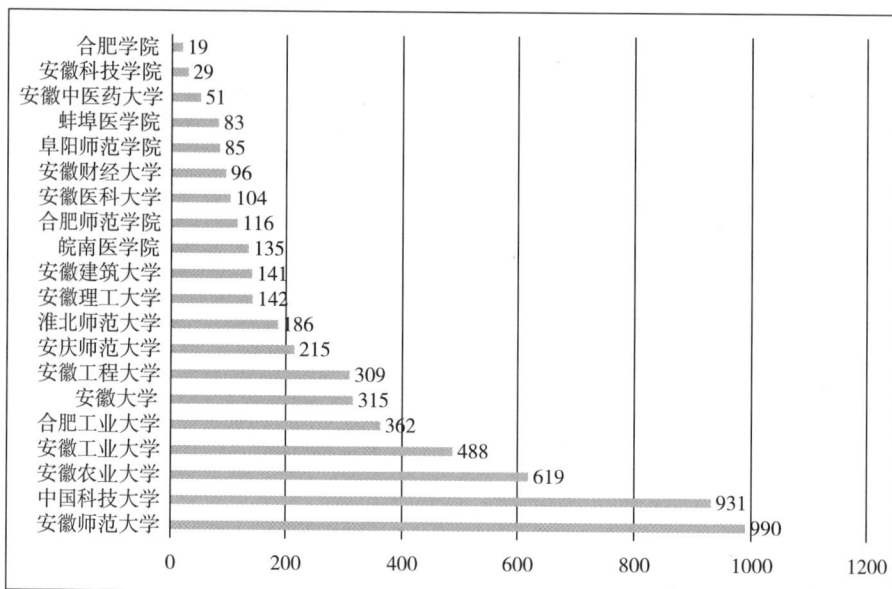

图8　各研究生培养单位开设研究生学位课程的总门数

秀教材出版等，并面向全校研究生推出了首批"商业模式""创业管理""创新方法"等系列创新创业课程。合肥工业大学制定"以能力导向的一体化教学体系"。安徽大学继续推进博士、硕士研究生公共课改革与建设，逐步完善研究生培养过程的信息化安徽管理模式。安徽师范大学进行课程体系整合优化，统筹开课，在一级学科和专业学位类别课程体系框架内进行培养方案的课程设置，2016年开设各类研究生课程990门次。安徽理工大学2016年全日制硕士研究生全校列入培养计划实际开设的学位课程总数为142门。蚌埠医学院2016年共开设研究生课程总门数为122门，共计4122学时，其中学位课程83门。皖南医学院2016年将临床医学硕士专业学位研究生课程设置成公共课、基础理论课和专业课等三大板块，共开设135门学位课程。

各研究生培养单位积极创造条件，引进国外的优秀教师、教材和先进的教育方法。针对研究生教学特点进行指标体系构建，强调在传授新知识的同时注重开发研究生的创造潜能，制定课堂教学质量评估指标体系，培养创新能力及创造性；突出独创性、个性考核。同时，聘请专家评估课程设置体系，加强研究生课程评估和教材评估。

各研究生培养单位加大课程教学改革，优化人才培养方案，将实际教学效果和专业领域特点有机结合起来；特别是案例库建设，切实提高了研究生教学质量。合肥工业大学 2016 版全日制专业学位硕士研究生培养方案的修订以培养目标和学位要求作为课程体系设计的根本依据，统筹安排学位课（公共学位课程、专业学位课程）和非学位课（公共课程、专业选修课程以及实践课课程）结构和学分；把学位要求贯穿在培养的每一个环节、落实到教学的每一门课程，从而加强不同培养阶段课程体系的整合、衔接，科学设计课程分类，做到了体系完整、结构合理；对学术学位研究生的培养目标、学制及学分、课程地图、课程关系图、课程设置方案等进行了明确规定，要求数学课原则上应设为必修课，将学术交流、创新实践、工作技术实践作为必修环节，并进行了明确规定和要求。安徽大学选择部分应用类、实验类和工程类研究生培养项目，由学校和导师共同出资，实施"研究生学术创新研究强化项目"资助计划。

（二）导师队伍规模及结构

截至 2016 年底，全省研究生培养单位共有在岗研究生导师 17226 人，其中博士生导师 3592 人，硕士生导师 13634 人。具有海外教育背景的导师有 3027 人，具有正高职称的导师 6554 人，年龄在 45 岁以下的 5388 人，各类杰出人才 610 人，具体情况见图 9。

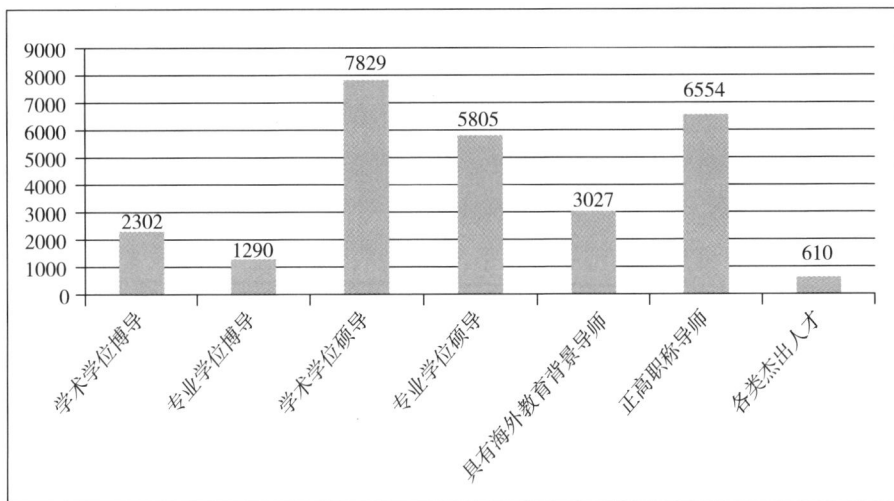

图 9　研究生导师队伍建设情况

各类杰出人才中两院院士 79 人，千人计划 96 人，长江学者 65 人，国家杰出青年科学基金获得者 212 人，973 项目首席科学家 60 人，新世纪百千万人才工程入选者 98 人，具体见图 10。

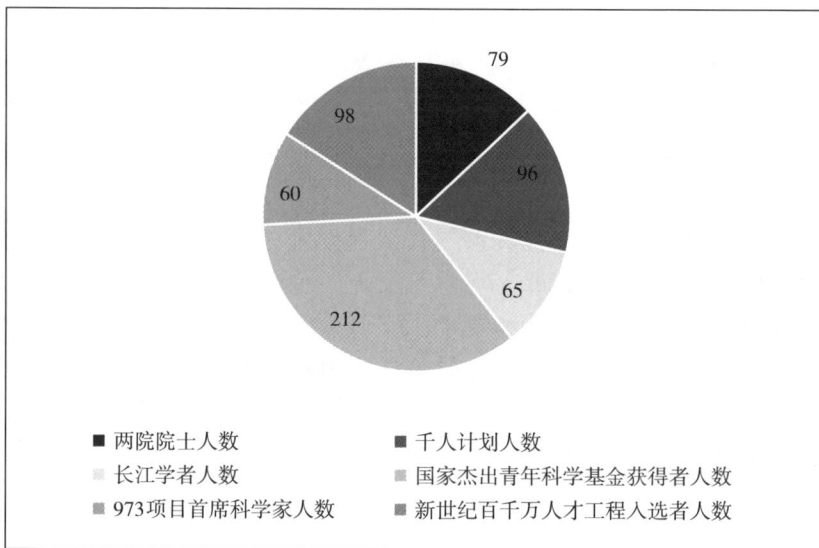

图 10　各类杰出人才分布

合肥工业大学通过引进高端人才、提高导师学术标准强化导师队伍建设；通过严格导师招生审核制度，实行导师招生退出机制与动态管理，不断优化导师结构；通过吸收社会优质人力资源，构建适于研究生培养的导师队伍。安徽财经大学严格硕士生导师考核制度，2016 年因考核不合格，13 名硕士研究生导师被取消指导资格。

（三）研究生教育创新计划实施及成效

各研究生培养单位积极实施研究生教育创新计划，提升研究生培养质量。

（1）实施"千人培养计划"。"千人培养计划"是根据安徽省国家综合改革试验区建设需求，由安徽省教育厅设计并组织实施的。其主要目标是：力争通过3 至 5 年的努力，每年培育高层次创新型人才 1000 名以上，为试验区打造 30 个企业创新团队，建成 30 个新型研究生培养基地，服务创新型企业和高新技术企业 100 家。合肥工业大学实施"英才计划"和研究生联合培养模式。

（2）研究生质量工程建设。各研究生培养单位每年拨出专款，设立研究生质量工程建设专项，对研究生培养进行专题研究和专项建设。通过研究生培养体系改革、培养方案修订、培养条件建设、培养过程质量评估与监控、精品教材、精品课程、创新能力培养和导师队伍建设等方面建设项目，改善了研究生培养条件，完善了培养体系，建立了质量评估与监控机制，优化了导师队伍，提高了研究生科研能力、实践能力和创新能力。2016年，安徽建筑大学建设的四个省级科研创新平台团队已吸收了100余名研究生进入团队开展课题研究，均取得实质性进展。蚌埠医学院制定并实施研究生科研创新计划，设立奖励机制，着力培养研究生科研和创新能力。

（3）研究生创新创业计划。根据研究生学术创新和创业需求，各研究生培养单位设立专项资金，用于资助研究生创新创业计划。研究生在导师和创业老师的指导下，撰写项目计划书，申报专项资金资助。获得立项后，以研究生为主体进行学术创新研究和开办创业企业。实施研究生创新创业计划，提高了研究生的创新研究能力和创业就业能力。中国科技大学实施了"创新能力提升支持计划"，设立博士生"创新基金"；安徽医科大学推出"卓越博士生教育培养提升计划"项目；安徽工业大学制定了创新研究基金项目计划、学术活动计划、优秀研究生奖励基金计划、高水平论文奖励计划、优质生源培育计划、"卓越工程师论坛"计划、研究生教育研究与教学改革创新计划等。

（4）创新联合培养路径，均衡发展各领域"产、学、研、用"专业学位研究生联合培养基地建设，深化与企业、行业和地方政府联合培养专业学位研究生的机制，更好地为国家特殊需求人才培养提供服务。

中国科技大学坚持多层次、多领域的"科教结合"，依托学校和中科院内外各院所的科研平台与教学资源，成立了"中国科大研究生院科学岛分院"，探索多层次、多领域的"科教结合"拔尖创新人才培养新模式，将研究生教学培养与高水平科技平台相结合；充分依托微尺度物质科学国家实验室、国家同步辐射实验室、稳态强磁场科学中心、托卡马克、火灾科学国家重点实验室等国家级创新平台等研究生公共教学实验平台，多学科交叉融合培养拔尖创新人才，充分利用苏州研究院、合肥先进技术研究院大平台，进一步推进产学研合作。安徽中医药大学与海南海力医药集团、三九制药、宛西制药、广州一方药业有限公司、江苏康缘药业有限公司等国内知名药企进行科研合作和新药开发。安徽大学2016年新建庐江、淮南大通区工作站。博士研究生实践服务团是该校青年学子认真践行"科技服务社会、知识回报人民"理念、服务地方经济与社会发展的群团学术组织，通过实地调研、巡回报告、座谈交流等形式，向机关、企业、学校、乡镇等宣讲最新发展理念，提供科技服务与智力支持，真正将学校博士生创新精神、实践能力和社会责任融入地方经济建设和社会发展之中。安徽工业大学校企联合和参加省联合培养研究生"千人联合培养"计划。中钢集团马鞍山矿山研究院采取与高校（河海大学、中南大学、武汉理工大学、西安交通大学、南京工业大学等）结合的方式开展研究生教育。安徽建筑大学与安徽国祯环保节能科技股份有限公司联合培养研究生，实现了高校与企业行业优势互补与资源共享，形成产学研密切合作的研究生培养和科技开发创新模式与机制，校企双方共同建立健全培养基地管理体系和运行机制，明晰各方责任权利，成立培养基地管理委员会，为每一名研究生实行校内导师和校外导师相结合的双导师制。

（四）思想政治教育工作

各研究生培养单位均高度重视研究生思想政治教育工作，创新研究生思想政治教育工作方法和思路，不断提高研究生思想政治教育的实效性。

合肥工业大学：以党的十八大、十八届历次全会精神和习近平总书记系列重要讲话精神为指引，坚持立德树人根本任务，以理想信念教育为核心，服务和促进学生健康成长与全面发展。一是持续推进社会主义核心价值观培育践行工作长效化、常态化，以"十个一"为主题，不断丰富活动内涵，提升工作实效。二是进一步发挥课堂主导作用，以班级、党支部、科研团队为单位，以习近平总书记系列重要讲话精神和党中央治国理政新理念新思想新战略为重点，开展专题小班辅导、主题班会 7388 学时，组织形势与政策报告会等宣讲 120 余场，引导研究生树立正确的世界观、人生观、价值观和荣辱观。三是推进校园文化建设，以升国旗、毕业生离校、新生入学教育等活动为平台；以建党 95 周年、长征胜利 80 周年等为契机，开展红色文化教育，宣扬伟大的革命精神；组织研究生参加"全国大学生道德实践成果网络巡礼""道德模范进校园"等传统文化教育，弘扬传统美德，增强"四个自信"。四是以诚信教育为重点，以严格考风考纪为抓手，加强学术道德教育。

安徽师范大学：学校高度重视研究生思想政治教育工作，按照"增强研究生思想政治教育工作的针对性、突出研究生思想政治教育工作的学术性、体现研究生思想政治教育工作的服务性、注重研究生思想政治教育工作的实效性"等原则，创新研究生思想政治教育工作方法和思路，不断提高研究生思想政治教育的实效性。召开研究生思想政治教育领导组成员会议、开展研究生思想调研、开展研究生党员干部"两学一做"专题学习教育、选聘研究生兼职辅导员、举行研究生新生开学典礼、开展研究生暑期社会实践活动、组织研究生干部趣味运动会、举办第九届研究生科技文化艺术节等。

安徽建筑大学：建立健全研究生思想政治教育领导体制和工作机制；加强思政工作队伍建设，形成合力，实现全员育人；完善体制，扎实做好研究生党建工作；开展丰富多彩的学术文化实践活动，提升研究生的综合素质水平；不断深化实践育人工作，组织部署研究生参加安徽省 2016 年度脱贫攻坚第三方检测评估。

安徽医科大学：落实主体责任，从严从实抓好党建工作；实现"学""做"并举，深入开展"两学一做"学习教育；提升工作温度，不断完善研究生奖助体系建设；紧扣就业形势，创新研究生就业创业工作服务体系；确保平安和谐，坚持抓好安全稳定工作。

（五）科学道德和学风建设

2016年，全省各研究生培养单位积极举办、参与国际、省级以上学术会议或论坛。举办国际学术会议或论坛57场次，参与境外国际学术会议或论坛学生1056人次；举办省级及以上学术论坛330场次，参与省级及以上学术论坛学生数7721人次。

2016年，各研究生培养单位面向师生开展了科学道德和学风建设宣讲活动，具体情况见图11。宣讲活动开展次数排名前五的单位分别是：安徽理工大学、合肥工业大学、安徽财经大学、安徽中医药大学、安徽医科大学、中国科技大学。

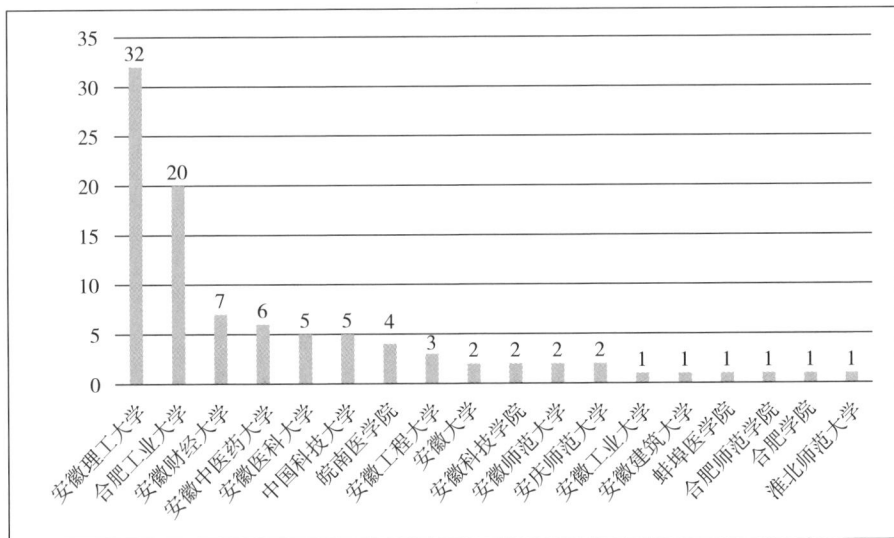

图11　各研究生培养单位开展科学道德和学风建设宣讲情况

（六）专业学位研究生教育实践基地建设

各研究生培养单位重视专业学位研究生教育实践基地建设工作。

中国科技大学：将专业学位定位为学校研究生教育的重要组成部分，将其作为创建世界一流大学、促进区域经济建设、服务社会发展的重要战略任务之一，已建立11个专业学位实践基地。2016年，中国科技大学围绕专业学位研究生教育进一步加大创新创业教育课程建设力度，提升研究生创新创业综合素养；响应工程教指委活动要求，积极开展"工程硕士实习实践优秀成果获得者"评选及推荐参评相关工作；充分利用苏州研究院、合肥先进技术研究院大平台，深入推进产学研产教融合相关工作；统筹全日制与非全日制研究生招生工作，推进全日制和非全日制研究生教育协调发展。

安徽大学：2016 年度，各专业学位研究生培养单位继续与相关实务部门深度合作，加强实践基地建设，如经济学院与合肥科技农村商业银行共建金融硕士研究生实践教学基地，社会与政治学院同深圳、北京、江苏、合肥等地建立了社会工作专业学位研究生教育实践基地，法学院与省内公安、检察院、法院等建立了法律硕士专业学位研究生教育实践基地，新闻传播学院与海外澳洲华厦传媒集团建立新闻与传播硕士专业学位研究生教育实践基地。

安徽中医药大学：有安徽中医药大学第一附属医院、芜湖市中医院、六安市中医院、铜陵市中医院、太和县中医院、苏州市中医院等 10 个国家中医药管理局中医住院医师、全科医师规范化培训（培养）基地。建有安徽安科生物工程（集团）股份有限公司、合肥医工医药有限公司、安徽省食品药品检验研究院、合肥立方药业股份有限公司、安徽济人药业有限公司、上海中药标准化研究中心、中国中医药科学院中药研究所、中国科学院上海药物所等研究生联合培养基地，为专业学位研究生实习实践教育和联合培养提供了坚实保障。

安徽医科大学：有临床医学、口腔医学、公共卫生、护理、药学、中药学、公共管理和生物医学工程 8 个硕士专业学位授权专业。学校重视和不断加强专业学位研究生培养教育，按照各专业学位教指委指导性培养方案要求不断提高专业学位研究生培养质量，按照双导师制要求，在学校层面已聘任 12 名公共卫生硕士专业学位研究生校外实践合作导师、16 名护理硕士专业学位研究生校外实践合作导师、12 名药学硕士专业学位研究生校外实践合作导师、4 名中药学硕士专业学位研究生校外实践合作导师、3 名公共管理硕士专业学位研究生校外实践合作导师、1 名生物医学工程硕士专业学位研究生校外实践合作导师。此外，各学科层面加强培养基地建设和实践导师师资建设。

安徽师范大学：建成 1 个全国教育硕士联合培养示范基地、1 个省级联合培养示范实践基地和 27 个校级实践基地，共聘有校外专业学位导师 188 名。

四、学位授予与研究生就业

（一）学位授予情况

2016 年全省各研究生培养单位严格按照《中华人民共和国学位条例》及其实施办法，以及各研究生培养单位制定的学位实施细则，依法依规完成学位授予工作，全年共授予学位 16648 人（见图 12）。

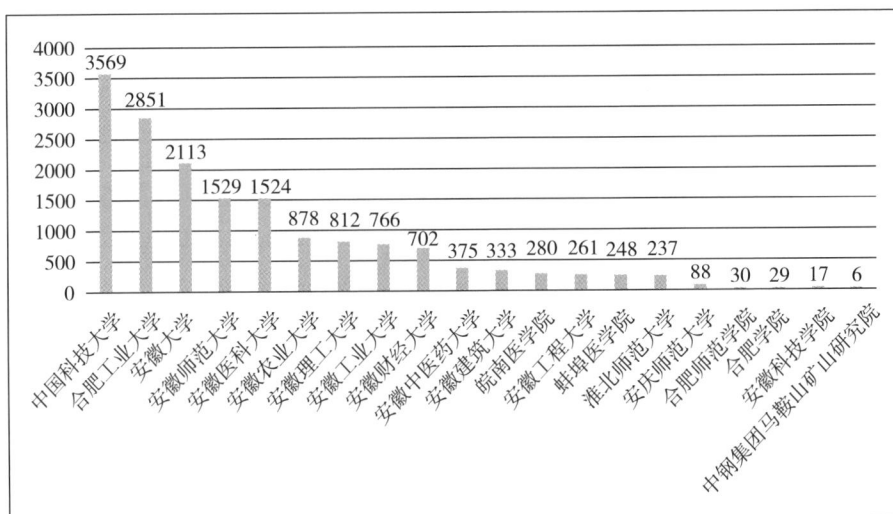

图12 各研究生培养单位学位授予数

（1）全省各研究生培养单位学术学位硕士研究生授予人数排序，排在前五位的单位分别是合肥工业大学、安徽大学、中国科技大学、安徽师范大学和安徽医科大学，如图13所示。

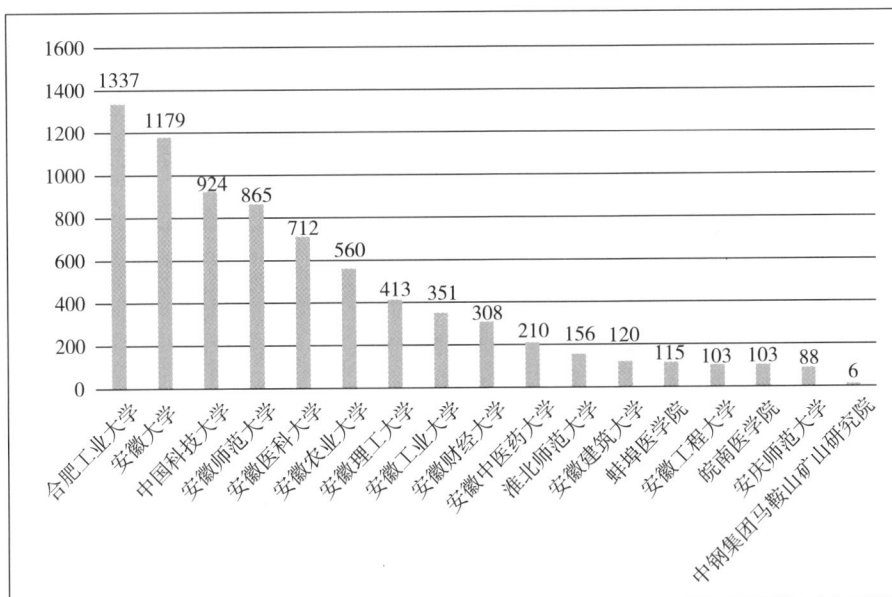

图13 各研究生培养单位授予学术学位硕士研究生学位人数

（2）全省各研究生培养单位专业学位硕士研究生授予人数排序，排在前五位的单位分别是中国科技大学、合肥工业大学、安徽大学、安徽医科大学和安徽师范大学，如图 14 所示。

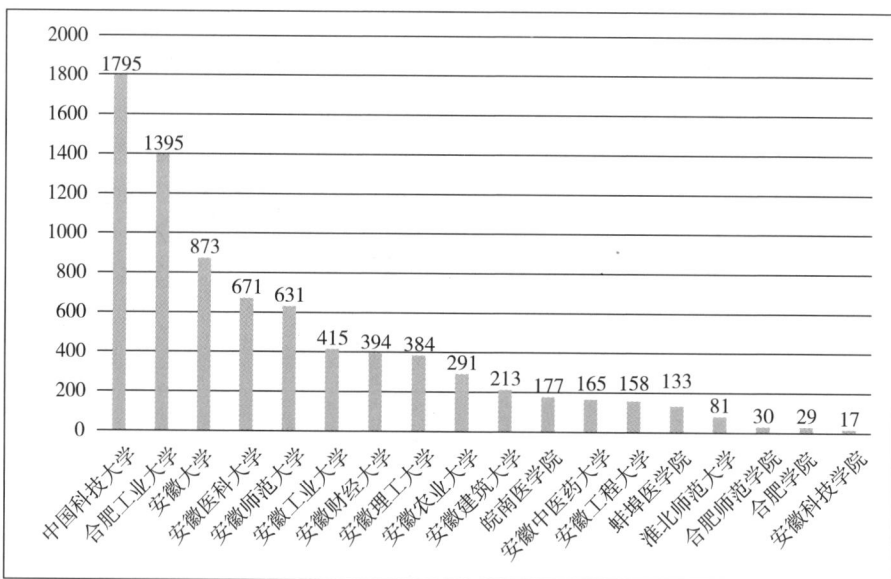

图 14　各校授予专业学位硕士研究生学位人数

（二）研究生毕业及就业情况

2016 年全省各研究生培养单位毕业研究生共 13729 人，总签约率为 89.93%。其中，硕士毕业 12694 人，签约率为 89.77%；博士毕业 1035 人，签约率为 91.79%，如图 15 所示。

（三）毕业研究生社会从业表现

所有就业研究生，签约人数最高的是国有企业，由高到低的去向为三资企业、其他事业单位、升学、高校、其他教学单位、科研设计单位、机关、出国出境、国家地方基层项目、自主创业。

五、研究生质量保障体系建设及成效

（一）教育质量保障制度建设

全省各研究生培养单位进一步加强研究生培养制度建设，优化研究生教育教学改革方案，保障研究生培养的专业、高效发展，不断提高研究生教育培养质量。

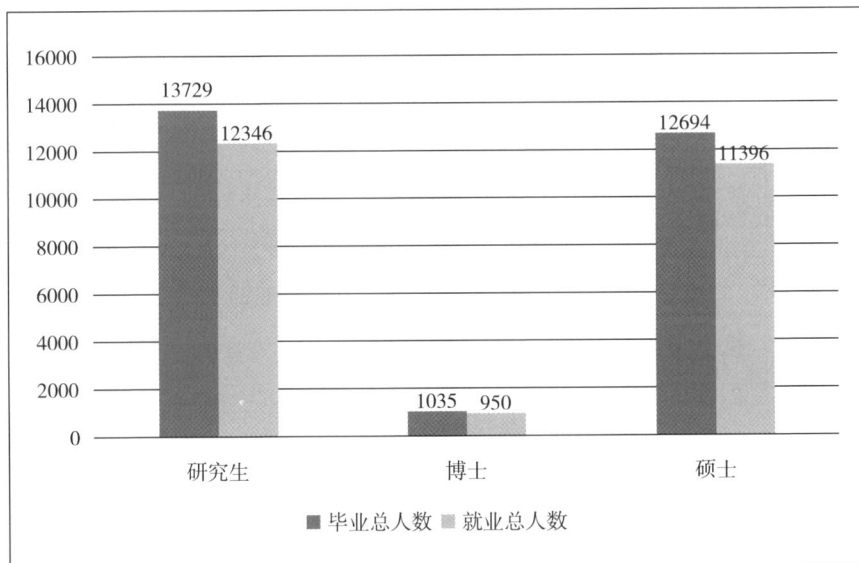

图15　研究生毕业与就业情况

　　合肥工业大学按照"多元考核，提高标准，提升质量，分类管理"的思路，根据各专业发展变化，适时修（制）订培养方案，课程设置与学分要求方面更加注重学科的主要知识结构和理论基础，课程体系有足够的宽广度和纵深度，并具有前沿性和前瞻性。安徽财经大学结合学校实际情况，制定教育质量保障相关规章制度33项，建立了完备的规章制度体系，涵盖招生、培养、学籍、学位、实践、奖惩资助等研究生培养全过程。合肥学院进一步优化培养方案，努力提高培养水平，制定了《合肥学院硕士专业学位研究生专业实践教学工作管理办法（暂行）》，进一步规范专业实践教学工作。安徽中医药大学出台《安徽中医药大学硕士、博士学位授予工作实施细则》和《安徽中医药大学研究生综合测评实施办法》。

　　（二）教育经费投入情况

　　国家、地方和各研究生培养单位都加大了对研究生教育经费的投入，有力地推动了研究生教育的发展。2016年安徽省研究生教育的研究与发展经费共268988.64万元，各渠道来源经费如图16所示。

　　其中，研究与发展经费排在前五的分别是中国科技大学、安徽大学、合肥工业大学、安徽工业大学和安徽师范大学。具体情况如图17所示。

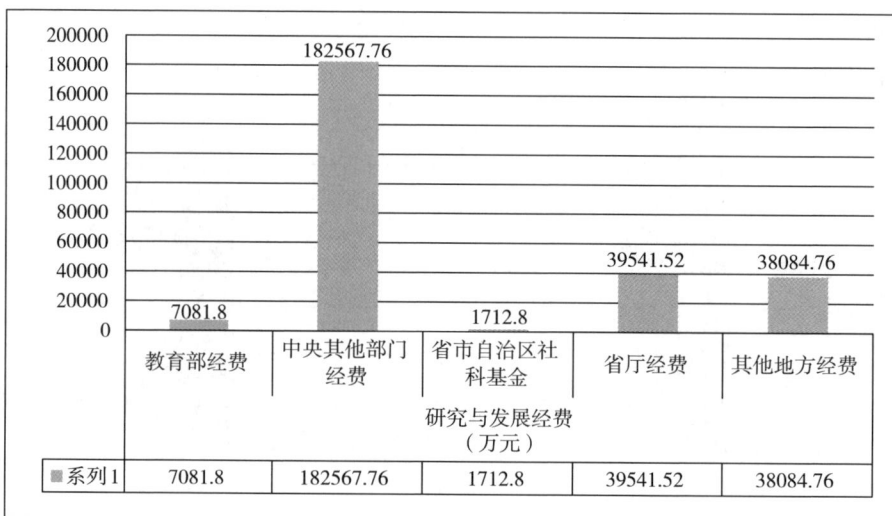

图 16　各研究生培养单位教育研究与发展经费情况

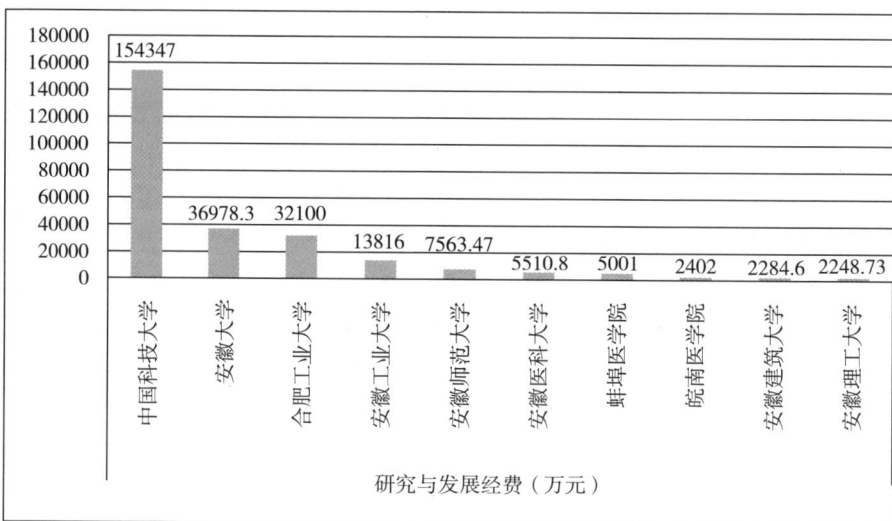

图 17　高校研究与发展经费排序

（三）科研平台与项目建设

1. 教育平台建设与支持

全省共有各级各类重点研究平台 332 个，其中有 9 个国家重点实验室、6 个国家实验室、17 个教育部重点研究基地、24 个中国科学院重点实验室或研究中心大学，省级基地则集中分布在省属地方高校。高水平的研究平台建设为 10 个省部共建基地、37 个教育部重点实验室和 229 个省级基地。国家重点实验室和国家实验室集中分布在 985 高校和少数省高水平建设研究生单位，为研究生从事科学研究提供了条件。重点研究平台数量详情如图 18 所示。

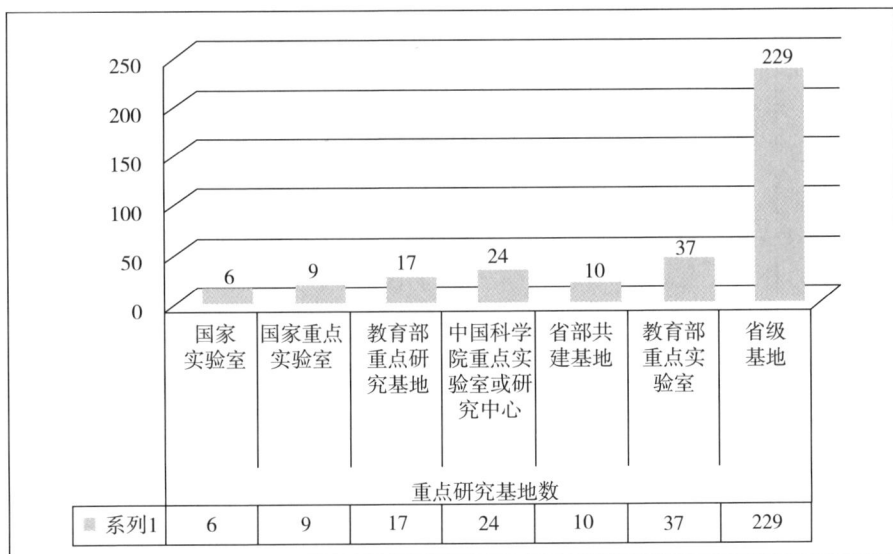

| 系列1 | 6 | 9 | 17 | 24 | 10 | 37 | 229 |

重点研究基地数

图 18　研究生教育平台建设与支持图

2. 科研项目支持与推进

2016 年全省研究生培养单位自然科学项目立项 5816 项，在研项目 13353 项；人文社科项目立项 2135 项，在研项目 4848 项。

其中，"973" 计划 223 项、国家科技支撑计划 94 项、"863" 计划 51 项、科技部重大专项 47 项、国家自然科学基金 4326 项。研究生是科学研究的生力军，充足的科研项目和科研经费，为研究生科研素质的培养提供了良好条件。具体情况如图 19 所示。国家社科基金项目 420 个、国家社科基金单列学科项目 109 个、教育部人文社科研究项目 348 个、中央其他部门社科专门项目 263 个、省市自治区社科基金项目 930 个、省教育厅社科项目 1437 个。具体情况如图 20 所示。

（四）教育管理与服务举措

1. 健全研究生教育体系，加强品牌建设

合肥工业大学注重研究生教育品牌建设。积极开展研究生学术交流年会，目前已经成功举办了 15 届，学术交流年会始终坚持以 "求真、务实、交流、创新"

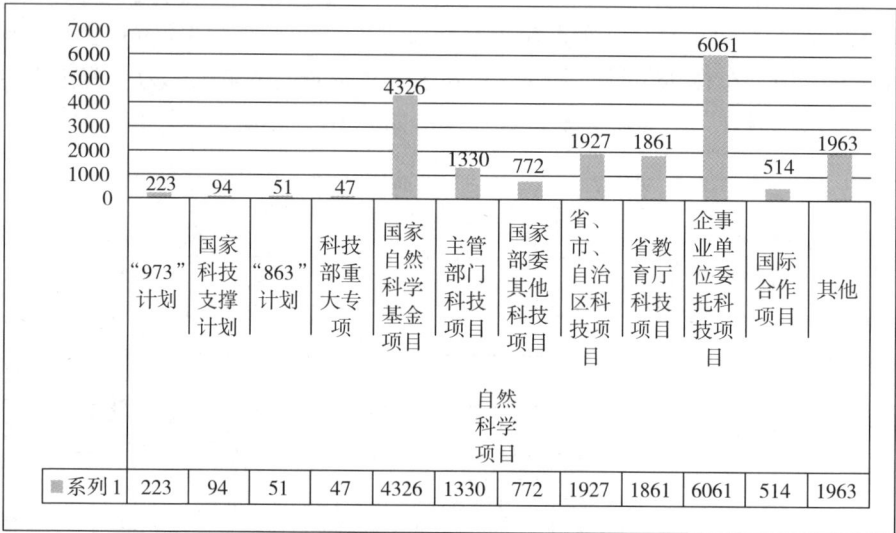

图 19　研究生培养单位自然科学项目情况图

	"973"计划	国家科技支撑计划	"863"计划	科技部重大专项	国家自然科学基金项目	主管部门科技项目	国家部委其他科技项目	省、市、自治区科技项目	省教育厅科技项目	企事业单位委托科技项目	国际合作项目	其他
■系列1	223	94	51	47	4326	1330	772	1927	1861	6061	514	1963

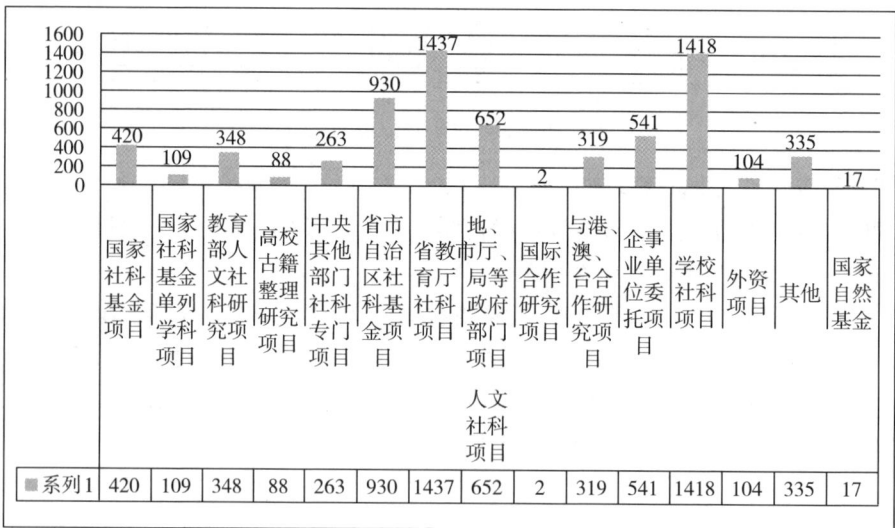

图20　研究生培养单位人文社科项目情况图

	国家社科基金项目	国家社科基金单列学科项目	教育部人文社科研究项目	高校古籍整理研究项目	中央其他部门社科专门项目	省市自治区社科基金项目	省教育厅科研项目	地、市局等政府部门项目	国际合作研究项目	与港、澳、台合作研究项目	企事业单位委托项目	学校社科项目	外资项目	其他	国家自然基金
■系列1	420	109	348	88	263	930	1437	652	2	319	541	1418	104	335	17

为理念，以"创新孕育发展、交流促进提高"为主题，倡导"厚德博学、严谨求实、协作进取、创新成才"的精神，弘扬优良学术传统，搭建学术交流平台，努力培养研究生的创新意识、创新精神和创造能力。完善培育体系，为鼓励研究生走出实验室，拓宽学术视野，提升交流能力，将参加学术报告会与研究生学分

制挂钩，参与学术活动情况纳入奖助金评定体系，并设立专项资金，资助研究生参加国际学术会议和创新实践竞赛。安徽农业大学推进分类培养，加强学术学位研究生创新能力培养，积极探索与中国农科院等国内知名高校及科研院所联合培养模式，培养卓越人才，通过设立研究生科研创新基金、研究生精品课程和教材建设，不断提升学术型研究生的创新能力。

2016年全省各研究生培养单位组织学生参加各种层次学术论坛9129人次，具体情况如图21所示。

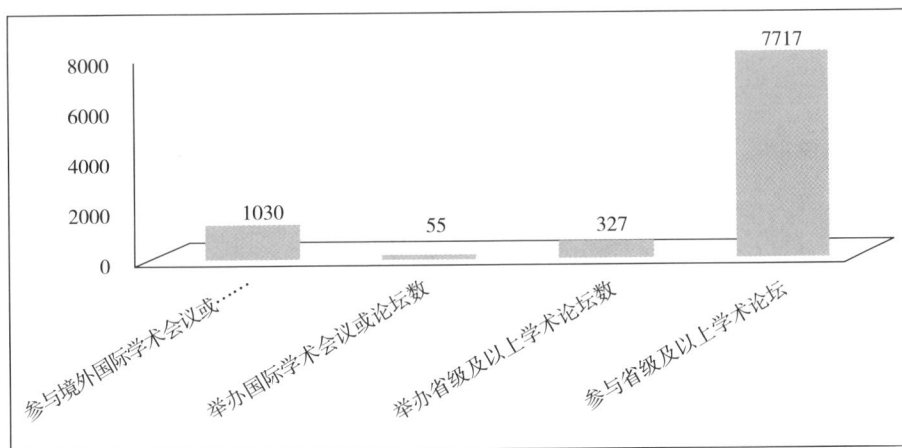

图21　学生参加各种层次学术论坛情况图

2. 加强招生宣传，提高生源质量

中国科技大学将网络宣传与线下宣传相结合，通过"精准宣传"形式，不断强化研招宣传力度，进一步提高了生源的数量和质量。开展分批进行"网络面试"、创新推出"网络宣讲"、扩大"优秀大学生夏令营"、深化"学长喊你来科大"等活动，较好地提高了推免生的接收数量和质量。

（五）资助体系建设

各研究生培养单位建立了较为完善的研究生奖助体系，按照合理分摊的原则，由政府、学校和导师分摊研究生培养成本，资助研究生完成学业。2016年研究生资助经费共83440.36万元，具体情况如图22所示。

中国科技大学建立了多元研究生资助体系。目前，全校硕士生享受学业奖学金的平均比例为67%，全日制非在职博士研究生100%享受学业奖学金。合肥工业大学整合各项资助具体内容，建立健全以国家奖助学金、国家助学贷款为主体，以社会捐助、困难补助、学费减免、勤工助学、学费补偿、贷款代偿、绿色

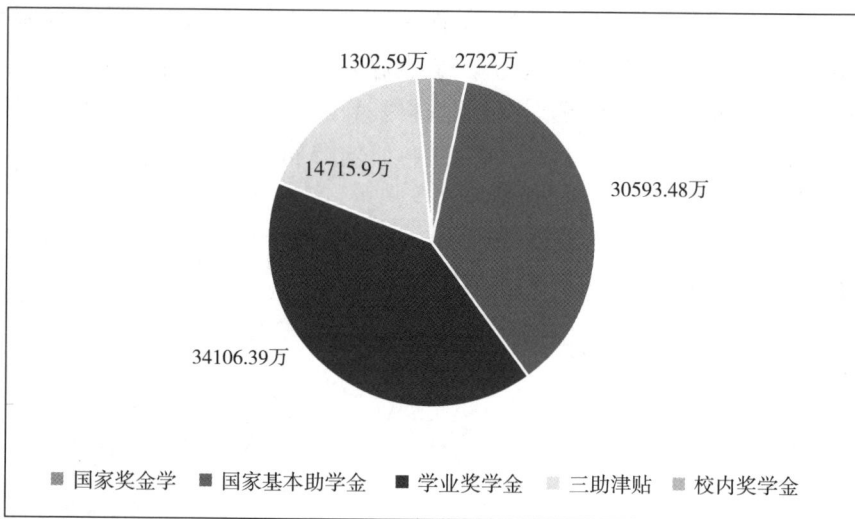

图 22　研究生资助经费构成情况

通道等方式为补充的资助体系，逐步形成了"奖、贷、助、补、勤、减、免、偿"的"八位一体、互为补充"学生资助体系，实现了在校研究生资助全覆盖，国家政策全面落地，全过程、全方位、全员资助，具体情况如图 23 所示。

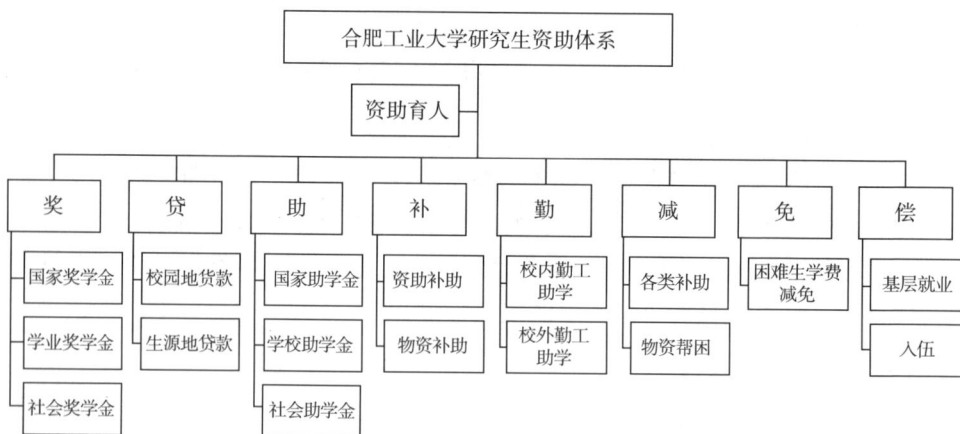

图 23　合肥工业大学研究生资助体系

　　安徽大学逐步完善研究生资助体系，2016 年度获得各类奖助学金共计 14533 人次，发放各类研究生奖助学金共计 8426.99 万元。安徽农业大学建立奖助多层次管理体系，职责明确，责任到人，建立"四位一体"的项目体系，实现"公平择优、动态管理"，通过多途径宣传教育，推进资助育人。

（六）学位论文盲审及抽检

按照教育部有关要求，安徽省下发了《关于开展 2016 届硕士学位论文抽检工作的通知》，委托安徽省教育评估中心对 2015 年 9 月 1 日至 2016 年 8 月 31 日期间获得学位的硕士学位论文实施抽检工作。

安徽省教育评估中心高度重视该项工作，认真遴选了省内外 65 周岁以下、业务水平高、科学道德和学风端正的研究生导师，建成了 2700 多人的评审专家库，专家库同时吸纳了上海、山东等省市的部分专家。在建立专家库的基础上，通过公开招标方式确定第三方机构开发了安徽省硕士学位论文抽检工作平台。2016 年硕士学位论文抽检工作主要依托平台，实现了网络匿名评审。

2015 年 9 月 1 日至 2016 年 8 月 31 日，全省 20 家研究生培养单位共有全日制硕士学位论文 11171 篇。按照 5% 的比例抽取，共抽检论文 558 篇，涉及 91 个一级学科、244 个二级学科。结合安徽省实际，本次抽检以系统随机抽检为主、重点抽检为辅的方式进行，同时兼顾授予单位和一级学科。其中 536 篇是通过安徽省硕士学位论文抽检平台网络匿名评审方式完成，22 篇是委托上海市教育评估院以通讯评议方式完成。

1. 学术成果相似性鉴定

抽检 558 篇论文，全部进行了学术成果相似性鉴定。检测结果文字复制比为 10% 以下的论文有 446 篇，占 79.93%；文字复制比为 10% ~ 20% 的论文有 98 篇，占 17.56%；文字复制比为 20% ~ 40% 的论文有 13 篇，占 2.33%；文字复制比为 40% ~ 50% 的仅 1 篇；文字复制比为 50% 以上的为 0，如图 24 所示。

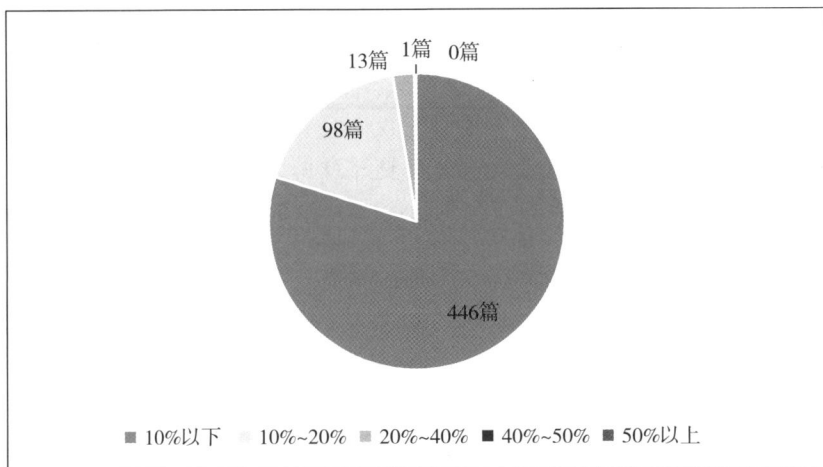

图 24　安徽省抽检论文相似性检测结果区间分布图

2. 从指标体系分析评议结果

（1）初评意见。本次评议硕士学位论文共有 558 篇，初评回收意见总数为 1674 篇次，回收比例为 100%。从评议结果来看，参评论文中 1 位专家意见不合格论文数为 36 篇，占参评论文总数的 6.45%；参评论文中 2 位及 3 位专家意见不合格论文数为 0 篇，详见表 3。

表3　硕士学位论文初评评议结果统计

统计项目	专家意见全部合格论文数	1 位专家意见不合格论文数	2 位专家意见不合格论文数	3 位专家意见不合格论文数	合计
论文篇次	522	36	0	0	558
百分比（%）	93.55%	6.45%	0	0	100%

（2）复评意见。根据《博士硕士学位论文抽检办法》，每篇复评论文聘请 2 位专家，复评专家遴选原则与初评一致。复评专家共 72 人，复评专家意见回收率为 100%。复评论文共计 36 篇，经专家复评后，其中 6 篇论文有 1 位专家评价意见为不合格；2 篇论文有 2 位专家评价意见为不合格。因此，最终不合格即存在问题论文为 8 篇，具体见表 4。

表4　硕士学位论文复评评议结果统计

统计项目	0 位专家意见不合格论文数	1 位专家意见不合格论文数	2 位专家意见不合格论文数	合计
论文篇次	28	6	2	36
百分比（%）	77.8%	16.67%	5.6%	100%

（3）总体结果。综合本次抽检初评与复评意见，本次评审 558 篇论文中，只有 8 篇论文评议结果为不合格，即有 8 篇论文为存在问题论文，占抽检论文总数的 1.43%，如图 25 所示。

8 篇存在问题论文中，人文社科类 2 篇，自然科学类 1 篇，工程类 3 篇，医学类 1 篇，艺术类 1 篇，如图 26 所示。

（七）论文发表及科研获奖

1. 研究生论文发表情况

2016 年，全省研究生共发表学术论文 17990 篇，其中，SCI 或 SSCI 论文数 3870 篇（其中一区和二区论文数 1801 篇），EI 论文数 1166 篇，CSSCI 或 CSCD

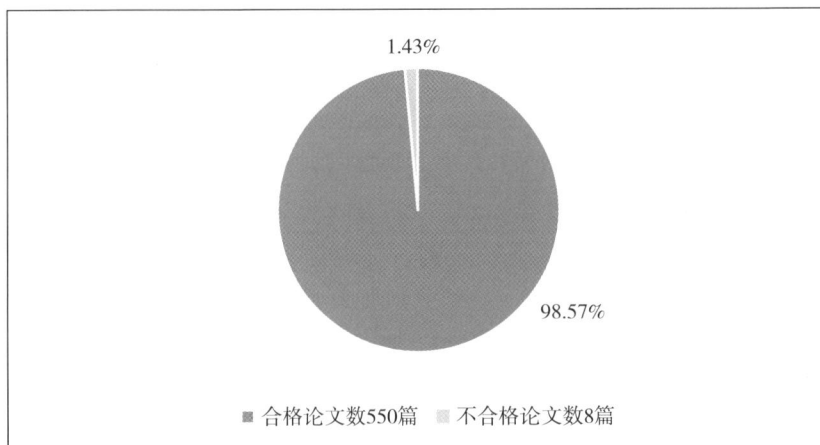

图 25　论文抽检结果总体分布情况

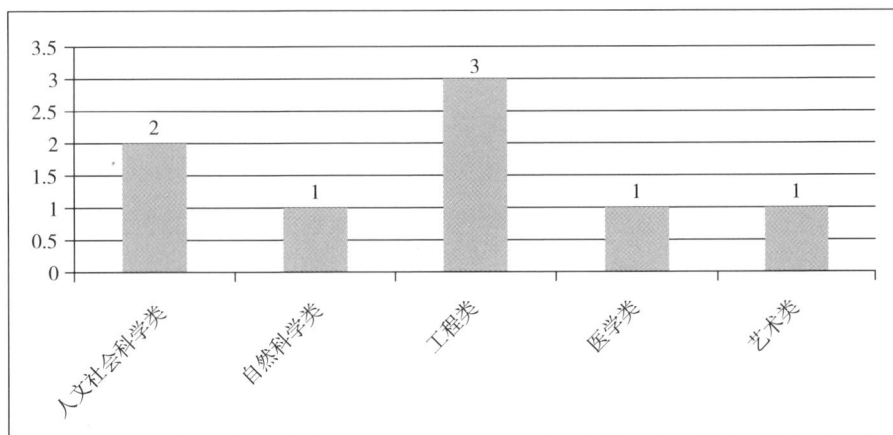

图 26　存在问题论文类别分布图

论文数 2932 篇，出版专著数 9 本，电子出版物数 1241 篇，获得发明专利数（已获公开号）559 个。学术成果进一步增多，在一定程度上反映研究生教育质量在不断提高，详细情况如图 27、图 28 所示。

2. 研究生科研获奖和竞赛获奖情况

2016 年全省研究生科研获奖 581 个，获奖数排在前两名的高校依次是安徽大学和合肥工业大学，具体如图 29 所示。

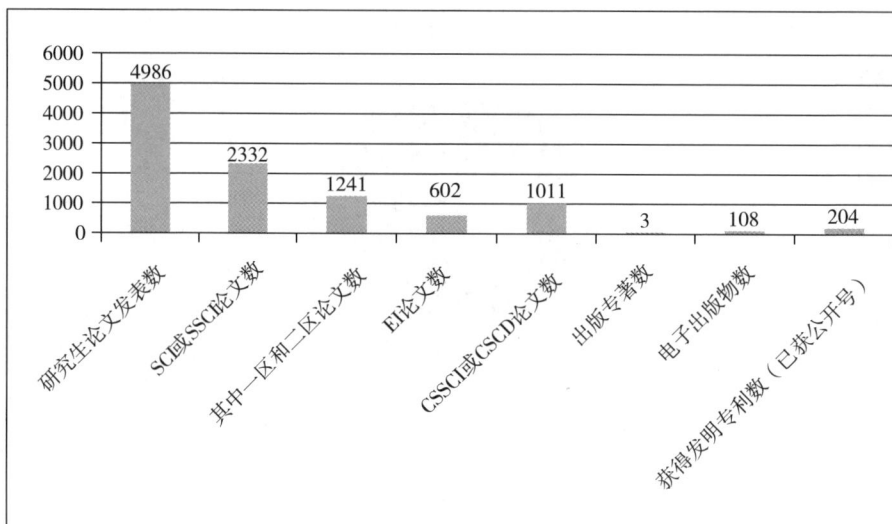

图 27   硕士论文发表情况图

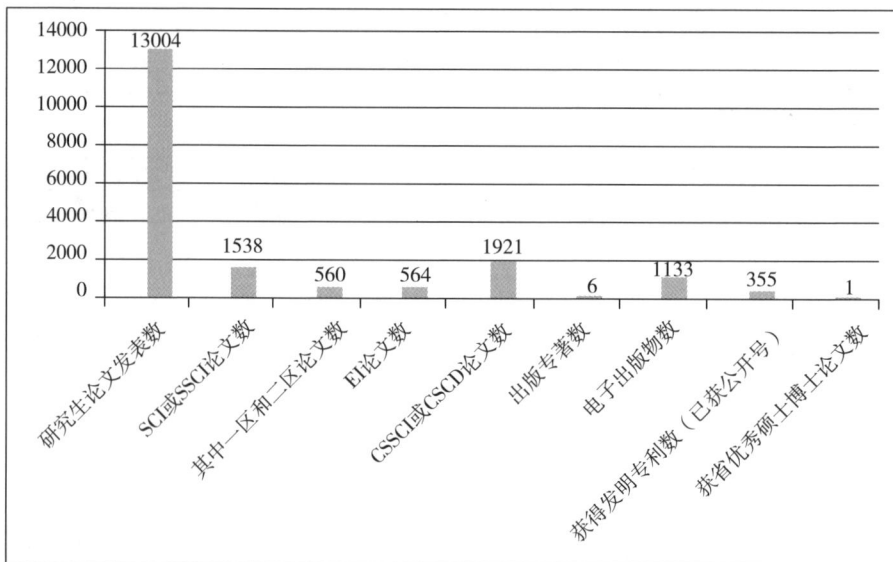

图 28   博士论文发表情况图

2016 年全省研究生获国际层次竞赛奖 16 个,获国家层次竞赛奖 166 个,获省级层次竞赛奖 156 个,具体如图 30 所示。

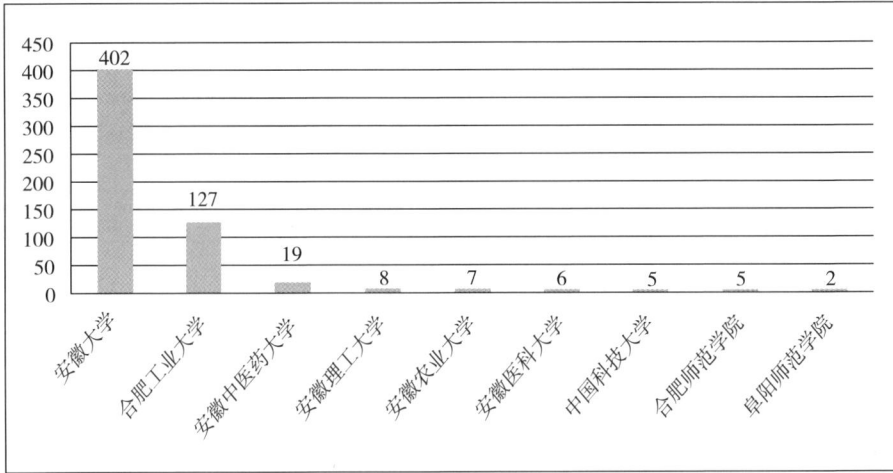

图 29　2016 年研究生科研获奖排名图

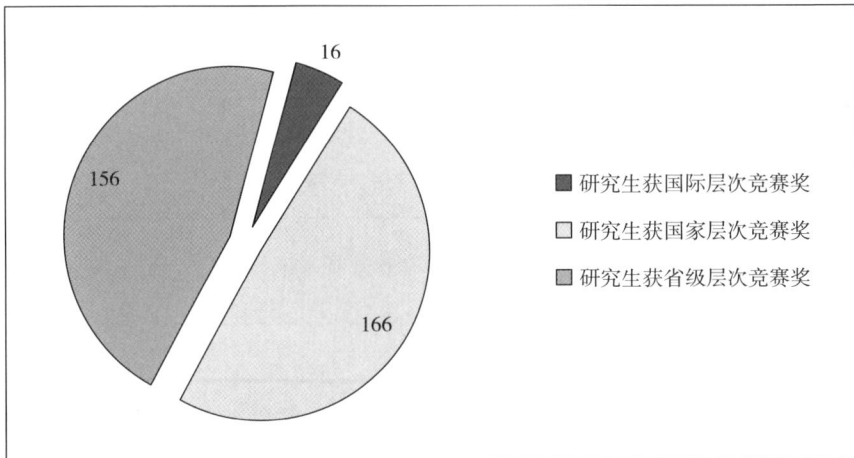

图 30　研究生获竞赛获奖情况分布图

　　研究生竞赛获奖情况中，获国际层次竞赛奖数量排在前五的高校是合肥工业大学、安徽工程大学、中国科技大学、安徽大学和安徽建筑大学。（图31）

　　研究生竞赛获奖情况中，获国家层次竞赛奖数量排在前五的高校是合肥工业大学、安徽财经大学、安徽大学、安徽工业大学和安徽理工大学。（图32）

　　研究生竞赛获奖情况中，获省级层次竞赛奖数量排在前五的高校是合肥工业大学、安徽工程大学、安徽大学、安徽财经大学和安徽师范大学。（图33）

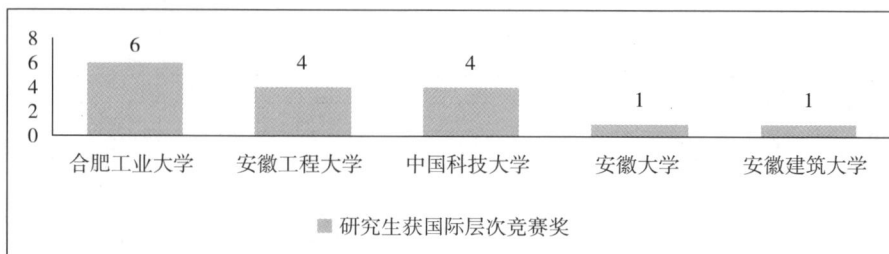

图 31　研究生获国际层次竞赛奖排名图

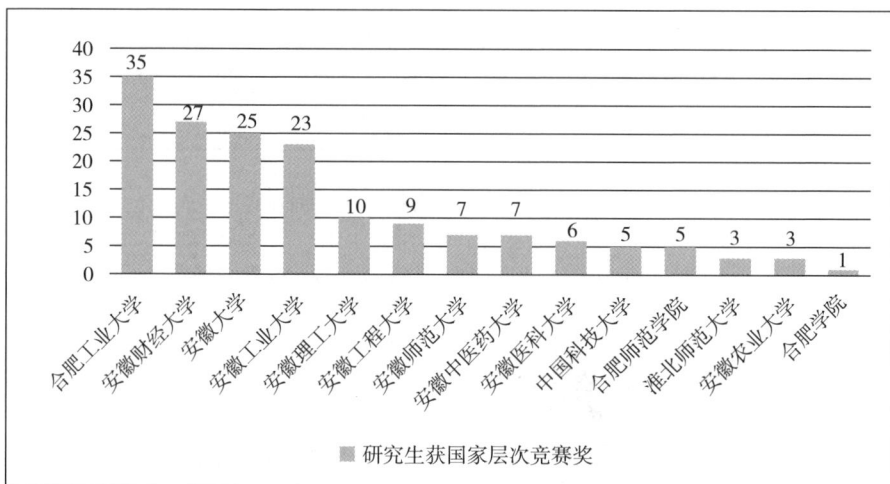

图 32　研究生获国家层次竞赛奖排名图

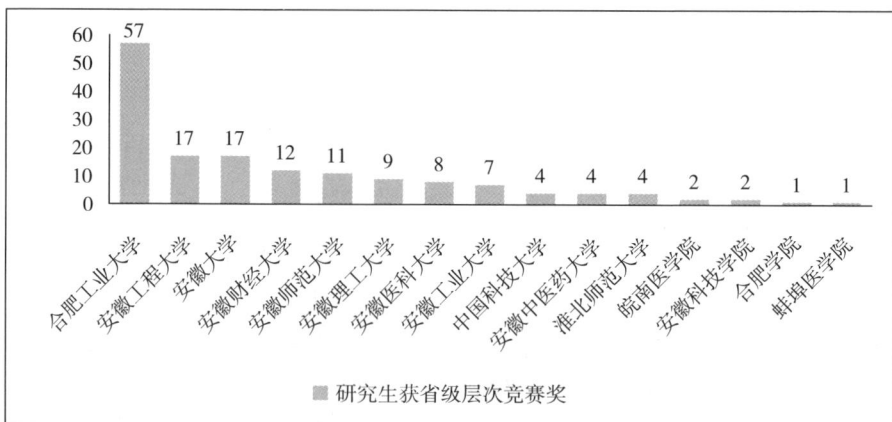

图 33　研究生获省级层次竞赛奖排名图

六、研究生教育国际化

2016 年，中国科技大学、合肥工业大学、安徽大学、安徽师范大学、安徽农业大学、安徽医科大学、安徽工业大学、安徽财经大学和安徽中医药大学等高校共招收留学生 967 人，派出境外交流的研究生 1187 人次，接收境外来华交流的研究生 93 人。2016 年全省研究生教育国际化情况如图 34 所示。

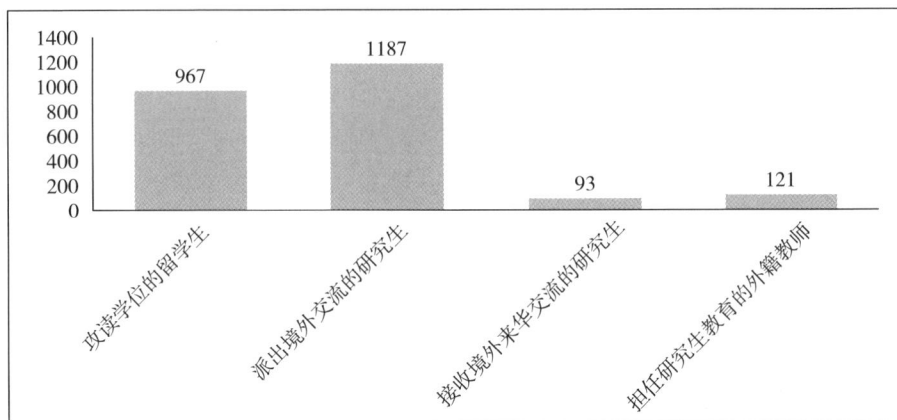

图 34　研究生教育国际化情况

2016 年，全省有 14 个研究生培养单位聘请了 121 名外籍教师承担研究生教学任务，较 2015 年增加 5 人。其中，中国科技大学外籍教师数最多，为 63 人。具体分布情况如图 35 所示。

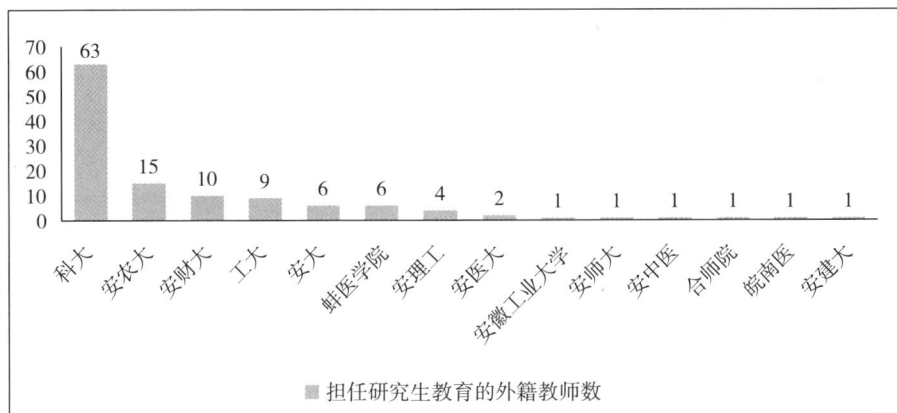

图 35　担任研究生教育的外籍教师高校分布图

七、研究生教育存在的问题与建议

2016 年，安徽省各研究生培养单位在研究生招生、资金投入、课程设置、教学改革、导师队伍建设、学位授予与就业工作、质量保障体系构建、研究生管理、思想政治工作以及国际化发展水平等方面取得一系列成绩。同时应该看到，安徽省研究生教育与新时代发展要求还存在差距，需要引起相关部门高度重视。

（一）存在的问题

1. 研究生规模小、增量少，与安徽经济快速发展的地位不相适应

安徽省具有研究生学位授予权的高校数量不多，布点不均，主要集中在合肥几所重点高校。人才培养结构、学科专业结构、知识能力结构不能完全满足经济社会转型升级的需要，这些与现代化五大发展美好安徽建设发展之间存在显著差距，与长三角相邻省份之间也存在一定差距。除中国科技大学等少数院校外，大多数院校都面临研究生第一志愿生源不足和质量不高等问题。少数院校未能完成省教育主管部门下达的招生计划，通过调剂录取完成研究生招生计划的院校占较大比重。从硕士研究生选拔模式来看，除中国科技大学和合肥工业大学外，其他院校接收推免生占整个硕士研究生录取人数的比例不高。按研究生数量来说，集中在中国科技大学（研究生比例位居全国第一，远远超过本科生数量）、合肥工业大学、安徽大学、安徽农业大学和安徽师范大学，省内其他院校数量较少。生源数量和质量存在明显的两极分化趋势。

2. 专业学位研究生教育模式有待深化

按照国家要求，专业学位研究生招生人数不断增加，但是，承担"服务国家特殊需求人才培养项目"专业博士和专业硕士学位研究生培养高校不多，尤其是专业学位博士研究生计划招生数偏低，占博士生总数不足 1%。专业学位研究生教育质量需进一步提高，尽管各研究生培养单位在双导师和实践基地等方面做了不少努力和有益尝试，但与实务部门的有效对接、教学内容与方法改革以及发挥实务部门导师作用等方面，仍然存在重形式、轻实质问题。少数专业学位研究生培养存在学术化倾向，有不少是学术型硕士学位的拓展。专业博士和专业硕士生源质量普遍不高，招生方式单一。校内校外"双导师"培养制度不够完善，如在培养计划、课程学习、专业研修、实习见习、论文选题和答辩各环节，应真正发挥校外导师实践引领作用。

3. 教育质量保障体系有待完善

全省各研究生培养单位高度重视研究生质量保障体系建设，建立健全一系列相关规章制度，但是，仍存在诸多薄弱环节，比如过程监控力度不够、培养单位

的主体责任以及导师责权机制有待进一步落实等。硕士学位论文创新性不足，论文质量需要进一步提升，如论文创新性不足、文献梳理与综合运用能力弱、论文写作（设计）规范不够、文字表达能力差等。各培养单位在研究生思想政治教育工作中的创新方法和教育效果存在明显差异，研究生党支部建设有待加强。专业学位研究生培养与教育实践基地单位深度融合不够，实效不明显。与本科生教育管理队伍相比，各研究生培养单位在研究生管理队伍方面普遍存在人数不足、专业化程度不高等问题。在校、院二级研究生管理队伍中，专职人数严重不足，院、系从事研究生管理的工作人员多身兼多职，时间精力不济。

4. 研究生教育的国际化视野有待拓展

全省各研究生培养单位重视研究生教育的国际化水准，与国外高校或科研机构签订合作办学意向，实施包括接收国外学生来校攻读博士、硕士学位以及选派部分研究生赴国外联合培养、短期访学、实习和参加国际学术会议等项目。但是，部分院校在研究生教育国际化方面深度合作不够，吸收国外留学生人数不多，研究生参与国际学术交流机会较少，利用国外高校研究生课程资源意识不强。在已经开展的研究生教育国际化中，涉及的研究人数及参与的程度仍存在较大差距，需高度重视并加大经费投入，以进一步提升国际交流能力。

5. 导师队伍建设有待加强

随着研究生招生数量逐年增加，研究生导师数量相对偏少，生师比例不合要求。导师队伍中高层次人才整体不足，高水平研究生导师数量严重缺乏，难以胜任高素质创新创业人才培养的需要。在导师队伍中，具有正高职称的约占50%，应不断提高教师职称层次。在部分专业学位研究生培养中，既有丰富理论又有实践经验的导师有限，难以满足专业学位研究生培养的实际需要。导师的责权机制尚未真正建立，有关教师管理制度滞后，难以激发研究生导师爱生敬业的积极性和创造性；教师科研水平和信息化能力需要进一步提高。

6. 研究生专业建设及课程体系建设有待改进

研究生专业设置不能满足信息化社会快速发展需要，课程体系与新时代人才培养目标之间的匹配度不高。新的经济增长点和新兴产业领域高层次专业人才缺乏。在课程结构方面，一级学科通用基础课程门数较少，二级学科专业及方向类课程开设较多，跨专业乃至面向全校研究生选修的公选课很少。在教学内容方面，专业与学术研究生、硕士与博士研究生课程区分度不高，学科前沿、方法论类课程开设门数不多；学术学位与专业学位研究生培养存在同质化现象，反映专业学位研究生教育自身特点的课程教材或教学活动不能得到充分体现。导师对研究生课程重要性的认识有待进一步提高，研究生课程的日常管理制度须进一步落实。研究生精品课程建设力度不够，研究生课程教学的质量有待提高。

（二）改进建议

1. 逐步扩大招生规模，提高生源质量

争取国家支持，继续增加研究生学位授予点，调整和统筹安徽高校研究生学位授权布局，优化和改进研究生专业结构。扩大招生规模，充分发挥院、系和导师等在研究生招生宣传中的作用。完善研究生奖助政策和激励机制，吸引不同省份、院校、专业优秀学生报考，扩大生源的覆盖面，扩大专业博士招生单位和人数。就博士生选拔来说，要尽快建立硕博连读和申请审核选拔机制，切实改善生源结构，逐步减少乃至最终取消招考的选拔方式。就硕士生招生来说，要采取切实有效措施，鼓励应届本科生及社会人员报考。本着增量倾斜专业学位点建设的原则，应对全省高校优势突出、重点发展、特色鲜明的学科领域进行统筹规划，支持符合国家和全省经济社会发展急需的专业学科发展建设。

2. 深入推进专业学位研究生培养，带动地方应用型本科高校快速发展

建立用人单位参与专业学位研究生培养的机制，发挥其在专业学位研究生培养方案制定与修订、课程与实践教学、学位论文指导与答辩等环节中的作用。按照培养目标的要求，不断改进教学内容与教学方法，特别是将与企业、中小学等用人单位的实质性合作，作为专业学位研究生招生计划分配及考评的重要依据。强化服务需求，增加专业学位研究生培养领域，努力形成门类齐全、规模适当、结构合理、适应社会需求、职业领域普遍欢迎、毕业生充分就业的教育体系，促进专业学位与学术学位教育协调发展。基于社会需求和专业学位的职业背景，着力加强课程体系建设，采用案例教学、互动研讨等方式，提高教学的针对性和应用性，加强案例库建设和实习研习基地建设，培养专业硕士研究生的实践能力和创造性解决问题的能力。

3. 完善教育质量保障体系

坚持把立德树人作为当代研究生教育的根本任务，贯穿于教学、活动和管理全过程。加强研究生教育过程的监督监控，强化研究生培养单位的主体责任。将监控、检查结果与培养单位研究生招生计划分配及导师指导研究生数量紧密挂钩。加强研究生规划教材建设，充实最新理论研究成果。在公共课程方面，采用"互联网+教育"技术，开展"慕课（MOOC）"教学，引用国内外精品课程资源，实现共享共建。加快科研成果的转化，培育和扶持一批新兴产业，带动全省区域经济发展。积极探索创新创业教育改革，培育研究生创新精神、实践能力和社会责任感。高度重视研究生管理队伍建设，根据各类研究生培养特点及在校生人数，配齐校、院二级研究生专职管理人员。定期加强研究生管理人员的业务学习与培训，提供必要的时间和经费等保障。

4. 提升研究生教育国际化水平

伴随着我国"一带一路"教育行动计划的实施，安徽应以对接"双一流"高校建设为契机，引领全省高水平大学加快发展。各研究生培养单位要在更宽领域、更深层次上开展研究生教育的国际学术交流与合作。支持有条件的高校与境外高水平大学合作开展"双学位""联合学位"项目，推动校际开展研究生课程合作建设、联合授课、学分和学位互认。选派更多研究生参与联合培养、参加国际学术会议、短期访学以及赴海外参加实习等，不断提升研究生教育的国际化水平。开拓海外实践基地，加强研究生跨文化学习、交流和工作能力的培养。扩大国家公派研究生留学项目的规模和覆盖面，增加研究生教育国际化的经费，不断提高资助研究生海外学习、学术交流的质量和效益。

5. 加强导师队伍建设

建立健全导师责权机制。通过引进与在职培养并举方式，增加导师数量，改进生师比例。拓展专业学位研究生导师来源渠道，从企事业单位或行政机关遴选聘任具有高级职称的专家（学者）担任研究生的指导教师或参与指导工作，发挥校外导师在专业学位研究生培养中的全程参与作用。完善导师的遴选制度和评价制度，严格导师年度招生资格审核，将导师的科研成果、培养质量等与其指导研究生数量紧密挂钩。重视导师的教书育人表现和科研能力，把师德放在首位，实现师德"一票否决权"。落实导师是研究生培养第一责任人的要求，把立德树人作为其根本职责，强化导师负责制。鼓励有条件的高校建立研究生导师合作制度，支持研究生导师开展国际交流和跨学科合作。加大国内外高水平人才引进力度，以"服务发展、高端引领、特色突出"为原则，集聚一支优秀的学科领军人才、学科带头人和学术骨干队伍，加快专业人才的梯队建设。

6. 加强课程建设，积极培育新专业

研究生课程设置应建构在更加宽广的学科基础上，提倡交叉学科和新兴学科的培养。坚持以能力培养为核心，拓宽研究生的知识基础，重点提高研究生的动手能力和创新思维能力。提供丰富、优质的课程资源，及时更新课程内容，增加反映学科最新成果及发展动态的信息，增加实践性较强的、应用性较广的课程。建立导师组制度，每门课程原则上由 2～3 人共同完成，根据不同教师学术专长，发挥教师引领作用。定期开展"学术沙龙"活动，活跃研究氛围。建立优胜劣汰的课程竞争机制，同时提供跨专业、跨学校选课的机会。为满足安徽省重大支柱产业或战略性新兴产业发展需求，应重点建设一批全面对接重大支柱产业或战略性新兴产业发展急需的新工科专业，改造一批传统工科专业，培育若干新工科专业示范点。同时，引入第三方评估，对学位授予权单位、新专业申报和导师实行动态评估。

7. 高度重视研究生思想政治教育和创业能力教育

在加强学科理论体系建设、培养学生理论创新能力的基础上，密切联系实际，推进校企、校校联合，加强产、学、研全方位深度合作，培养学生创新创业热情，激发创新创业意识。在课程设置、资源配置和师资力量统筹考虑基础上，将创新性人才的培养纳入研究生培养全过程。构建完善的研究生创新创业教育培养体系，培养研究生的创新创业素养，切实提高研究生创新创业能力。加强研究生思想政治教育和社会责任感教育，培养其具有正确的就业创业观念，引导其为社会发展作出积极贡献。

课题组成员：严　萍　范成梅　孙　亮　林禄明
撰 写 人 员：严　萍

第八篇　安徽省"国培计划"项目实施情况绩效评估（2016 年度）

为认真落实教育部《关于做好 2016 年"国培计划"评估总结工作的通知》有关要求，按照省教育厅《关于做好 2016 年"国培计划"评估工作的通知》安排，2017 年 4 月 23 日至 4 月 28 日，安徽省教育评估中心在集中审核评估对象提交的自评报告和佐证材料的基础上，采用问卷调查、召开座谈会、个别访谈、核实过程材料、实地查看等形式，依据 2016 年"国培计划"项目绩效评估标准，对承担项目培训任务的 6 所高校、6 家培训机构和 18 个项目县进行了现场验证性评价。经过细致核验和认真审议，形成 2016 年"国培计划"绩效评估报告、各类项目分报告，以及培训任务承担院校、机构和项目县综合评议排序。

一、项目实施的基本情况

项目培训任务承担院校、机构和项目县，按照《安徽省教育厅　安徽省财政厅关于组织实施安徽省"国培计划（2016）"项目的通知》要求和工作部署，基本完成 2016 年度项目任务，达到项目推进的预期目标。

（一）教师培训团队置换脱产研修项目

6 所院校与 18 个项目县进行对接，按时完成 2016 年度项目任务。面向参训学员发放的满意度调查问卷统计分析表明，在总体感受上，学员"满意"（不含"基本满意"和"不满意"）达 73.5%，超过 2015 年（69.7%）3.8 个百分点。其中，"满意"度上升的从高到低依次是淮北师范大学、阜阳师范学院、安徽师范大学和合肥师范学院。

（二）教师网络研修项目

6 家机构共承担省内 18 个项目县 66020 名学员的 120 学时的网络研修任务，均全部完成了 2016 年度项目任务，参训学员研修总合格率达到 95% 以上。面向参训学员发放的满意度调查问卷统计分析表明，在总体感受上，学员"满意"（不含"基本满意"和"不满意"）达82%，超过2015年（73.4%）8.6个百分点。其中，"满意"度上升的从高到低依次是中央电化教育馆、奥鹏远程培训中心、高等教育出版社和安徽中小学教师教育网。

（三）送教下乡培训项目

截至2017年4月底，大多数项目县区均完成了各自预定的培训任务，实现了培训范围和对象的两个"全覆盖"，广大参训教师对送教下乡项目评价良好。面向参训学员发放的满意度调查问卷统计分析表明，在总体感受上，学员"满意"（不含"基本满意"和"不满意"）达90.2%，超过2015年（89.1%）1.1个百分点。其中，"满意"度上升的有9个项目县，持平的有2个项目县，下降的有7个项目县。

18个项目县综合排序的名次，在前9位的依次为利辛县、裕安区、含山县、萧县、肥东县、广德县、蒙城县、临泉县、祁门县。

二、主要做法与特色亮点

（一）教师培训团队置换脱产研修项目

1. 与相关方加强合作，整体设计项目规划

6所院校能够按照"皖教秘师〔2016〕64号"有关要求，根据教师培训团队置换脱产研修项目实施实际，与项目县、县级教师发展中心（教师进修学校）和优质中小学幼儿园，协同研制培训实施方案，整体设计"集中研修、跟岗实践、返岗实践和总结提升"4个阶段。

合肥师范学院注重项目需求调研，兼顾"供、求、管"三方意见，向学科专家调研，向主管部门调研，向一线教师调研。淮北师范大学、淮南师范学院等院校关注学员学习诉求，贴合学员教学实际，注重多方协同设计培训计划方案。安庆师范学院通过召开对接会的方式加强协同设计。

2. 与项目县全程协作，推进四段培训实施

6所院校能够与有关项目县协同开展4个阶段的培训活动，集中研修聘请项目县管理者、培训者和优秀教师（教研员）担任主讲教师或参与班级管理，跟岗实践重点依托区域内外优质中小学幼儿园，组建团队参与学员返岗培训实践活动，与项目县共同开展总结提升活动。

安徽师范大学、阜阳师范学院、淮北师范大学、淮南师范学院、安庆师范学院等院校注重三方协同推进培训实施工作，重视与远程培训机构合作。合肥师范学院建立"县区主动、校县联动、校校互动、网络从动"的协作机制，优势互

补、协同服务，并与项目县共同开展活动 17 场次。

3. 注重开展混合培训，突出实践能力提升

6 所院校能够为了提高培训实效性，使项目县的教师培训团队真正"用得上、干得好"，着力创新培训模式。注重采用混合式，与送教下乡、网络研修、校本研修相结合，学研用相结合。突出实践能力提升，院校集中研修重问题诊断，重专家引领，重案例示范，重实践体验。

阜阳师范学院采用"GIPP"模式，实现专家引领、学员反思、教育实践、技能提升 4 个环节紧密衔接。淮南师范学院组建由高校培训专家、教研员、一线优秀教师组成的"三人行"导师组，运行"三人行"教研模式。合肥师范学院采用"学研做三位一体、三段三自三结合"培训模式。安庆师范学院采用省外观摩和异地跟岗结合的"两条路线"实施跟岗实践。

4. 培训与教研并重，着力教研训能力提升

6 所院校能够针对参训学员学习需求，结合项目县实际，设计培训内容，注重优化课程结构，突出实践性培训，递进式设计培训课程，组建多元化培训团队，开展主题鲜明的培训，培训类课程与教研类课程并重，着力帮助县级教师培训团队成员提高教学能力、培训能力和研究能力等。

安徽师范大学充分整合优质培训资源，组建学科知名专家、高校理论专家、教育学科专家、基础一线专家"四位一体"的专家队伍。安庆师范学院培训师资重一线轻高校。合肥师范学院系统设计学科教育教学、教研、培训类课程，分四段螺旋推进。阜阳师范学院与地方教研活动紧密结合，强化实践性培训。淮南师范学院重视学员信息技术应用能力提升培训。

5. 发挥高校资源优势，强化支持服务能力

6 所院校能够按照《乡村教师培训团队置换脱产研修指南》要求，与具备资质的教师培训机构、县级教师发展中心和优质中小学幼儿园协同申报、分工负责、协作推进项目，重点发挥高等学校四位一体的教师专业发展支持服务体系的"育种子"、打造乡村教师培训团队的作用。

阜阳师范学院、淮北师范大学、安庆师范学院等整合自身资源和相关方资源，发挥高校智力优势和学科优势，为培训提供优质资源平台，实现共建共享。淮南师范学院注重将本校培训团队成员打造成能研、善训、会导的学科辅导专家。合肥师范学院遴选近 40 所、安徽师范大学遴选 60 多所优质中小学和教师培训机构，作为"影子教师"跟岗实践基地学校。

6. 注重监管三方联通，全程跟进督导反馈

6 所院校能够建立项目管理体系，完善项目实施各项制度，改进项目组织运行机制，注重培训监管三方联通，重视实施质量自查自评，针对项目管理薄弱环

节，采取行之有效的举措，进一步优化项目实施管理，为项目实施提供有力保障，为确保培训质量和水平起到积极作用。

安徽师范大学、阜阳师范学院等组建专家督导组从项目申报开始全程介入，跟进督导检查，及时反馈指导。淮北师范大学对项目教学及管理实施流程控制。合肥师范学院通过训前与训中相结合、问卷与评测相结合的方式，落实质量监管，严格学员评价。淮南师范学院加强培训督导，并实行团队每周例会、考勤一周一公示等制度，定期召开班委会和学员代表座谈会。

7. 严格执行管理规定，使用管理经费规范

6 所院校能够严格执行《安徽省财政厅　安徽省教育厅关于印发〈安徽省中小学幼儿园教师国家级培训计划专项资金管理办法〉的通知》的相关规定，制定"国培计划"项目经费使用管理办法（或规定、实施细则），统一管理，单独核算，专款专用。

安徽师范大学严格执行"一支笔"审批制度，统一管理，合理支出。淮北师范大学实行经费切块预算，多维监控。合肥师范学院严格执行"规范程序、一级管理、三级报批"原则。阜阳师范学院以预算为依据，严把支出关，不搞无预算支出。安庆师范学院经费列支按财务制度严格审批。淮南师范学院大额支出项目请纪委监察并参与谈判，做到公开、透明。

（二）教师网络研修项目

1. 认真落实《指南》规定，有效实施培训项目

6 家远程机构按照国家两部和省两厅有关通知要求，进一步落实《乡村教师网络研修与校本研修整合培训指南》和《乡村教师工作坊研修指南》等规定，积极做好规划设计、建设研修支持服务体系、开发优质资源、组织实施研修流程、抓好监管评估等工作，保证了项目顺利实施。

（1）培训思路清晰，操作规范灵活，体现刚性和弹性相结合。

一是培训内容点面结合。从整体看，各机构均设置了常规研修与专题研修两方面的内容，实现培训内容和形式的点面结合，有效地扩大了培训内容的覆盖面。

二是突出"四个支持"。各家机构努力体现网络研修对教师及校本研修的工具支持、资源支持、团队指导支持和大数据分析支持，很好地方便了教师的学习和提升。

三是体现"五个结合"。在研修内容和方式上，体现在线学习与线下实践相结合、专家讲座与合作探究相结合、专题研修和自主选学相结合、案例分析与经验分享相结合、问题解决与成果分享相结合。

（2）建设功能强大的平台，开发丰富的研修资源。六大机构所建网络研修平台具有强大的功能，所预设的教师研修资源均比较丰富。课程资源的来源除了必修的课程资源外，还有大量拓展资源、生成性资源，为教师的学习提供了选择的空间。

中国教育电视台采用"大数据扁平化"研修管理机制，加强研修管理。用碎片化协同式研磨机制，开展网络教研活动。采用任务驱动式培训课程。这些措施，激发了学员学习积极性，提升了学员水平。

安徽省中小学教师教育网、高等教育出版社、中国教育电视台等为学员提供了 E 优资源站、助教微课程研修工具；除了研修工具外，还投放了"中国教师 App 创新工厂"、伴读网 App 等资源。

中央电教馆建立了机器人答疑系统，在坊主和管理 QQ 群中，启用 QQ 答疑机器人，极大方便了老师获取软件资源，答疑机器人"小宝"成了培训的明星。

2016 年 8 月 18 日，奥鹏全新推出 VR 全景主题班会示范课"跨过'叛逆'的栏杆"，率先实现将 VR 技术应用到教师教育培训领域。

（3）课程分类设计，关注教师个性。多数远程机构坚持以教师为本，选择提供能满足不同教师个性、层次、类别的研修课程及研修方式，关照了教师的个性研修，解决了教师研修的工学矛盾，激发了教师的研修积极性。

安徽省中小学教师教育网打造"自助餐"式的课程模式，实现自主选学。为贴近乡村教育发展和乡村教师教育教学实际，分梯度、分学科、分学段地设计了递进式的培训课程，提高了案例型和实践性课程比例，实现了在"学中用"，在"用中学"。

高等教育出版社也实施了分级、分层、分类、分阶段培训方式，给参训教师一定的自主性。

全国继教网整合工作坊、社区与个人培训的功能模块，使各角色在同一页面中可以完成培训学习、社区研修、工作坊研修，实现了资源整合，提高了教师研修效率。

（4）着力体现线上研修和线下实践的有机结合。为有效组织乡村学校开展网络支持下的校本研修，为项目县开展网络支持下的校本研修活动提供专家指导，延伸专家示范引领的辐射作用，安徽省中小学教师教育网分别在蒙城、利辛、南陵、广德 4 个项目县开展了以"互鉴与交融 联动与协同"为主题的专家实地指导系列活动。专家实地指导活动有效地实现了学科专家面对面解决一线教师在实际教学中遇到的各种问题，为专家和学员提供了零距离交流、互动的机会。该机构还为激发学员参与国培研修的积极性，营造浓厚的研修氛围，将有特色的网上评奖活动系列化、常态化，继续开展了以"轻舞国培 绽放研修"为主题的国培研修主题故事征集活动；并且在学科辅导专家及班级辅导者中开展了以"研校本　晒方案"为主题的校本研修方案设计大赛。

中国教育电视台与安徽省各地市、区县教育局联合，面向中小学教师开展大型公益活动"寻找最美微课程"，激发了教师的研修兴趣，为教师研修成果的展示提供良好的平台。为丰富参训教师的课余文化生活，提高教师教学技能，中国教育电视台联合中国教师教育网共同举办了两届"教师网"杯全国教师教育教学文化节。高等教育出版社与项目区县积极协调开展"送教回访"活动。

（5）积极探索优化的评价方式。

一是细化评价方案，实行"双合格制"，以评促学。安徽省中小学教师教育网在考核评价阶段，与各项目县、校协同开展培训考核评价。安徽省中小学教育网负责学员网络研修阶段的考核，项目县、校负责实施学员区域研修与校本研修阶段的考核。本年度考核评价方案进一步细化，对学员的考核评价结合网络研修和校本研修绩效综合考量，将过程性考核与终结性考核相结合，贯穿培训全过程。合理设计人工评价与平台自动评价，在基于数据统计的基础上，突出效果评价，促进学习成果的应用。实行"双合格制"，网络研修与校本研修两个阶段都合格，整个研修才合格，"双合格制"保证了整个研修过程不留空白、不缺项，扎实有效。

二是评价方式多元多段。高教社过程考核、结果评价并重，根据"国培计划"相关文件要求，对项目区县实施整体和阶段性的考核方式。对项目管理人员就管理机制的建立、培训实施结果等方面进行考评；对辅导人员就培训结果、校本研修指导、校本实践效果评价等方面进行考评；对教学人员就培训结果、实践成果等方面进行考评。

2. 联动联通三方协同，支持服务常态研修

（1）建立联动联通的三方协同机制。在 2015 年的基础上，各机构在一定的程度上注重了三方协同机制的建设，根据实际情况对目标定位进行了相应调整，深化与高校、本地教师发展中心及乡村学校的协同配合的机制，加强县域教师网络研修社区与校本研修常态化运行机制的良好运行。

（2）加强支持服务体系建设。

一是建立三位一体研修社区。各个远程机构注重发挥网络平台的强大功能，建设网络研修支持服务体系，会同县区建立"个人空间—工作坊—学校社区—区域社区"一体化的县域网络研修社区，切实帮助了县域网络研修一体化顺利实现。

二是信息反馈机制协同推进实施。远程机构利用平台，采用大数据分析，及时统计学员研修学时、资源发布、成果展示以及阶段性的参训率、合格率、优秀

率等情况，方便了区域管理者及时监管学员学情，发现问题，总结经验，有力地推进了项目的协同实施。

三是建立学习共同体。各机构努力建设县、校区域网络研修学习共同体，开通个人空间、教师工作坊、县校区域社区，并实现有机整合，形成网络学习共同体，利于组织管理者及时了解和掌控学员和区域的研修学情，利于学员学习、交流、探讨，实现资源共享，达到专业引领、同学共研的目的。安徽省中小学教师教育网关注教师个性需求，建立学习共同体，内容设计新颖、丰富，项目管理团队服务态度较好，交流方便，能帮助学员提升自己的教学能力。

（三）送教下乡培训项目

1. 协同机制建立，运行稳定有序

各项目县区基本建立与对接高校和远程培训机构的协同机制，基本落实了协同立项、分工负责、协作推进的工作机制，开展协同调研、协同论证，对接课程，对接进程，分工合作、分职管理，保证了项目的稳步实施。如临泉县与阜阳师范学院、奥鹏远程培训中心共同成立项目工作组，共同制定国培项目实施方案，细化各方工作职责与分工，先后召开 5 次联席会议，商讨项目实施；太和县协同四方组成联合培训领导组，明确各方职责，确立协同设计项目培训方案的整体思路，建立协同实施推进项目的工作机制和协同调动学员内驱力的激励机制，推动了项目的有效实施；蒙城县提出建立了"联合—整合—结合"的"三合"协同机制，推动培训工作有序开展；肥东、裕安、利辛、含山、蒙城、寿县等县区与各自的协同高校和远程培训机构建立了良好的协同合作关系，定期开展培训活动，保证了项目的稳步实施。

2. 培训模式创新，激发参训热情

项目县区通过培训模式的创新，引领培训工作的规范化、常态化发展，如祁门县在送教下乡中普遍推行已经较为成熟的"以课领训"培训模式、含山县的"一校一特色订单式培训"模式、裕安区的"三人行同课异构"培训模式、肥东县的"以研促训，研训一体"模式、利辛县的"三个五段式"培训模式、萧县的"四方互动"培训模式、广德县的"研、训、赛、教四位一体"培训模式、濉溪县的"双进双出"（即专家进课堂示范引领、种子教师进研训小组研磨指导；出优秀教师及优秀研训团队、出教学成果）理念、寿县的"四段三环节"培训模式等，极大地丰富了培训思路，促进了送教效果的最大化，受到参训教师的好评。

3. 把脉需求导向，内容聚焦落地

各项目县（区）围绕安徽省年度"有效教学研究"培训主题，结合本地实际，在问题诊断、把脉教师需求的基础上，优化送教下乡阶段性主题，制定培训方案，增强培训针对性，如裕安区的"基于信息技术与学科整合的有效学习评价"、萧县的"学生有效学习与教师专业发展"、祁门县的"信息技术与学科深度融合"、宿松县的"以学定教，激发学生学习兴趣"，均突出了聚焦主题、落地有效教学的设计理念。含山、肥东、利辛、蒙城、广德、南陵等项目县区，采取问卷、听课、访谈等方式，认真开展需求调研，梳理教师教育教学实际问题，开展针对性的送培送教活动。送教下乡活动多以现场课例为载体，围绕课例开展点评研讨，交流互动，注重实践指导，力求送教接地气，受到参训教师的欢迎，体现了送教下乡的实用性、实在性、实效性。

4. 体系基本建立，支持服务有力

各项目县区根据本地实际，积极探索，勇于实践，初步建立了适应送教下乡需要的"四位一体"的支持服务体系。裕安区教育局重视加强区教师发展中心建设，对教研、电教和师训进行了功能性整合，挂牌办公，加强了县级培训基地的建设，增强了培训能力。该区同时以教育局下文的方式要求各乡镇建立片区教师研修中心，明确专兼职人员及职责，基本建成了"四位一体"教师培训支持服务体系。广德县把师训、教研、电教等部门整合，成立县教育培训研究中心，专门负责全县的教师培训和教研工作。含山县对教师进修学校、教研室、电教站、电大奥鹏等部门进行功能性有效整合，并依托高校、机构和乡镇片区研修中心，构建了"高校专家—县教师进修学校及县级培训指导团队专兼职培训者—乡镇中心校及骨干教师—中小学校及校本研修指导员"四级业务指导网络。利辛县结合本县情况，建立了"四方协同""五个基地""七大片区"协同推进机制，强化了培训支持服务体系。其他各项目县区也根据各自实际，划分了若干个送教片区，并分设送教点，构建了较为合理的送教网络。各项目县区均按要求组建了培训团队，组织了团队高校脱产研修，团队成员能积极参加送教下乡各环节工作，引领指导有效。

5. 强化过程监管，保证培训质量

各项目县健全管理制度，优化项目设计，采取多种措施，强化项目过程管理，保证了培训质量。利辛县建立教育局局长、教师进修学校校长、乡镇学校校长作为第一责任人的"三个第一责任人"制度，强化责任监管。同时建立教育局、教师培训与发展中心、乡镇中心校、项目学校四级项目管理体系，明晰管理分工，明确管理责任，形成管理合力。祁门县制定了《祁门县"国培计划""有效学习评价"以课领训主体性学习前移作业》《祁门县"国培计划""有效学习评价"以课领训主体性学习训中任务驱动》《祁门县"国培计划""有效学习评价"以课领训主体性学习行为跟进》等任务工具单，把控训前、训中、训后等培训重点阶段，采取任务驱动，强化过程监管。裕安区科学安排诊断示范、研课磨课、成果展示、总结提升等环节的送教活动，制定各环节活动实施方案，明确具体安排及要求，进行全程把控。萧县进一步完善"543 工程"，提高培训质量。含山县采取过程考核与结果考核相结合的方法，将考核结果作为教师学期教育教学工作考核的依据，与年度考核、职务评聘、评优晋级等挂钩，并作为教师资格定期注册的重要依据。各项目县区在实施送教下乡项目过程中，通过编辑简报的方式，定期报道培训动态，宣传培训政策，展示培训成果，交流培训经验，通报存在的问题，有力地推动了项目的稳步实施。

6. 资金运行规范，使用合理合法

省财政厅、教育厅及时下达中央转移支付"国培计划"专项资金。项目县区财政部门能根据支付需要及时拨付资金，无转移、挪用、截留专项资金情况。各项目县区均实行国库集中支付，在教育核算中心或国库集中支付中心进行统一核算，资金使用在县区财政部门、教育部门监管下运行。各县区资金支付严格按照内部控制管理要求，资金支付程序完备，原始凭证合规，会计资料真实有效，资金使用合理、合法。严格执行政府采购制度。资金支付基本实行转账直接支付。按照中小学会计制度规范进行会计核算，账目清楚。

三、存在问题与对策建议

评估组在对培训任务承担院校、机构和项目县的现场验证性评价和集中审核自评材料中发现存在以下主要问题，并梳理了相关各方与学员的意见和要求，给出了对策建议。

（一）教师培训团队置换脱产研修项目

1. 项目规划设计方面

少数院校与远程培训机构、项目县、县级教师发展中心和中小学幼儿园沟通协调不够充分，协同调研、协同设计和协同申报流于形式，导致县级教师培训团队存在部分成员无法参与返岗培训实践活动、存在参训学员只参训不做事即"用不上"的情况。

建议高等院校进一步加强与相关方的协作联通，共同做好需求调研、问题诊断、主题凝练、目标定位、课程设置和培训管理，以及县级教师培训团队成员遴选、使用等项目规划设计工作，通过多维协同，让学员符其实、出得来、学得优、用得上、干得好。

2. 协同机制实施方面

少数院校持有较强的本位观点，重视院校集中研修和"影子教师"跟岗实践两个阶段，轻视返岗培训实践和总结提升两个阶段。有的不能有效协同远程培训机构，影响培训效果提升。有的难以落实师范生顶岗实习，影响培训县级教师培训团队足额足时参训。

建议高等院校、远程培训机构、项目县及县级教师发展中心、优质中小学幼儿园等各方，按照《乡村教师培训团队置换脱产研修指南》的规定和要求，履行各自职责，协同执行"五项机制"，共同实施"四个阶段"。项目县与院校要创新机制，妥善解决工学矛盾。

3. 培训模式创新方面

少数院校的集中研修以讲座为主，跟岗实践以中小学幼儿园为主，返岗实践缺失跟进指导和支持服务，总结提升做不到位（重总结弱提升），实践性培训突出不够、培训能力重视不够，导致县级教师培训团队成员返岗培训实践作用发挥有限，自身专业成长不显著。

建议高等院校围绕教师培训团队置换脱产研修项目目标定位，聚焦重点提升参训学员的培训能力，整体进行"四个阶段"的模式创新，系统改进各个阶段的培训方式方法，集中研修突出行动引领、跟岗实践突出行动反思、返岗实践突出行动示范、总结提升突出行动改进。

4. 培训内容改进方面

少数院校的培训主题不够聚焦，课程设置缺乏递进。培训内容缺少选择性，区域和个体针对性不强；有的院校不能充分考虑音体美、科学和信息技术等学科特点与需求。培训内容城市化倾向比较突出，缺少"乡村味"。培训内容重理论教学轻实践示范，对培训实践能力提升关注不够。

建议高等学校扣住"培训能力"和"乡村教师"，盯住教师培训团队成员在送教下乡、网络研修和校本研修整合培训与教师工作坊等培训实践中的作用发挥，凝练主题，设置递进式、有选择性、面对乡村现实、补研训教短板、重在设计与实施、引领团队培训专业发展的培训课程。

5. 支持服务体系建设方面

有的院校与远程培训机构、项目县及县教师发展中心、优质中小学幼儿园合作不够、协调不力，培训需求调研不够充分，实践资源与案例资源比较薄弱。对"三人行"导师组重视不够，跟岗实践和返岗实践的跟进指导与支持服务方面是短板。顶岗实习师范生难以及时足额到岗。

建议高等学校树立服务乡村教师专业成长理念，切实做好与相关方的合作协调，共同开展需求调研，三方一体化设计实施方案，研制推进计划；共同建设培训课程，三方一体化开发培训资源，加工生成性资源；三方共同组建导师组，落实对跟岗实践和返岗实践的跟进指导与支持服务。

6. 管理工作机制完善方面

有的院校没有建立"项目制"，由系部主办培训，内部协调不够顺畅，影响项目推进和与相关方的协同。对学员管理不够严格，参训率不高；没有对学员实施任务考核。缺乏对管理者、培训者的考核。学员的住宿、伙食等生活保障条件有待改善。不能向学员开放校内图书、资料等学习资源。

建议高等学校强化质量管理，实行教师培训项目制，优化工作推进和内部协调。健全管理制度，加强班级管理，采取任务驱动和成果激励等方式落实对学员学习过程的考核。采取多种方式，加强对管理者、培训者的绩效考评。合理配置项目经费，提高服务质量，改善学员生活、学习条件。

（二）教师网络研修项目

1. 存在的主要问题

网络研修与校本研修整合项目总体看虽然效果良好，但也存在诸多方面的问题，主要表现在如下方面。

（1）远程机构与高校、项目县实质性协同上仍不十分顺畅。

（2）课程设置和培训内容针对性不够，"小学科"培训覆盖面小。

（3）与校本研修有机融合不够。

（4）对教师学习评价体系不够健全。

2. 改进意见与建议

（1）着力于三方协同机制建设，切实做到供需顺畅和谐。在项目实施过程中存在着远程机构与高校、项目县协同不切实、不顺畅的现象，主要表现为：充分调研不够，课程开设和培训内容没有真正靶向乡村教师的需求和问题；参训教师对某些专家讲座满意度不高；有些平台不能满足教师研修需要。如，参训教师反映网络平台操作比较复杂，参训学员尤其是"大龄教师"完成学习任务比较困难。

远程培训机构要主动加强和项目县教师培训机构、学校的联系，及时了解学员反馈的信息，随时调整培训内容和措施，保证培训的实效性。

参加访谈的参训教师希望培训机构主动参与送教下乡活动，在活动中帮助学校生成本土资源；建议多提供名家，尤其是一线名师的课堂教学和讲座的视频；希望机构所预设的课程资源库尽可能考虑乡村教师的实际需求，同时要继续开放网络研修平台。

（2）着力于线上线下整合，真正实现网络研修与校本研修整合。调研中发现，线上学习热火朝天，线下校本研修冷冷清清。其中原因之一是远程机构在网络研修和校本研修整合项目的设计上偏重线上学习，对校本整合设计上措施不够到位、任务驱动重心下移不够到位，所以出现网络研修与校本研修两张皮现象。建议机构找到网络研修与校本研修的多种契合点，使得两者有机整合，乃至深度融合，并与学校共同努力，形成两者整合的常态机制。

（3）着力于学员评价体系建设，确保培训质量。学习过程中的监测评价手段比较简单。这是远程机构项目实施中所表现的一个共性问题。大数据之一的合格率看起来比较高，但真正意义上的合格者并没有那么多。对参训学员上传的资源的真实性、有效性，对学员发表的日志的专业性、科学性等的评价的监管方式及标准亟待建设。专家组建议各机构建设完整而又科学的学员研修成效的评价体系，以确保培训质量。

（三）送教下乡培训项目

1. 存在的主要问题

（1）协同对接较为松散。项目县区与高校及远程培训机构对接协同不够紧密，机制多停留在纸面上，落实不够，三方各自为政、各行其是的现象仍然存在。尤其在利用网络支持服务送教下乡，提供校本研修平台方面，远程培训机构与项目县磋商欠缺，导致网研与送教、校本脱节。

（2）工学矛盾较为突出。农村中小学幼儿园教师本身工作负担就较重，送教下乡项目多为实践性培训项目，多在正常的教学工作日开展，2年间，所有学科教师同步参加培训，势必对正常的教学秩序造成一定的影响。这种工学矛盾同样体现在置换脱产项目上，多数教师反映，参加脱产研修后，落下的课程需返岗补课，任务较重，影响了教师参训的积极性。

（3）过程监管较为薄弱。送教下乡项目涉及面广，人数众多，且该项目具有阶段性、连续性、递进性的特点，周期较长，过程监管尤为重要。主管部门多注重项目的规划设计和组织领导，对培训实施的过程监管不够深入，存在任由高校、远程机构、县级教师培训机构和中小学自行其是的现象，造成部分项目县区项目实施的进度、数量、质量有偏差。

（4）经费管理有待加强。尽管各项目县区项目资金运行规范，使用合理，但仍存在资金使用率低、绩效不高、专项资金管理制度不健全、会计核算不规范、项目决算和项目审计未实施等问题。项目经费监管需进一步加强。

2. 改进意见与建议

（1）加强协同三方的统筹。"教师培训团队置换脱产研修项目""送教下乡培训项目"以及"网络研修与校本研修整合培训项目"是相互关联、协同实施的统一整体，高校、项目县和远程培训机构是不同隶属和不同层级，又相对分离的三方，如何建立和落实"团队三方嵌入、资源三方叠加、实施三方联动、监管

"三方联通"的协同机制，必须要有统筹。建议明确以项目县为主的统筹主体，建立按月或季度定期会商的协作机制，探索相互促进和约束的运行机制，保证三方合力，协同有效。

（2）科学合理规划新一轮"国培计划"，减轻教师工学矛盾。充分考虑全省农村中小学幼儿园教师实际现状，重新整体规划新一轮"国培计划"的培训周期和参训人数，采取分学科分期推进，错位安排参训人员的办法实施培训，在相对较长的培训周期内实现送教下乡项目的"两个全覆盖"。

（3）加强项目实施的过程监管。要细化项目管理，对实施过程中的关键环节要以"规定动作"的要求加以规范。落实"诊断示范、研课磨课、成果展示、总结提升"4个实施环节，突出现场诊断、课例运用、实践指导、成果评价、生成性资源分享等，确保培训实效。项目县区要加强项目过程监管和督导评估，要将项目纳入项目县督导评估指标体系，定期发布评估报告。要建立"国培计划"项目绩效评价管理网络平台，实施培训信息定期上传制度、定期通报制度、限期整改制度，通过过程监管，引导项目常态化发展，保证项目质量。建议在充分总结首批18个项目县区成功经验的基础上，召开"国培计划"送教下乡项目现场会，推广好的做法和成功经验。

（4）加强对项目经费的监管。督促项目县区严格按照省财政厅、教育厅《中小学幼儿园教师国家培训计划专项资金管理办法》对资金的有关要求，建立健全专项资金管理实施细则，实行独立核算。项目县区财政、教育主管部门应加强专项资金收支监管，督促培训机构按规定支付资金，计划完成后及时办理项目决算，开展项目审计。建议省教育厅适时对项目县区项目实施情况开展专项审计和调研，明确各项目县区结余资金的用途。

四、有关特色案例

项目驱动的区域教师培训体系建设实践
——六安市裕安区教师进修学校

作为安徽省首批"国培计划"项目县区之一，裕安区紧抓机遇，多措并举，扎实实施"国培计划"各培训项目，培训成效显著，在省教育厅组织的项目绩效评估中各类培训名列前茅，且项目实施中创生的"基于微课程的三环六步混合研修"实验获得教育部"国培计划"优秀工作案例奖励。裕安区"国培计划"工作成绩取得的原因是多方面的，其中之一就是借项目驱动，着力创新，较好地建构了区域教师培训体系。这一体系包括3个有机组成部分，即支持体系、平台体系和方法体系。

一、支持体系：多层面协同为培训提供保障

1. 组织支持：教育行政部门积极作为

（1）理顺管理渠道。为增强国培项目实施的领导力、执行力，推动国培项目工作顺利开展，裕安区积极建构行政管理、业务指导双线并行，分工明确，多方联动的管理机制。

行政管理上，建立了"省项目办—区师训管理股室（教育局人事股）—乡镇中心校—教师任职学校"四级管理网络。

业务指导上，建立了"高校（机构）—区教师发展中心—乡镇教师研修中心—校本研修"四位一体的教师专业发展支持服务体系。

（2）制定支持政策。教师培训工作面广量大，要做好这项工作，必须要有相应的培训政策支持。为做好国培项目工作，裕安区相继出台了一系列支持政策。

一是颁发了系列政策文件。如《裕安区乡村教师支持计划实施办法》《裕安区"国培计划"中西部项目和幼师国培（2015—2016学年度）送培送教活动实施方案》《裕安区"国培计划（2016）"中西部项目和幼师国培项目"送教下乡"活动实施方案》《裕安区"国培计划"中西部项目和幼师国培项目管理团队和指导团队工作实施方案》《裕安区"国培计划"中西部项目和幼师国培项目培训职责分工》《关于成立乡镇教师研修中心的通知》等，明确了"国培计划"项目工作总体目标、工作举措、进度安排、配套政策和保障条件等，细化了项目实施的路线图和时间表。

二是明确了系列激励措施。如区教育局颁发的相关文件明确规定教师完成培训学分（学时）和培训考核情况是教师晋职、晋级、评聘、考核评优的重要依据；"国培计划"学时列入年度教师继续教育学时等。

三是开展了系列奖励活动。如为提高教师参训积极性，本着"以赛促训"的理念，区教育局利用国培计划项目驱动，相继组织2015—2016年的"裕安区第二届教学能手"、2016—2017年的"裕安区信息技术应用课例竞赛""裕安区三微作品竞赛"以及每年度均开展的年度"国培计划"项目实施先进个人、先进单位、优秀学员表彰等。

2. 财政支持：确保教师培训经费

长期以来，经费短缺是制约县（区）域教师培训工作的"瓶颈"。通过"国培计划"项目驱动，裕安区自2015年以来3项（学校公用经费占5%、城市教育费附加占5%、教师工资总额占1.5%）教师培训经费均全部拨付使用到位，确保了国培各项目顺利实施。

3. 动力支持：校长与教师的参与和支持

校长是教师培训工作的第一责任人，校长能不能积极组织好培训关系到教师培训的具体落实效果的好坏，所以，要培训教师，应先培训校长，以此提高校长组织培训的意识和能力。同时，要求校长在教师培训工作中应该有所作为。校长要对教师的培训业绩予以充分的关注，帮助教师提炼教学特色与教学模式，特别是在校本研修方面，校长必须成为校本研修活动的专业引领者，必须主持和真正参与本校的研修活动。在国培项目实施中，裕安区在调动校长积极性方面的主要做法是将校长纳入区或乡镇项目实施管理团队，按照区规定的管理团队工作要求，明确校长的责任与任务。

二、平台体系：发挥多种培训手段的作用

平台体系解决的是培训的依靠方式问题，这是整个县（区）域中小学教师培训的核心。

1. 发挥多层次培训网络的作用

（1）充分用好"天网"。为贯彻教育部提出的推进教师网络研修社区建设，推动教师网上和网下研修结合、虚拟学习和教学实践结合的混合学习的要求，充分利用好"天网"，在国培项目实施的 2 个年度中，裕安区一方面每年度均安排 5300 余人参加由高等教育出版社承担的"国培计划"网络研修，且各年度参训率、合格率均为 100%；另一方面利用国培项目实施，完善了 2010 年就已自主建成的"裕安教师研修网"，通过该平台打通了网络研修与校本研修相通渠道，开展了线上研修与线下研修相结合的混合研修实验，取得了突出成绩。2017 年裕安区获得教育部优秀工作案例表彰的"国培计划"创生项目"基于微课程的三环六步混合研修"的研修活动就是通过该平台实施的。

（2）积极构建"地网"。在区教师发展中心指导下，裕安区各中小学充分发掘地域优势整合培训资源，创新性地建立了 19 个乡镇教师研修中心，并以中心为支点大力开展送教下乡、网络研修和校本研修等形式的研修活动，建立了多方面参与、开放灵活的区域性教师教育网络体系。

（3）灵活运用"人网"。采取"走出去，请进来"的基本策略，一方面先后选送了区域教师培训团队 178 人到合肥师范学院参加置换脱产研修，选派了 142 名一线乡村教师、校园长参加各高等院校组织访名校、名园培训；另一方面，在以裕安区为主实施的送教下乡培训中，在组织全体教师深入优质中小学现场学习的同时，邀请了多位域外专家或者名校校长、名教师指导或讲学，如 2017 年裕安区"国培计划"周期总结阶段活动就邀请了合肥市包河区 36 位学科名师来讲学。

2. 充分发挥县（区）域教师培训机构职能

裕安区于 2012 年即整合了教师进修学校、教研室、电教仪器站功能，成立了裕安区教师学习与资源中心，2013 年更名为裕安区教师发展中心。在"国培计划"项目实施中，中心各组成单位职责分别为：电教仪器站承担了培训设施设备保障及生成性视频课例资源开发工作；教师进修学校承担了项目的具体组织与实施、管理工作；教研室承担了项目规划、基于教学情境的培训专家遴选、总结提高阶段教学能手评选课题设计及评价专家遴选等工作。

三、方法体系：实现"二个转变"更新培训方法

教师培训方法主要包括培训课程内容选择方法、教学方法、评价方法等。在国培项目实施中，裕安区着力克服传统培训存在的问题，努力实现两个转变。

1. 培训的课程内容选择：实现从"重理论轻实践"向"紧贴教育实际"转变

国培项目实施，裕安区结合中小学教师信息技术应用能力提升工程需要，将提高教师信息技术应用能力作为培训的主要内容。在项目内容设计上，根据教育改革发展需要和教师专业发展需要，既注重培训内容层间递进，又注意与安徽省年度中小学教师培训主题相结合，不断改进培训内容。2015 年，裕安区将"基于信息技术与学科整合的有效学习评价"确定为年度培训主题，提出了通过培训让教师在学科教学中将信息技术用起来的目标，培训内容着重于教师在教学中一般性使用电子白板以及运用信息技术变革学习评价方式。2016 年，裕安区将"信息技术支持下的有效教学研究"确定为年度培训主题，提出了通过培训让教师在学科教学中信息技术用得好的层级递进目标，培训内容着重于使教师更好更多地运用电子白板配置的畅言系统功能和资源，以期转变教师教学模式和转变学生学习方式。

2. 培训的教学方式：实现从"重单向讲授轻互动"向"多样化自主学习"转变

在以区为主实施的国培送教下乡活动中，一方面针对教师学习特点，强化基于教学现场、走进真实课堂的培训环节，通过现场诊断和案例教学解决实际问题，采取跟岗培训和情境体验改进教学行为，利用行动研究和反思实践提升教育经验，确保了培训实效；另一方面改革传统讲授方式，强化学员互动参与，以示范课例、同课异构课例为载体，形成了诊断式课例研修、引领式理论提升、参与式互动研讨、验证式回校实践、全程式跟踪评价多环节相结合的培训特色。具体做法如下。

第一阶段：诊断示范。区教师进修学校训前对部分参训教师做了学习需求调研，研制了相关培训工具，完善了培训方案；在问题诊断基础上，以乡镇为单

位，通过典型案例示范、培训者理论引领等方式，聚焦运用"班班通"等信息技术手段促进教学变革的教学研究，对全体参训教师实施了以"基于信息技术与学科整合的有效学习评价""信息技术支持下的有效教学研究"为主题的集中培训。

第二阶段：研课磨课。区教师进修学校组织本区培训者团队，以"基于信息技术与学科整合的有效学习评价""信息技术支持下的有效教学研究"为主题，分乡镇、分学科开展三人行同课异构式的研课磨课集中培训。通过同课异构课堂观摩、研讨交流以及专家理论引领，让参训教师了解了基于信息技术与学科整合的有效学习评价和信息技术支持下的有效教学研究的内涵、意义及方法；提高了参训教师利用现代信息技术的支持以研促变，转变教学模式和变革学生学习方式，不断提高教学有效性的能力。

第三阶段：成果展示。一是聚焦学科课堂学习与课例研究，以教学中多方位地运用班班通配置的畅言系统支持教学为观测点，在乡镇教师研修中心或学校培训者引领下以校为本，逐人开展以"运用信息技术转变教学模式和变革学生学习方式"为主题的达标课和研修课展示活动。二是通过微课程、微案例、微故事三微作品征集与展示活动，动员广大参训教师转化培训成果，积极设计和撰写三微作品，所有作品由教师进修学校统一制成视频光盘或文本下发至各校展示，同时将作品上传在裕安区教师研修网向全区教师展示。本阶段活动通过集中展示参训教师的学习成果，在进一步提升参训教师信息技术教学应用能力的同时，也强化了送教下乡与校本研修的有机结合。

第四阶段：总结提升。在上述3个阶段活动完成以后，从以赛（评）促训理念出发，由区教育局主办了2项竞赛活动：一是以信息技术变革教学模式和促进学生学习方式转变为内容举办了教学能手和信息化教学课例竞赛，重点是多方位地运用班班通配置的畅言系统支持教学；二是举办了国培学员三微作品竞赛，对乡镇推荐的国培学员创作的微课程、微案例、微故事进行了评选。此2项活动通过竞赛、评比形式，展示与总结了参训教师优秀的学习成果，形成了大量的区域生成性教师培训资源，提升了教师的参训效益。

上述3个体系之支持体系解决了培训的保障问题，平台体系解决了培训的依托方式问题，而方法体系则解决了培训过程中内容、教学及评价等方面的方法问题。

送培送训模式创新：以课领训
——祁门县教师进修学校

一、落地实效　辐射校本

"既有真实课堂情境，又有理论提升，更有主体参与和行为跟进。这样的培训接地气、有实效！我们一线教师为它叫好！点赞！"（实验学校　田胜喜）

"'以课领训'把全县教师的学习热情调动起来了！让所有教师实实在在地参与到培训学习中来了！"（历口中学　王秀霞）

"'以课领训'这种模式真正让'国培计划'惠及我们每一位乡村教师！"（彭龙中心校校长　陈永通）

"'以课领训'，聚焦主题，从典型案例课入手，紧扣问题，聚智研修，聚力实践的模式，有效实现了教师培训学习的针对性，并推动了我校校本研修走向目标化、规范化、常态化。"（祁门二中校长　舒洁）

…… ……

这是祁门县教师进修学校（以下简称祁门师训）实施"以课领训"活动以来，给一线教师培训学习和校本研修带来的实实在在的变化。

二、案例概要　主要做法

祁门师训自2009年开始，坚持用布卢姆的"用复杂的过程达成简单的目标"这一教育理论和"让教师亲身体会、主动合作、探究学习的过程，以达到自身观念、态度和行为上的改变，并能将所学知识和方法运用于自己工作"这一成人学习主体性论，立足区域内不同层次教师需求，以课题为抓手，从"本土"出发，坚持在区域内"用骨干、优秀引领全员，使优秀成为骨干，让骨干走向卓越"的原则，将教师培训从"参与式"引向"拓展式"，把教师培训从"传递中心"的学习，引向"对话中心"的转变。2015年开始，祁门师训又依托新一轮"国培计划"整体区域推进改革项目"探寻路子、打造模子"和"建立区域内教师专业发展常态化体系"这一总体目标，将"以课领训"模式在"送培送训"项目中加以改造和完善，形成了"主题化深入、主体性参与"的以课领训模式再造。再造的"以课领训"模式更加关注教师培训学习过程，注重教师素养和能力的提升，实现了"传递型培训文化"到"思维型学习文化"的建构。这不仅进一步提高了教师培训的针对性和实效性，更加有效地建构了区域内教师专业培训学习常态化的"生态圈"。

三、创新举措　实施成效

"以课领训"，将县级师训专职教师从"培训者、管理者、专家"转变为教师学习的"设计者、合作者、引领者"，让师训专职教师"擅"培训。"以课领训"整个培训由团队共同实施和完成，微专题由于切入点小而精，易准备，能驾驭，让骨干教师"能"培训，优秀教师呈现案例课"会"培训，主题研磨中更好地朝着"研究型""学者型""专家型"方向迈进。"以课领训"更突出主体参与，在环环相扣的引领下，参训教师能紧扣研修主题和方向，观察课堂、聚焦思考、行动实践，潜在的自主学习意识和能力被唤醒，达到了教师"乐"培训的回归。

在国培项目改革试点中，全县 1171 名教师按照分类别、分学段、分学科开展了"以课领训"送培送训活动 183 场次（研磨精品案例课 164 节、开发微专题课程资源 117 个），区域内 95% 的中小学幼儿园的校本研修及省内外十多个单位借鉴使用该模式，并将该模式引向学校教育管理干部培训中。全县培养了区域内骨干培训者专家团队一百余人，一大批优秀教师在各类省市县活动中脱颖而出，紧扣学生发展核心素养培养与形成变革自己的教学方式，区域内教师整体素质能力得到了提升。

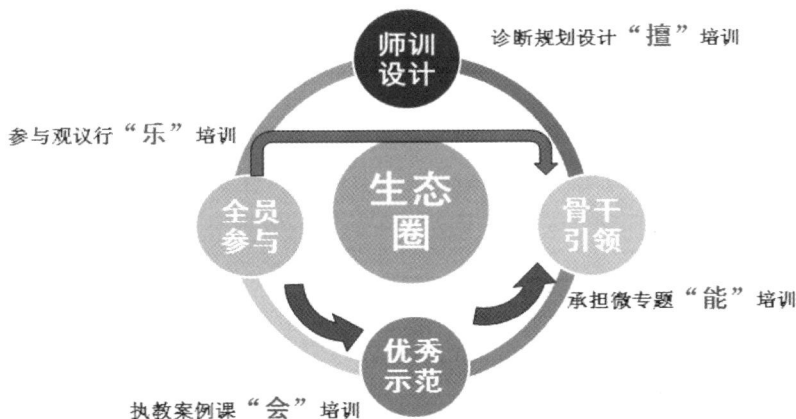

"以课领训"建构的区域内教师专业常态化培训学习"生态圈"

"以课领训"教师培训模式支撑点在"课"，着力点在"领"，关键点在"训"，提升点在"思"，落脚点在"行"。"以课领训"既有优秀教师的真实课堂，又有骨干教师的专业理论，也有师训教师的点拨提升，更有学习者自我智慧行动，提升了师训教师的"设计力"、骨干教师的"研究力"、优秀教师的"实践力"、全员教师的"行动力"。

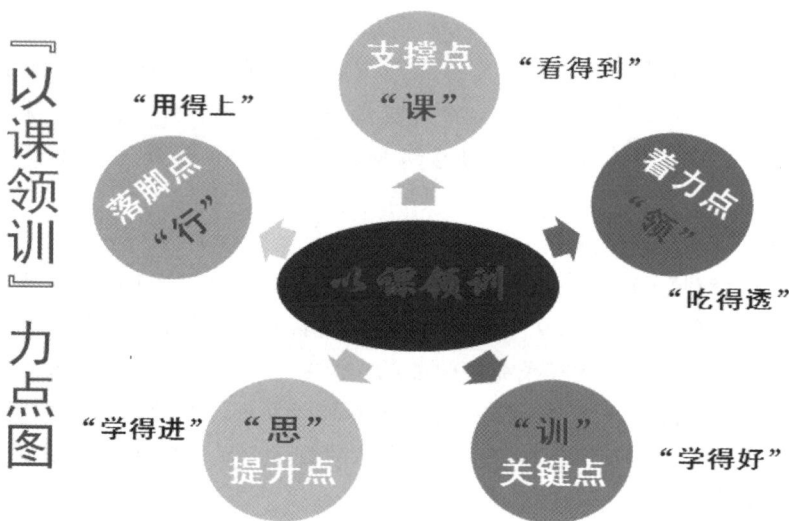

"以课领训"力点图

四、模式框架 典型经验

好的培训是通过有限的知识学习，上升到方法论和思维能力提升、价值观培养的培训。该模式一次活动聚焦一个教育教学行为微主题，是让参与培训学习的教师在看得见、摸得着的"一题一例一研一改一得"中改善实践、扎实成长的一种培训模式，实现了将"教师培训"引向"教师学习"。该模式按照"训前—训中—训后"三部曲进行，简单实用，可操作，易推行。

训前统筹规划。课堂诊断，问题梳理，找准教师主题培训学习切入点；主题聚焦，明确目标，梳理教师培训学习真实需求；在区域内遴选学科骨干组成专家团队，开发课程资源。

训中规范实施。主题指导明确环节任务，问题引领思考，做到培训"对症下药""量身定做"；组建学习团队，充分发挥主体参与性；课前案例课执教教师说课。让所有参与者知晓案例课环节设计意图；课堂呈现，让参训教师带着任务、聚焦主题研修问题单走进真实情景，观察课堂；主题议课，突出一线教师的"碎思维"和"微语言"；智慧分享，力求通过小组展学探寻出主题对教学本质的理解和追求；理论提升，微专题引领教师进入教学理论层面提升。

训后跟进考核。教师培训学习最终目标是要帮助教师把学习成果转化为自己的课堂教学行为，以课领训围绕主题学习，设计行为跟进作业，将集中研修与校本研修或依托网络社区开展的网研结合起来，依托继续教育学分认定这一行政杠杆的作用，确保教师任务跟进的实效性。

五、成果呈现 推广价值

"以课领训"扎根教学现场，聚焦教师的专业素质能力提升，既有真实课堂情景，又不止于课堂；有真实课堂情境，更有专业理论提升；有专家团队的集体引领，更有学习者的主体性参与；有训前主题聚焦，亦有训中任务驱动，更有训后行为跟进，实现了教师教育应该致力追求的新境界。创新的"以课领训"模式更为区域内各层次教师的专业发展搭建了平台，为他们赢得了满满的收获与感动。

该模式先后得到《黄山日报》《安徽青年报》的高度关注，亦多次在省内推广，先后形成的近10万字的科研成果发表于全国中文核心期刊，有《"以课领训"参与式培训模式的建构》《"以课领训"——农村山区县域内教师一体化有效培训模式》《主体性实践 主题化深入——复合式"以课领训"培训模式的再造》《"以课领训"夯实教师培训主体实践》《乡村教师培训学习的有效支持方式——以课领训》《"以课领训"构建区域内教师专业发展培训学习常态化"生态圈"》等。一时间，"以课领训"享誉大江南北。2016年，祁门师训因此被遴选为长三角名校长联合培训实践基地，2016年、2017年该模式为教育部中学校长培训中心长三角名校长高级研究班第7、8期学员各提供了为期一周的跟岗实践研修，先后接待了全省各地市师训机构的研学交流，该模式受到了访学者们的充分肯定和赞许。

"以课领训"模式的核心价值在于提高了教师的参与度，满足了教师的获得感，提升了培训的实效性，将教师培训学习从"突击式"引向了常态化，实现了让培训成为提升教师职业存在感、认同感、归属感、成就感、获得感、幸福感的助推点。

2017年该模式被遴选为教育部"国培计划"首批优秀典型课例模式创新十二个案例之一；2018年《基于"以课领训"建构的区域教师专业常态化发展生态圈》荣获国家基础教育教学成果奖二等奖。

课题组成员：武庆鸿 汪文华 钟 鸣 许 颖
撰写人员：武庆鸿

第九篇　安徽省 2018 年高等教育满意度调查分析报告

一、调查基本情况概述

（一）调查背景

现阶段我国高等教育正处于大众普及化进程中，同时又面临向高等教育质量内涵式建设方向转折。党的十八大以来，对于教育工作，习近平总书记多次强调要"办好人民满意的教育"，这也是坚持以"人民为中心"的根本立场在教育领域的集中体现。学生满意是人民教育的基础和前提，是教育质量高低的重要衡量标准，高等教育领域亦如此。高等教育满意度调查，一方面能直观地描述师生对于我国高等教育质量的满意程度，另一方面也能间接映射出我国高等教育的政策与实施、管理与教学、支持与服务等方面的现状。

全国高等教育满意度调查之目的，是以调查为"锚点"，关注学生发展，关注高等教育获得感；以调查为"基点"，关注高等教育要素资源配置，推动高等教育绩效改善；以调查为"着力点"，关注决策与政策实施过程，推动高等教育决策科学化。基于此，在继 2016 年首次全国高等教育满意度调查之后，2018 年，教育部再次委托中国教育科学研究院组织开展第二次全国高等教育满意度调查工作。安徽省 2016 年和 2018 年连续 2 次参与该调查，本报告是对 2018 年全省高等教育满意度调查数据进行分析和研究基础上的成果。

（二）问卷设计依据与内容维度

此次问卷设计是由中国教育科学研究院在 2016 年调查问卷基础上进一步修订完成的。高等教育满意度问卷设计的理论依据，主要是源于顾客满意度理论模型，结合大学生学习和发展理论，形成了我国高等教育满意度理论模型，并通过了严格的理论推演和实证评估。该问卷具体维度分为教育期望、教育质量、教育公平、教育环境和教育总体满意度 5 个方面，其相关维度的主要内容见表 1。

表 1　师生满意度问卷设计维度与内容一览表

问卷维度	具体内容
教育期望	总体期望，对本校的期望，个体需求期望
教育质量感知	人才培养，课程组织，教师教学
教育公平感知	权利公平，机会公平，规则公平
教育环境感知	学校管理，校园文化，环境与资源
教育总体满意度	总体满意度，与期望比较的满意度，教育信心

2018 年高等教育满意度调查与 2016 年高等教育满意度调查相比较，存有 2 个较大的变化。一是在题项设计上，2016 年高等教育满意度调查问卷（普通本科院校和高职院校）均为 54 道客观题加 1 道主观题；2018 年高等教育满意度调查问卷题项有所增加，其中，本科学生卷为 59 道客观题加 2 道主观题，高职学生卷为 59 道客观题加 3 道主观题。二是 2018 年高等教育满意度调查在学生卷的基础上，新增加了 2 套教师问卷（分别是普通本科院校和高职院校教师卷），其主要目的是与学生卷的相关数据进行教与学两类主体满意度的相互印证，以增加高等教育满意度调查的客观性和可信度。

（三）问卷调查实施过程

本次全国高等教育满意度调查由教育部委托中国教育科学研究院设计与实施，实施时间为 2018 年 5—6 月，问卷填写采用 PC 互联网或移动客户端填答的方式。本次调查涉及全国 31 个省（自治区、直辖市），一共有 356 所高校参加调查。其中，普通本科院校 187 所，高职院校 169 所。调查对象为高校毕业年级的学生以及在岗教职工（统称教师）。4.98 万名学生和 1.79 万名教师参与调查。

安徽省教育厅高度重视全国高等教育满意度调查，积极动员和培训，精心组织和安排，全程跟踪和服务，顺利完成了全国高等教育满意度调查的各项工作。参与调查的 27 所抽样高校的相关信息见表 2。抽样学校在全省高校分布中具有典型的代表性：从学校层次来看，包含一本、二本批次的普通本科院校和高职院校；从学校类型来看，包含"双一流"建设高校和国家示范性高职、公办和民办高校；从地域分布上来看，皖北、江淮和皖南地区均有高校参与调查。

表2　2018年安徽省参与全国高等教育满意度调查的抽样基本信息

抽样高校类别	抽样学校数（所）	抽样学生数（人）	抽样教师数（人）
普通本科院校	12	4877	605
高职院校	15	10174	750
总计	27	15051	1355

（四）数据整理与样本信息分析

安徽省教育评估中心与安徽省高校管理大数据研究中心合作，对全省参与抽样高校的师生问卷数据进行了分析。为了排除无效数据对于分析过程和结果的干扰，对无效问卷数据进行了相应的清洗：一是根据作答时间（分为"正常"和"过快提交"）正常与否进行筛选；二是删除题项方差为0的问卷；三是删除有缺失选项的问卷等。最后，有效问卷的信息如下：普通本科院校的教师问卷561份，有效率为92.73%；普通本科院校的学生问卷4262份，有效率为87.39%；高职院校的教师问卷673份，有效率为89.73%；高职院校的学生问卷7874份，有效率为77.39%。经过计算，本次全省的全国高等教育满意度调查问卷（师生卷共4类）相关统计参数（如问卷信度、效度和P值等）均符合进一步分析的要求，后面不再一一标注和解释。

从学生样本的性别来看，男生占46.68%，女生占53.32%，相对而言，女性接受高等教育占比高于男性。从样本家庭居住地城乡结构来看，来自城区、县城、乡镇和村的学生比例分别为22.87%、19.37%、18.67%和39.07%，说明全省高校学生生源居住地在农村和乡镇的比例很高，接近60%，符合安徽农业大省的省情。普通本科院校与高职院校的学生家庭居住地城乡占比相当，见图1。

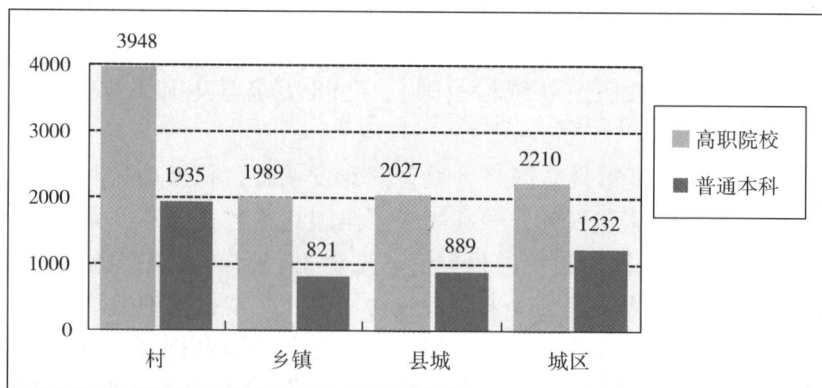

图1　全省高校学生家庭居住城乡结构分布示意图

（五）全省高等教育满意度调查主要指数

经过加权计算，2018 年安徽省高等教育满意度结果如下：总体满意度指数为 74.16、教育质量满意度指数为 70.78、教育公平满意度指数为 73.01、教育环境满意度指数为 71.47、教育期望值指数为 67.34。其中，总体满意度指数最高，其次是教育公平满意度指数，教育期望值指数最低，教育质量满意度指数为次低。

2018 年全国高等教育总体满意度指数为 73.2，教育质量满意度指数为 71，教育公平满意度指数为 72.7，教育环境满意度指数为 71.6，教育期望值未提供。[①]

安徽省高等教育满意度指数与全国高等教育满意度指数基本持平，其中总体满意度指数安徽省比全国高 0.96 个百分点，教育质量满意度指数安徽省比全国低 0.22 个百分点，教育公平满意度指数安徽省比全国高 0.31 个百分点，教育环境满意度指数安徽省比全国低 0.13 个百分点。

安徽省普通本科院校各项维度指数均低于高职院校，除了主观感知上存有差异，在教育获得感上存在诸多差距。本科学生总体满意度指数为 72.07、教育质量满意度指数为 67.55、教育公平满意度指数为 71.66、教育环境满意度指数为 69.17、教育期望值指数为 67.05。高职学生总体满意度指数为 75.16、教育质量满意度指数为 72.33、教育公平满意度指数为 73.66、教育环境满意度指数为 72.57、教育期望值指数为 67.48。

全国、安徽省、安徽省普通本科院校与安徽省高职院校教育满意度的各项维度指数对比见图 2。

1. 全省高等教育总体满意度指数为 74.16

（1）全省高等教育总体满意度指数概况。2018 年安徽省高等教育总体满意度指数为 74.16，其中普通本科院校总体满意度指数为 72.07，高职院校总体满意度指数为 75.16，后者高于前者。

（2）全省高等教育总体满意度指数的相关分析。首先，全省高等教育总体满意度指数（74.16）远高于入学前期望值指数（67.34），说明了尽管入学前对于高等教育期望值不高，但是，经过高等教育阶段的学习，全省大学生高等教育获得感还是大于其入学前的期望值。其次，居住地来源（村、乡镇、县城

---

① 中国教育科学研究院. 全国高等教育满意度指数得分全面提升——2018 全国高等教育满意度调查报告［EB/OL］.［2018 - 12 - 22］. http：//paper. jyb. cn/zgjyb/html/2018 - 12/22/content_ 511024. htm? div = - 1.

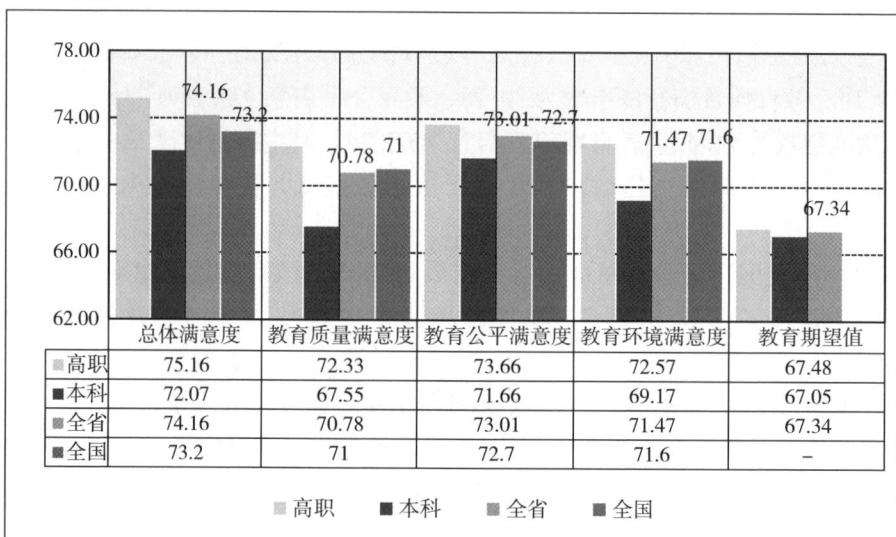

	总体满意度	教育质量满意度	教育公平满意度	教育环境满意度	教育期望值
高职	75.16	72.33	73.66	72.57	67.48
本科	72.07	67.55	71.66	69.17	67.05
全省	74.16	70.78	73.01	71.47	67.34
全国	73.2	71	72.7	71.6	—

■高职　■本科　■全省　■全国

图 2　2018 年全国及安徽省高等教育满意度指数（含本科和高职）示意图

和城区）不同的学生，高等教育满意度指数值之间差异不等，见图 3。其中，居住于城区和农村的本科学生和高职学生高等教育总体满意度指数存在较大的差距。

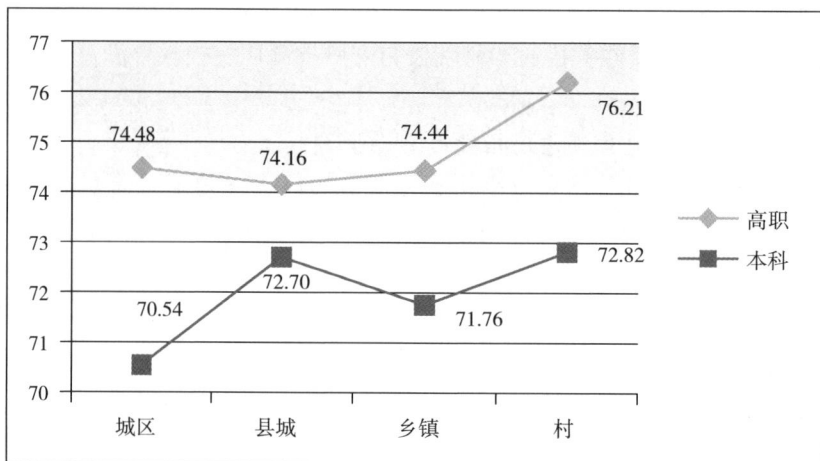

图 3　居住地不同的学生总体满意度指数比较

（3）全省高等教育总体满意度指数的比较分析。高职院校总体满意度指数高于普通本科院校总体满意度指数，这一现象也符合 2018 年全国高等教育总体满意度的调查结果。从图 2 中可以看出，尽管本科学生和高职学生入学前教育期望值都不是很高，且相差很小，但是经过大学阶段的学习，本科学生和高职学生对于学校教育教学、环境和公平等方面的评价好于入学期望。其中，由于高职院校更关注市场需求、侧重于技能培养，因此高职学生适应性要好于本科学生。在性别上，高职与本科的女大学生高等教育总体满意度指数差距不大，而本科与高职的男大学生相比较差异性较大，见图 4。主要原因可能在于教育获得感上存在一定差距，相比较而言，普通本科院校侧重于专业基本理论和原理的学习，专业实验或实践也偏向于验证、探索性知识和技能的学习，而高职院校注重面向市场、面向职业的知识学习与技能培训。

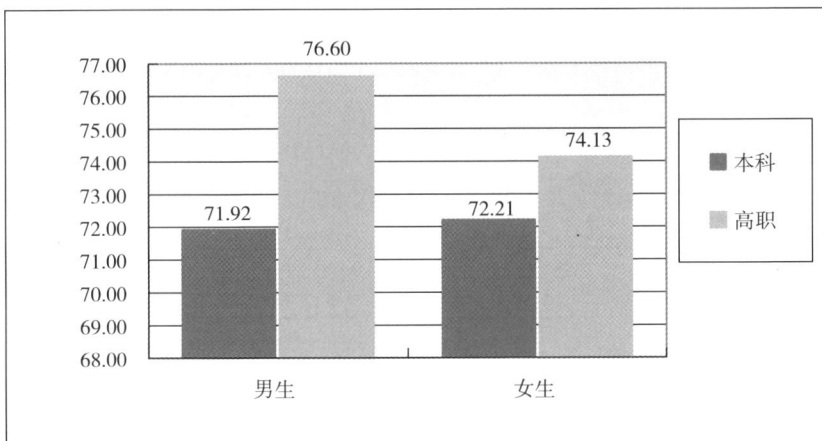

图 4　男女大学生高等教育总体满意度指数的比较

2. 全省高等教育质量满意度指数为 70.78

2018 年安徽省高等教育质量满意度指数为 70.78，略低于全国平均水平，这在全省高等教育质量建设中应予以重视。本科学生教育质量满意度指数为67.55，高职学生教育质量满意度指数为 72.33，前者低于后者，这与高等教育质量总体满意度指数上的差异一致。同时，高等教育质量满意度在学校所处地域上存在一定的差异，非省会城市学生比合肥市学生教育质量满意度要略高，主要原因可能是大学生在省城合肥求学成本（费用、时间等）投入比非省会城市高，而求学收益并无明显差异，从而产生教育质量感知上的差异，具体见图 5。

另外，性别和城乡居住地不同的大学生在高等教育质量感知上较为一致，差异并不显著。图 6 为居住地不同的大学生在高等教育质量感知上的差异。

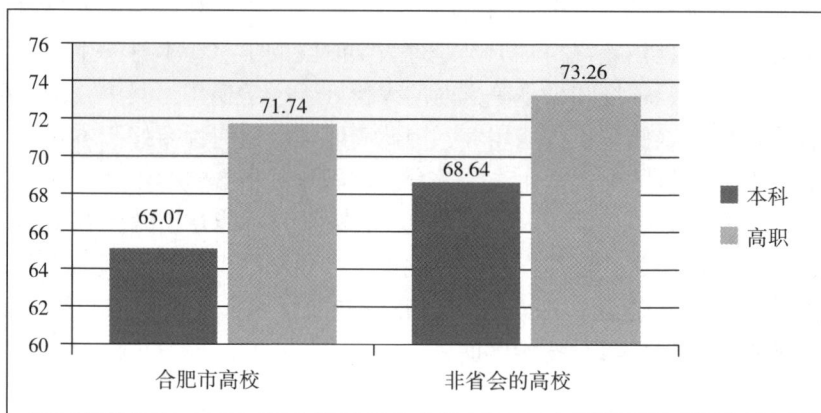

图5　合肥市的高校学生与非省会的高校学生在教育质量满意度上的差异

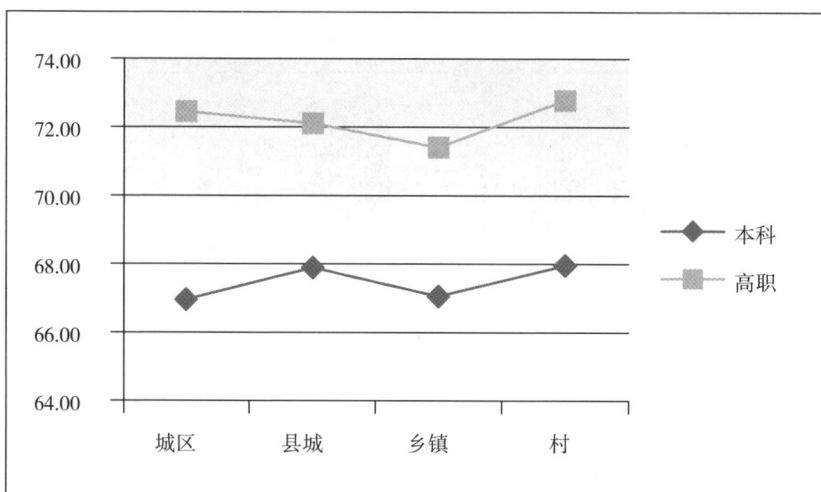

图6　高等教育质量满意度指数在居住地来源上差异不显著

3. 全省高等教育公平满意度指数为73.01

2018年安徽省高等教育公平满意度指数为73.01，稍高于全国教育公平满意度指数值，说明安徽高校在发展、管理、评价等公平、公正方面所做的工作，学生还是比较满意的。其中，本科学生教育公平满意度指数为71.66，高职学生教育公平满意度指数为73.66。本科男生在教育公平感知上明显低于高职男生，本科女生则略低于高职女生，见图7。

从居住地来源不同的大学生对于教育公平感知层面的比较看，总体差异并不太大，见图8。

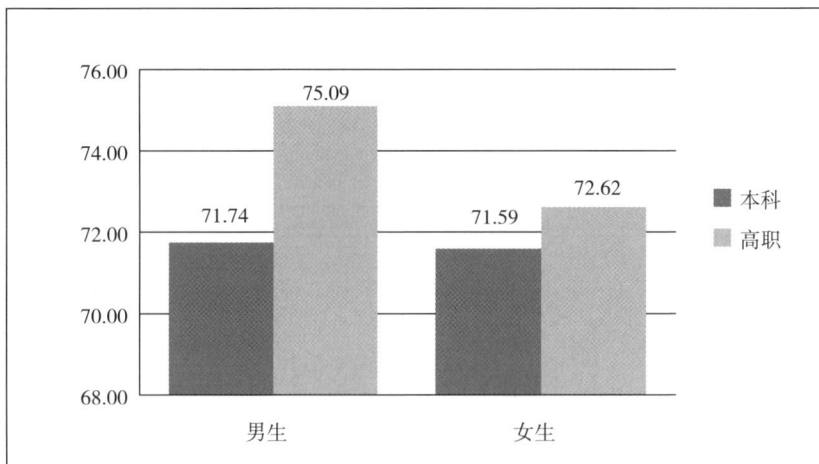

图7 安徽省高等教育公平满意度指数男女大学生的比较

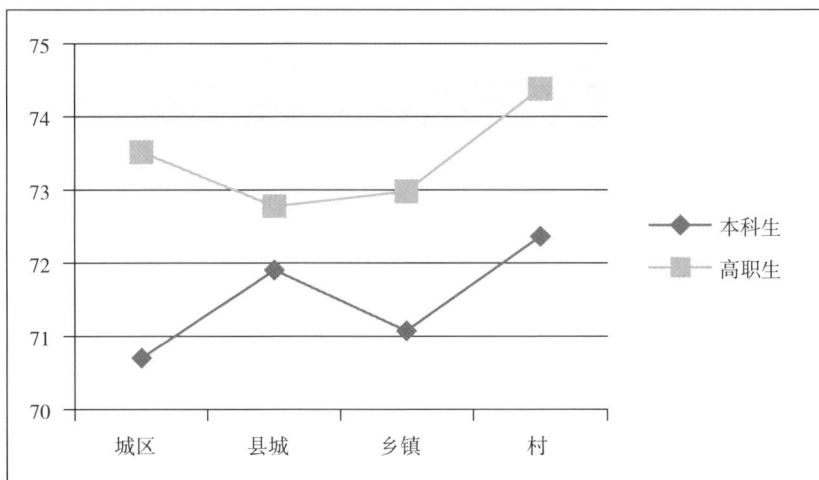

图8 安徽省高等教育公平满意度指数在居住地来源上的差异

4. 全省高等教育环境满意度指数为71.47

高等教育环境满意度主要反映大学生对就读高校的校园文化、软硬件办学条件和环境等方面的感受及评判。2018 年安徽省高等教育环境满意度指数为71.47，略低于全国高等教育环境满意度指数。其中，本科学生教育环境满意度指数为69.17，高职学生教育环境满意度指数为72.57。需要指出的是，满意度是主体的主观性感受，不同群体存有一定的差异，本科学生教育环境满意度指数低于高职学生，并不代表普通本科院校教育环境建设弱于高职院校。如图9，省会高校学生对于教育环境满意度明显低于非省会城市的高校学生，说明虽然省会城市的高校环境、硬件资源一般优于非省会城市的高校，但其他外部环境的约束以及软环境的构建可能会影响大学生对于教育环境的感知。类似的结果在男女性别、居住地来源上也有所反映。

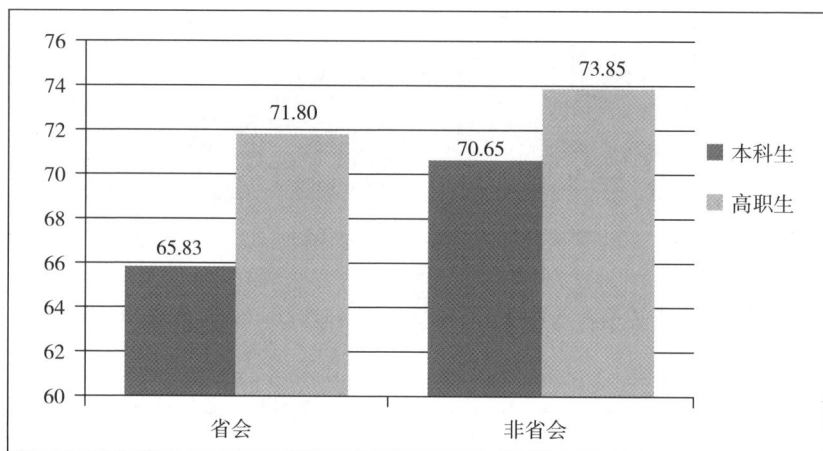

图9　安徽省高等教育环境满意度指数与学校所在城市间的差异

5. 全省高等教育期望值指数为67.34

2018年安徽省高等教育期望值指数为67.34。其中，本科学生教育期望值指数为67.05，高职学生教育期望值指数为67.48。全省高等教育期望值指数在五大维度指数中最低，与2016年全国高等教育满意度指数中教育期望指数的位置相一致，如图10所示。

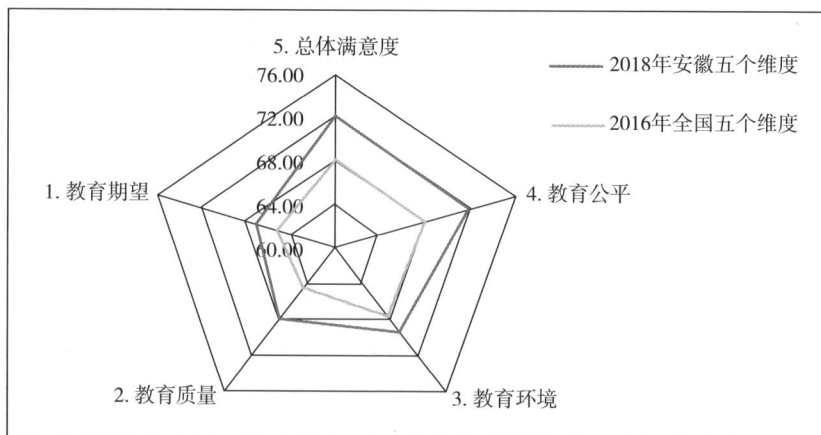

图10　2018年安徽省与2016年全国高等教育满意度指数比较雷达图

二、学生卷的调查结果与分析

（一）全省大学生最为满意和认为最需要改进方面的分析

通过对普通本科院校和高职院校学生卷中各题项的数据统计，按照相应得分进行排序，获得全省大学生对于学校在教学、管理和后勤服务等方面最为满意和认为最需要改进的10个方面。

1. 最为满意的方面

表3是全省本科学生和高职学生分别对于学校最为满意的10个方面，其中大多数题项是重叠的，如家庭经济困难学生能够得到学校的有效资助、师生和生生之间的关系相处融洽、教师教学准备认真负责、学校课程考核制度较为公平、学校学习资源和场所较为齐备等。不同的方面是高职学生的顶岗实习（本科问卷没有该题项），这主要体现了高职院校与普通本科院校办学特点的差异。从表中可以看出，全省的高校管理较为重视教育公平、教师职业精神的塑造、课程教学和评价、资源建设等方面，并得到学生的一致认可。

表3 全省大学生对于学校各方面最为满意的10个方面

普通本科院校学生对于学校 最为满意的10个方面	高职院校学生对于学校 最为满意的10个方面
家庭经济困难学生能够得到有效资助	学校里同学之间关系融洽
学校里同学之间关系融洽	学校里老师和同学们的关系融洽
学校里老师和同学们的关系融洽	任课老师的课堂教学准备充分
学校对学生作弊等不诚信行为的处理	家庭经济困难学生能够得到有效资助
任课老师的课堂教学准备充分	学校对学生作弊等不诚信行为的处理
学校的网络资源和数据平台能满足你的学习需求	总的来看，你对学校满意
学校课程考核中老师给学生评分公平	学校课程考核中老师给学生评分公平
学校的学习场所（图书馆、教室等）能满足你的学习需求	你对在大学里获得的成长感到满意
学校的校风	学校的学习场所（图书馆、教室等）能满足你的学习需要
总的来看，你对学校满意	你在顶岗实习中的收获大

2. 最需要改进的方面

根据学生问卷中题项得分最少的 10 问题整理得到表 4，可以看出普通本科院校与高职院校的学生认为学校最需要改进的方面共性较大，如教师与学生的课外交流互动偏少、开拓国际视野的机会偏少、学生参与学校管理的机会偏少、食堂服务性价比低等。这些主要体现在师生互动、课题参与机会、国际化资源供给、学校管理参与度、校园文化建设等方面。

表 4 　我省大学生认为学校最需要改进的 10 个方面

普通本科院校学生认为学校 最需要改进的 10 个方面	高职院校学生认为学校 最需要改进的 10 个方面
任课老师与你进行课外交流的时间	任课老师与你进行课外交流的时间
学生参与学校管理的机会	学校为学生提供开阔国际视野的机会
学校为学生提供开阔国际视野的机会	学生参加企业技改、工艺创新等活动的机会
由本校知名教授给你们上课的机会	学生参与学校管理的机会
学生参加有组织的课题研究或学术讨论的机会	上大学前你觉得现在所学的专业适合你
学校举办的你感兴趣的学术讲座数量	在学校里你感兴趣的社团活动数量
学校与其他机构（高校、科研院所、企业）进行协同育人落实情况	学校食堂饭菜的性价比情况
教学方式吸引人的任课老师数量	学校与企业联合开展的各类活动的吸引力
学校开展的就业指导对你的帮助	上大学前你觉得我国高等职业教育总体情况
学校食堂饭菜的性价比情况	课程教学中动手实际操作的机会

（二）全省大学生教育获得感方面的分析

习近平总书记 2015 年 2 月 27 日在中央全面深化改革领导小组第十次会议上提出，要"让人民群众有更多获得感"。教育获得感是习近平总书记"以人民为中心"治国理政的新思想新理念在教育领域中的集中体现，是受教育者对于教育过程中全方位成长的体验和感受。此次高等教育满意度调查的学生问卷中设置了"个人能力提升""品质养成" 2 个关于获得感的题项。

1. 个人能力的提升

问卷中第 58 题主要针对大学生在大学期间哪些能力得到提升设问。统计各项能力被大学生选中的百分比，得到如图 11 所示的结果。其中，学习能力、合作能力、口头表达能力、组织协调能力位居前列，而信息技术应用能力、外语能力和写作能力则居后游。由图中两条曲线走向可以发现：高职学生与本科学生在学校期间大部分能力提升较为接近，差异不大；本科学生的学习能力和合作能力超出高职学生；就业能力和岗位胜任能力方面，本科学生则低于高职学生。

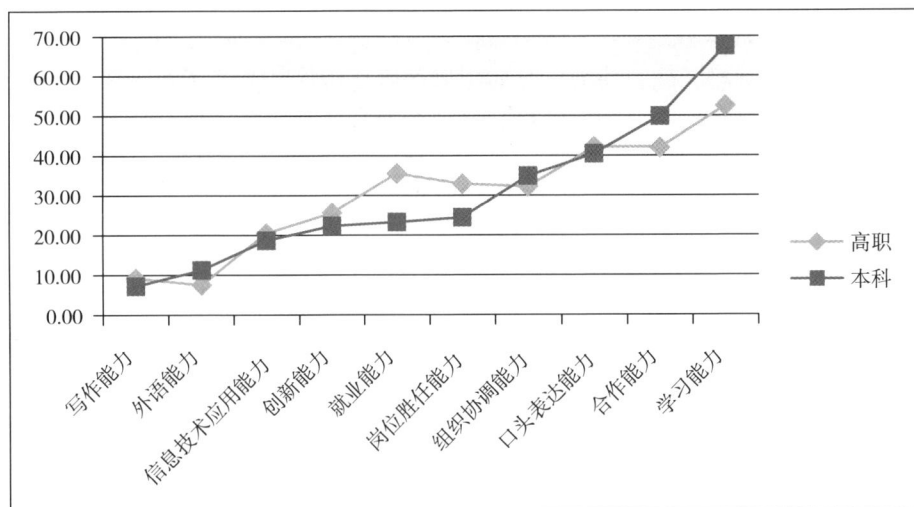

图 11　经过大学学习，学生获得的能力分布示意图

2. 个人品质的提高

问卷第 59 题是关于大学生在高校学习期间认为自己哪些品质得到了培养和锻炼的设问。通过计算，被大学生选中品质的百分比值形成折线图，见图 12。

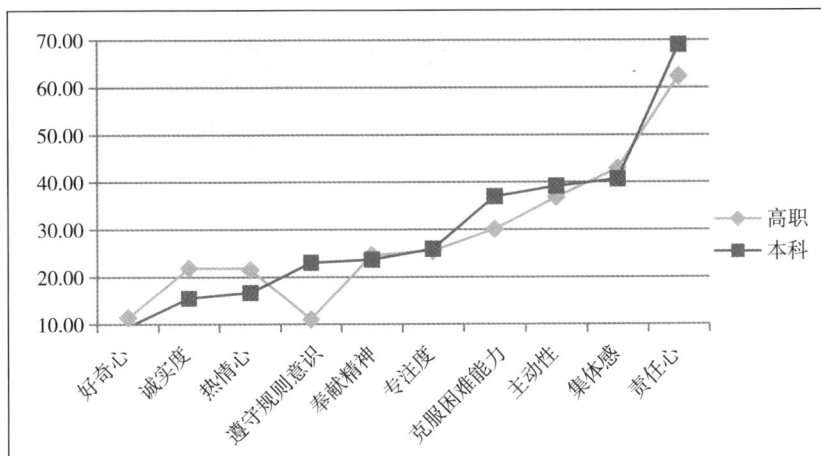

图 12　经过大学学习，学生得到培养的品质分布示意图

其中，责任心、集体感、主动性和克服困难能力被认为得到较大程度的提升，好奇心、诚实度、热情心和遵守规则意识则排在后面。可以看出，高职学生与本科学生在个人品质提升上非常接近，但在遵守规则意识和克服困难能力上，高职学生低于本科学生。

3. 最为喜欢的课程

课程是知识学习、能力获得、品质提升的重要载体，为了考察对学生最有影响的课程，高等教育满意度调查中设计了"你最喜欢的课程有哪些（填写 3 门课程）"的有限范围开放题。将回答文本聚合在一起，导入词云生成软件①之后，经过词频统计和合并同类课程（如数学与高等数学、英语与大学英语等），再生成云图，结果分别见图 13 和图 14。从喜欢的课程来看，共性的地方是公共必修课，说明大学生都比较重视基础性课程，如高等数学、大学英语、体育等课程；不同点在于，本科学生侧重于各专业的专业方向课，如物理化学、有机化学、C语言、心理学等，高职学生则更喜欢专业技能方面的课程，如市场营销、计算机、Photoshop、CAD、基础会计等实用性很强的课程，见表 5②。

表 5　最受大学生喜欢的课程

排名前 10 的本科课程			排名前 10 的高职课程		
排序	课程名	频次	排序	课程名	频次
1	高等数学	468	1	体育	750
2	大学英语	363	2	英语	717
3	体育	271	3	CAD	423
4	有机化学	110	4	Photoshop	412
5	线性代数	99	5	高等数学	357
6	管理学	97	6	市场营销	242
7	物理化学	92	7	基础会计	231
8	心理学	80	8	计算机	213
9	C 语言	79	9	刑法	172
10	数学分析	78	10	C 语言	166

---

①　本报告中的相关云图生成均采用的是 Wordart 在线词云生成软件（https：//wordart.com/）。

②　后面云图制作依据与此表格中数据类似，均可直接从云图中字号大小判断相应项目的权重和位置。为了减小篇幅，后面云图的依据表格不再一一呈现。

图 13　本科学生最喜欢的课程云图

图 14　高职学生最喜欢的课程云图

（三）大学生对于全省高等教育建议的分析

为了更好地探寻和解决高等教育中存在的问题，此次高等教育满意度调查问卷中设计了相应的开放题，从而为高校改进和改革提供相应的策略或建议。

1. 本科学生的建议分析

本科学生问卷的题目是："你对改进学校工作有什么意见和建议？"

（1）词频分析结果。首先，将本科学生问卷的第61题回答导入文本文件。其次，在云图软件中删去一些虚词、形容词、副词等与实质性建议无关的词语，合并一些近义词或同义词等。最后，生成云图，见图15。

本科学生提出的建议主要分为以下几个方面：①高校管理应该贯彻"以学生为中心""以生为本"的理念；②提升学校环境建设和强化学校管理；③重视学风建设和师生互动；④推动学校后勤服务质量提高；⑤重视教育公平的制度性建设等。

图 15　本科学生提出的建议和措施云图

（2）典型代表。为了从内容上验证前面词频分析的结果，从本科学生建议中选择具有一定代表性的列举如下。

"加强后勤管理；组织举办更多团体活动，调动班集体及个人合作热情。可开展学习和兴趣小组督促学习和拓宽兴趣特长。增加学生与老师、辅导员的交流机会，帮助学生成长。"

"改善老宿舍的住宿条件，这有利于学生个人成长，也减少了学生过多带来的负面影响。学生向学校反映情况时，各部门能够做出反馈，不要互相推卸责任。希望学校处理事情的效率能提高一点，在以前的基础上加快速度。"

"评选奖学金方面要公平公正。加强校园安保，提高校园基础设施建设。"

尽管本科学生的建议非常个性化、具体化，但也反映了安徽高校在教育质量、教育公平、教育环境等方面存在的普遍性、常态性的问题，影响了大学生的教育获得感，需要进一步完善和改革。

2. 高职学生的建议分析

高职学生问卷的主观题分别是："你如何看待'现代学徒制'这种培养方式及其效果？""你对改进学校工作有什么意见和建议？"前者主要是针对我国高等职业教育重要模式"现代学徒制"实施的建议①；后者则是针对高职院校各项工作的建议。

---

① 教育部. 教育部关于开展现代学徒制试点工作的意见［EB/OL］.［2018－11－10］. http：//www. gov. cn/xinwen/2014－09/05/content_ 2745818. htm.

（1）词频分析结果。相关方法与过程同上。图16是根据回答第61题的文本生成的云图，如图所示，大多数学生肯定"现代学徒制"的效果，有学生认为"现代学徒制""比较适用于现在的社会发展，能够使大学所学的专业知识与实践相结合，很好地发挥了作用；'现代学徒制'是招生、招工同时进行，学生入学时具有双重身份，既是学校的学生又是企业的准员工，学习的场所是企业工厂和国家的职业学校，接触的是最先进的技术和设备，学习的目的非常明确，为未来的工作而学习，大大调动了学生的积极性"。

图16　高职学生对于"现代学徒制"看法的云图

但是，也有学生提出了"现代学徒制"在实施过程中存在的问题，如"我觉得很有想法，设计者初衷是好的，是在效仿德国的双元制，但是目前看来不太成功，因为不是全日制证书，社会认可度还不高"等。

高职学生问卷第62题主要是了解学生对于高职院校日常教学、管理和后勤服务等方面工作的建议。图17是回答文本生成的云图，主要建议集中在：学校管理、教学质量、校园文化建设、后勤服务质量、教育公平等方面。总的来看，高职学生与本科学生在建议内容上有很多共同点，如关注教学、加强管理、提高办事效率、以学生为中心、加强后勤服务、改善学习环境等。

图17　高职学生提出的建议和措施云图

（2）选取较为典型的建议列举如下。

"课本知识太笼统，只适合在学校考试，招聘什么的那些知识基本上用不到。"

"食堂饭菜不干净而且贵，希望可以改进；教学管理不严，逃课的多，上课睡觉玩手机的多，希望学校对老师要求严格，加强管理；晒被子的地方不多，所以到处都是拉的绳子，影响校园环境。"

"希望学校能更好地贯彻'以学生为中心'的发展理念，切实保障我们学生的权益！对于社团活动来说，我认为活动应该针对同学的兴趣爱好，要联系各科专业所需要培养的技能和素质要求，一定要有意义才开展。希望学生会成员的选拔更规范化，例如考察期要做到位。"

三、教师卷的调查结果与分析

2018 年全国高等教育满意度调查首次同步对高校教师进行满意度问卷调查，其调查维度和相关题项与其对应学校学生的问卷题项一致。教与学是学校教学系统中的两个重要方面，教与学之间相互映射。因此，教师卷设计目的是通过教师端的出口信息与学生卷的数据信息进行比对，从而更为全面地了解高等教育满意度现状。通过对教师卷的统计采取加权平均值的方法获得以下相关数据。

2018 年全省高校教师教育总体满意度为 76.43，其中本科教师教育总体满意度为 73.47，高职教师教育总体满意度为 78.89。图 18 是全省高等教育满意度、普通本科院校教师满意度和高职院校教师满意度 5 个维度的具体比较，相关数值见下方表格区域。

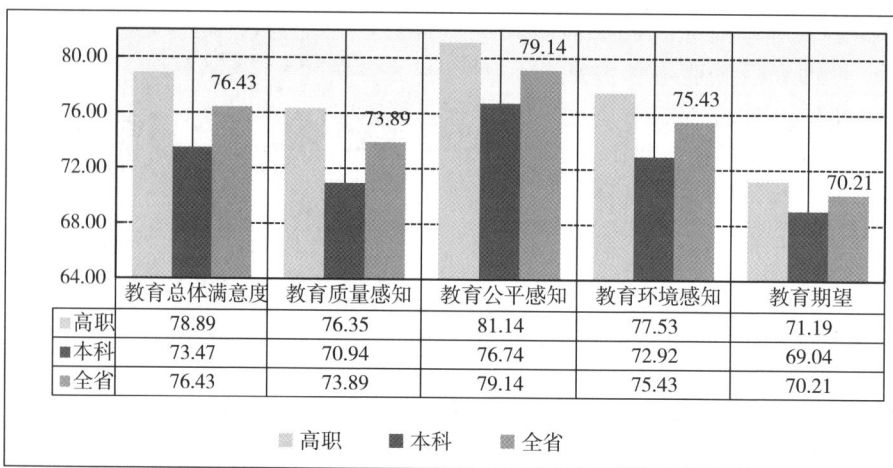

	教育总体满意度	教育质量感知	教育公平感知	教育环境感知	教育期望
高职	78.89	76.35	81.14	77.53	71.19
本科	73.47	70.94	76.74	72.92	69.04
全省	76.43	73.89	79.14	75.43	70.21

■高职　■本科　■全省

图 18　全省高校教师高等教育满意度各维度指数值（含本科和高职）

全省高校教师高等教育满意度指数均略高于对应的大学生的数值，这反映出高校教师与大学生在主观感知上的差异。横向5个维度指数的趋势变化是一致的，说明从高校教师教育满意度指数来看，全省高校大学生教育满意度指数能够真实有效地反映安徽省高等教育的现状。

（一）本科教师与本科学生间数据的对照分析

1. 本科师生间教育满意度5个维度指数的比较

图19显示了全省本科教师与学生高等教育满意度5个维度指数的差异。其中，总体满意度指数最为接近，教育公平感知上差异最大，在教育环境感知、教育质量感知上存在一定距离。

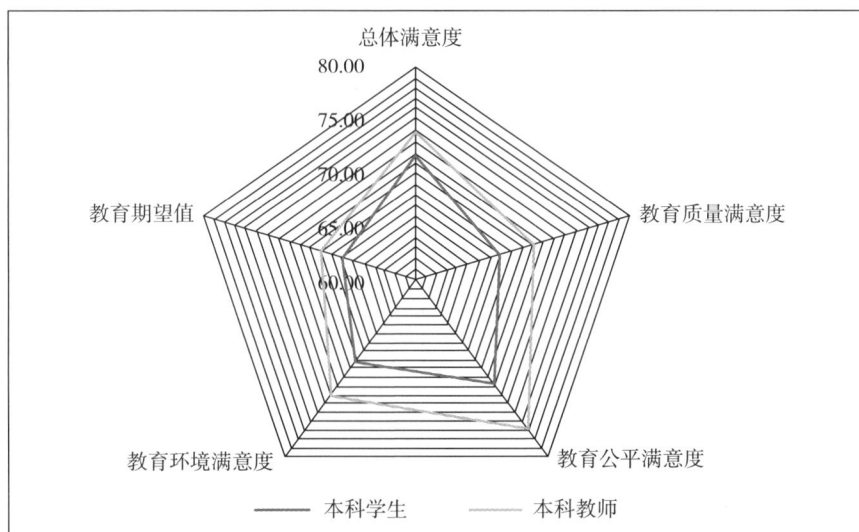

图19　本科师生高等教育满意度各维度指数的比较

2. 本科师生最为满意和意见较大的方面

表6是全省本科师生在高等教育满意度调查中各自最为满意的10个方面。从中可以看出，在教育公平、教师教学、校园文化、学校管理等层面上感知是一致的，反映出本科学生在教育获得感层面的数据是真实可靠的。

表6　全省本科师生各自最为满意的10个方面

本科教师最为满意的10个方面	本科学生最为满意的10个方面
家庭经济困难学生能够得到有效资助	家庭经济困难学生能够得到有效资助
学校课程考核中老师给学生评分公平	学校里同学之间关系融洽

（续表）

本科教师最为满意的 10 个方面	本科学生最为满意的 10 个方面
学生在参加学校各类活动时受到了一视同仁的对待	学校里老师和同学们的关系融洽
学校对学生作弊等不诚信行为的处理恰当	学校对学生作弊等不诚信行为的处理恰当
学校里老师和同学们的关系融洽	任课老师的课堂教学准备充分
学校奖学金的评定标准合理	学校的网络资源和数据平台能满足学习需求
学校里学生之间关系融洽	学校课程考核中老师给学生评分公平
学生的权益能得到学校的尊重	学校的学习场所（图书馆、教室等）能满足你的学习需求
任课老师的课堂教学准备充分	学校的校风很好
"以学生为中心"的教育理念在学校落实得较好	总的来看，你对学校满意

同样的，在对于学校意见较大的方面，师生的选择取向也较为一致，具体见表 7，主要表现在师生交流、参与学校管理、教学方式、学术讲座、参与科研、后勤食堂等方面。这些问题可能是全省普通本科院校在教学、管理、保障等方面需要着力解决的。

表 7　全省本科师生在调查中各自意见较大的 10 个方面

本科教师最不满意的 10 个方面	本科学生最不满意的 10 个方面
课堂教学中老师与学生研讨的机会	任课老师与你进行课外交流的时间
总的来说，学校管理部门（如教务处等）的办事效率方面	学生参与学校管理的机会
学校的课程内容对学生的吸引力方面	学校为学生提供开阔国际视野的机会
学校举办的学生感兴趣的讲座	本校知名教授给你们上课的机会
学校食堂饭菜的性价比	学生参与课题研究或学术讨论的机会
教学方式特别吸引学生的任课老师数量	学校举办的你感兴趣的学术讲座数量
学生主动与任课老师进行交流的意愿	学校与其他机构（高校、科研院所、企业）进行协同育人落实情况
学生参与课题研究或学术讨论的机会	任课老师中教学方式特别吸引你的老师数量
学校为学生提供开阔国际视野的机会	学校开展的就业指导对学生的帮助
学生参与学校管理的机会	学校食堂饭菜的性价比

3. 全省本科教师对大学生获得的能力和品质的分析

（1）本科学生获得的能力。通过对本科教师问卷的第 59 题回答内容进行排序，学习能力、合作能力、创新能力、组织协调能力居前列，与本科学生的选项大多数是相同的，见图 20。但创新能力和就业能力的排序位次明显不同，本科学生认为获得能力中就业能力比创新能力略靠前，而本科教师认为学生获得的能力中创新能力比就业能力靠前许多。

图 20　本科教师认为学生应具备的各种能力云图

（2）学生得到提升的品质。对本科教师问卷的第 60 题回答内容进行排序发现，责任心、集体感、主动性等方面与本科学生的选择是一致的，见图 21。

图 21　本科教师认为学生应具备的各种品质云图

（二）高职教师与高职学生间数据的对照分析

1. 高职师生教育满意度 5 个维度指数的比较

高职师生教育满意度 5 个维度的指数分布见图 22，内圈为高职学生的维度指数分布,外圈为高职教师的维度指数分布。由图可见,高职教师在高等教育满意度 5 个维度上的指数均高于高职学生。

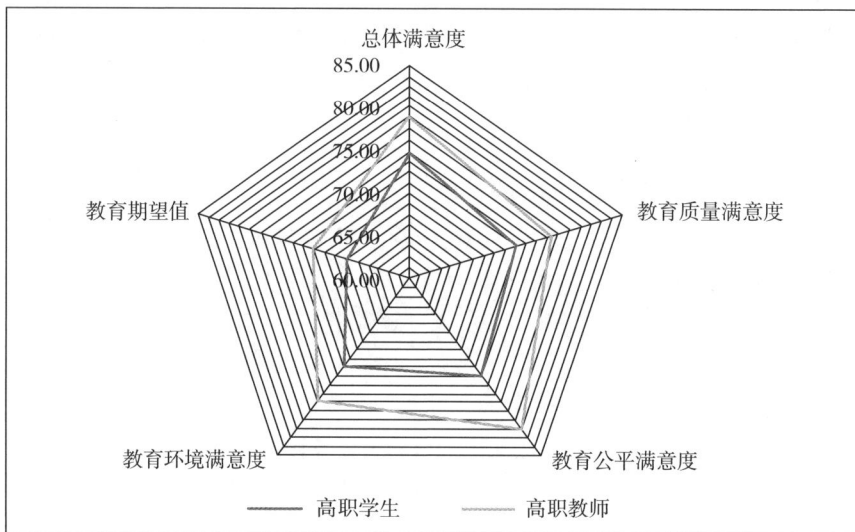

图 22　高职师生高等教育满意度各维度指数的比较

2. 高职师生对于学校最为满意和意见较大的方面

表 8 是高职院校师生对于学校各自最为满意的 10 个方面,主要包括对贫困生资助、教育公平、教学考核、师生关系、学校管理等。比较来看,师生比较满意的地方有很多共同之处。

表 8　高职师生各自最为满意的 10 个方面

高职教师最为满意的 10 个方面	高职学生最为满意的 10 个方面
家庭经济困难学生能够得到有效资助	学校里同学之间关系融洽
学生在实习期间的合法权益能得到保障	学校里老师和同学们的关系融洽
学校组织学生参加职业技能比赛的机会	任课老师的课堂教学准备充分
学校奖学金的评定标准是否合理	家庭经济困难学生能够得到有效资助
学校课程考核中老师给学生评分公平	学校对学生作弊等不诚信行为的处理
学生的权益能得到学校的尊重	总的来看,你对学校满意
任课老师的课堂教学准备充分	学校课程考核中老师给学生评分公平
学校里老师和学生的关系融洽	你对在大学里获得的成长感到满意

（续表）

高职教师最为满意的 10 个方面	高职学生最为满意的 10 个方面
学生了解毕业后继续升学的机会和渠道	学校的学习场所（图书馆、教室等）能满足学习需要
"以学生为中心"的办学理念在学校落实得较好	你在顶岗实习中的收获大

同样的，高职师生在高职院校的管理、教学、环境和资源等方面也存有较大的意见，见表 9，主要包括师生交流、教育教学、参与学校管理、食堂问题、国际视野拓展等。

表 9 高职师生各自意见较大之处

高职教师最不满意的 10 个方面	高职学生最不满意的 10 个方面
来自行业企业的老师教学水平	任课老师与你进行课外交流的时间
学校管理部门的办事效率情况	学校为学生提供开阔国际视野的机会
课程教学提高了学生的自主学习能力	学生参加企业技改、工艺创新等活动的机会
来这所学校工作之前，您觉得这所学校的学生总体情况	学生参与学校管理的机会
学生主动与任课教师进行课外交流的意愿	上大学前你觉得现在所学的专业是否适合
学校食堂饭菜的性价比情况	在学校里你感兴趣的社团活动情况
学生参与学校管理的机会	学校食堂饭菜的性价比情况
学生参加企业技改、工艺创新等活动的机会	学校与企业联合开展各类活动对你的吸引力
来这所学校工作之前，您觉得我国的高等职业教育总体情况	上大学前你觉得我国高等职业教育总体情况
学校为学生提供开阔国际视野的机会情况	课程教学中动手实际操作的机会

3. 全省高职教师对大学生获得的能力和品质的分析

（1）高职学生获得的能力。通过对高职教师问卷的第 56 题回答内容进行排序，岗位胜任能力、学习能力、合作能力、就业能力、组织协调能力居前列，与高职学生的选择取向较为一致，见图 23。

（2）学生得到提升的品质。通过对高职教师问卷的第 57 题的回答内容进行排序可知，责任心、集体感、主动性、专注度等方面，与学生的选择一致，见图 24。

图 23　高职教师认为学生应具备的各种能力云图

图 24　高职教师认为学生应具备的各种品质云图

（三）高校教师对于全省高等教育建议的分析

1. 本科教师建议的分析

对本科教师问卷第 61 题"你对改进学校工作有什么意见和建议"的回答文本进行量化分析，形成图 25。教师对于全省普通本科院校较为具体的建议主要包括提高教师待遇、加强学风建设、提高办事效率、以学生为中心、以教学为中心等。比较典型的建议如下。

"①学校应更加注重本科生教学、研究生实习和毕业生就业指导在教职员工服务评价中所占的比例。②提高以就业为导向、以新工科为核心的人才培养体系比重。③增加文化、艺术类的选修课程和社团活动。"

"不断提高中青年教师收入待遇，让教师安心教书育人。高校教师都是读书多年，不容易，其待遇不能低于这座城市的平均收入水平。加强学生的安全意识，提高学生的合作精神。教学跟科研相比，希望学校更加重视教学，才能真正以学生为本。可以多一些创新型的教学方式；听取广大教师和学生的意见，抓教学管理，抓重点工作。"

"列出教学规范化的标准，领导要重视教学，积极引进高层次人才的同时大力培养已引进的博士教师。"

图 25　本科教师对于学校建议的量化分析云图

2. 高职教师建议的分析

高职教师问卷有 2 个主观开放题，一个是关于高职教育模式"现代学徒制"的效果看法，另一个是对于高职院校的教学、管理、科研与后勤服务的建议。

关于高职院校"现代学徒制"教育模式的效果，通过对问卷回答的文本进行合并、清洗，构建词频表，形成直观可视化云图，见图 26。多数教师认为效果好，符合高职院校人才培养的规律，实现了专业设置与产业需求对接，促进了课程内容与职业标准对接，提高了人才培养质量等。

高职教师对于学校的建议主要集中在学校的办事效率、教师薪资待遇、学生管理和学风建设、人才引进和教师队伍建设等，见图 27。

四、对策建议

将安徽省高等教育满意度调查结果与国家相关政策、战略和标准进行对接与"对表"，可以发现优势、寻找差距、弥补短板，为教育决策提供参考。根据对安徽省 2018 年高等教育满意度调查结果的分析，结合全省高等教育实际，本报告提出以下建议。

图26　高职教师对于"现代学徒制"效果评价文本的量化分析云图

图27　高职教师对于学校建议的量化分析云图

（一）提高高校教育治理结构和能力现代化水平

构建政府、高校、社会三者新型关系，是推进教育治理体系和治理能力现代化的关键。建议政府着重做好顶层设计、依法行政、简政放权、调配资源等宏观管理工作；高校依法依规办学，坚持正确的办学方向，完善内部治理结构，不断提升办学质量；社会发挥优势提供优质、多样、适合的教育资源和教育服务，积极参与教育治理。发挥高校教育智库参谋咨询作用，推动高等教育决策科学化规范化。

建议进一步优化全省高校内部治理结构体系，形成权责清晰、流程规范、运作高效的组织机制。进一步完善党委领导、校长负责、教授治学、民主管理、依法治校、社会参与的现代大学治理结构。明确教师和学生在学校管理中的权利，畅通教师、学生表达诉求、建言献策的渠道，调动教师、学生参与学校管理的积极性和责任感，增强学校凝聚力和向心力。高校内部治理结构体系的建设，以"学—教"统一体为工作核心，以"学生—教师"为主要服务对象，以师生对高校工作的满意度为高校治理结构体系效能的最佳测度量具。

（二）以教学工作为着力点提升高等教育质量

在安徽省高等教育满意度调查中，高等教育质量满意度指数为次低（最低为高等教育期望值指数），而且普通本科院校和高职院校的表现是一致的，说明了教育质量感知不足影响了大学生的教育获得感。鉴于调查结果分析中发现的问题，建议可从以下几个方面着手。

优化高校专业结构，改造老牌专业，支持交叉型专业的建设，增加新工科、新医科、新农科、新文科专业，以适应国家、社会和个体发展的需求和期待。在教育期望维度中，大学生觉得现在所学专业的适合度得分较低，反映出安徽省高校专业的设置和建设存在滞后性的问题。

加大课程改革力度，构建适应新时代高等教育需求的课程体系，满足大学生对于知识、能力、价值观等多元化的需求，特别是重视课程作为创新能力培养的载体作用。在此次调查结果中，课程组织维度得分多处于低分区，也反映出课程教学体系亟须改革，应积极推动淘汰"水课"，加强"金课"建设。

加大产学研深度融合力度，增强校企合作和产教融合深度，促进大学生知识学习、专业能力的成长与社会需求之间的适恰性和针对性。

全方位提升安徽省高校教师的素质结构。高校教师是高校教学中的关键要素，要从职业精神层面、配套制度层面、发展机会层面、内外环境层面、生活经济层面等鼓励高校教师积极投入课程教学，包括主动参与师生互动和交流、转变教学模式、采纳先进的教学方法、应用信息化教学平台等，提升课堂教学质量。

（三）加强高校管理机构服务能力建设

调查结果显示，安徽省高校学校管理维度中相关题项的得分多数处于低分区。结合主观题项的分析，不难看出安徽省大学生对于学校管理结构以及对应的服务功能存在着较大不满。结合《关于加快建设高水平本科教育，全面提高人才培养能力的意见》的具体条款（如第 10、12、13、16 条等内容)①，安徽省高校管理应着重从以下几个方面努力。

---

① 教育部．关于加快建设高水平本科教育　全面提高人才培养能力的意见［EB/OL］．［2018 - 12 - 1］. http：//www. moe. gov. cn/srcsite/A08/s7056/201810/t20181017_ 351887. html.

牢固树立"以生为本"和"以教学为中心"的服务理念，构建"尊重学生、尊重知识、尊重人才"的工作氛围。

加强制度建设。以国家和教育部相关法律和制度为依据，结合安徽省高校实际情况，清理、新增、修订安徽省高校管理制度。

提高高校管理部门办事效率。这是师生一致反映的重点问题，也是影响大学生教育获得感的重要方面。

加强校园文化、教学辅助设施和环境建设，以适应大学生学习、生活和娱乐等方面的需求。校园文化关乎大学生的归属感、认同感、荣誉感的建立，然而目前这方面的建设存在形式大于内涵的问题。作为学校，应脚踏实地地完善和强化校园文化的内涵建设，让学生对校园文化真正做到感同身受。另外，加大学校开放实验室建设的投入、拓展学校体育设施的建设、校园网络环境的优化、图书馆和自习教室的重构，以适应当代大学生更加多元化的需求。

着力提升高校后勤管理的保障能力和服务水平。从调查结果可知，食堂、宿舍、网络、超市、安保等方面是重点。

（四）推动多元主体协同育人

多元主体合作，形成办学合力，实现协同育人，是创新人才培养的重要途径。建议鼓励省内、国内和国际的校企和学校间协同办学，根据安徽省各高校的实际地理位置、优势专业或学科，一是积极推动校企合作（协同）办学，主动为各类大型企业与高校牵线搭桥，联合办学；二是鼓励安徽省高校在国内进行校际合作办学，如"双一流"高校与地方高校联合办学，实现优势互补；三是推动安徽省高校与国外知名高校或知名学院（学科或专业）进行联合（合作）办学，提升高等教育国际化水平。

（五）提升高校教师归属感和获得感

尊重知识、尊重人才是高等教育的重要基础，高校教师是关乎高等教育质量的直接要素。建议教育主管部门和高校进一步落实国家关于教师队伍建设和教师待遇提升的相关政策，特别是《中共中央国务院关于全面深化新时代教师队伍建设改革的意见》，按照《安徽省教育厅　安徽省编办　安徽省财政厅安徽省人力资源和社会保障厅关于进一步创新高校用人机制　加强高水平教师队伍建设的意见》要求，进一步深化高校教师人事制度改革，做好顶层设计，切实加大人才经费投入，从体制和机制上释放更多利好，拓宽教师上升通道，根据经济社会发展水平不断提高教师收入，提高教师社会地位，营造尊师重教的社会氛围，使安徽省高校教师拥有致力于高等教育事业的精神动力、思想信念和坚定决心。

附件：

表 1　抽样高校名单

类型	学校
普通本科院校 （12 所）	中国科学技术大学
	安徽医科大学
	安徽工业大学
	淮北师范大学
	安徽建筑大学
	安庆师范大学
	安徽科技学院
	合肥师范学院
	皖西学院
	黄山学院
	滁州学院
	池州学院
高职院校 （15 所）	马鞍山师范高等专科学校
	芜湖职业技术学院
	淮南职业技术学院
	阜阳职业技术学院
	合肥职业技术学院
	安徽水利水电职业技术学院
	安徽工业经济职业技术学院
	安徽警官职业学院
	安徽交通职业技术学院
	安徽商贸职业技术学院
	安徽国防科技职业学院
	安徽中澳科技职业学院
	安徽工商职业学院
	安徽新闻出版职业技术学院
	合肥经济技术职业学院（民办）

课题组成员： 李福华　汪开寿　韦法云　杨　冪　张家年

撰写人员： 杨　冪　张家年